全 世 界 无 产 者 , 联 合 起 来 !

列 宁 全 集

第二版增订版

第五十二卷

1921年11月—1923年3月

中共中央 马克思 恩格斯 列 宁 斯大林 著作编译局编译

人民出版社

《列宁全集》第二版是根据中国共产党中央委员会的决定，由中共中央马克思恩格斯列宁斯大林著作编译局编译的。

凡　　例

1. 书信卷正文和附录中的文献分别按篇或组的写作或签发时间编排并加编号。

2. 在正文中，文献标题下括号内的日期是编者加的，文献本身在开头已注明日期的，标题下不另列日期。

3. 1918 年 2 月 14 日以前，在俄国写的书信的日期为俄历，在国外写的书信则为公历；从 1918 年 2 月 14 日起，所有书信的日期都为公历。

4. 目录中标题编号左上方标有星花 * 的书信，是《列宁全集》第 1 版刊载过的。

5. 在正文中，凡文献原有的或该文献在列宁生前发表时使用过的标题，其左上方标有五角星☆。

6. 未说明是编者加的脚注为写信人的原注。

7. 著作卷《凡例》中适用于书信卷的条文不再在此列出。

目　　录

28　　列宁全集　第五十二卷

附　录

1921 年

1922 年

1923 年

插　图

前　　言

　　本卷收载列宁在1921年11月至1923年3月期间的书信、电报、便条、批示等。这一时期的著作编入本版全集第42卷后半部分和第43卷。

　　1922年列宁的健康状况日益恶化。5月不幸中风，经过数月疗养，有所好转，年底再次中风，不得不停止工作。列宁在同疾病的顽强斗争中仍时刻关注党和国家的前途和命运。他为维护和贯彻新经济政策、恢复和发展生产力、改善苏维埃机关工作、促进科学文化教育事业、开展苏维埃国家外交活动而日夜操劳，殚精竭虑。

　　本卷的大量文献反映了新经济政策实施过程中列宁所关心和解决的一系列具体问题。

　　列宁很注意国内外对新经济政策的反应，重视新经济政策的宣传介绍。他在审阅格·马·克尔日扎诺夫斯基写的《俄罗斯联邦的经济问题和国家计划委员会的工作》小册子的书稿时指出：必须"从各个不同的角度来**阐明新经济政策在总的范围内**的地位、意义和**作用**"。他指示克尔日扎诺夫斯基在小册子中作必要的补充，"说明新经济政策**不是要改变统一的国家经济计划，不是要超出这个计划的范围，而是要改变实现这个计划的办法**"（见本卷第39页）。在1922年2月2日给维·米·莫洛托夫并转俄共（布）中央政治局的信中，列宁认为向共产国际执行委员会扩大会议作关于新经济政策的报告时，必须"列举一些最简明的基本数字，说明执行新经济政策以来工商业顺利发展的情况及其对恢复共和国国民经济的意义"（见本卷第243页）。列宁密切注意第二国际、第二半国际的各种欧洲报纸对俄国新经济政策的评论，要求尼·伊·布哈林提供根据英、德、法三种文字的报纸摘编的简明材料。1922年11月25日在阅读列·达·托洛茨基论述新经济政策的提纲之后，列宁在给托洛茨基的信中指出，"要是再加上一些说明，那它对于向国外公众介绍我国的新经济政策将是特别合适的"（见本卷第511—512页）。针对孟什维克歪曲国家资本主义，说新经济政策是倒退到资本主义的言论，列宁认为必须立即在报刊上公开批驳。他指出，"在无产阶级当权的国家里，国家资本主义只能在受限制的情况下存在，它既受推广的时间和范围的限制，也受其采用条件和监督办法等等的限制"，国家资本主义"是理论上唯一正确的术语，而且是一个必不可少的术语，它可以迫使那些因循守旧的共产党员明白，新政策在认真贯彻执行"（见本卷第207页）。

1921年秋新经济政策由商品交换退却到由国家调节商业之后，列宁把商业工作提到了关键地位。本卷许多文献表明了列宁为贯彻这一思想，扭转人们的陈旧观念所作的努力。他强调指出："现在整个关键在于迅速发展国营商业（包括它的各种形式：合作社、国家银行的客户、合营公司、代销人、代理人等等，等等）。"（见本卷第289页）他认为："现在一切的中心是贸易，首先是国内贸易，其次是对外贸易；随着贸易的发展，以贸易为基础，来恢复卢布的币值。要把全部注意力集中在这件事情上。要**切实**处理好这件事，这是主要的，最主要的，根本的。"（见本卷第209页）

列宁认为,银行必须参与发展商业并把它置于自己的监督之下,这是关键所在。他在 1922 年 2 月 18 日给亚·德·瞿鲁巴的信中写道:"我们需要的国家银行同商业的关系应当比资本主义同商业关系最密切的国家银行还要密切一百倍。"(见本卷第 277 页)列宁尖锐批评那些罗列形式上的理由来反对国家银行参与商业的经济工作人员,指出他们是墨守成规,冒充博学,迂腐透顶。在 1922 年 2 月 28 日给国家银行负责人亚·李·舍印曼的信中列宁直率批评"现在的国家银行＝官僚主义的转账游戏",把苏维埃卢布"从国家的一个口袋放到另一个口袋"(见本卷第 302 页)。列宁指示银行应当物色"一批善于以国家银行的名义去组织商业、检查商业的**人**,奖励能干的商业人员,**关闭**那些表面上似乎是在经营商业,实际上却是官僚共产主义工商业的'波将金村'"(见本卷第 303 页)。

列宁非常不满意那些不善经营、一味依赖国家的企业,强调企业必须实行经济核算原则。他在 1922 年 2 月 1 日给格·雅·索柯里尼柯夫的信中指出:"托拉斯和企业建立在经济核算的基础上正是为了要它们自己承担责任,而且要承担全部责任,使自己的企业不亏损。"(见本卷第 240 页)如果做不到这一点,不会用精明的、商人的办法来充分保证自己的利益,那就应当受到惩处。

列宁在这一时期多次提出"学会经商"的号召。特别是对从事经济工作的共产党员,列宁要求他们由外行变内行,不能只当装潢门面的"共产傀儡",而让资产阶级专家和骗子操纵一切。他指出,如果真正学会做生意,我们就能够"对整个商业经济进行改造,使之适应有保障的社会主义建设的需要"(见本卷第 346 页)。在 1922 年 2 月 18 日给亚·德·瞿鲁巴的信中列宁也指出,如果从上到下建立商业代办网，整个代办网实行分成制并学会很好地做生意，我们就能够掌握十分之九的贸易额，并通过这个途径，"使**新经济政策**由一个愚弄共产党员蠢人（他们掌握着政权，但不会利用它）的制度**变成社会主义的基地**——一个在农民国家里的为世上任何力量所战胜不了的基地"（见本卷第277—278页）。

列宁十分重视苏维埃俄国对外经济关系的发展，关心租让谈判和对外贸易工作的进行情况。租让政策是新经济政策的一个重要方面。实行租让制不仅可以利用外国资金和技术，而且能够在实际上打破西方资本主义国家的经济封锁，有利于苏维埃俄国的外交斗争。列宁致函最先同苏俄签订租让合同的美国企业家阿曼德·哈默，衷心祝贺第一个租让合同取得圆满成功，指出它对发展苏俄同美国之间的贸易往来具有重要意义。在1922年5月24日给斯大林并转政治局委员的信中，列宁强调指出哈默租让合同开辟了"通向美国'实业'界的一条小径，应该**千方百计**加以利用"（见本卷第441页）。列宁还关注着合同的执行情况。当他获知苏俄按合同发往美国的货物质量低劣时，即在给阿·伊·李可夫的信中指出这是"很不体面的事"，要求"务必绝对严格、一丝不苟地"履行合同，"而且对整个事情都要更仔细地进行监督"（见本卷第368页）。

对于美国工人为援助苏俄恢复经济而集资创办的俄美工业公司，列宁很感兴趣，并致函该公司主席悉尼·希尔曼，表示保证美国工人的投资不受亏损。他还关心同美国仿德胜公司关于承建石蜡分离厂和铺设输油管的谈判。同英商莱斯利·厄克特的矿山租让谈判有关的书信，反映了列宁既积极推行租让政策，又反对损害苏俄根本利益的原则立场。

在一些书信中,列宁反复强调,德国埃森弗里德里希·克虏伯公司的农业租让和德意志银行的格罗兹尼石油租让,不仅在经济上而且在政治上都有重大意义。他敦促有关部门积极进行谈判,争取签订更多的租让合同。列宁认为必须克服阻碍租让制推行的旧观念,他在1922年1月23日给安·马·列扎瓦等人并转俄共(布)中央政治局委员的信中指出:"应当对最高国民经济委员会领导人中的那种反对租让石油、农业等项目的偏见进行最无情的斗争。"(见本卷第213页)苏维埃俄国的对外贸易也是在列宁的关心和指导下进行的。在国外采购粮食、定购工农业技术设备、进口鲥鱼和肉类罐头、向意大利出口煤炭,列宁都亲自过问。

列宁认为,实行新经济政策必须同加强和健全法制结合起来。鉴于在铁路、商业部门、合作社机构和苏维埃机关中营私舞弊、贪污受贿、走私盗窃等现象屡屡发生,列宁在一些书信中要求国家政治保卫局和工农检查院等部门对经济案件认真查处,通过法庭作出处理,直至枪决。他责成有关部门火速研究同走私作斗争的问题,在工业建设和商品流通方面重新审定法令,使有关新经济政策的法令系统化。列宁就有的地方私人资本击败了合作社一事向格·雅·索柯里尼柯夫提出责问:"对非法贸易的案件审判了没有? 对私人贸易征税了没有?"(见本卷第256页)他建议成立一个委员会,对违法贸易等等采取监督和取缔的措施。列宁认为,从苏维埃那里承租的企业也是苏维埃企业,必须赶紧拟定明确的法律,把工农检查院的检查权和质询权扩大到各种各样的(不论是私营的、合作社的,还是租让的等等)机构和企业。列宁指出,"新经济政策需要用**新**办法给予**新的严厉的**惩罚"(见本卷第256页)。

本卷中很多函电反映了列宁对恢复和发展工农业生产、改善运输业、开发矿产资源和发展新技术的关心。他要求国家计划委员会加快制定1922年国家电站建设计划,抓紧卡希拉、沃尔霍夫、伊万诺沃-沃兹涅先斯克等电站的建设。他建议给冶金工业、纺织工业、造纸工业增拨资金,采取必要的措施保证顿巴斯正常生产。列宁认为库尔斯克磁力异常区的调查工作具有极其重要的意义,如果调查属实,就必须力争以最快速度进行开发。他多次就泥炭水力开采问题作指示,要求在投资允许的范围内认真做好试验,以便对这种开采法是否切实可行和经济上是否有利作出有说服力的回答。列宁在一些书信中非常关心电犁、福勒式犁的制造和内燃机车的开发,他对科学技术的新发明和试验都表现出极大兴趣并给予积极支持。有些书信是为解决农业生产问题而写的。列宁认为种子和农具的改良非常重要,必须从国外进口农业机器和种子用于春播,必须支持和鼓励专家的良种培育工作。他指出,改良农作物是提高农业生产的极其重要的基础之一。此外,列宁还很注意农民的情绪,注意在征收粮食税中发生的滥用职权欺负农民的问题,指示有关领导人采取有力措施纠正偏差并使受害地区能及时全面完成春播任务。

本卷中一部分书信说明了列宁对报刊、出版、文化和教育事业的关注。他在1922年4月12日给恩·奥新斯基的信中批评"报刊上空泛的议论和政治高调太多,而对地方经验的**研究**却非常缺乏"(见本卷第384页)。他要求新闻工作者深入到现实生活、深入到基层中去,了解、分析和研究地方经验,要不怕揭露错误和无能,也要广泛介绍和大力宣扬好的榜样。他认为只有这样,报刊和整个社会主义建设事业才会卓有成效地得到改善。

列宁高度评价伊·伊·斯克沃尔佐夫-斯捷潘诺夫论苏维埃

俄国电气化的著作;支持 H.A.奥尔洛夫以非党的但对苏维埃政权抱友好态度的观点撰写《苏维埃俄国经济史》一书以便在国外出版;敦促国家出版社采取措施,保证世界地图集的编纂出版工作顺利进行。他充分肯定弗·维·阿多拉茨基编辑出版马克思和恩格斯书信集的意义,指出这是一项重要的国际事业,并对此书的选编工作提出具体意见。列宁把扫盲和基础教育视为文化建设的重要任务。在国家财政还很困难的情况下,他要求从歌剧院和舞剧院节省下来的经费中至少拨出一半用于扫盲和建立阅览室。在1922 年 10 月 27 日给弗·尼·马克西莫夫斯基的信中,列宁再次要求压缩不必要的开支,以便增加中小学校和扫盲工作的经费。列宁还指示办公厅主任对莫斯科一些高等学校提出的增加房舍和进口必要设备的问题予以高度重视,设法满足其要求。

　　改善国家机关工作是列宁晚年最操心的问题之一。从本卷很多书信中可以看到,列宁对上自中央领导机关、下至基层单位都存在的官僚主义、拖拉作风深恶痛绝,主张严肃处理。1921 年 12 月列宁致函各中央苏维埃机关领导人,对他们不及时处理人民来信一事提出警告,指出"极为恶劣的拖拉作风和文牍主义必须彻底根除"(见本卷第 161—162 页)。列宁在 1922 年 2 月 22 日给格·雅·索柯里尼柯夫的信中指出:"我们所有经济机构的一切工作中最大的毛病就是官僚主义。共产党员成了官僚主义者。如果说有什么东西会把我们毁掉的话,那就是这个"(见本卷第 288 页)。对于纵容姑息官僚主义、拖拉作风的有关部门和领导者,列宁尤其不满意。他批评司法人民委员部对机构臃肿、重叠,对官僚主义和拖拉作风斗争不力。他对莫斯科革命法庭审讯拖拉作风和玩忽职守案件时走过场、包庇被告的姑息养奸态度提出严重警告。列宁认为,要惩办那些犯有拖拉作风和官僚主义罪过的人,否则就将一事无成。必须把官僚主义和拖拉作风拿出来交付法庭公开审判,选择引人注目的案件,使每次审理都成为有政治影响的事情。即使被告都是极好的、忠诚的、宝贵的工作人员,也不应留在官僚机关内部处理。列宁指出:"这不仅仅是为了严厉惩罚(也许只要警告就够了),而主要是为了公之于众,打破那种广为流行的以为失职人员可以不受惩处的观念。"(见本卷第119页)列宁强调公开审理有关拖拉作风的案件具有特殊意义。他认为,这样公开判决,"它的**社会**影响,与不公之于众而由党中央少数人私下了结可恶的拖拉作风的可恶案件的愚蠢做法相比,不是要大一千倍吗?""只有这样,我们才能真正治好这种病"(见本卷第141页)。

列宁认为,衡量每一个机关的工作效率的真正尺度,首先是在多大程度上切实并迅速地完成所有由其经办的事情。他要求各人民委员部养成认真的工作作风,工作得有条不紊、精确而迅速。列宁对管理机构规范化问题很感兴趣,他在1922年9月1日给瓦·亚·阿瓦涅索夫的信中要求广泛搜集德、美等国有关文牍规范化方面的资料,制定出自己的文牍工作规范,全面推广。他指出:"我们现在向欧美学一学是**很有必要的**。"(见本卷第454页)列宁认为加强检查监督是改善机关工作,保证党和政府的决议、指示得到贯彻执行的重要措施。他在1922年5月15日给瓦·亚·斯莫尔亚尼诺夫的信中规定了层层负责的检查工作方式和程序,要求一丝不苟地执行。他对工农检查人民委员部的工作很不满意,1922年8月21日致函该部部务委员批评它的工作方式还是老一套,机构没有重建,也没有改善。没有系统地制定出工作准则和应完成的工作量。他要求这个部大幅度精简机构,提高业务水平。

列宁非常注意选拔人才和正确使用干部。他在向中央政治局和书记处推荐优秀人才的一些书信中批评了不善于爱护人才的现象,要求书记处不能浪费人才,要多关怀他们,无论如何也要想尽办法做到不失掉一个干部。他还指示书记处要有步骤地挑选人才,给每个人民委员部配备一定数量的年轻人,以便从中培养和选拔领导干部(参看本卷第403、453、517号文献)。有些书信反映了列宁关心干部之间的团结合作,帮助他们调解纠纷。他批评副农业人民委员恩·奥新斯基排斥不同意见的人的错误做法,告诫他"不能认为同自己观点不同或工作方法不同就是搞'阴谋'或是闹'对立',而应珍视有独创精神的人"(见本卷第121页)。本卷中还有很多书信表明列宁对干部的工作、生活和健康情况的关心和爱护。

有些书信是谈清党问题的。列宁一贯重视维护党的统一和纯洁,他主张把异己分子和玷污共产党员崇高称号的人清除出党,同时又坚决反对借清党之机打击无辜的党员,任意开除党籍。列宁多次为受冤的同志出具证明材料,要求清党机构进行复查。1921年12月3日列宁致函莫斯科省清党审查委员会,指出把他在《关于清党》一文中所说已参加俄国共产党的孟什维克和崩得分子不可靠这个意思,理解成必须把他们全都开除出党是不对的。他要求在清党工作中对每一件事情必须进行具体分析,要历史地全面地分析,着重事实和证据,不能凭一些不公正的看法和流言就作出处理。

苏维埃俄国的外交活动也是这一时期列宁非常重视的问题之一。他亲自掌握参加热那亚会议谈判的方针、策略。在许多书信中列宁就热那亚会议问题所作的一系列指示体现了苏维埃俄国外交斗争的灵活性和原则性。还有一些书信反映了列宁对国际共产主义运动的关注和对其他国家的人民革命运动的支持。在1922年11月25日给参加共产国际第四次代表大会的俄共(布)代表团成员的信中,列宁对代表大会关于土地问题的决议草案提出了中肯的批评。在1922年11月24日给出席共产国际第四次代表大会的意大利共产党代表团的信中,列宁以同志式的口吻向意大利代表团解释其应遵循会议决定与意大利社会党合并的原因,提醒他们不要犯重大的政治错误。

1922年2月5日,苏维埃俄国社会主义科学院选举列宁为院士,并于2月23日发出通知书。列宁2月27日复信给科学院,说明自己因病无法履行院士的职责,不能当挂名院士,请求不要列入名单。此信体现了列宁谦逊朴实的高尚品德。

本卷最后的一些书信反映了列宁对对外贸易垄断和民族关系问题的忧虑以及为解决这两个问题所作的努力。

对外贸易垄断对苏维埃政权的经济发展具有至关重要的意义。实行新经济政策后,弗·巴·米柳亭、格·雅·索柯里尼柯夫等一批中央领导工作人员开始反对对外贸易垄断。列宁始终不渝地为维护对外贸易垄断而斗争。1922年中央十月全会在列宁因病缺席的情况下作出了放松对外贸易垄断的决定。列宁对此极不满意,坚持要求暂缓执行,留待下次全会重新审议。列宁1922年12月给列·达·托洛茨基和莫·伊·弗鲁姆金等人的几封信,表明了这一斗争的微妙发展和列宁的坚定态度。

关于"格鲁吉亚事件",列宁对波·古·姆季瓦尼集团在外高加索联邦和建立苏维埃联盟问题上的分离主义表现持批评态度。另一方面,对于格·康·奥尔忠尼启则作为党和政府的代表在这一事件中的粗暴态度深感不安。他认为主要危险是大国沙文主义。建立苏维埃联盟,不只是要求各民族形式上的平等,而且要做到事实上的民族平等。对于历来处于被压迫地位的少数民族,让步和宽容做得过些比做得不够要好。因此,列宁不能容忍奥尔忠尼启则的严重错误和费·埃·捷尔任斯基、斯大林对他的袒护。本卷所收的1923年3月5日和6日列宁在重病中口授的给列·达·托洛茨基和给姆季瓦尼等人的两封信,表明了列宁对民族关系问题的关切和他在处理这一问题上的无产阶级原则立场。

在《列宁全集》第2版中,编入本卷正文部分的书信、电报、便条和批示共600篇,其中575篇是第一次编入全集的。作为《附录》收载的13篇,是别人起草而由列宁签署的文献。

在本增订版中,本卷文献比《列宁全集》第2版相应时期的文献增加7篇,其中1篇收入附录部分。

弗·伊·列宁

（1922 年 10 月）

1921年

1

致德·伊·库尔斯基

（11月4日）

司法人民委员部　库尔斯基同志

我在9月3日第809号信中，曾委托您亲自负责完成几项任务，并要您定期向我报告执行情况。①

现在请您把下列任务的执行情况告诉我：

（1）通过中央委员会督促法官严惩拖拉作风；

（2）举行莫斯科人民审判员、法庭陪审员等等的会议，以制定反对拖拉作风的**有效**措施；

（3）务必在1921年秋季和跨1921—1922年的冬季将莫斯科有关拖拉作风的4—6起案件提交莫斯科法院审理，要选择"比较引人注目的"事件，使每次审判都成为有政治影响的事件；

（4）从共产党员中间物色一些处理拖拉问题有经验的精明的"专家"，两三个也行，但必须是比较严厉、办事比较果断的人（吸收索斯诺夫斯基参加），以便学会整治拖拉作风；

---

① 见本版全集第51卷第302号文献。——编者注

（5）发表一封关于反对拖拉作风的写得好、道理讲得透彻、非官样文章的信（作为司法人民委员部的通告）。**1**

人民委员会主席

载于1927年2月6日《真理报》
第30号和《消息报》第30号

译自《列宁全集》俄文第5版
第54卷第1页

2

致瓦·亚·阿瓦涅索夫

（11月4日）

致阿瓦涅索夫同志

您明天是否要召开黄金委员会**2**会议研究罗蒙诺索夫的订货问题？

应该借此机会把他的自主权稍加限制，使他不直接受劳动国防委员会领导，而是通过交通人民委员部（或是通过对外贸易人民委员部？）。**3**

载于1933年《列宁文集》俄文版
第23卷

译自《列宁全集》俄文第5版
第54卷第2页

3

致俄共(布)中央政治局⁴

(11月4日)

我同意批准全俄中央执行委员会主席团的决定,即同意批准判决。我的根据是我向加里宁和叶努基泽所作的调查,他们证实,全俄中央执行委员会主席团用了一个到一个半小时全面分析了整个案件,结果**一致**拒绝撤销判决(与会者有加里宁、叶努基泽、阿瓦涅索夫、斯米多维奇、萨普龙诺夫、鲁祖塔克、库图佐夫、扎卢茨基、斯大林、索斯诺夫斯基、奥新斯基、库尔斯基等12名全俄中央执行委员会主席团委员)。

列　宁

11月4日

译自《列宁文集》俄文版第38卷第400—401页

4

致阿·奥·阿尔斯基

(11月5日)

阿尔斯基同志:现将施韦奇科夫的申请信转寄给您。

如果**现在**支持不住,**整个一年**造纸工业就完了。要全力以赴。请告诉我您怎么办。是否需要我任命一个特别委员会?⁵

列　宁

11月5日

载于1933年《列宁文集》俄文版
第23卷

译自《列宁全集》俄文第5版
第54卷第2页

5

致彼·阿·波格丹诺夫

(11月5日)

致波格丹诺夫同志

抄送:欣丘克同志和拉德琴柯同志

波格丹诺夫同志:

　　我昨天在劳动国防委员会听说,对施泰因贝格的"租让"(收购皮革原料并从国外进口可供商品交换的物资)最高国民经济委员会利用委员会⁶正在研究。

　　但这确实不是通常意义上的租让,研究这一问题必须吸收对外贸易人民委员部和中央消费合作总社参加(尤其是,欣丘克昨天说,他了解施泰因贝格的消极方面)。

　　务必吸收欣丘克参加讨论,我们顺便可考虑一下负责讨论"这类""租让"的委员会的组成条例,对委员会的成员作些调整。[7]

劳动国防委员会主席

弗·乌里扬诺夫(列宁)

译自《列宁全集》俄文第5版
第54卷第2—3页

6

☆致西伯利亚、乌拉尔和
吉尔吉斯斯坦的党员同志们

1921年11月5日

兹介绍来人米哈伊洛夫同志,他是莱斯利·厄克特承租企业(拟议中的)调查委员会主席,请所有的同志对该委员会主席及其全体成员给予**一切可能的**和**各个方面的**协助。此事对全国和全联邦都有重大意义[8]。

人民委员会主席

弗·乌里扬诺夫(列宁)

载于1933年《列宁文集》俄文版
第23卷

译自《列宁全集》俄文第5版
第54卷第3页

7

☆致交通人民委员部

(11月5日)

我命令:应按最高国民经济委员会代表的指示,优先挂上劳动国防委员会克什特姆调查委员会的车厢。①

恳请佛敏同志亲自检查,必要时可指派专人负责,并叫秘书给人民委员会办公厅打个电话。

人民委员会主席
弗·乌里扬诺夫(列宁)②

载于1933年《列宁文集》俄文版
第23卷

译自《列宁全集》俄文第5版
第54卷第3—4页

8

致伊·斯·洛巴切夫

(11月5日)

粮食人民委员部　洛巴切夫同志

我命令:收到此件后两小时内,按最高国民经济委员会主席**波**

---

① 　见上一号文献。——编者注
② 　签署该文献的还有最高国民经济委员会主席彼·阿·波格丹诺夫。——俄文版编者注

格丹诺夫同志签署的要求，把劳动国防委员会克什特姆调查团需要的服装和食品，发给最高国民经济委员会的代表。

本命令由**洛巴切夫**同志亲自执行。

人民委员会主席①

载于1933年《列宁文集》俄文版
第23卷

译自《列宁全集》俄文第5版
第54卷第4页

9

致尼·彼·哥尔布诺夫

（11月5日）

哥尔布诺夫同志：

我是否应该任命一个委员会：

（1）波克罗夫斯基

（2）哈拉托夫

（3）诺维茨基，星期一晚上向**小人民委员会**作报告，星期二②向大人民委员会作报告？

请打电话同他们谈妥，并请告诉我。**9**

列　宁

11月5日

载于1933年《列宁文集》俄文版
第23卷

译自《列宁全集》俄文第5版
第54卷第4—5页

---

① 签署该文献的还有最高国民经济委员会主席。——俄文版编者注

② 即11月7日和8日。——编者注

10

致叶·阿·普列奥布拉任斯基[10]

（11月5日）

1

他简直在胡闹！

他把通货膨胀**忘了**！

请您立即再次报名发言！

2

如有人要把问题弄到全俄中央执行委员会去，请不要忘记坚持：先提交**中央委员会**。

译自《列宁文集》俄文版第38卷
第401页

11

致帕·彼·哥尔布诺夫

(11月7日)

外交人民委员部

帕·彼·哥尔布诺夫

请检查并确切地告诉我：

(1)政治局作出的**赞同**"仿德胜公司"建议的决定，是**什么时候**发给克拉辛的。

(2)您所发出的该决定的**抄件**。[11]

列　宁

11月7日

附言:请将此电报退还。

列　宁

载于1959年《列宁文集》俄文版第36卷

译自《列宁全集》俄文第5版第54卷第5页

12

给帕·彼·哥尔布诺夫的指示和
给列·波·克拉辛的电报

(11月7日)

哥尔布诺夫同志:请用密码发给**克拉辛**。

您11月1日的电报几乎是歇斯底里大发作。您忘记了,您根本没有提出过要立即向莱斯利·厄克特让步,而政治局的决定却是经过慎重考虑的,而且并不是要拒绝。至于"仿德胜公司"一事,10月29日就已把完全同意的决定通知您,并委托您抓紧办理。应该设法使我们之间的电报来往更快些,因为对外贸易人民委员部的工作班子总的说来不怎么样。

列　宁

发往伦敦

载于1959年《列宁文集》俄文版
第36卷

译自《列宁全集》俄文第5版
第54卷第5—6页

13

☆致尼·彼·哥尔布诺夫

（11月7日）

秘密

交有关的人民委员磋商（打电话通知温什利赫特），然后送小人民委员会。**12**

列　宁

11月7日

载于1933年《列宁文集》俄文版
第23卷

译自《列宁全集》俄文第5版
第54卷第6页

14

给尼·彼·哥尔布诺夫的指示**13**

（11月7日）

哥尔布诺夫同志：

请把关于暂缓执行的那个文件送给我签字，或者干脆把它压下。

列　宁

11月7日

译自《列宁文集》俄文版第38卷
第402页

15

致列·波·加米涅夫[14]

（11月7日）

秘密

加米涅夫同志：

我认为契切林是不对的。要提出条件，使粮食**只**提供给我们挨饿的农民；**应该表示同意**。11月5日我们在人民委员会决定拨出只能购买**900万普特**粮食的黄金（$33-15=18$。$18\div2=9$[15]）。应该千方百计给予帮助，即使是用英国的破烂货。

至于安全问题，我们应预先商定。

列　宁

11月7日

载于1959年《列宁文集》俄文版
第36卷

译自《列宁全集》俄文第5版
第54卷第6页

16

在格·瓦·契切林来信上的批语

（11月7日）

1921年11月4日

致俄共中央政治局

英国政府没有答复我们,而是问我们怎样对待承认其他各种债务的问题,例如战时债务、市政债务、铁路债务以及因没收财产所欠的私人债务。

外交人民委员部部务委员会建议<u>不作正面</u>答复,也就是说,只谈我们在自己的照会中已明确承认没有争议的债务,至于根据某种理由可以认为是有争议的债务,或者目前没有足够明确的材料可以证明的债务以及数目不详的债务,我们认为把这些问题留待以后同各大国共同讨论为宜。我们不要以此束缚自己,同时也不要给予否定的答复。

外交人民委员　（契切林）

契切林同志：

您答复了吗？是按您的想法答复的吗?[16]

列　宁

11月7日

译自《列宁文集》俄文版第 37 卷
第 332—333 页

17

致瓦·米·米哈伊洛夫[17]

11月7日

　　米哈伊洛夫同志:送上备查。请将共和国革命军事委员会登记处的问题提交政治局,事先叫人**收集**中央**以往**有关的**所有**决定。

您的　**列宁**

译自《列宁文集》俄文版第38卷
第402页

18

致约·维·斯大林[18]

（11月7日）

斯大林同志:

　　我认为,契切林是对的。

列　宁

11月7日

译自《列宁文集》俄文版第37卷
第333页

19

☆致中央出版物发行处和最高国民经济委员会、农业人民委员部、交通人民委员部、粮食人民委员部的出版机构[19]

（11月8日）

我委托斯莫尔亚尼诺夫同志召集一个有中央出版物发行处以及最高国民经济委员会、农业人民委员部、交通人民委员部和粮食人民委员部的出版机构参加的委员会，为整顿向各地发送出版物制定实际措施，并报请劳动国防委员会批准。

请指派专人负责。

劳动国防委员会主席
弗·乌里扬诺夫（列宁）

载于1933年《列宁文集》俄文版
第23卷

译自《列宁全集》俄文第5版
第54卷第7页

20

致列·波·加米涅夫

（11月8日）

只限您我知道。

任命拉维奇为内务人民委员部部务委员(组织局的决定)恐怕是一个政治错误:她曾任此职,业已离职。在**重新审议的各部部务委员会名单(根据代表大会的决定)**中没有她。现在又让她回来,人们要提出责难是理所当然的。

您的意见呢?[20]

译自《列宁文集》俄文版第38卷第400页

21

致瓦·亚·斯莫尔亚尼诺夫

(11月9日)

斯莫尔亚尼诺夫同志:寄上此文[21]备查。能否委托一人(斯特卢米林?)把**顿巴斯生产增长的总结数字**每月统计两次?

列 宁

11月9日

载于1933年《列宁文集》俄文版第23卷

译自《列宁全集》俄文第5版第54卷第7页

22

致瓦·亚·阿瓦涅索夫

（11月9日）

阿瓦涅索夫同志：您今天是否要提出"福勒"式犁的问题？

据说马尔滕斯因病再次请求延期。

那么，能否把问题分开，今天只解决一部分，使事情不致停顿下来，而能立刻处理。

例如，把追究责任等问题先搁一搁。

要作出决定：指派一个人并急速处理此事。[22]

列　宁

载于1933年《列宁文集》俄文版
第23卷

译自《列宁全集》俄文第5版
第54卷第7—8页

23

致瓦·亚·斯莫尔亚尼诺夫

（11月9日）

斯莫尔亚尼诺夫同志：

请阅，阅毕送还阿瓦涅索夫。

第一份图表(顿涅茨克煤炭装车情况)应作为向劳动国防委员会呈送图表的范本①。

不过：

1. 所有图表都应放在文件夹里，而不要卷起来；

2. 因而图表应小些；

3. 图表上的指示线应不＞3②。

列　宁

1921 年 11 月 9 日

<table>
<tr><td>载于 1933 年《列宁文集》俄文版
第 23 卷</td><td>译自《列宁全集》俄文第 5 版
第 54 卷第 8 页</td></tr>
</table>

24

致约·斯·温什利赫特

（11 月 9 日）

全俄肃反委员会主席团

温什利赫特同志

由于全俄肃反委员会经济部在您亲自监督下对联合委员会[23]一案进行过特别审查，我要求您继续进行侦查，并将侦查员关于侦

---

① 参看本版全集第 42 卷第 221、513—516 页。——编者注

② 意为不多于 3。——俄文版编者注

查的进程及其结果的报告上报司法人民委员**库尔斯基**同志。

人民委员会主席

弗·乌里扬诺夫(列宁)

1921年11月9日

译自《列宁全集》俄文第5版
第54卷第8—9页

25

致达·波·梁赞诺夫[24]

（11月9日）

致梁赞诺夫同志

尊敬的同志：信、书和照片均已收到，十分感谢。现将照片退还。

我看完拉萨尔写给马克思的信，要借用一下恩格斯论谢林的小册子。您如能快些看完，把它寄来，我将非常感谢。

您向中央委员会提出的建议[25]，我将转给政治局委员。

致共产主义的敬礼！

列　宁

载于1959年《列宁文集》俄文版
第36卷

译自《列宁全集》俄文第5版
第54卷第9页

26

致瓦·米·米哈伊洛夫并转
俄共(布)中央政治局委员

(11 月 9 日)

米哈伊洛夫同志:

我建议:原则上同意并提交人民委员会。²⁶

列 宁

11 月 9 日

载于 1959 年《列宁文集》俄文版
第 36 卷

译自《列宁全集》俄文第 5 版
第 54 卷第 9 页

27

☆致格·马·克尔日扎诺夫斯基

(11 月 9 日)

请征求一两位可靠的内行人的意见。²⁷

列 宁

11 月 9 日

载于 1959 年《列宁文集》俄文版
第 36 卷

译自《列宁全集》俄文第 5 版
第 54 卷第 10 页

28

致阿·巴·哈拉托夫

1921 年 11 月 10 日

哈拉托夫同志：

请给中央委员会书记**米哈伊洛夫**同志送一份报告(关于 1 600 万普特储备粮的问题)，今天就送，要提出明确的建议。

列　宁

载于 1933 年《列宁文集》俄文版 第 23 卷

译自《列宁全集》俄文第 5 版 第 54 卷第 10 页

29

致尼·彼·哥尔布诺夫

1921 年 11 月 10 日

致尼·彼·哥尔布诺夫同志

布良斯克工厂的职工已制造出 **7** 部电犁。1922 年 1 月 1 日以前将制造出 **20** 部。

制造电犁遇到的困难是极大的。

因此，必须给近 70 名职工以专门奖励。布良斯克工厂厂长**热尔托夫**同志力陈这样做的必要性。

　　请您同热尔托夫同志一起商量一下奖励办法（授予劳动红旗勋章；奖励现金和实物）**28**，明天将此问题提交**劳动国防委员会**。

劳动国防委员会主席

弗·乌里扬诺夫（列宁）

载于1933年《列宁文集》俄文版　　　　　　译自《列宁全集》俄文第5版
第23卷　　　　　　　　　　　　　　　　第54卷第10—11页

30

致伊·伊·拉德琴柯

（11月10日）

拉德琴柯同志：

　　这是党内的一位老同志。

　　同驻在国外的那些不诚实的家伙作斗争，这样的人无疑是有用的。

　　他没有搞过商业，但在有经商经验的人的指点下是能够做出成绩的。作为一个诚实的人，无疑是能做出成绩的。

　　请予以委任。**29**

　　致共产主义的敬礼！

列　宁　　

载于1933年《列宁文集》俄文版　　　　　　译自《列宁全集》俄文第5版
第23卷　　　　　　　　　　　　　　　　第54卷第11页

31

致伊·伊·拉德琴柯

（11月10日）

拉德琴柯同志：

请设法弄清列扎瓦到达的准确日期（不要使得克拉辛歇斯底里大发作）。

我认为，如果克拉辛报以歇斯底里大发作，那只好拒绝他的要求。[30]

不能无限期地拖延下去。

您是什么时候向伦敦发出**决定**（关于中央消费合作总社以及该社参加对外贸易工作的决定）[31]的？向柏林呢？这两地是什么时候收到的？您是什么时候收到答复和意见的？

列　宁

11月10日

载于1933年《列宁文集》俄文版
第23卷

译自《列宁全集》俄文第5版
第54卷第11—12页

32

致约·斯·温什利赫特

（11月10日）

致全俄肃反委员会副主席温什利赫特同志

抄送：小人民委员会

委托您召集一次有对外贸易人民委员、内务人民委员和陆军人民委员参加的会议，由您主持，火速研究同走私作斗争的问题。

您要在一周内向小人民委员会提出报告。**32**

人民委员会主席

载于1933年《列宁文集》俄文版
第23卷

译自《列宁全集》俄文第5版
第54卷第12页

33

☆致国家出版社

（11月10日）

今天收到你们出版的我的文章《十月革命四周年》①。你们印

---

① 见本版全集第42卷第180—188页。——编者注

了5万册。今后,我的文章是否需要出单行本,以及印多少册,请征求我的意见。

附上的文章[33],请印5 000册。

人民委员会主席

弗·乌里扬诺夫(列宁)

载于1933年《列宁文集》俄文版 第23卷

译自《列宁全集》俄文第5版 第54卷第12页

34

致瓦·米·米哈伊洛夫

(11月10日)

致中央委员会书记米哈伊洛夫同志

米哈伊洛夫同志:附上一些抄件。请分发,问题明天讨论。[34]

列　宁

11月10日

译自《列宁文集》俄文版第39卷 第327页

35

致玛·伊·格利亚谢尔

（11 月 11 日）

那 **3** 份寄到哪里去了？

打电话给国家出版社，说我请求把**校样**给我。

什么时候能送来？快一点。**35**

载于 1933 年《列宁文集》俄文版
第 23 卷

译自《列宁全集》俄文第 5 版
第 54 卷第 13 页

36

致瓦·米·米哈伊洛夫并转
俄共(布)中央政治局委员**36**

（11 月 11 日）

知照政治局全体委员

米哈伊洛夫同志：

我认为，我没有必要把人找来，因为我无法核实，又不能相信别人的话。

　　建议委托季诺维也夫同志让列姆克就此事写一份简短明确的书面材料,由列姆克签字。材料中应说明:对国家纸币印刷厂管理局有些什么指责或怀疑;列姆克想怎么办。委员会不应由15人组成,而应由3人组成,即:(1)全俄中央执行委员会一名委员;(2)列姆克;(3)国家纸币印刷厂管理局支部的一名共产党员。

　　然后再由政治局讨论列姆克的意见。**37**

列　宁

11 月 11 日

译自《列宁全集》俄文第5版
第54卷第13页

37

给秘书的指示

（11 月 11 日）

　　星期一傍晚前请给我准备好1921年7月6日有关电犁材料的摘录以及其他有关电犁的材料。**38**

译自《列宁文集》俄文版第 38 卷
第 405 页

38

致尼·彼·哥尔布诺夫

1921 年 11 月 12 日

哥尔布诺夫同志：

请看附件[39]，并送阿尔斯基同志，让财政人民委员部部务委员们也看一下，然后再送加米涅夫同志，他任主席的那个委员会大概会碰到这个问题。

我从 80 年代起就认识切博塔廖夫，还是因我哥哥亚历山大·伊里奇·乌里扬诺夫于 1887 年被处绞刑的案件认识的。切博塔廖夫无疑是一个正直的人。在第一次革命时期和以后，他在政治上曾是立宪民主党人，但不活跃。我认为，对他的诚实是可以而且应该相信的。现在，他在政治上像是同路标转换派[40]接近。

列　宁

载于 1933 年《列宁文集》俄文版
第 23 卷

译自《列宁全集》俄文第 5 版
第 54 卷第 13—14 页

39

在格·瓦·契切林来信上的批语和
给格·瓦·契切林的复信

(11月12日)

尊敬的弗拉基米尔·伊里奇:

古德里奇是想要谈一谈,第一,关于美国"谷物公司"经美国政府批准贷给我们供春播用和成人食用的谷物问题。他希望我们明年用收获的谷物归还。他想了解,<u>我们是否同意这样做</u>。第二,他在任印第安纳州长职务期满后,曾被他的朋友胡佛特意找去,并被派来我国了解情况,目的是要他回美国后向国会提出对我国提供援助的问题。总的来说,他表达了极亲善的观点。他曾去过伏尔加河流域,好像是以美国救济总署代表的身份去的,他个人确信苏维埃政权是巩固的。作为一个美国人,他在彼得格勒看到来自英国、德国的机器以及各式各样的商品,而没有来自美国的这类商品,他深感不安。因此,我向他介绍说,我们从罗宾斯(此人正是他的朋友)时期开始就试图同美国建立贸易和工业联系了……

致共产主义的敬礼!

格·契切林

? 应该问一下奥新斯基和弗鲁姆金,并由**劳动国防委员会**决定。

您能否暂作**原则上同意**的答复? 然后再专门订立明确的合同?

11月12日

契切林同志:我今天未能接见古德里奇。看来,他动身前没有可能了。如果您能给他**简单写几句**十分亲切和使他满怀希望的话,也许就够了(如果您愿意,**也代表我**,就说您同我谈过了,而我由于未能同他见面,**深表遗憾**)。

致共产主义的敬礼!

列 宁

译自《列宁全集》俄文第5版
第54卷第14—15页

40

☆给各经济会议的电报

(11月12日)

抄送:统计局

按法律规定向劳动国防委员会呈送工作报告的时间是10月15日至11月1日,你们已经超过期限了,劳动国防委员会没有收到你们的报告。我对你们的不准时和拖拉提出警告,并要求你们按期及时地送报告来。请将负责及时编制和寄送报告的人的姓名、职务立即上报劳动国防委员会,并将同样的指示转发各县。[41]

劳动国防委员会主席 **列宁**

载于1945年《列宁文集》俄文版
第35卷

译自《列宁全集》俄文第5版
第54卷第15页

41
致尼·彼·哥尔布诺夫

(11月12日)

哥尔布诺夫同志:

请送交格·马·克尔日扎诺夫斯基。

请了解他的意见。然后询问佛敏,或者还可以问问其他人,但不要给他们看这封信,把结果告诉我。[42]

列　宁

11 月 12 日

载于1933年《列宁文集》俄文版第 23 卷　　　　　　　　　　译自《列宁全集》俄文第 5 版第 54 卷第 16 页

42
致尼·彼·哥尔布诺夫

(11月12日)

哥尔布诺夫同志:

此事请同他商定,务求问题得到解决,不然就告诉我。[43]

列　宁

11 月 12 日

载于1933年《列宁文集》俄文版第 23 卷　　　　　　　　　　译自《列宁全集》俄文第 5 版第 54 卷第 16 页

43

致叶·阿·普列奥布拉任斯基

11 月 12 日

普列奥布拉任斯基同志：

　　您有这个材料吗?[44]

　　您的意见呢?

　　舍印曼参加不参加**财政委员会**?

　　他能参加吗?

　　请退还。

　　致共产主义的敬礼!

列　宁

译自《列宁文集》俄文版第 38 卷
第 405 页

44

对俄共(布)中央政治局关于库尔斯克
磁力异常区租让谈判的决定的意见[45]

(11 月 14 日)

再设法讲讲条件,以便使全俄工会中央理事会同承租人达成协议。

不宜使谈判破裂。

列　宁

11 月 14 日

译自《列宁全集》俄文第 5 版
第 54 卷第 16 页

45

致约·斯·温什利赫特

1921 年 11 月 14 日

致温什利赫特同志

对您第 23077 号来件(11 月 11 日)[46]答复如下。

按照您的建议和库尔斯基同志的意见,我说明一下,如您希望的那样,由您负责监督侦查的进程。库尔斯基则负责报告侦查结果,并报告他(库尔斯基)所了解到的侦讯情况。

人民委员会主席

弗·乌里扬诺夫(列宁)

载于 1933 年《列宁文集》俄文版
第 23 卷

译自《列宁全集》俄文第 5 版
第 54 卷第 17 页

46

致尼·伊·布哈林[47]

（11月14日）

布哈林同志：请读此文。我们最好能**多**发表**一些**印度同志的文章（并不是因为有这篇文章，虽然这篇文章看来写得不坏），以便鼓励他们并多收集一些关于印度和印度革命运动的材料。

列　宁

11月14日

载于1959年《列宁文集》俄文版
第36卷

译自《列宁全集》俄文第5版
第54卷第17页

47

致阿·瓦·卢那察尔斯基

11月15日

卢那察尔斯基同志：

我很想满足季诺维也夫同志的请求，把塞拉蒂痛骂一顿。

您能帮助我吗？

可从两方面帮助：

（1）把您写的小册子[48]的手稿给我（是在您说的11月16日送

来,还是再晚一些,誊清后送来?);

(2)给我**两三份**意大利文原文的文件,以便我能更好地准备"弹药"。文件应选最能说明问题的。

此外,塞拉蒂似乎问过拉查理:"您受骗了?""谁骗了您?"您有关于这个问题的**原文**吗?

附言:请把附件退还。

敬礼!

列 宁

译自《列宁全集》俄文第 5 版
第 54 卷第 17—18 页

48

致 В.И.萨马林[49]

1921 年 11 月 15 日

萨马林同志:

一些到过克里木的绝对诚实的人告诉我,**大家都在偷酒**。受贿酗酒,太不像话了。您应该**负责**进行公正彻底的调查。恰好,在对外贸易人民委员部和卫生人民委员部之间有个争执不下的问题:是把酒销往国外(我认为应该这样做,而且要快)还是留给医院。您应该**赶快**收集有关这个问题的全部材料。如果发生什么紧急情况,**请直接打电报给我**。盼每周给我发一个简要的电报。

人民委员会主席

弗·乌里扬诺夫（列宁）

载于1933年《列宁文集》俄文版
第23卷　　译自《列宁全集》俄文第5版
第54卷第18页

49

致约·斯·温什利赫特

（11月15日）

　　温什利赫特同志：既然已经允许去美国，那就是说没有障碍了？请下令（并指定专人——**秘书**负责）**立即**发给签证，不得有任何拖延，可免去任何手续。[50]

列　宁

11月15日

载于1945年《列宁文集》俄文版
第35卷　　译自《列宁全集》俄文第5版
第54卷第18—19页

50

致伊·捷·斯米尔加

（11月15日）

　　斯米尔加同志：请将此件交人翻译，并正式提交最高国民经济

委员会主席团讨论。**不要压下**。**请亲自**检查。此件请退还。⁵¹

列 宁

11 月 15 日

译自《列宁全集》俄文第 5 版
第 54 卷第 19 页

51

致尼·彼·哥尔布诺夫

（11 月 15 日）

哥尔布诺夫同志：

（1）请按我的批示将**弗赖伊**的信⁵²发出去，然后检查信**是否已**退回；

（2）信退回后，请告诉我；

（3）其余的⁵³送**农业人民委员部**征求意见，要他们**切勿丢失**，**快些**退还给我。

列 宁

11 月 15 日

载于 1945 年《列宁文集》俄文版
第 35 卷

译自《列宁全集》俄文第 5 版
第 54 卷第 19 页

52

致俄共(布)中央政治局

(11月16日)

像波格丹诺夫所写的那样,在图拉工作过的调查组所收集的材料已带到莫斯科,因此我同意先在这里对材料进行分析,也就是说,我同意波格丹诺夫的建议。[54]

列　宁

11月16日

载于1959年《列宁文集》俄文版
第36卷

译自《列宁全集》俄文第5版
第54卷第19—20页

53

致德·伊·库尔斯基

1921年11月16日

根据国家计划委员会主席团的建议,我提议
斯特卢米林同志和
弗·米·斯米尔诺夫同志
代表国家计划委员会参加1921年11月1日由人民委员会成立的、由库尔斯基主持的研究新经济政策法令系统化等问题的委员会。**55**

人民委员会主席

弗·乌里扬诺夫(列宁)

载于 1933 年《列宁文集》俄文版
第 23 卷

译自《列宁全集》俄文第 5 版
第 54 卷第 20 页

54

致格·马·克尔日扎诺夫斯基

(11 月 16 日)

　　格·马·:读完了,我**非常非常**赞成。要**尽快**作准备,发指示吧!

　　我觉得,关于新经济政策有必要加以补充。我认为,最好把应作的补充(从各个不同的角度来**阐明**新经济政策**在总的范围内的**地位、意义和作用)插到某些章节里去。几乎每一章都可以(而且我认为应该)增加一两页,说明新经济政策**不是要改变**统一的国家经济计划,**不是要超出**这个计划的范围,而是要改变实现这个计划的**办法**。**56**

　　您的意见如何?

　　敬礼!

列　宁

载于 1924 年在莫斯科出版的
格·马·克尔日扎诺夫斯基《商
品交换和计划工作》一书

译自《列宁全集》俄文第 5 版
第 54 卷第 101 页

55

致路·卡·马尔滕斯

（11月17日）

急

致马尔滕斯同志

马尔滕斯同志：务必通知彼得格勒和对外贸易人民委员部。不经过**再**三检查就什么也准备不好，而且会出丑。

请将作好准备的措施提交**劳动国防委员会**和小人民委员会讨论。**57**

列　宁

11 月 17 日

载于1959年《列宁文集》俄文版
第36卷

译自《列宁全集》俄文第5版
第54卷第20页

56

致伊·伊·拉德琴柯**58**

（11月17日）

拉德琴柯同志：

这件事很重要。应该（1）召集会议（难道没有召集过吗？）；

(2)制定详细的条例、细则;(3)制定逐步实施细则的计划;(4)通过欧洲工人的(特别是**共产党的**)报刊进行检查。

退还此件时,请详细答复。[59]

列　宁

11 月 17 日

载于1961年《历史文献》杂志
第 5 期

译自《列宁全集》俄文第 5 版
第 54 卷第 21 页

57

给列·波·克拉辛的电报

(11 月 17 日)

急。立即拍发

绝密

伦敦　苏维埃政府代表团　克拉辛

对您 11 月 14 日关于列扎瓦下旬回国的来电答复如下。

请注意,我们已等得太久了,要让**列扎瓦**尽快回来。拉德琴柯告诉我,**列扎瓦** 16 日从伦敦启程。请立即电告动身的准确时间。[60]

列　宁

11 月 17 日

译自《列宁全集》俄文第 5 版
第 54 卷第 21 页

58

给纳·纳·纳里曼诺夫的电报[61]

(11月17日和21日之间)

巴库　阿塞拜疆人民委员会主席　纳里曼诺夫

我祝愿新开设的阿塞拜疆国家银行成为兄弟的苏维埃共和国的工人和农民实行新经济政策的坚强支柱。捐款4 000万卢布救济伏尔加河流域和库尔德斯坦的饥民,最清楚地说明它决心在劳动者红色国际的旗帜下行进。

俄罗斯联邦人民委员会主席　**列宁**

载于1950年《列宁全集》俄文第4版　　　　译自《列宁全集》俄文第5版
第33卷　　　　　　　　　　　　　　　第54卷第21—22页

59

致尼·尼·克列斯廷斯基

11月18日

克列斯廷斯基同志:

非常感谢您的来信。

我很希望您能使他们按时提出准确的病情报告和治疗方案。[62]能否叫人打听一下**瑙姆·雅柯夫列维奇·塔辛**的情况。[63]他是马德里一家报纸的记者,现住柏林(维尔梅尔村耶纳大街**20**号乔姆金处),曾为《基辅思想报》**64**撰稿。他是何许人？是孟什维克吗？他用**西班牙文写的论俄国革命**和**无产阶级专政**的几本书**65**，我很感兴趣,有没有德文本或法文本?

　　敬礼!

列　宁

发往柏林

译自《列宁全集》俄文第5版
第54卷第22页

载于1933年《列宁文集》俄文版
第23卷

60

☆致全俄肃反委员会

(11月18日)

抄送:财政人民委员部

　　为了把目前保存在各国家机关的全部贵重物品集中在一处,我命令在收到此信后三天内把全俄肃反委员会掌管的全部贵重物品交国家珍品库①。**66**

人民委员会主席

弗·乌里扬诺夫(列宁)

载于1959年《列宁文集》俄文版
第36卷

译自《列宁全集》俄文第5版
第54卷第22—23页

---

　　① 即俄罗斯联邦国家珍品库。——编者注

61

致维·米·莫洛托夫

（11月18日和22日之间）

　　莫洛托夫同志：您的这份"集体主义者"的纲领（给我送来的）是从哪里弄到的？我还没有读完，但已看到有不少奇怪的地方。这是些什么人？叫什么名字？在哪儿出版的？在哪儿散发的？谁散发的？哪些人支持这件事？都叫什么名字？一部分萨马拉人都是谁？也许不只是萨马拉人吧？[67]

列　宁

载于1959年《列宁文集》俄文版
第36卷

译自《列宁全集》俄文第5版
第54卷第23页

62

为尼·亚·叶梅利亚诺夫写的介绍信

1921年11月19日

致斯托莫尼亚科夫、卢托维诺夫、克拉辛、

沃罗夫斯基、克尔任采夫、罗蒙诺索夫、

李维诺夫及其他同志

　　现向你们大力推荐持信人尼古拉·亚历山德罗维奇·叶梅利

亚诺夫同志。我个人从1917年7月起就认识他,他是彼得格勒党的一位久经考验的优秀老战士。请给予他**最充分的**信任和尽可能的协助。我认为,让他熟悉对外贸易人民委员部的事务是极端重要的,因为对外贸易人民委员部驻国外的工作人员中缺少有经验的党员,这是一。其二,我有一些材料,说外国工人经常抱怨俄罗斯联邦对外贸易人民委员部不想办法去接近他们①。而在这方面,叶梅利亚诺夫一定会起很大作用。

恳请那些将同叶梅利亚诺夫同志结识的收信人给我来信。

致共产主义的敬礼!

弗·乌里扬诺夫(列宁)

载于1933年《列宁文集》俄文版
第23卷

译自《列宁全集》俄文第5版
第54卷第23—24页

63

☆致党和苏维埃的全体工作人员

1921年11月19日

恳请给予尼古拉·亚历山德罗维奇·**叶梅利亚诺夫最充分的**
信任和尽可能的协助。我个人早在十月革命前就认识他,他是党的一位老工作人员,是彼得格勒工人先锋队中最著名的活动家

---

① 见本卷第56号文献。——编者注

之一。①

人民委员会主席

弗·乌里扬诺夫（列宁）

载于1933年《列宁文集》俄文版
第23卷

译自《列宁全集》俄文第5版
第54卷第24页

64

给尼·彼·哥尔布诺夫的指示

（11月19日）

尼·彼·哥尔布诺夫：**请叫人把娜·康·对书籍收费法令**[68]**的意见抄一份**送库尔斯基。

列　宁

11月19日

图书馆通常都有图书馆委员会，由有组织的居民（地方支部、工会、青年团、妇女部）的代表组成，对图书馆的工作进行监督。

农村阅览室也有由当地农民组成的、目的相同的"农村阅览室委员会"。

中央图书馆委员会可以发出指示，责成各委员会给上一级委员会（农村阅览室委员会给乡图书馆委员会，乡和区的图书馆委员会给中央图书馆委员会）签发收条，说明书籍和报纸已经收到并得到正确使用。这样做从另一方面来说也是大有好处的，即能对各级委员会是否正确履行职能进行监督，并促使那些还没有这种组织的地方建立起这种组织。一般说来，图书馆业务的集中管理（建立各类图书馆的联系）已经大大前进了一步，因此可以实行这种办法。

在法令中可以补上："在图书馆委员会和农村阅览室委员会对图书馆和

---

① 见上一号文献。——编者注

农村阅览室是否正确使用进行监督的条件下"。

　　关于学校,还应补充如下规定:任何学校如能证明它们在学生和居民中进行工作时需要报纸,经乡、县或省国民教育局证明,有权免费得到报纸。

娜·康·乌里扬诺娃

　　附言:12月将召开图书馆代表会议,上述问题均将予以讨论解决。

载于1933年《列宁文集》俄文版
第23卷

译自《列宁全集》俄文第5版
第54卷第25页

65

☆致克里姆林宫警卫长

(11月19日)

　　昨晚8时,奥西普·彼得罗维奇·戈尔登贝格来找我。尽管我至少在半小时前就已通知警卫长室和哨兵,但他还是**受到了阻拦**,不是在人民委员会楼下,而是**在楼上被拦住的**。

　　我已不止一次提醒过你们,现在再一次提醒你们注意这种违犯制度的现象,不要逼得我去采取严厉的措施;你们要做到,只要我的秘书处给哨兵发过通知,就不应有**任何阻拦**。

　　具体规定是否十分详尽。对此是否进行了检查。请报告执行情况[69]。

劳动国防委员会主席

弗·乌里扬诺夫(列宁)

载于1933年《列宁文集》俄文版
第23卷

译自《列宁全集》俄文第5版
第54卷第26页

66

致维·米·莫洛托夫

（11月19日）

秘密

莫洛托夫同志：请政治局委员传阅。阅后退还。[70]

列　宁

11月19日

载于1945年《列宁文集》俄文版
第35卷

译自《列宁全集》俄文第5版
第54卷第26页

67

致德·伊·库尔斯基

1921年11月19日

库尔斯基同志：

克拉辛很担心，格罗曼委员会统计的材料（武装干涉给我们造成的损失的数额）会被哥伊赫巴尔格揉成一团扔掉。

哥伊赫巴尔格同志像是病了。

因此，必须仔细检查：

(1)这些材料是否保管得很好?

(2)这些材料的结论是什么?

(3)谁负责保管这些材料使之完整无缺?

(4)是否需要**继续搞完**?

(5)交给谁搞?

请您**亲自**检查,并请立即告诉我。**71**

人民委员会主席

弗·乌里扬诺夫(列宁)

载于1942年《列宁文集》俄文版
第34卷

译自《列宁全集》俄文第5版
第54卷第26—27页

68

致维·米·莫洛托夫

1921年11月19日

莫洛托夫同志:

泰奥多罗维奇同志今天向我提出辞呈。我拒绝了。

我很清楚,他是想避开可能同奥新斯基发生冲突和摩擦的麻烦。

但是,我相信,事情定能得到对农业人民委员部极为有利的解决。

请政治局委员传阅,看看他们是否赞成我拒绝接受泰奥多罗维奇的辞呈。**72**

致共产主义的敬礼!

列　宁

译自《列宁全集》俄文第5版
第54卷第27页

69

☆致尼·彼·哥尔布诺夫

1921年11月19日

哥尔布诺夫同志:

如此重要的文件[73],您11月**17**日(!!)才交给我,又附上这样一个空洞的便条,就您这方面说,这是极不妥当的。

本应提交劳动国防委员会!

如果由于阿瓦涅索夫外出而造成了错误,如果您和斯莫尔亚尼诺夫都没有及时同伊万·尼基季奇·斯米尔诺夫和丘茨卡耶夫两人取得联系(前者就在彼得格勒,同他联系很容易),您就有责任了。这是**您的过错**。

为什么一个叫克拉辛斯基的人忙得不可开交,而您和斯莫尔亚尼诺夫却无所事事??

列　宁

载于1933年《列宁文集》俄文版
第23卷　　　　　　　　　　　　　　　　译自《列宁全集》俄文第5版
　　　　　　　　　　　　　　　　　　　第54卷第28页

70

致约·维·斯大林

（11月20日）

斯大林同志：能否把您给契切林的复信的抄件送我一份？我看，他是对的。**74**

列　宁

11月20日

译自《列宁全集》俄文第5版
第54卷第28页

71

☆致劳动国防委员会办公会议主席

（11月21日）

鉴于丘茨卡耶夫同志和伊万·尼基季奇·斯米尔诺夫提出异议，**请务必在今天**重新审议今年11月11日劳动国防委员会关于新建铁路的决定①。

劳动国防委员会主席
弗·乌里扬诺夫（列宁）

载于1933年《列宁文集》俄文版
第23卷

译自《列宁全集》俄文第5版
第54卷第29页

---

①　见本卷第69号文献。——编者注

72

致维·米·莫洛托夫、克·格·拉柯夫斯基、伊·伊·施瓦尔茨、格·列·皮达可夫、莫·李·鲁希莫维奇

1921年11月21日

致莫洛托夫同志

拉柯夫斯基同志

全俄矿工工会中央委员会"谢苗"(施瓦尔茨)同志

皮达可夫同志
鲁希莫维奇同志 } 发往顿巴斯

尊敬的同志:

附上列梅科同志的小册子[75]。

只要看上一页半(第13页和第14页),就会发现问题的实质:顿巴斯的斗争和纠纷。

除皮达可夫同鲁希莫维奇之间的斗争或不和之外,又加上了列梅科(和他在第14页提到的那些同志)同皮达可夫和卡尔宁之间的不和。

我们的**堡垒**——顿巴斯发生的这些不和和纠纷,是极其危险的。

请读一读这本小册子(或者只读第13和第14两页就足够了),然后写信告诉我,哪怕三言两语也好,可以(而且应该)采取什么措施来消除顿巴斯出现的不和与摩擦。[76]

人民委员会主席

弗·乌里扬诺夫(列宁)

载于1933年《列宁文集》俄文版
第23卷

译自《列宁全集》俄文第5版
第54卷第29—30页

73

给瓦·瓦·斯塔尔科夫的电报

(11月21日)

柏林　斯塔尔科夫

第一份汇报已收到。我坚决要求,最好把全部订货,至少也要把十套设备在3月1日以前运到我国港口,4月1日以前运到工地。从汇报中看不出有按期完成任务的信心。能否完成任务,望明确电告。[77]

劳动国防委员会主席　列宁

载于1933年《列宁文集》俄文版
第23卷

译自《列宁全集》俄文第5版
第54卷第30页

74

为雅·斯·加涅茨基写的证明材料[78]

(11 月 21 日)

我从 1903 年起就认识加涅茨基同志,当时他以波兰社会民主党代表的身份参加了我党的代表大会。而且我知道他后来一直是波兰党的中央委员。1912—1914 年,我们一起住在克拉科夫,那时我对他了解很深。加涅茨基同志曾多次从那里去波兰做秘密工作,他无论是在国外侨居还是在俄国,都担任中央委员的工作。我全力推荐准予登记。

俄共中央委员

弗·乌里扬诺夫(列宁)

1921 年 11 月 21 日

载于 1959 年《列宁文集》俄文版   译自《列宁全集》俄文第 5 版
第 36 卷   第 54 卷第 30 页

75

在莫斯科生产管理局给莫斯科
纺织企业管理局的公函上的批示[79]

(11 月 21 日)

极为可疑!

温什利赫特同志应指派一个**极为可靠的**、他本人熟悉的人去

进行审查。这是一种巧妙的盗窃。是不是到处都有？

列　宁

11 月 21 日

译自《列宁全集》俄文第 5 版
第 54 卷第 31 页

76

致米·库·韦托什金

(11 月 22 日)

致黄金委员会副主席
韦托什金同志

请您尽快研究拨给造纸工业黄金的问题。此事不容再拖。[80]

人民委员会主席

载于 1933 年《列宁文集》俄文版
第 23 卷

译自《列宁全集》俄文第 5 版
第 54 卷第 31 页

77

致斯·斯·皮利亚夫斯基

11 月 22 日

皮利亚夫斯基同志：

请给我送一份你们委员会统计的协约国欠我们多少账的简短

书面材料①,分笔开列:

　　(a) 已经完全证实、有充分根据的；

　　(b) ⎱根据不太充分的；

　　(c) ⎰根据不足的,

等等。

人民委员会主席

弗·乌里扬诺夫（列宁）

载于1933年《列宁文集》俄文版　　　　　　　　译自《列宁全集》俄文第5版
第23卷　　　　　　　　　　　　　　　　　　　第54卷第31—32页

78

致维·米·莫洛托夫

（11月22日）

　　莫洛托夫同志:**请按医生的意见**给小人民委员会主席**基谢廖夫**同志不少于**两个月**的假期进行治疗。

　　谢马什柯安排了会诊（米诺尔也参加了）,确诊为过度疲劳,等等。

　　附上诊断书。

　　应按医生的意见给他找一个疗养院,可以而且应该让谢马什

---

① 见本卷第67号文献。——编者注

柯写一个书面保证。**81**

列 宁

11 月 22 日

载于1933年《列宁文集》俄文版
第23卷

译自《列宁全集》俄文第5版
第54卷第32页

79

致约·维·斯大林和约·斯·温什利赫特

1921 年 11 月 22 日

致斯大林同志和温什利赫特同志

随信附上的材料**82**是基谢廖夫同志转给我的。我们的出租工作做得太不像样子了。

清单,要么是**假的**,像这张那样,要么就根本没有。

许多极宝贵的商品,如布匹、机器、皮带等等,等等,都被承租者、接收人员、移交人员盗窃一空。对此,我已给温什利赫特写过一次信。

是否需要召开一次由**最可靠的**人参加的**秘密**会议,研究斗争措施?

(1)抓住几起事件,枪毙罪犯;

(2)制定补充细则;

(3)制定检查措施,等等。[83]

人民委员会主席

弗·乌里扬诺夫(列宁)

载于1942年《列宁文集》俄文版
第34卷

译自《列宁全集》俄文第5版
第54卷第32—33页

80

致维·米·莫洛托夫[84]

(11月22日)

莫洛托夫同志:关于贝尔格的事请作出决定,并请把中央书记处或组织局的决定连同该决定的英译文转送**海伍德**。

列 宁

11月22日

译自《列宁文集》俄文版第38卷
第406页

81

☆致国家计划委员会

(11月23日)

请国家计划委员会研究下列问题:

1.加速伊万诺沃-沃兹涅先斯克区(在鲁布湖上)电站的建设

和发电问题,以及

2.把鲁布湖泥炭沼泽地的开发工作列入泥炭总委员会1922年计划,或将该项工作转交电站工程处。

必须根据现有资源情况立即拟定并批准伊万诺沃-沃兹涅先斯克电站1922年的建设和泥炭开发工作的计划及其先后顺序。

我认为,除中央有关部门(利用委员会、国家建筑工程总委员会、泥炭总委员会①)外,最好还吸收伊万诺沃-沃兹涅先斯克省经济会议代表和电站工程处的总工程师参加这个问题的讨论。[85]

劳动国防委员会主席

弗·乌里扬诺夫(列宁)

总之,应该加快拟定1922年国家电站建设计划,要赶在苏维埃代表大会[86]召开前把计划定好。

载于1933年《列宁文集》俄文版
第23卷

译自《列宁全集》俄文第5版
第54卷第33页

82

致伊·伊·拉德琴柯

1921年11月23日

拉德琴柯同志:

对您第4821号来件答复如下:

---

① 即劳动国防委员会资源利用委员会、最高国民经济委员会国家建筑工程总委员会、最高国民经济委员会泥炭总委员会。——编者注

列扎瓦同志到来后,请不要忘记拟定一个详尽的细则(关于同各种工会——红色工会<u>以及阿姆斯特丹工会</u>即黄色工会建立联系的),

然后

写一份报告:

外贸工作人员在哪些国家同哪些工会打过交道?共有多少次?

一个月到一个半月之后,我要得到答复和报告。[87]

劳动国防委员会主席　列宁

载于1933年《列宁文集》俄文版
第23卷

译自《列宁全集》俄文第5版
第54卷第34页

83

致维·米·莫洛托夫并转
俄共(布)中央政治局委员

(11月23日)

莫洛托夫同志:

现将此件[88]送政治局委员阅。

请列入议程。

列　宁

11月23日

我的答复:

奥库洛夫同志:非常抱歉,您要的推荐信,我不能写。如果需要个人推荐的话,我是很乐意写的,但事情不是这样。这是一个政治问题,所以我要提交政治局讨论。

　　致共产主义的敬礼!

列　宁

11 月 23 日

译自《列宁全集》俄文第 5 版
第 54 卷第 34—35 页

84

致《往事》杂志编辑部[89]

1921 年 11 月 23 日

关于小册子

《给尼·康·米海洛夫斯基的两封信》

1894 年版(无出版地点)

　　这本小册子可能是已故的**费多谢耶夫**写的。我记得当时听说他(和他那个人数不多的小组)同米海洛夫斯基有书信往来。① 我没听说这些书信出版过。但是,我还不能肯定。

列　宁

载于 1924 年《往事》杂志第 23 期　　　　　译自《列宁全集》俄文第 5 版
　　　　　　　　　　　　　　　　　　　　第 54 卷第 35 页

---

① 见本版全集第 43 卷第 320—321 页。——编者注

85

☆致克里姆林宫警卫长

1921年11月26日

抄送:尼·彼·哥尔布诺夫同志

又一次发现,来找我的人受到哨兵的阻拦。①

今天,全俄中央执行委员会委员索柯里尼柯夫同志来找我的时候被阻拦了约10分钟。

看来哨兵不许索柯里尼柯夫打电话是对的,因为据说这是"内线"电话。但是听说**另有一部**电话,哨兵本来应该允许他使用这部电话! 不管怎样,我已不止一次地要求克里姆林宫警卫长,现在我再一次要求您建立一种制度,使**来找我的人,即使没有任何通行证件**,也能**不受任何阻拦地从克里姆林宫大门和人民委员会正门同**我的秘书处和三楼交换台的女话务员**通电话**。

我向您提出警告,因为您对我的要求采取了漫不经心的态度。现在我再次命令:立即制定一切必要措施,需要时可安装两部备用电话供来访者使用(一部装在克里姆林宫大门口,一部装在人民委员会正门)并马上给我答复。要为来找我的人订出专门规定。**90**

人民委员会主席

弗·乌里扬诺夫(列宁)

载于1933年《列宁文集》俄文版
第23卷

译自《列宁全集》俄文第5版
第54卷第35—36页

---

① 见本卷第65号文献。——编者注

86

致尼·彼·哥尔布诺夫

（11月26日）

哥尔布诺夫同志：

请予以登记。

发出去。

要检查。

要么是没有**详尽的**细则（是用电话传达的吗？谁传达的？**检查过没有**？检查是否可靠？怎么检查的？等等），要么是执行得**不认真**。

一定要保证执行。由谁负责？不执行就关他一两次。

否则是**不会见效的**。[91]

列　宁

载于1958年《历史文献》杂志
第4期

译自《列宁全集》俄文第5版
第54卷第36页

87

致尼·彼·哥尔布诺夫

（11月26日）

哥尔布诺夫同志：应该帮助**明岑贝格**

(α)开列他要做的"事情"的清单;

(β)同他谈谈这些事情;

(γ)同有关的人民委员部及其他部门取得联系,敦促加
    快办理这些事情;

(δ)其中也要同列文(加里宁和加米涅夫领导的委员会即
    赈济饥民委员会①的秘书)联系一下。

附言:我好像已经把他要做的"事情"的清单给您送去了?[92]

译自《列宁全集》俄文第5版
第54卷第37页

88

致格·马·克尔日扎诺夫斯基

1

1921年11月26日

格·马·:

今天《真理报》[93]登载的有关切伊科的发现[94]是怎么回事? 又
是讹传吗? 如果是真的,那为什么要把在一定距离内爆炸这一点
登到报纸上呢? 请写个简短的答复;也许,需要问一下哈尔科夫方
面或是把切伊科找来,或者让一位专家同哈尔科夫方面通个电话?

您的   列宁

────────────────

①   即全俄中央执行委员会中央赈济饥民委员会。——编者注

2

11 月 26 日

格·马·:我已同丘巴尔谈过。原来他知道这个发现,并说他们那儿的专家教授们已经讨论过,认为这是真的。他说可以把材料送来,也可以叫发现者本人来。

应该决定,是把材料要来,还是让发现者本人到这里来？是否要把材料或发现者本人送到下诺夫哥罗德邦契-布鲁耶维奇那里去?[95]

请您考虑一下,并请写封短信给我或给尼·彼·哥尔布诺夫,我要委托他对这项工作的执行和检查情况进行监督。[96]

您的　列宁

载于 1925 年 1 月 21 日《经济生活报》第 17 号

译自《列宁全集》俄文第 5 版第 54 卷第 37—38 页

89

致尼·彼·哥尔布诺夫

（11 月 27 日）

哥尔布诺夫同志:请您亲自监督此事。请派一名自行车通讯员去格·马·克尔日扎诺夫斯基处,把我就哈尔科夫的"发现"和丘巴尔的意见写的两封短信①取来。

列　宁

11 月 27 日

（附言：应该把发现者叫到这里来；让拉扎列夫见见他；送他去下诺夫哥罗德，如此等等。）

载于1933年《列宁文集》俄文版
第23卷

译自《列宁全集》俄文第5版
第54卷第38页

90

☆致小人民委员会主席

（11 月 28 日）

请小人民委员会务必在今天审议和最后决定为在柏林举办展览会紧急拨款 7 000 万卢布的问题。我指定尼·彼·哥尔布诺夫同志为报告人。[97]

人民委员会主席

弗·乌里扬诺夫（列宁）

载于1933年《列宁文集》俄文版
第23卷

译自《列宁全集》俄文第5版
第54卷第38—39页

---

①　见上一号文献。——编者注

91

致维·米·莫洛托夫

11月28日

莫洛托夫同志:现将索斯诺夫斯基同志交给我的材料[98]转去。

依我看,应当

(1)收集补充材料;

(2)把**重新回到党内**的问题提交**政治局**;

(3)要周密考虑,可否把帕纽什金(**同乌拉尔的米雅斯尼科夫一起**)派到顿巴斯去,使他受皮达可夫、克维林、鲁希莫维奇的监督。

可否让帕纽什金和米雅斯尼科夫两人一起在顿巴斯**治一治毛病?**[99]

列　宁

译自《列宁文集》俄文版第37卷第336页

92

致维·米·莫洛托夫

(11月28日)

莫洛托夫同志:

雷恩施坦同志让人转告我说,他想当**全俄中央执行委员会**委员,以便在美国和加拿大获得声望,他希望以对外贸易人民委员部或俄罗斯联邦工作人员的身份到那里去。

现将他的请求转给您备案,并知照组织局委员们。

列　宁

11 月 28 日

译自《列宁文集》俄文版第 38 卷
第 406—407 页

93

关于罚款的批示

（11 月 28 日和 12 月 14 日之间）

这次**罚款以及任何罚款**都应**以黄金**计算,再按当日黄金牌价折合成款额。[100]

列　宁

载于 1933 年《列宁文集》俄文版　　　　　　译自《列宁全集》俄文第 5 版
第 23 卷　　　　　　　　　　　　　　　第 54 卷第 39 页

94

致叶·阿·普列奥布拉任斯基

（11 月 29 日）

普列奥布拉任斯基同志:这就是我在电话里同您谈的那个文

件。阅毕请退还,并请附上几句您的意见。顺便提一下,既然穆什凯托夫从1918年起就在彼得格勒工作,那能不能把他从彼得格勒调到莫斯科来任部务委员呢?[101]

列　宁

11月29日

载于1933年《列宁文集》俄文版
第23卷

译自《列宁全集》俄文第5版
第54卷第40页

95

致列·波·加米涅夫

(11月29日)

加米涅夫同志:我比较倾向于您的意见而不是捷尔任斯基的意见。我劝您不要让步,要把问题提到政治局去。那时我们要坚持最高最高的要求。如果司法人民委员部**不**向政治局(或人民委员会)**揭发**肃反委员会的缺点和错误,我们还要它对此承担**责任**。[102]

列　宁

11月29日

译自《列宁全集》俄文第5版
第54卷第39页

96

致尼·彼·哥尔布诺夫[103]

（11月29日）

哥尔布诺夫同志：

请要求提供下列资料：

（1）要对外贸易人民委员部提供关于石墨价格及其销售条件的资料。（这不就是外汇吗？）

（2）要西伯利亚国民经济委员会提供关于1921年采购和销售石墨的**经验**（这样的经验是有的）。

或许国家计划委员会也有上述资料。

收集到的资料供劳动国防委员会作结论和作专门决定时使用。

列　宁

载于1933年《列宁文集》俄文版
第23卷

译自《列宁全集》俄文第5版
第54卷第40页

97

在阿·谢·基谢廖夫来信上
写给尼·彼·哥尔布诺夫的批示

（11月29日）

致尼·彼·哥尔布诺夫

请检查一下，做没有做？做了些什么？请把情况告诉我。

列　宁

11月29日

致叶努基泽同志
抄送：弗拉基米尔·伊里奇

遵照弗拉基米尔·伊里奇的建议，请您保证小人民委员会委员别洛夫同志的饮食供给，他需要加强营养，因为医生发现他得了肺结核，身体极其虚弱。至于让他休假，现在还很难办到，因为有大量工作需要他做。

阿·基谢廖夫
1921年11月22日

载于1933年《列宁文集》俄文版
第23卷

译自《列宁全集》俄文第5版
第54卷第40—41页

98

致尼·彼·哥尔布诺夫[104]

(11 月 29 日)

哥尔布诺夫同志：

这非常重要。

请检查一下，是否一切都在正常进行。

要是有拖拉情况，就让斯托莫尼亚科夫直接给您打电报。

列　宁

11 月 29 日

译自《列宁文集》俄文版第 38 卷
第 407 页

99

致列·达·托洛茨基

(11 月 30 日)

托洛茨基同志：请阅附件[105]，阅后退还给我（连同此便条）——我还要给别人看。

关于第 1 点："谨慎"从何说起？？ 还没有丝毫的行动。只是空话而已。遗憾的是，**德国人倒过分**"谨慎"。在这点上契切林是错误的。

关于第 3 点…… 我认为这是谣言。应该直截了当地向哈特维希(和其他德……国人)提出一个明确的问题:您要我们怎么干?签订一项**没有**英国参加的合同吗? 好得很! 快把**草案**拿来,我们就**签字**。

到现在为止,德国人只是停留在口头上。

克拉辛为了外交上的需要**本来应该**不在斯汀尼斯面前摊牌,对他甚至应该说些客气话。

列　宁

11 月 30 日

译自《列宁全集》俄文第 5 版
第 54 卷第 41 页

100

致亚·杰·梅捷列夫

(11 月 30 日)

致全俄中央执行委员会房屋管理处主任
梅捷列夫同志

务请在苏维埃 1 号楼拨给**策齐利娅·萨莫伊洛夫娜·博勃罗夫斯卡娅**同志一个房间。我非常了解这位老的党的工作者。她现在的居住条件是极端恶劣的,医生嘱咐要立即把她安置到一栋苏维埃大楼里去。

　　请把执行情况通知我的秘书处[106]。

人民委员会主席

弗·乌里扬诺夫(列宁)

　　附言:我在1905年**以前**那段时期就认识博勃罗夫斯卡娅,并知道她能够不声不响地过苦日子。因此应当赶快帮助她。

载于1945年《列宁文集》俄文版　　　　　　译自《列宁全集》俄文第5版
第35卷　　　　　　　　　　　　　　　第54卷第41—42页

101

致 A.A.别洛夫

11月30日

　　别洛夫同志:我同意您的看法。

　　要**采取实际步骤**来推动这件事,也就是说要提出一份决定草案来(也许更好的办法是**先确定人选**,然后提出决定草案)。

　　我认为不应该退党。**我反对。**

　　您应该留在**百货公司**并模范地开展工作。[107]

　　致共产主义的敬礼!

列　宁

　　附言:至于摆脱在小人民委员会的工作一事,请将基谢廖夫的意见告诉我。

载于 1959 年《列宁文集》俄文版 第 36 卷

译自《列宁全集》俄文第 5 版 第 54 卷第 42 页

102

☆关于利用委员会

(11 月 30 日)

据说各人民委员部都将同意国家计划委员会的意见(即同意把利用委员会划归国家计划委员会),因为这样做能使各人民委员部**更加不受监督**。

(克里茨曼。11 月 30 日)

利用委员会满足了一些零星的需求,这是它的功绩,而不是过错(为生产镜子提供糖;为青贮提供盐;为制作电器元件提供废面粉,**等等**)。

载于 1933 年《列宁文集》俄文版 第 23 卷

译自《列宁全集》俄文第 5 版 第 54 卷第 43 页

103

致格·马·克尔日扎诺夫斯基

(11 月 30 日)

格·马·:

克里茨曼到我这里来过。

现附上他的意见和我对他的计划的意见。

阅毕请附上几句您的意见退还。

使我(特别)不安的是两方面的问题:

(1)可不可以不把**利用委员会整个**划归国家计划委员会,而采取别的方式?

如果不行的话,那么可不可以在整个划给它的情况下,精简利用委员会的机构?

(2)把利用委员会划归国家计划委员会,会不会在实际上使**各人民委员部**更加**不受监督**?

(为了防止这种现象,有哪些措施?有哪些保证?各部门赞成把利用委员会划归国家计划委员会,往坏处想,是不是**有私心**?)

列 宁

11月30日

可不可以(尽量想办法)不把产品分配同货币分配结合在一起?**[108]**又及。

载于1933年《列宁文集》俄文版
第23卷

译自《列宁全集》俄文第5版
第54卷第43—44页

104

致尼·彼·哥尔布诺夫[109]

(11月30日)

哥尔布诺夫同志:要赶快打电话,催促国营机械制造厂联合公司和财政人民委员部去解决，要进行检查，而且今天就把问题提交**劳动国防委员会**。

造成延误的责任者是谁？应该处分责任者。

列 宁

11 月 30 日

译自《列宁文集》俄文版第 38 卷
第 407 页

105

致列·波·加米涅夫[110]

（11 月 30 日）

加米涅夫同志：

送上一阅。

统一经济委员会是否应包括瞿鲁巴？

看完我给瞿鲁巴的信和这张便条后，请来电话。

列 宁

11 月 30 日

译自《列宁文集》俄文版第 38 卷
第 408 页

106

致瓦·弗·古比雪夫

（11月底）

古比雪夫同志：现在鲁特格尔斯那件事的关键是设法**改善**"组织委员会"的班子。**111**

我将设法通过**库西宁**向芬兰共产党人详细打听一下。也请您（还有波格丹诺夫）设法通过熟悉美国工人运动的同志物色新的**可靠的**人选。我们将让他们参加"组织委员会"。

载于1929年1月20日《工商报》第17号

译自《列宁全集》俄文第5版第54卷第44页

107

致阿·萨·叶努基泽

（11月）

叶努基泽同志：

拟给斯大林的住房能不能快些腾出来？

恳请您把这件事办妥，并**打个电话告诉我**（电话好使，从楼上交换台转),是能办成还是有困难。①

您的　列宁

载于1942年《列宁文集》俄文版　　　　译自《列宁全集》俄文第5版
第34卷　　　　　　　　　　　　　　　　第54卷第44页

108

致瓦·瓦·佛敏

(12月2日)

交通人民委员部　　**佛敏**同志

尽管我曾坚决命令以最快速度给**卡希拉**运送全部器材,但是11月11日和23日从彼得格勒发往卡希拉工地的器材到现在还未运到。这一耽搁使送电设备的安装工作无法开展,从而影响卡希拉电站按时送电。现在我要求您对此事进行最严格的调查,并立即给彼得格勒—莫斯科—卡希拉铁路线下令,让他们把第771167、590175、612881、171843、468369、465049、655397、69578、288442、536297号车皮拉到卡希拉,并要取回总工程师或某一副总工程师的亲笔收条。为了更切实地执行此命令,要指定交通人民委员部的专人负责。当上述各节车皮通过霍夫里诺车站和莫斯科车站时,请把有关这些车皮的情况打电报通知卡希拉工程总工程师**瞿鲁巴**,地址是:卡希拉工程小切尔卡瑟巷卡利亚津货栈。请

---

① 见本卷第302号文献。——编者注

把所采取的措施和执行结果立即通知**斯莫尔亚尼诺夫**同志。**112**

劳动国防委员会主席

弗·乌里扬诺夫(列宁)

1921年12月2日于莫斯科克里姆林宫

载于1933年《列宁文集》俄文版
第23卷

译自《列宁全集》俄文第5版
第54卷第45页

109

致尼·彼·哥尔布诺夫

(12月2日)

哥尔布诺夫同志:

请您查问一下**拉姆津**①(卡希拉工程验收委员会的委员——是主席吗?),什么时候验收?

再查问一下格·德·瞿鲁巴①,他预计什么时候能给莫斯科供电6 000千瓦?**113**

列 宁

12月2日

载于1933年《列宁文集》俄文版
第23卷

译自《列宁全集》俄文第5版
第54卷第45—46页

---

① 列宁在这两处标有符号♯,并在便条上方说明:"最好快一些,打电话。"——俄文版编者注

110

给伊·捷·斯米尔加和
瓦·瓦·佛敏的快邮代电

(12月2日)

急件

燃料总管理局①　**斯米尔加**同志

交通人民委员部　**佛敏**同志

抄送：**造纸工业总管理局**

　　劳动国防委员会1921年8月17日的决定批准了1921年7月至12月期间在4家造纸厂生产钞票用纸的计划。其中包括彼得格勒"公社战士"造纸厂，该厂每台制纸机每月应生产4 000普特钞票用纸。造纸工业总管理局已为该厂按劳动国防委员会的同一决定所规定的期限即1921年11月1日开工生产作好了准备。

　　据造纸工业总管理局报告，"公社战士"造纸厂实际上未能着手执行交给它的生产任务，因为尽管造纸工业总管理局采取了种种措施，也不止一次找过燃料总管理局、彼得格勒区域燃料管理局和其他一些燃料机关，但该厂迄今一直没有得到燃料供应。这个厂根本没有木柴，因此不可能完成11月份的生产计划。

　　根据刚收到的造纸工业总管理局的报告，另一家生产钞票用纸的工厂孔德罗沃造纸厂也从本月26日起停工了。按劳动国防

---

① 即最高国民经济委员会燃料总管理局。——编者注

委员会批准的生产计划，该厂每月本应生产 9 000 普特钞票用纸。停工的原因是塞兹兰—维亚济马铁路没有给该厂运来燃料，按燃料总管理局的计划，该铁路本应每月给该厂运送 245 车皮木柴。

我要求你们采取紧急措施有计划地、按时地供给上述工厂燃料。

关于执行情况请向我作书面报告。[114]

劳动国防委员会主席　**列宁**

1921 年 12 月 2 日

于莫斯科克里姆林宫

载于1933年《列宁文集》俄文版
第 23 卷

译自《列宁全集》俄文第 5 版
第 54 卷第 46—47 页

111

致对外贸易人民委员部

（12 月 2 日）

对外贸易人民委员部

抄送**皮达可夫**同志阅

我要求为顿涅茨煤田中央煤炭工业管理局开列供应下列器材的外国（德、美、英）公司名单：

(1) 一般矿山设备，

(2) 钢丝绳，

(3)水泵，

(4)电工器材，

(5)割煤机、传送带等，

(6)各种工具，

(7)一般金属制品，特别是铁丝。

请将执行情况报告人民委员会办公厅主任**哥尔布诺夫**同志。

人民委员会主席

载于1933年《列宁文集》俄文版
第23卷

译自《列宁全集》俄文第5版
第54卷第47—48页

112

致外文图书委员会

（12月2日）

外文图书委员会

抄送**皮达可夫**同志——

以便了解情况并同外文图书委员会[115]协商

拨出一定数量黄金作为订购外文书刊的经费问题

我建议由顿涅茨煤田中央煤炭工业管理局付款为该局

1.火速订购德国、英国和北美合众国1917—1921年出版的全套矿业杂志；

2.按期订购下列刊物并寄送中央管理局：

(a)目前用德文、法文和英文出版的全部矿业杂志；

(b)新出版的矿业方面最重要的书籍；

(c)《经济学家》杂志[116]。

请将执行情况报告人民委员会办公厅主任**哥尔布诺夫**同志。

人民委员会主席

载于1933年《列宁文集》俄文版
第23卷　　　　　　　　　　　译自《列宁全集》俄文第5版
第54卷第48页

113

致全俄肃反委员会[①]

(12月2日)

绝密

致全俄肃反委员会

请把有关**国家珍品库**情况的报告作为密件通过**哥尔布诺夫**同志送给我。

人民委员会主席
弗·乌里扬诺夫(列宁)

载于1959年《列宁文集》俄文版
第36卷　　　　　　　　　　　译自《列宁全集》俄文第5版
第54卷第49页

---

① 在此件的另一份打字稿上,正文前打有:"全俄肃反委员会　阿尔斯基同志(已按不同地址发出)"。——俄文版编者注

114

致列·波·加米涅夫

（12月2日）

加米涅夫同志：此件[117]是欣丘克昨天交给我的。请您看一看，并给"统一经济委员会"[118]全体委员都看一看。

看来，事情有进展？有没有人能想出一些**更严格的**检查方法？

列　宁

12月2日

附言：此件也请转给政治局全体委员一阅。

译自《列宁全集》俄文第5版
第54卷第49页

115

致亚·李·舍印曼

（12月2日）

致舍印曼同志

现将欣丘克的报告送给您，请提出意见。国家银行是否对他进行监督? 是怎样监督的?

我们得谈谈国家银行贸易部的问题,同时也谈谈整个贸易问题。

译自《列宁全集》俄文第5版
第54卷第49页

116

致瓦·亚·斯莫尔亚尼诺夫[119]

(12月2日)

斯莫尔亚尼诺夫同志:请阅此件,并请收集有关中央消费合作总社的**一切**材料。

应当为他们的月报表设计**若干**项目((对**国营百货公司**也要这样做))。

大致包括:(1)周转额

              (2)按省 $\left\{ \begin{array}{l} 收购数 \\ 销售数 \end{array} \right\}$ 按主要的产品种类

              (3)不认真填写报表的省份所占的百分比。

必须有

              (4)不认真填写报表的省份要上黑榜,并把省名**登报**等等。

列　宁

12月2日

附言:请将这些统计表送到**劳动国防委员会**我那里。

请考虑一下，能否根据这些统计表对原料采购情况及其**前景**作出某些结论。

载于1945年《列宁文集》俄文版
第35卷
译自《列宁全集》俄文第5版
第54卷第50页

117

致维·米·莫洛托夫

(12月2日)

莫洛托夫同志：我请组织局满足他的这两点要求。

关于马哈拉泽的任命我不发表意见，因为我不了解他。

如何决定的，请给我写封短信。[120]

列　宁

12月2日

译自《列宁文集》俄文版第37卷
第338页

118

致阿·伊·李可夫

12月3日

亲爱的阿列克谢·伊万诺维奇：

这样，您出国的问题已经解决了。是由政治局决定的。[121]您必须在那里做第二次手术,把病完全治好。我见到了瞿鲁巴,他对德国人的治疗反应极好。只要您稍微有点耐心,我相信您的病会**完全治好**的(我看到了医生关于您的病情报告)。————现将关于瞿鲁巴的决定和我对你们两人的工作**安排**的初步**计划**[122]送给您。

您将从这个计划中看到,第一副主席和第二副主席应当开展**新的**工作。我们已决定在您回来之前,在瞿鲁巴**试行**一段时间之前,暂**不**把这个计划变为决定。要先试行一下,通过实践加以检验。请写封短信谈谈您的意见。

好吧,再见——好好疗养。

您的　**列宁**

载于1933年《列宁文集》俄文版
第23卷

译自《列宁全集》俄文第5版
第54卷第50—51页

119

致约·维·斯大林

(12月3日)

斯大林同志:

请阅附上的信,阅毕请写点意见退还给我。

怎么办?

您打算如何处理这件事?**123**

列　宁

12 月 3 日

载于 1945 年《列宁文集》俄文版
第 35 卷

译自《列宁全集》俄文第 5 版
第 54 卷第 51 页

120

致 Г.Б.克拉斯诺晓科娃

12 月 3 日

克拉斯诺晓科娃同志:

到我这里来过的贝蒂好像是《俄国的红色心脏》一书的作者?

能不能给我弄到这本书看几天? 也许贝蒂还写过别的书、小册子? 或者弄到几篇她的不同主题的文章?

如果不使您为难的话,恳请照办。**124**

致共产主义的敬礼!

列　宁

载于 1957 年《外国文学》杂志
第 11 期

译自《列宁全集》俄文第 5 版
第 54 卷第 51 页

121

☆致莫斯科省清党审查委员会

(12 月 3 日)

我很抱歉,由于我请求向我介绍开除**沙皮罗**同志出党一事,莫斯科省清党审查委员会取消了原定今日(12 月 3 日)18 时召开的审查这件事的会议。这是误会和错误造成的,因为迅速把事情审查清楚,当然是最重要的。

就事情的实质来说,我请求莫斯科省清党审查委员会考虑我的下列意见。

(1)几年来我多次听娜·康·克鲁普斯卡娅说,沙皮罗是个极认真的工作人员,但由于对人**要求严格**,不被人喜欢。因此,在清党刚开始时,我便提醒娜·康·克鲁普斯卡娅,要注意由此产生排斥异己的可能性。

(2)我在报上发表的文章①提到参加俄国共产党的孟什维克和崩得分子不可靠,这往往被理解成必须把他们全部开除出党。因此我有责任指出,我过去和现在都认为,对每一件事情都必须进行具体的分析。为了证实这一点,我可以举前孟什维克契尔金为例。他参加俄国共产党比沙皮罗晚得多。他动摇不定,这是确凿的事实,而不是流言蜚语。然而在全面分析了契尔金的情况之后,我还是同意了那些维护他的乌克兰同志的意见,即认为有必要保

---

① 指《关于清党》一文,见本版全集第 42 卷第 156—158 页。——编者注

留契尔金的党籍。

（3）在沙皮罗的申诉书上有阿·叶努基泽同志1921年9月3日写的意见："沙皮罗同志这里所谈的关于1917年时期的全部情况完全属实。"

而沙皮罗同志所述这段时期的情况是极端重要的，因为它说明，作为孟什维克的沙皮罗**早在**十月革命**之前**就**开始反对**孟什维克了。

我特意向叶努基泽同志询问了沙皮罗的情况，他今天答复我说：他从1917年4月到8月同沙皮罗在孟什维克所控制的原全俄中央执行委员会下设的前线委员会里一起工作过。叶努基泽同志在这期间同沙皮罗很熟悉，他向我表示：他对沙皮罗同志的忠诚毫不怀疑，他本人无条件地主张保留沙皮罗同志的党籍。

叶努基泽同志向我补充了一个很说明问题的事实：在1917年七月事件以后，即在布尔什维克遭到疯狂迫害的时候，沙皮罗在一次会上竭力维护布尔什维克，以致孟什维克中央的一名委员瓦因施泰因几乎挥拳向他扑过去。

应当说，1898年入党的叶努基泽同志，是党的老近卫军中的一员，而正是这支老近卫军，才应该对我们党进行审查和清洗。我认为，这支老近卫军队伍里的人提供的每一个证明材料，都应受到三倍的注意。因此我觉得，区委员会没有邀请叶努基泽同志出席会议便开除沙皮罗同志的党籍，无疑是不正确的。所以我请求莫斯科省清党审查委员会在审查沙皮罗的问题时邀请全俄中央执行委员会秘书叶努基泽同志出席。

（4）从沙皮罗同志的申诉书中可以看出，他写过一本论述土地问题的小册子，于1907年出版，署名M.沙宁。正如沙皮罗同志指出的,我在我写的《社会民主党在1905—1907年俄国第一次革命中的土地纲领》(1919年彼得格勒第2版第84页及以下各页)①一书中评论了这本小册子。在那个时候,即在10多年前,我在批判沙宁的一系列孟什维克错误观点的同时,就指出了他与孟什维克的**不同之处**。例如,在该书第85页我指出沙宁"不用说是从最善良的动机出发,反对赎买,拥护没收"②。

这一点很重要,证明沙皮罗同志在10多年前就从孟什维克开始转向**革命方面**。

(5)我曾担心,清党可能给某些人提供排斥沙皮罗同志的口实。在莫斯科市清党开始前很久,我就把这种担心告诉了娜·康·克鲁普斯卡娅。我的担心终于为下列事实所证实。区委员会开除沙皮罗,事先既没有邀请叶努基泽出席会议,也没有提出任何一个在工作中熟悉沙皮罗并能举出事实证明他不可靠的人。委员会没有丝毫证据,没有一点具体事实,便称沙皮罗为"不坚定分子和动摇分子"。这就不由地让人产生一种想法:一定是某些人(比如他的同事)提出的远非公正的意见,如说这个人"不是自己人"或者是"异己分子"之类的话在这里起了作用。

然而,政治教育总委员会**党支部**却**一致支持**沙皮罗(这是我从参加这次会议的支部委员安娜·伊万诺夫娜·美舍利亚科娃那里知道的。我认识美舍利亚科娃,她早在侨居国外时就已是一个老党员了)。沙皮罗领导政治教育总委员会六个司中的一个司,因而他的下属在支部会上只占区区少数。任何人都不会像沙皮罗同志所在机关的支部那样详细地了解他的日常工作。既然这个支部一

---

① 见本版全集第16卷第185—397页。——编者注
② 同上书,第253页。——编者注

致支持沙皮罗,我看,应该承认,这种投票就是非常有力的证明。很可能,沙皮罗成了排斥异己者的牺牲品,他们在没有丝毫证据,没有任何**一**个有机会在工作中仔细观察沙皮罗同志的党员**公开**表态的情况下放出流言,说什么沙皮罗"不是自己人"。我看这种可能性极大。

根据以上所述,我请求莫斯科省清党审查委员会邀请叶努基泽同志出席会议,考虑我的意见,并调查到底是谁讲过话或表过态反对沙皮罗,其中有无倾轧的阴谋。

我还请求你们把莫斯科省清党审查委员会对这件事所作的决定的副本送给我。**125**

俄国共产党党员

弗·乌里扬诺夫(列宁)

1921 年 12 月 3 日

译自《列宁全集》俄文第 5 版
第 54 卷第 52—55 页

122

致俄共(布)中央政治局

(12 月 4 日)

致**莫洛托夫**同志

同意。列宁　但要使这个委员会成为统一经济委员会(加米涅夫的）的**分委员会**。[126]

列　宁

12 月 4 日

译自《列宁文集》俄文版第 38 卷
第 408 页

123

致亚·德·瞿鲁巴

（12 月 5 日）

瞿鲁巴同志：依我看，欣丘克的意见是正确的。交易所只需要**一个**，就是中央消费合作总社的交易所。[127]要增加最高国民经济委员会在这个交易所理事会（或委员会?）中的名额，同时只保留一个中央消费合作总社的交易所。这个问题明天交人民委员会讨论通过。如果你们不同意，那就给我来个电话。为了明天能通过，要欣丘克和波格丹诺夫今天晚上或明天早上召开一次会议。

列　宁

12 月 5 日

载于 1933 年《列宁文集》俄文版
第 23 卷　　　　　　　　　　　译自《列宁全集》俄文第 5 版
　　　　　　　　　　　　　　　　第 54 卷第 55 页

124

☆致尼·彼·哥尔布诺夫

（12 月 5 日）

请注意这件事，因为写信者是一个非常诚实的人。

请您认真检查一下试验是否在**加速**进行，试验是否**认真**以及对发明者进行的**帮助**是否及时。

12 月 13 日前后，不要再晚，打个电话**到乡下**把试验结果告诉我。**128**

列　宁

克尔日扎诺夫斯基认识他（但不知道他的发明）。请您也同克尔日扎诺夫斯基谈谈。

载于 1933 年《列宁文集》俄文版　　　　　译自《列宁全集》俄文第 5 版
第 23 卷　　　　　　　　　　　　　　　　　第 54 卷第 55—56 页

125

致亚·德·瞿鲁巴

1921 年 12 月 5 日

瞿鲁巴同志：

您从这些文件中可以看出是怎么一回事。**129**

我们的林业总委员会**不得力**。(斯米尔加外出治病后会更不得力。)

所以应该考虑如何帮助解决木柴问题,以免在春天或春天到来以前发生柴荒。

列　宁

126

致亚·德·瞿鲁巴

1921年12月5日

瞿鲁巴同志:

从附上的文件中您可以看出是怎么回事。**130**

如果需要**当面了解情况**,请您找**柯列加耶夫**(可向托洛茨基打听他在哪里)。柯列加耶夫会给您讲些有趣的事。

应不应该**查封**?

当然还需要采取一系列措施,因为光是查封还不够。

就是枪毙也不够(这类案件我同意枪毙)。

据说国家财产就是这样被人骇人听闻地偷盗一空。

列　宁

127

致安·马·列扎瓦

（12月5日）

致列扎瓦同志

抄送：**斯米尔加**同志和**舍印曼**同志

请立即召开由**列扎瓦**、**斯米尔加**和**舍印曼**三同志参加的会议，研究禁止阿塞拜疆石油委员会和其他机构在波斯和君士坦丁堡独自进行石油产品贸易的问题。

12月7日（星期三）由**列扎瓦**同志在劳动国防委员会作报告。

人民委员会主席

弗·乌里扬诺夫（列宁）

载于1933年《列宁文集》俄文版
第23卷

译自《列宁全集》俄文第5版
第54卷第57页

128

致维·米·莫洛托夫

（12月5日）

莫洛托夫同志：建议政治局委员传阅。我认为可以委托**阿瓦**

涅索夫负责减少并进一步明确任务。[131]

列　宁

12月5日

译自《列宁全集》俄文第5版
第54卷第57—58页

129

☆致巴利斯特同志和卡尔同志[132]

1921年12月5日

亲爱的同志们：

寄上我写的一本关于美国农业发展的书。

如果卡尔同志能在英文翻译或德文翻译的帮助下看完我这本书，并能提出意见，我将非常感激。

如有可能，我还希望从巴利斯特同志那里得到官方出版的1920年人口普查材料（我在我那本书中分析了1900年和1910年两年的人口普查材料）。

如果某个出版商想在美国出版我这本书的英译本，我愿意写一篇短序。

你们的真诚的　**列宁**

载于1945年《列宁文集》俄文版
第35卷

译自《列宁全集》俄文第5版
第54卷第58页

130

致维·米·莫洛托夫
和俄共(布)中央政治局全体委员

(12月5日)

致莫洛托夫同志并请转政治局全体委员

应该(1)了解清楚谁是"库尔日涅尔"?

是不是那本谈电气化的小册子的作者库什涅尔?

(2)应密切注意米雅斯尼科夫的鼓动,有关他和他进行鼓动的情况应每月向政治局报告**两次**。

(3)应在**政治局**专门**讨论怎样看待**这封信。[133]

列 宁

12月5日

译自《列宁全集》俄文第5版
第54卷第58—59页

131

致维·米·莫洛托夫

1921年12月5日

莫洛托夫同志:

奥尔洛夫(他写过一本关于粮食人民委员部**粮食工作**的书,写得很出色)向**中央**提出了一项有创见的请求。

我同意。

瞿鲁巴也**同意**(他**本人**了解奥尔洛夫;我是**从书中**了解的)。

应该征求政治局委员们的意见。

如果他们**不反对**的话,就应该给克列斯廷斯基发个电报:"中央赞同奥尔洛夫的写书计划"。[134]

列　宁

译自《列宁全集》俄文第 5 版
第 54 卷第 59 页

132

致格·李·什克洛夫斯基

12 月 5 日

什克洛夫斯基同志:

您想去科夫诺的信[135]已经收到。只要这个问题一提出来,我就满足您的要求(不过,好像已经有人被委任了)。

您为什么要说"最后一线希望"呢?

是否您本人想回俄国,希望住在科夫诺,离俄国近些?

把家眷留在德国吗? 还是您另有打算?

克列斯廷斯基答应我尽量安排您在德国当领事。这件事没成吗? 还是您不愿意?

请来信简略谈谈这个问题。

致崇高的敬礼！

您的　**列宁**

发往柏林

译自《列宁全集》俄文第5版
第54卷第59—60页

133

致尼·彼·哥尔布诺夫

（12月5日）

哥尔布诺夫同志：请您今天读一读这封信，并在今天就把内容告诉**列扎瓦**（有克拉辛发来的几份关于这个问题的电报）和**波格丹诺夫**，也要告诉多夫加列夫斯基（有没有别的方案？ 小人民委员会应该**知道**），也许还要告诉小人民委员会**主席**，以便**明天**在人民委员会**作出决定**。[136]

列　宁

12月5日

附言：是否确定今天召开一次有列扎瓦、波格丹诺夫、多夫加列夫斯基和列普列夫斯基参加的会议（列普列夫斯基**可由别人代替**），以便检查此事？

译自《列宁全集》俄文第5版
第54卷第60页

134

给 Б.А.巴克的电报[137]

（12 月 5 日）

伊尔库茨克   省执行委员会委员巴克

请赶快查明切列姆霍沃经济处工人**科托夫**被关进伊尔库茨克监狱的原因。他曾于 8 月 23 日给**列宁**写信，告发在选举切列姆霍沃市苏维埃时不让选非党人士的错误，一些党员工人签名证明告发的情况属实。如果他是因此被捕的话，应立即予以释放，马上把指使逮捕他的人送交法庭审理并清洗出党，不管他是什么人。同时请问一下伊尔库茨克管理处，为什么没有按人民委员会接待室 9 月 20 日的公函将**科托夫**送回原籍沃斯克列先斯克。请立即电复。

人民委员会主席   **列宁**

1921 年 12 月 5 日

于莫斯科克里姆林宫

载于 1945 年《列宁文集》俄文版第 35 卷

译自《列宁全集》俄文第 5 版第 54 卷第 60—61 页

135

☆致尼·彼·哥尔布诺夫

（12月6日）

雷恩施坦将给您一份电话稿,要您给哈默的全权代表发一份证明文件(关于协助工作的)。应该帮助他。请斟酌怎样写。如有必要,就请签上我的名字。**138**

列　宁

12月6日

载于1933年《列宁文集》俄文版
第23卷

译自《列宁全集》俄文第5版
第54卷第61页

136

给秘书的便条

（12月6日）

请提醒我在星期五**检查**粮食人民委员部为**东南部**商品交换做了哪些工作(大镰刀、对外贸易人民委员部商品储备等等)。

载于1933年《列宁文集》俄文版
第23卷

译自《列宁全集》俄文第5版
第54卷第61页

137

致安·马·列扎瓦

（12月6日）

列扎瓦同志：

我在最近的一份报纸上（好像是《真理报》）看到一篇简讯，说对外贸易人民委员部的贸易额（在克里木）达 2 000 万金卢布。**139**

这个材料是从哪里得到的？

你们把地方贸易额报表设计出来没有？这种报表要把收购和销售分开，并要把产品分成几大类。

请您给尼·彼·哥尔布诺夫一个回音，要确切报告报表的情况。

人民委员会主席

弗·乌里扬诺夫（列宁）

载于1933年《列宁文集》俄文版
第 23 卷

译自《列宁全集》俄文第 5 版
第 54 卷第 61—62 页

138

给米·哈·波利亚科夫的电报

1921年12月6日

辛菲罗波尔

克里木人民委员会副主席

波利亚科夫

　　请您支援阿列克谢·安德列耶维奇·普列奥布拉任斯基,他是一位老革命家,90年代我个人就认识他。他现在处境艰难。地址:雅尔塔　区卫生疗养管理局。[140]

列　宁

载于1933年《列宁文集》俄文版　　　　　　译自《列宁全集》俄文第5版
第23卷　　　　　　　　　　　　　　　　　第54卷第62页

139

致阿·马·高尔基

12月6日

亲爱的阿·马·:

　　非常抱歉,我写得很匆忙。疲倦得要命。失眠。我就要去治疗。

　　大家要我写信给您,问您是不是能给**肖伯纳**写封信,要他到美国去一趟,再给**威尔斯**写封信,据说他目前在美国,请他们两人帮助我们为救济饥民募捐。

　　如果您能给他们写信,就太好了。

　　那时,饥民就能得到更多的救济。

　　现在饥荒很严重。

　　您要好好休息和治疗。[141]

　　敬礼!

列　宁

发往柏林

载于 1942 年《列宁文集》俄文版
第 34 卷

译自《列宁全集》俄文第 5 版
第 54 卷第 62—65 页

140

☆致尼·彼·哥尔布诺夫

(12 月 6 日)

　　请尽快办理并同亚·德·瞿鲁巴商量好。[142]

列　宁

12 月 6 日

载于 1933 年《列宁文集》俄文版
第 23 卷

译自《列宁全集》俄文第 5 版
第 54 卷第 65 页

6/XII

Дорогой А.М.!

Что чувствую, я пишу
наскоро. Удрал дьявольски.
Бессонница. Еду сегодня.

Меня просят напи-
сать Вам: не напи-
шете–ли Бернарду
Шоу, чтоб он съездил
в Америку, и Уэллсу,
который де теперь
в Америке, чтобы

1921 年 12 月 6 日列宁给阿・马・高尔基的信

Очень ли время
для нас помо-
гать сборам в
помощь голода-
ющим?
Хорошо бы, если
бы уже их написа-
ли.
Голодные и холодные
года поболтали.
А голод сильный.

Отдыхайте и лечи-
тесь получше.

Привет. Ленин

141

致维·米·莫洛托夫

12月6日

莫洛托夫同志：

我今天就动身。

最近几天，尽管我减少工作，增加休息，但失眠却大大加重了。我担心，无论是在党代表会议上还是在苏维埃代表大会[143]上，我都不能作报告了。

请将此信转政治局各委员传阅，**以备万一**。

列　宁

载于1945年《列宁文集》俄文版　　　　译自《列宁全集》俄文第5版
第35卷　　　　　　　　　　　　　　第54卷第65—66页

142

同米·尼·波克罗夫斯基的来往便条

（12月6日）

弗拉基米尔·伊里奇：我们是不是应该向您报告高等院校代表会议的情况？是向您本人还是向政治局报告？我们之间是没有意见分歧的，但同那些坚持保留自主权的教授们是有分歧的。

米·波克罗夫斯基

我不能听取汇报,今天我要请病假。请同莫洛托夫商量一下,最好您写十来行字(在商量后)给政治局,要有结论:应批准某种指示。

列　宁

　　(职业教育总局的一位大**专家**竟没有副手,这恐怕是**不正常的**! 您的意见呢?)

载于1945年《列宁文集》俄文版
第35卷

译自《列宁全集》俄文第5版
第54卷第66页

143

致米·格·茨哈卡雅[①]

(12月6日)

亲爱的米哈同志:

　　关于马哈拉泽的信已收到。很遗憾,我不能同您谈了。我很疲劳,生病了。马上就要走。请原谅我,并请代我衷心问候菲力浦·马哈拉泽同志。

　　　　　　　　您的　**列宁**

载于1959年《列宁文集》俄文版
第36卷

译自《列宁全集》俄文第5版
第54卷第66页

---

① 见本卷第119号文献。——编者注

144

致尼·彼·哥尔布诺夫[144]

（12月6日）

哥尔布诺夫同志：我看李维诺夫是对的，但这是他和列扎瓦的职权范围。有两位人民委员的命令就够了。请把情况查清楚，如有必要，可把问题提交**劳动国防委员会**和**人民委员会**。

列　宁

12月6日

译自《列宁文集》俄文版第38卷第409页

145

☆致尼·彼·哥尔布诺夫

（12月7日）

您去信邀请的哈尔科夫的发现者（好像姓**切伊科**）来到后，应按《真理报》指出的各点向他索取正式的明确的书面意见，其中应包括：(1)拉扎列夫，或莫斯科、彼得格勒的另一位大学者的意见，(2)邦契-布鲁耶奇以及下诺夫哥罗德无线电实验室的其他专家的意见。[145]

列　宁

电话口授

载于 1933 年《列宁文集》俄文版
第 23 卷

译自《列宁全集》俄文第 5 版
第 54 卷第 67 页

146

给费·阿·罗特施坦的电报

（12 月 7 日）

致罗特施坦（经帕·彼·哥尔布诺夫转）

请您照顾一下瓦拉·阿尔曼德，如果需要，就派人送她到这里来，供给她防寒衣服。[①]

列　宁

1921 年 12 月 7 日

于莫斯科克里姆林宫

载于 1933 年《列宁文集》俄文版
第 23 卷

译自《列宁全集》俄文第 5 版
第 54 卷第 67 页

---

① 见本版全集第 51 卷第 48 号和第 227 号文献。——编者注

147

致格·瓦·契切林

1921年12月7日

致契切林同志

可以同我联系,为了最快地取得联系,最好把信直接寄给福季耶娃,她就可以在必要时安排通话。我至少要对最重要的事情表态。我十分担心,奥尔忠尼启则来出席中央全会和苏维埃代表大会,人们在对波斯的政策问题上只能听到单方面的介绍。因此,如果您仍然决定让罗特施坦延期回来,那务必打电话要求他立刻派专门信使把具体条款、意见以及有关他同巴库人冲突问题的证据送来。[146]

列　宁

电话口授　　　　　　　　　译自《列宁文集》俄文版第39卷
　　　　　　　　　　　　　第329—330页

148

给秘书的指示

(12月8日)

让**格利亚谢尔**检查一下,为什么迟迟没有执行政治局上上次会议关于**薪金数额**(拉狄克的委员会)的决定。[147]

译自《列宁全集》俄文第5版
第54卷第67页

149

致伊·伊·梅日劳克[148]

(12月9日)

致梅日劳克

抄送:哥尔布诺夫同志

梅日劳克同志:我将委托劳动国防委员会办公厅主任检查答应过您的那件事的执行情况。检查结果将写信或等您来参加代表大会时告诉您。我担心您会陷入某种极端,特别是在涉及某些人的过高工资的问题上。请告诉我,在这方面,还可能在其他某些方面,您一心想达到的目标是什么。

列 宁

电话口授

载于1933年《列宁文集》俄文版
第23卷

译自《列宁全集》俄文第5版
第54卷第68页

150

致莉·亚·福季耶娃

12月9日

莉迪娅·亚历山德罗夫娜：

请您看一看附件(以便您检查执行情况)，阅后转送谢马什柯同志。①

其次要检查并敦促下列人员去治疗：

斯米尔加——去德国。

鲁祖塔克——去疗养院。

请打电话告诉我，您在这两方面做了些什么，结果怎样。

列　宁

载于1933年《列宁文集》俄文版
第23卷

译自《列宁全集》俄文第5版
第54卷第68页

151

致尼·亚·谢马什柯

（12月9日）

谢马什柯同志：

格季耶医生要我采取措施安排下列人员去治病：(1)伊万·伊

---

① 见下一号文献。——编者注

万诺维奇·拉德琴柯(对外贸易人民委员部)。最好把他送到莫斯科附近的疗养院去。能送到**亚戈达**(对外贸易人民委员部人员)住的那个疗养院就好了。(2)**罗佐夫斯基**(最好送到国外,送到德国去)。他有心脏病,而且到**冬天病情就恶化**。

您的 **列宁**

谈谈格季耶本人。他不收费。可是现在什么都得花钱。他在给很多人治病。能不能由中央委员会或全俄中央执行委员会主席团给他规定工资,按月发给,多给一些? 请以我的名义向中央委员会提出,并给我写封简短的回信。[①]

列　宁

12月9日

载于1933年《列宁文集》俄文版
第23卷

译自《列宁全集》俄文第5版
第54卷第69页

152

致约·维·斯大林

(12月9日)

致斯大林

斯大林同志:请您抽出15分钟与梅兰维尔同志谈谈,他在工

---

① 见本卷第231号文献。——编者注

农检查院工作,而人们知道(虽然知道的人不多)他是小人民委员会委员。他被开除出党了,据他说,有人采取了令人震惊的不公正做法,因为他们不愿向他所提出的许多证明人了解情况。在清党前很久,梅兰维尔因事到我这里来过,并向我谈起,他在革命前很久曾在国外一个小组里待过。这件事我想不起来了。但无疑是可以找到能核实这件事的人的。回信请通过福季耶娃转给我。[149]

列　宁

电话口授

载于1959年《列宁文集》俄文版
第36卷

译自《列宁全集》俄文第5版
第54卷第69页

153

致莉·亚·福季耶娃、纳·斯·
勒柏辛斯卡娅、玛·伊·格利亚谢尔

(12月11日)

致福季耶娃、勒柏辛斯卡娅、格利亚谢尔同志

请你们快些把我关于法国土地问题提纲的文章[150]誊写三四份,然后打电话同萨法罗夫或同拉科西、拉狄克联系,要他们立即,也就是明天把文章译成法文,因为我需要在星期二晚上或者最迟在星期三早上看到法文译稿。如果译者没有提纲的法文原文,就让他打电话给我,我好在明天把我这篇文章中的全部引文用法语读给他听。另外还请寄给布哈林同志一份,以便他打电话同我谈这个问题。

列　宁

1921 年 12 月 11 日

译自《列宁全集》俄文第 5 版
第 54 卷第 70 页

154

致维·米·莫洛托夫并转
俄共(布)中央政治局委员

（12 月 11 日）

致莫洛托夫同志并转政治局委员传阅

克列斯廷斯基来信说,高尔基离开里加时身无分文,他指望能从斯托莫尼亚科夫那里得到他已出版的几本书的稿费。克列斯廷斯基认为,必须把高尔基划入由党或苏维埃负担出国就医费用的同志之列。我提议由政治局作出决定,责成克列斯廷斯基把高尔基划入这类同志之列,并要进行检查,确保他得到必要的医疗费用。[151]

列　宁

载于 1959 年《列宁文集》俄文版
第 36 卷

译自《列宁全集》俄文第 5 版
第 54 卷第 70—71 页

155

致瓦·亚·阿瓦涅索夫、德·伊·
库尔斯基、亚·德·瞿鲁巴

(12月13日)

特急

致阿瓦涅索夫、库尔斯基、瞿鲁巴

我怀疑奥新斯基和波格丹诺夫在玩弄小小的军事计谋：今天趁我不在的时候，提出要撤销劳动国防委员会关于对生产福勒式犁拖拉失职人员追究责任的决定[152]。我请你们注意这件事，说服大家不要同意撤销劳动国防委员会的决定。无疑这件事情上的失职人员是有的，从原则上看，这类案件不应留在官僚机关内部处理，而有必要交付法庭公开审理。这不仅仅是为了严厉惩罚(也许只要警告就够了)，而主要是为了公之于众，打破那种广为流行的以为失职人员可以不受惩处的观念。①

列　宁

1921年12月13日

电话口授

载于1928年《列宁文集》俄文版
第8卷

译自《列宁全集》俄文第5版
第54卷第71页

---

① 见本卷第177号文献。——编者注

156

致伊·捷·斯米尔加

(12月14日)

致燃料总管理局局长斯米尔加同志
抄送:**造纸工业总管理局**

尽管我在12月2日发出了第1160号快邮代电[①],燃料总管理局副局长特里丰诺夫同志也在12月3日拍发的第15062号电报里保证说"已对孔德罗沃造纸厂采取一切措施,并将彻底执行铁路对工厂所承担的运输任务",但据**造纸工业总管理局**的报告,孔德罗沃造纸厂由于没有燃料而于12月8日中午起停工了。

我要求立即采取紧急措施供给该厂燃料,并查明是谁没有执行我12月2日的命令,向我提供了不真实的材料。

关于执行情况请向我作书面报告。

劳动国防委员会主席
弗·乌里扬诺夫(列宁)

载于1959年《列宁文集》俄文版
第36卷

译自《列宁全集》俄文第5版
第54卷第72页

---

① 见本卷第110号文献。——编者注

157

致恩·奥新斯基

(12月15日)

奥新斯基同志：

您的信[153]我看过了，并且十分认真地重看了一遍。我坚决不同意您的意见，也不能向政治局提出。当然，提交全体会议是您无可争辩的权利。

您没有丝毫根据，确实没有一丝一毫事实上和组织上的根据。

您曾经因为坚持要解除穆拉洛夫的职务而犯过错误，当时您认为人家在搞"阴谋"，其实连阴谋的影子都没有。在这样极其困难的条件下，要想主持像农业人民委员部这样一个部的工作，不能认为同自己观点不同或工作方法不同就是搞"阴谋"或是闹"对立"，而应珍视有独创精神的人。应该在行动中考验三人小组：您＋一个农民(目前我们还不知道这个人是谁，是个什么样的人)＋泰奥多罗维奇。不要急于在这个班子诞生前就改变它。您的**第一把手的**作用，是得到**法律**和其他许多因素保证的。

我在**劳动国防委员会**和**人民委员会**见过梅夏采夫，但次数不多。如果您和泰奥多罗维奇都不在，谁也不会妨碍他出席(并参加表决)。这用两分钟就能规定下来。

但没有理由改变政治局的决定。应当试行这个决定；它**在组织上**是正确的。

致共产主义的敬礼!

列　宁

译自《列宁全集》俄文第5版
第54卷第72—73页

158

致列·波·加米涅夫

(12月15日)

加米涅夫同志:现把今天谈到的奥新斯基和泰奥多罗维奇给我的信寄给您。

奥新斯基没有丝毫"事实上的"根据。完全是神经质,是在重犯把穆拉洛夫撵走的错误。

我坚决反对再把问题提交政治局,我写信给奥新斯基也是这样说的。如果他想提交全体会议,那就让他提,这是他的权利。[154]

请把这些材料和我这封信给斯大林和季诺维也夫看一看,看后还我。

敬礼!

列　宁

附言:我**没有**把奥新斯基的信全念给泰奥多罗维奇听,只念了用红墨水画出的具体部分。

译自《列宁全集》俄文第5版
第54卷第73—74页

159
致维·米·莫洛托夫

12 月 15 日

莫洛托夫同志:请将这封信交政治局委员传阅。

这是路标转换派中最愚蠢的一员。

我担心,这帮不了我们什么忙,反而会对我们有害。把这件事拖到克列斯廷斯基回来时再说吧。[155]

列　宁

译自《列宁文集》俄文版第 40 卷
第 96 页

160
致 Г.Б.克拉斯诺晓科娃

12 月 15 日

克拉斯诺晓科娃同志:现将我的修改意见[156]寄给您。

我身体很不好,只是草草看了一遍,写得也很匆忙,请原谅。但愿贝蒂夫人能原谅我。会面留影一事要延期,也要请她原谅。

致共产主义的敬礼!

列　宁

载于 1957 年《外国文学》杂志
第 11 期　　　　　　　　　　译自《列宁全集》俄文第 5 版
　　　　　　　　　　　　　第 54 卷第 74 页

161

致维·米·莫洛托夫

(12 月 16 日)

致**莫洛托夫**同志

请按医生意见把我的假期延长到两周(视治疗情况而定)。[157]

我将出席中央全会[158]，至少在讨论某些问题时要出席。

根据政治局的决定，我将在苏维埃代表大会上作一个简短的报告。[159]

列 宁

1921 年 12 月 16 日

电话口授

载于 1933 年《列宁文集》俄文版
第 23 卷

译自《列宁全集》俄文第 5 版
第 54 卷第 74 页

162

致叶·亚·利特肯斯

(12 月 16 日)

致**利特肯斯**同志

抄送:**波格丹诺夫**同志和**列扎瓦**同志

鉴于沃耶沃金同志和列扎瓦同志提出的方案，现委托您组织一个委员会,由您主持,吸收波格丹诺夫同志、列扎瓦同志和沃耶沃金同志参加(前两人可由别人代理),以便研究俄国电影事业的组织问题。**160**

劳动国防委员会主席

弗·乌里扬诺夫(列宁)

载于1925年在莫斯科和列宁格勒出版的 Γ.博尔强斯基《列宁与电影》一书

译自《列宁全集》俄文第5版第54卷第75页

163

☆致尼·彼·哥尔布诺夫

(12月17日)

请读此信**161**,并请予以**高度**重视,要尽量设法满足(大概要通过小委员会)。

如遇到困难,请**及早告诉**我。

列　宁

12月17日

载于1933年《列宁文集》俄文版第23卷

译自《列宁全集》俄文第5版第54卷第75页

164

致约·维·斯大林

（12月17日）

斯大林同志：

　　请您注意克拉辛的这个报告(随信附上)，我看所报之事很可能属实，而且十分重要。[162]待奥尔忠尼启则到来后，必须立即就这个问题同契切林商谈，并拟定一些建议提交政治局通过。

列　宁

1921年12月17日

电话口授　　　　　　　　　　　　译自《列宁全集》俄文第5版
　　　　　　　　　　　　　　　　　第54卷第75—76页

165

致约·斯·温什利赫特

（12月17日）

温什利赫特同志：

　　您谈纳兹万诺夫情况的回信已经收到。请告诉我，政治局的决定为什么迟迟没有执行。10月10日的决定您是到12月14日才执行的。[163]

列　宁

1921 年 12 月 17 日

电话口授

译自《列宁全集》俄文第 5 版
第 54 卷第 76 页

166

为起草全俄中央执行委员会和
人民委员会在全俄苏维埃第九次代表大会上的
工作报告向各人民委员部提出的问题[164]

（12 月 17 日）

有哪些最简明的（两三个数字）和最精确的（或附带说明准确程度的）资料，**值得**我写进向苏维埃代表大会的讲话中去？

> 请给予最简短的答复，一页即可，最多两页

1.　给**契切林**同志（如他不能回答，就给李维诺夫）
　　和**拉狄克**同志

　　在评述俄罗斯联邦所处的国际环境时，说波兰和罗马尼亚方面的威胁仅仅来自这些国家的主战派，而不是来自这些国家的所有统治阶级，这么说够吗？

说在华盛顿会议上缔结的四国同盟(英、美、法、日),第一,同所有的帝国主义同盟一样,是极不巩固的;第二,是与其余一切民族敌对的,这么说够吗?

对此是否要作些补充?

可否讲一讲邀请俄国和德国参加拟于1922年4月召开的第二次会议[165]的计划? 引用哪个来源的消息? 这件事在多大程度上是可信的或可能的?

2. **给契切林同志**(或李维诺夫)

同欧洲一些大国签订的通商条约数量的增加,是否能说明我们在1921年取得的进展? 如果能这样说,那么就把这些条约列举出来(1920年仅同英国签订条约,1921年则同某些国家签订条约)。

如果不能这样说,那么是否可以用贸易额(我将向对外贸易人民委员部提问)之外的其他资料来说明这方面的进展呢?

3. **给列扎瓦同志**

能不能用两三个数字,哪怕是最笼统、最粗略的数字,来说明1921年我们在发展对外贸易方面所取得的进展? 比如说,1920年购买与订购的数额**大约**是多少;1921年几个月**大约**是多少,总共**大约**能**达到**多少。

能不能在这方面把德国单独提出来?

能不能提出两三个总计数字来说明我们1921年与1920年相比较的出口额?

4. **给佛敏同志**

能不能告诉我一个准确的或粗略的数字:1921年从国外运进

了多少台机车(以及多少节车皮？多少辆油罐车)？与1920年相比如何？为运输业进口的其他产品有多少？

还有,1921年订购的总额是多少？

我在苏维埃代表大会上要作的报告中,是否可以就1921年运输业的状况(与1920年相比)极其概括、极其精炼地举出一些事实(用一页篇幅)？

5.　给**托洛茨基**同志

能不能在您的提纲和报告里加进下述内容:关于军队的经济工作,关于不破坏与各劳动军委员会**166**的传统联系,以及与中央的决定(不是在1921年中央的一次全会上就是在1921年秋政治局的一次会议上作出的)**167**所规定的任务有关的其他问题。

6.　给**欣丘克**同志

对于您已经提供给我的中央消费合作总社贸易额增长的数字(100万;1921年8、9、10三个月为300万、600万金卢布)①,您是否可以作些补充,如第一,11月份的粗略数字是多少？第二,收购粮食的数字是多少？第三,在所有省消费合作总社中,有多少是交了报表的？第四,还有哪些最简明的总结资料我可以在苏维埃代表大会上作报告时引用？

7.　给**奥新斯基**同志

能不能为我在苏维埃代表大会上的报告提供两三个总计数字:第一,关于我们向农民供应1921年秋播用种子的任务的完成情况;第二,1921年已经取得的其他某些显著成果和成绩？

---

① 见本卷第114号文献。——编者注

8. **给斯米尔加同志**(或特里丰诺夫)

能不能告诉我一些关于燃料情况的最简明的数字,以便补充到我在苏维埃代表大会上要作的报告里:

关于顿巴斯的情况我已有皮达可夫提供的资料。能不能把1920 年和 1921 年的总数告诉我?

1920 年和 1921 年的石油情况如何?

泥炭情况如何?

木柴情况如何?

9. **给波格丹诺夫同志**

请给我提供一些最简明的资料(每项不超过半页到一页)供我在苏维埃代表大会上作报告使用:

同 1920 年相比,1921 年冶金工业的情况如何?

南方钢铁托拉斯的情况如何?

鲁特格尔斯及其小组的企业的意义和前景如何?

对乌拉尔(哈默承租的企业)援助的情况

纺织工业的情况如何?

关于工业企业农场总管理局的若干工作结果?[168]

(任务:要可以在报告中引用的最简明最典型的数字,既能说明情况的全部严重性,又能说明微小的改进)。

10. **给哥尔布诺夫同志**

关于电气化

莱维那篇文章的结尾[169]

1918、1919、1920、1921 年电站数量和发电量增长的情况。

卡希拉电站和乌特金湾电站的意义以及这两个电站 1922 年

1921年12月17日列宁为起草全俄中央执行委员会和人民委员会在全俄苏维埃第九次代表大会上的报告给各人民委员部的信稿的片断（按原稿缩小）

春发电的前景。

沃尔霍夫电站工程有关这些方面的情况。**170**

11. 给卢那察尔斯基、波克罗夫斯基、利特肯斯三同志

请为我在苏维埃代表大会上要作的报告提供一些能一目了然地说明求知欲和学习热情增长以及在这方面取得进步的简明资料(关于大学生的人数、图书馆的数量等等,不要超过两三个数字;要最能说明问题的)。

12. 给拉德琴柯:关于水力开采泥炭:在德国订购了什么? 1922年的前景如何?

载于1933年《列宁文集》俄文版
第23卷

译自《列宁全集》俄文第5版
第54卷第76—80页

167

致尼·巴·布留哈诺夫

(12月17日)

粮食人民委员部　布留哈诺夫同志

为了使我能在苏维埃代表大会上的报告中更确切地阐述有关部分并举出某些最能说明问题的数字,请对以下几个问题给予最简短的回答,总共只要一页,最多不超过两页。

您认为哪些总结资料有用,值得我在苏维埃代表大会上的报告中引用? 是关于实行粮食税的结果的? 是关于隐瞒耕地问题

的？还是关于当前这方面最迫切的任务的？

如有可能，最好能简单、具体地说明，同余粮收集制相比，粮食税减轻了农民的负担。

人民委员会主席　**列宁**

载于1933年《列宁文集》俄文版
第23卷

译自《列宁全集》俄文第5版
第54卷第80页

168

致列·波·加米涅夫

（12月17日）

加米涅夫同志：

送上这封信[171]作为我们最近一次谈话的补充。我认为绝对有必要让尽可能多的中央委员在即将举行的代表大会上亲自认识一下雅科温科。首先请把这封信转给组织局全体委员，然后再让其他中央委员了解这件事。请莫洛托夫看完这封信后给我来个电话。

列　宁

1921年12月17日

电话口授

载于1959年《列宁文集》俄文版
第36卷

译自《列宁全集》俄文第5版
第54卷第80—81页

169

致约·维·斯大林

（12月19日）

致斯大林同志

你们是否正在对畜牧司以及农业人民委员部育马和养马业管理总局进行检查？如果正在进行检查，能否简单地把整个检查结果，特别是对泰奥多罗维奇主持工作时期的检查结果告诉我。请以密件寄给福季耶娃。

列 宁

1921年12月19日

电话口授

载于1959年《列宁文集》俄文版
第36卷

译自《列宁全集》俄文第5版
第54卷第81页

170

致伊·阿·泰奥多罗维奇

（12月19日）

泰奥多罗维奇同志：

鉴于农业人民委员部发生意见分歧的问题已提交中央委员会

全体会议并将于日内进行研究,我请您在今晚 8 时以前将现有的全部材料,特别是关于控告畜牧司、育马和养马业管理总局"工作一团糟"的材料用密件送交福季耶娃转我。同时也请把关于整个农业人民委员部管理不善的材料送来。在今天上述时间只要一个简短的报告,较详细的材料请在星期三①上午 12 时以前仍送交福季耶娃。**172**

列 宁

1921 年 12 月 19 日下午 4 时

电话口授

载于 1959 年《列宁文集》俄文版
第 36 卷

译自《列宁全集》俄文第 5 版
第 54 卷第 81—82 页

171

致彼·安·扎卢茨基和亚·亚·索尔茨

(12 月 20 日)

致扎卢茨基同志和索尔茨同志

我听到了娜捷施达·谢尔盖耶夫娜·阿利卢耶娃被开除出党的消息。我曾亲自考察过她在人民委员会办公厅担任秘书工作时的情况,也就是说,我对她很熟悉。但我认为还有必要指出,阿利卢耶娃全家,也就是她的父亲、母亲和她们姊妹俩,我在十月革命

---

① 即 12 月 21 日。——编者注

前就认识。尤其是在 7 月的那些日子里,当我和季诺维也夫不得
不隐藏起来,面临极大的危险的时候,就是这一家人掩护了我,他
们全家四口都受到当时的布尔什维克党员的充分信任,他们不仅
把我们两人隐藏起来,而且还对我们的秘密工作给了许多帮助,要
是没有他们的帮助,我们是摆脱不了克伦斯基的暗探的。由于娜
捷施达·谢尔盖耶夫娜·阿利卢耶娃年轻,委员会很可能不了解
这个情况。我也不知道,在审查娜捷施达·谢尔盖耶夫娜·阿利
卢耶娃的问题时,委员会是否有机会参看关于她父亲的材料。她
父亲在革命前很久就帮助党做过各种工作,我听说他在沙皇统治
时期就给过处在地下的布尔什维克以重大的帮助。

　　我认为有责任让中央清党委员会了解这些情况。**173**

列　宁

1921 年 12 月 20 日 20 时

电话口授

载于 1959 年《列宁文集》俄文版
第 36 卷

译自《列宁全集》俄文第 5 版
第 54 卷第 82—83 页

172

致彼·安·扎卢茨基和亚·亚·索尔茨

(12 月 20 日)

致扎卢茨基同志和索尔茨同志

卡斯帕罗娃-波波娃同志(地址:苏维埃 3 号楼第 63 号房间,

电话:58—97)给我写了一封信。她写道,她由于被开除出党而处于完全绝望之中,请我向中央清党委员会提出申请,对她的问题进行切实的复查,她还举出她的哥哥斯拉瓦·卡斯帕罗夫和被斯维尔德洛夫同志派往远东并在那里牺牲的丈夫波波夫作为旁证。她写道,她从14岁起就同哥哥一起开始关心党,参加了学生小组,17岁时就入了党,担任纯事务性的工作。

我本人不认识这位卡斯帕罗娃,也许是把她忘了,但我在国外时却非常了解她的哥哥。他在1905年第一次革命后流亡国外,加入了布尔什维克组织。我所遇到过的、对卡斯帕罗夫的工作情况很熟悉的布尔什维克都对他表示应有的尊敬。这位卡斯帕罗夫在1917年革命前死于瑞士(流亡生活的艰苦条件把他搞垮了)。

我将努力打听,谁更了解卡斯帕罗夫的妹妹的情况。

我请求中央清党委员会对开除卡斯帕罗娃同志出党的问题进行复查。[174]

列　宁

1921年12月20日20时

电话口授

载于1959年《列宁文集》俄文版
第36卷

译自《列宁全集》俄文第5版
第54卷第83—84页

173

致《全俄中央执行委员会消息报》编辑部

(12月21日)

致《消息报》编辑部编辑斯切克洛夫同志和

阿·别利亚科夫

在12月20日的《消息报》上刊登了阿·别利亚科夫的文章《振兴铁路运输的新途径》**[175]**。恳请文章作者尽可能准确地告诉我有关的出版物:

(1)文中说,用稍加改装的一般载重汽车代替铁路机车的办法,在国外已普遍进行试验而且效果很好。这个资料是从哪里弄来的。

(2)文中说,美国铁路专用线使用了这种载重汽车,这个资料是从哪里弄来的。

(3)文中说,战争期间,美国军队成功地使用了这种载重汽车(如果使用成功,那在美、法、英三国的报刊上都应有这方面的报道),这个资料是从哪里弄来的。

(4)文中说,伦敦已经按俄国工程师库兹涅佐夫的设想进行过试验,试验结果证明30马力的载重汽车能够以每小时20俄里的速度不费劲地牵引9节或10节车厢,这个资料是从哪里弄来的。[176]

列　宁

电话口授

译自《列宁全集》俄文第5版
第54卷第84页

载于1933年《列宁文集》俄文版
第23卷

174

致维·米·莫洛托夫

（12月21日）

莫洛托夫同志：

我认为，应该立即表示同意。为了不出差错，就此事拍发的电报既要通过克拉辛，又要通过柏林和克里斯蒂安尼亚①，并且都用明码不用密码。

从给我念的电报中，我没有完全弄清偿付和监督的条件。如果期限是26日，或许还有可能查对和弄清楚，但我们无论如何还是不应错过这个机会。特别重要的是要保证这些粮食不仅能用来救济饥民，而且能用来春播。[177]

恳请莫洛托夫和加米涅夫今晚就给我打电话。

列　宁

1921年12月21日

电话口授

译自《列宁全集》俄文第5版
第54卷第85页

载于1933年《列宁文集》俄文版
第23卷

------

①　即奥斯陆。——编者注

175

致维·米·莫洛托夫和
俄共(布)中央政治局全体委员

(12月22日)

致莫洛托夫同志和政治局全体委员

1.我给您送去的泰奥多罗维奇介绍西伯利亚农民雅科温科情况的材料①,请快些让政治局全体委员过目。

2.埃杜克今天送来的关于美国政府建议在我们支付1000万美元的条件下向我们提供2000万美元的粮食的报告,也请快些通知政治局全体委员。**178**

列 宁

1921年12月22日

电话口授

译自《列宁全集》俄文第5版
第54卷第85—86页

---

① 见本卷第168号文献。——编者注

176

致格·雅·索柯里尼柯夫[179]

(12月22日)

索柯里尼柯夫同志:

现**秘密**寄上此信[180]。

我想,萨法罗夫是对的(至少有一部分)。

恳请您**客观地**进行调查,不要让无谓的纠纷、争吵和报复给土耳其斯坦的工作带来危害。

请给我写封短信来。[181]

敬礼!

列 宁

12月22日

载于1959年《列宁文集》俄文版
第36卷

译自《列宁全集》俄文第5版
第54卷第86页

177

致彼·阿·波格丹诺夫

1921年12月23日

波格丹诺夫同志:

我认为,您关于福勒式犁案件发表的所有言论在原则上是完全错误的。诚然，您的错误不像奥新斯基那样不像话（原谅我措辞激烈），他简直变成了丑恶的官僚主义的保护人，但您那样说同样**是不好的**。

不要怕法庭（我们的法庭是无产阶级的）和公开性，而要把这种拖拉作风拿出来公开审判，因为只有这样，我们才能真正治好这种病。

您的论据是：这都是些极好的、忠诚的、宝贵的工作人员。

就算这是事实，就算您没有"本位主义情绪"。

由此应得出什么结论呢？

结论只能是，法庭如果**在这一点上**同意您的意见（您既然对这一点深信不疑，自然能举出许多极其重要的证人来加以证明），就会这样判决：

> 被告对没有排除拖拉作风和领导不力负有罪责，但考虑到许多证人充分证明他们对苏维埃政权无限忠诚，又充分证明他们办事非常认真，工作极其努力，同时考虑到最高国民经济委员会在某种程度上是由于主席团的变动而造成的总的机制上的缺点，如此等等……故免予任何惩处，深信被告人以及最高国民经济委员会主席团全体成员都将从中认真吸取教训。

如果作出**大致**如此的判决，您能否认它的好处吗？它的**社会**影响，与不公之于众而由党中央少数人私下了结可恶的拖拉作风的可恶案件的愚蠢做法相比，不是要大一千倍吗？

您在原则上是完全错误的。我们不善于对可恶的拖拉作风进行公开审判，为此完全应该把我们大家以及司法人民委员部的人用发臭的绳子吊死。而且我总在想，说不定什么时候我们就会因此而**活该**被吊死。

如果您以为在俄罗斯联邦找不到**一个**精明的起诉人和三个精明的审判员（不是毛里毛躁、夸夸其谈、空话连篇的人），那么我还要责怪您对苏维埃政权抱悲观情绪。这封信的抄件（连同您的来信）我将寄给库尔斯基同志，而且专门叮嘱要他本人以及让更多的司法人员看一看，要库尔斯基专门负责为**本案**找到确实**精明**的起诉人**和精明的**审判员。还要库尔斯基亲自负责（1）尽可能快地进行审理和（2）向我提供有关该案情况的**速记**记录（好让我判断，我国**软弱无力的**司法人民委员部是否终于开始**学习**管理并公开审理拖拉作风案件了）。该是开始学习的时候了。

我不明白，为什么精明的起诉人不能在**大庭广众**对那种为官僚主义的拖拉作风所作的"波格丹诺夫式的"和"奥新斯基式的"辩护加以痛斥、嘲笑和羞辱，同时又合理地、正确地、恰如其分地提出控告？

为什么不能作出**大致**如下的判决：

本庭认为公开审理拖拉作风案件具有特殊意义；鉴于被告们异常忠诚，这次判决从轻，但同时提出警告，今后对**圣洁而无能的傻瓜**（法庭大概会说得客气些）办事拖拉也将予以惩处，因为我们俄罗斯联邦需要的不是圣洁，而是办事的**才能**。

因此，洛莫夫和斯琼克尔这次虽然由于"圣洁"而免于惩处，但温克索夫（大概是这样写吧？）没有负起向**劳动国防委员会**提出报告的责任，应受监禁一周的处罚；

——对伊林（前伊林工厂的厂长？）以及该工厂的**工厂委员会全体委员**、工会理事会（相应的）**全体**理事和某个工厂或某些工厂的党支部的全体委员,则宣布其**罪状**是办事拖拉、无能和纵容官僚主义,并宣布予以**严重警告和舆论**谴责;同时提出警告,因为是初犯才从轻处罚,今后如出现这类情况,要把工会和共产党内的坏蛋(法庭大概会说得委婉些)毫不留情地关进监狱。**[182]**

致共产主义的敬礼!

弗·乌里扬诺夫(列宁)

载于1928年《列宁文集》俄文版
第8卷　　　　　　　　　　　　译自《列宁全集》俄文第5版
　　　　　　　　　　　　　　第54卷第86—89页

178

☆致小人民委员会主席

(12月23日)

鉴于意义极为重大,请满足其要求。**[183]**

弗·乌里扬诺夫(列宁)

12月23日

载于1933年《列宁文集》俄文版
第23卷　　　　　　　　　　　译自《列宁全集》俄文第5版
　　　　　　　　　　　　　　第54卷第89页

179

致瓦·亚·斯莫尔亚尼诺夫

（12月24日）

斯莫尔亚尼诺夫同志：

我发了**三封**询问情况的信（发给交通人民委员部、最高国民经济委员会科学技术局、国家计划委员会）。**184**

请您务必进行检查、监督，不许拖延，并打电话**向我报告**此事进展情况。

列　宁

载于1933年《列宁文集》俄文版　　　　　　译自《列宁全集》俄文第5版
第23卷　　　　　　　　　　　　　　　　　第54卷第89页

180

致格·雅·索柯里尼柯夫

（12月24日）

致索柯里尼柯夫同志

抄送：加米涅夫同志

刚读完您的小册子《国家资本主义和新财政政策》。我认为尽快出版这本小册子肯定是有益的。第23页顺数第5行有"打耳光"一语，我建议改用"屠杀"一词。如能就您的小册子的某几点展开争论的话，那只能有好处。

请您在星期一或星期二①以前把中央关于尽快实行新税制的极简短的指示草案拟好。草案请寄人民委员会斯莫尔亚尼诺夫同志或福季耶娃同志收。**185**

列　宁

载于1933年《列宁文集》俄文版
第23卷

译自《列宁全集》俄文第5版
第54卷第90页

181

致列·波·加米涅夫

（12月24日）

我认为索柯里尼柯夫的小册子《国家资本主义和新财政政策》写得很成功。我想您应当竭尽全力以最快速度撤销我们的最高经济委员会及其所有分委员会**186**。我很担心我们会高谈阔论而延误工作，其实我们必须全神贯注的是立即采取具体措施并检验其成效。

列　宁

载于1933年《列宁文集》俄文版
第23卷

译自《列宁全集》俄文第5版
第54卷第90—91页

---

① 即12月26日或27日。——编者注

182

致维·米·莫洛托夫、阿·萨·叶努基泽、
米·伊·加里宁

(12月24日)

致莫洛托夫、叶努基泽、加里宁

关于在苏维埃代表大会上分发文件(工作报告、国家计划委员会的汇报等等)的问题,我提议采取下列办法(经政治局通过,也要经全俄中央执行委员会主席团通过):

所有文件均发至县,每县**三份**,由该县全体代表**签字负责**(负**刑事**责任)

将**所有**这三份文件在一个月至一个半月后交到当地图书馆。(发往县的材料,有时可发两份,有时可发四份。)[187]

列　宁

载于1933年《列宁文集》俄文版第23卷

译自《列宁全集》俄文第5版第54卷第91页

183

致格·伊·萨法罗夫[188]

(12 月 24 日)

萨法罗夫同志:

不要急躁,这是不允许的,也是可耻的,您又不是 14 岁的小姐。

我把您的那些来信转给了索柯里尼柯夫,并将向中央提议派他到土耳其斯坦去查明情况。

我已同索柯里尼柯夫谈过,并且摸清了(**我们两人知道就行了!**)他的态度,他也认为对您的发难是荒唐的。

不要急躁。

继续工作,不要离开岗位。要善于认真和冷静地收集材料来对付无理的发难者。

您的　**列宁**

载于1959 年《列宁文集》俄文版
第 36 卷

译自《列宁全集》俄文第 5 版
第 54 卷第 91—92 页

184

致维·米·莫洛托夫

(12月24日)

致莫洛托夫同志

我绝对坚持要政治局立即通过电话作出决定,**火速**(在讨论工会问题的全体会议结束后立即)把鲁祖塔克送到**德国**去,因为他又发烧又咯血。显然,结核病加重了。

我们这里是治不好的,主要是无法建立严格的生活制度。[189]

列　宁

译自《列宁全集》俄文第5版
第54卷第92页

185

致叶·米·雅罗斯拉夫斯基

(12月24日)

雅罗斯拉夫斯基同志:

请您对农民**雅科温科**(大概是叶尼塞斯克省坎斯克县执行委员会主席)提出您个人的看法并向目前在这里的所有负责的和有

影响的西伯利亚同志收集对他的**意见**。意见要详细些。供中央讨论任命雅科温科为**农业人民委员**问题时参考。①

年龄？——约 40 岁②。

有无经验？——熟悉苏维埃工作。

受到农民尊敬吗？——很受尊敬。

经济知识怎样？——是个中农，没有经营过大农场。

坚定性怎样？——是个有魄力、果断的人。

才智怎样？——聪明机灵。

忠于苏维埃政权吗？——在游击战时期以及后来都证明是忠诚的。

此事恳请**速**办并办好。

列　宁

载于 1959 年《列宁文集》俄文版
第 36 卷

译自《列宁全集》俄文第 5 版
第 54 卷第 92—93 页

186

致维·米·莫洛托夫

（12 月 25 日）

莫洛托夫同志：

请政治局全体委员对立即召雅科温科到莫斯科来的决定进行

---

① 见本卷第 168 号文献。——编者注

② 用小号字排印的是叶·米·雅罗斯拉夫斯基写在此信打字稿上的答复。——俄文版编者注

表决，并委托丘茨卡耶夫或西伯利亚的其他代表在原先那份电报中加上让人临时代理他的职务的命令。要他来是为了了解他，看是否能任命他为人民委员。根据是泰奥多罗维奇的介绍（已分送各政治局委员）和西伯利亚同志的三份评语（随信附上）。[190]

列　宁

电话口授

译自《列宁全集》俄文第5版
第54卷第93—94页

载于1959年《列宁文集》俄文版
第36卷

187

致维·米·莫洛托夫

（12月25日）

致莫洛托夫同志

急

莫洛托夫同志：我看了一遍，作了**一点点修改**（用红墨水）。我完全同意。不过还应当就具体措辞问题向这里的**一切**有关部门征求意见。[191]

列　宁

12月25日

载于1945年《列宁文集》俄文版
第35卷

译自《列宁全集》俄文第5版
第54卷第94页

188

致维·米·莫洛托夫

(12月25日)

莫洛托夫同志：

请就列扎瓦同志的声明(关于《真理报》上刊登的索斯诺夫斯基的文章)作出决定：他应当亲自或通过别的什么人在报刊上发表反驳索斯诺夫斯基的声明。我认为，目前双方还没有展开辩论，列扎瓦也没有提出一个更准确的报告，因此政治局作出批评索斯诺夫斯基的决定还为时过早。[192]不过我还没有看过索斯诺夫斯基的文章。

　　　　　　　　　　　　　　　　　　　　　列　宁

电话口授　　　　　　　　　　　译自《列宁全集》俄文第5版
　　　　　　　　　　　　　　　　第54卷第94页

189

致列·达·托洛茨基

(12月26日)

托洛茨基同志：

我还没有看到您对我的决议草案提出修改的信，只是从秘书那里听到了信的内容。对基本思想我完全同意。不过我认为,专家这个概念不仅必须包括工程师和农艺师,而且必须包括商业人员。如果可以的话,请派人把您向中央提出的意见的抄件给我送来,因为我今天要去莫斯科。**193**

列　宁

电话口授

译自《列宁全集》俄文第5版
第54卷第95页

190

致安·马·列扎瓦

(12月26日)

对外贸易人民委员部——**列扎瓦**同志

叶梅利亚诺夫同志(对他是可以而且应该绝对信赖的)报告说,在雷瓦尔卸货时发生了盗窃事件,这令人极为担心,同时也提出了一个极端重要的问题。①

我提请对外贸易人民委员部注意这一情况,以便采取最有力的措施,并派可靠的人进行检查,要把检查结果和所采取的措施报告我。请把答复告诉斯莫尔亚尼诺夫同志。

人民委员会主席　**列宁**

载于1933年《列宁文集》俄文版
第23卷

译自《列宁全集》俄文第5版
第54卷第95页

---

① 见本卷第228号文献。——编者注

191

致维·米·莫洛托夫、安·马·列扎瓦、
尼·亚·谢马什柯、彼·阿·波格丹诺夫和
格·马·克尔日扎诺夫斯基

(12月26日)

致莫洛托夫、列扎瓦、谢马什柯、
波格丹诺夫和克尔日扎诺夫斯基

拉德琴柯同志必须休假,因为他已多次说他极为疲劳。请批准他休假,并根据医生的意见,或者安排他到疗养院去,或者让他能够在农村待一段时间。此外,拉德琴柯还请求免去他在对外贸易人民委员部的职务,只保留他在泥炭工业部门或者再加上制糖工业总管理局的工作,因为据他自己说,他觉得不适合做贸易工作,而适合做生产工作。请列扎瓦同志、波格丹诺夫同志和克尔日扎诺夫斯基同志就后面这一点提出意见,因为国家计划委员会正在研究制糖工业总管理局的问题。[194]

列 宁

1921年12月26日

电话口授

载于1933年《列宁文集》俄文版
第23卷

译自《列宁全集》俄文第5版
第54卷第96页

192

致格·康·奥尔忠尼启则

（12 月 26 日）

致奥尔忠尼启则同志

今天我得到通知，全会将在星期三召开。[195] 我将出席全会。但我认为，尽管要开全会，我们还绝对有必要单独见面。请通知我，明天，即全会开会前，您是否方便，要不就在后天。今晚 6 时以后还请您待在打电话能找到的地方。

列　宁

1921 年 12 月 26 日

电话口授

载于 1945 年《列宁文集》俄文版
第 35 卷

译自《列宁全集》俄文第 5 版
第 54 卷第 96 页

193

同叶·阿·普列奥布拉任斯基的来往便条[196]

（12 月 26 日）

如果真是这样，那倒不错。[197]

是否可以做两件事：

(1)每周(开始时可每月)计算出在全俄罗斯联邦

　　(a)国家持有的商品数量

　　　(可供交换的储备)

　　(b)纸币数量

(2)是否可在一两个县试点,发行(通过合作社机构?)以充分
的商品储备为保证的**流通券**?

　　统计商品储备的工作不属财政人民委员部的职权范围。应成立某种附
设机构或进行机构调整以统计整个物资收支情况。我们仍然委派瑟罗莫洛
托夫全权负责这项工作。

　　流通券可在有商品的情况下发行,我认为这是一定会成功的,但在开始
的时候我们<u>从中赚不到多少钱</u>。

$$\left\{ \begin{array}{l} \text{我的目的不是"赚钱",} \\ \text{而是\textbf{试点},试验。} \end{array} \right.$$

载于1959年《列宁文集》俄文版　　　　　　译自《列宁全集》俄文第5版
第36卷　　　　　　　　　　　　　　　　　第54卷第97页

194

致亚·伊·古谢夫[198]

(12月26日)

致古谢夫同志

加里宁告诉我:奥新斯基对此已作了答复,认为增加**中央执行**

委员会内非党人士的名额对**实际**工作会有益得多；大家都赞成奥新斯基的这个意见。

列　宁

载于1959年《列宁文集》俄文版
第36卷

译自《列宁全集》俄文第5版
第54卷第97页

195

致格·马·克尔日扎诺夫斯基

(12月27日)

致克尔日扎诺夫斯基同志
抄送：斯莫尔亚尼诺夫同志

现将格·波·克拉辛同志的意见[199]转寄给您供参考。这个意见使我更加肯定了昨天我自己写信告诉您的那种想法。召开会议恐怕是您战略上的失策。要是分别向三个机关(国家计划委员会、交通人民委员部和最高国民经济委员会科学技术局)有真才实学的专家征求书面意见,每个机关最多征求两三名专家的意见,那就对了。依我看,任务主要在于"揭穿"那些不注意外国经验的学者们的无所作为和书呆子气。我认为,不管是克拉辛的意见,还是我这张便条,都不应给任何人看。如果你们这次会议不得出完全否定的结论,那就应当考虑委托谁去立即付诸实施。请打电话把这方面的情况告诉我。**200**

列　宁

1921 年 12 月 27 日

电话口授

载于 1959 年《列宁文集》俄文版
第 36 卷

译自《列宁全集》俄文第 5 版
第 54 卷第 98 页

196

致格·瓦·契切林

（12 月 27 日）

致契切林或李维诺夫

　　请就卡拉汉的这份来电给我简单写几句：(1)马克萨和帕纳菲厄是什么人，(2)你们认为他们的话在转达法国政府的真实观点上究竟可靠到什么程度，(3)是否还需要克列斯廷斯基同法国驻柏林大使再举行会谈，(4)凡尔赛条约第 116 条的内容是什么。**201**

列　宁

1921 年 12 月 27 日

电话口授

译自《列宁全集》俄文第 5 版
第 54 卷第 98—99 页

197

致莉·亚·福季耶娃

(12月28日)

明天请提醒我,我要会见斯大林,并请**事先**替我接通**奥布赫**
(医生)的电话,以便询问斯大林的情况。

载于1933年《列宁文集》俄文版　　　　　　　　　译自《列宁全集》俄文第5版
第23卷　　　　　　　　　　　　　　　　　　　　第54卷第99页

198

给秘书的指示

(12月28日)

致值班秘书

我需要苏维埃代表大会的全部决议草案。请给加米涅夫、莫
洛托夫、季诺维也夫打电话,并请在今**晚10时**以前把**全部**草案
拿来。[202]

载于1933年《列宁文集》俄文版　　　　　　　　　译自《列宁全集》俄文第5版
第23卷　　　　　　　　　　　　　　　　　　　　第54卷第99页

199

致库恩·贝拉

（12月29日）

库恩·贝拉同志：

您的来信已收到，我的秘书告诉我说，您在信中要我快些写完关于塞拉蒂的文章。很遗憾，由于生病，我至今未能动手根据给我提供的材料（遗憾的是，材料过多）写文章。

在指定的期限内我很可能是写不出来了。[203]

请给福季耶娃写张便条，谈谈工作情况，您在写什么，到这里来的400名匈牙利共产党员是怎么安置的。

列　宁

电话口授

载于1959年《列宁文集》俄文版
第36卷

译自《列宁全集》俄文第5版
第54卷第99—100页

200

致扬·埃·鲁祖塔克、安·安·

安德列耶夫和维·米·莫洛托夫并转

俄共(布)中央政治局委员

(12月30日)

致鲁祖塔克、安德列耶夫、莫洛托夫

(并转政治局委员)

　　我已开始以鲁祖塔克和安德列耶夫的初稿为基础写关于工会的提纲草案。已拟了有 12 个要点的详细大纲,但刚写完 4 点,因为我的工作进展得太慢。请过几天再把问题提交政治局,因为我认为不必过于着急,最好能更系统地把问题讨论一下。再过三四天,或者更早些,等我写完第一稿,我就把它寄给委员会的各位委员,并同他们商定是否需要面谈。[204]

列　宁

1921 年 12 月 30 日

载于 1959 年《列宁文集》俄文版
第 36 卷

译自《列宁全集》俄文第 5 版
第 54 卷第 100 页

201

同亚·德·瞿鲁巴的来往便条

（12月31日）

那么,我们决定:

星期二由您＋拉姆津作**报告**。

请事先**好好**准备。

就这样决定。

列　宁

提案昨日已通过,并已转给我和克尔日扎诺夫斯基审定。我们将把需要的地方特别突出出来,力求把此事办得尽量切合实际。

亚·瞿鲁巴

是**劳动国防委员会**昨天作出的关于内燃机车和奖金的决定吗?[205]

译自《列宁文集》俄文版第38卷
第409页

202

致各中央苏维埃机关领导人

（12月）

尊敬的同志:

你们机关里存在的极为恶劣的拖拉作风和文牍主义必须彻底

根除。人民委员会接待室把写给人民委员会及其主席的大量控告信和申诉书转交你们解决，但这些重要而紧急的事情往往得不到答复和处理。

我命令你们立刻加以改进。苏维埃行政机构这架机器要工作得正常、精确而迅速。它工作松垮，不仅会使某些个人的利益受到损失，而且会使整个管理工作名不副实，形同虚设。

衡量每一个机关的劳动生产率的真正尺度，首先是看它在多大程度上切实而迅速地完成了由它经办的一切事情，因此我要求你们今后对交办的事情和提出的询问均应最迅速、最详细地予以答复。如仅仅作出一些敷衍了事的空洞复文，或转给其他机关处理，那也就等于助长拖拉作风和浪费纸张。

现在我提出警告，如果再继续以这种方式办事，人民委员会接待室有权向失职人员追究责任，不管他是什么"级别"。

人民委员会主席

弗·乌里扬诺夫（列宁）

载于1942年《列宁文集》俄文版第34卷　　*译自《列宁全集》俄文第5版第54卷第101—102页*

203

致彼·安·扎卢茨基

（12月）

扎卢茨基同志：

现将此信转给您。如果此信与您无关，请送往应送的地方。

给这样一位所有拉脱维亚人都熟悉的、在战争期间又为托洛茨基和其他许多人所熟悉的老党员、老革命者所加的罪名，显然是莫须有的。我**在党的过去**，在革命前的**漫长岁月里**就认识达尼舍夫斯基，恳请认真、严格、全面地予以复查。[206]

您的　**列宁**

译自《列宁全集》俄文第5版
第54卷第102页

204

致列·波·加米涅夫

（1921年）

您要着重指出，那完全是在重犯托洛茨基在第十次代表大会上所犯的错误。

我还忘了讲：他在其"修正案"中采用行政首长的**口气**（"横扫"，"整刷"——一切重新安排，"**个人负责制**"）来**谈论**那些本应通过

（a）宣传，

（b）长期**试验**

来解决的问题。

译自《列宁全集》俄文第5版
第54卷第102—103页

205

致彼·阿·克拉西科夫

（1921 年）

我已知道。真是岂有此理。还能想出什么办法？出个"告示"？还是颁布一个特别"法令"？还是**交法院**处理？

弗拉基米尔·伊里奇,我很抱歉,但是我不能不请您注意,对土地局和苏维埃政权其他机关实行的政策,各地告了许多状…… 您的对中农要宽待的规定没有得到遵守……

载于 1945 年《列宁文集》俄文版第 35 卷

译自《列宁全集》俄文第 5 版第 54 卷第 103 页

206

致 某 人

（1921 年）

为什么没有把**全部**"**黄金**"问题提交政治局？这种拖延是不能容忍的。①

应当调查拖延的原因,**今后不许**拖延。

译自《列宁文集》俄文版第 37 卷第 340 页

---

① 并见本版全集第 42 卷第 148 页。——编者注

1922 年

207

致列·波·加米涅夫

（1月1日）

致加米涅夫

抄送：布哈林、帕·彼·哥尔布诺夫

加米涅夫同志：

我刚刚得知戈尔登贝格逝世的消息。据说他死于心脏麻痹。我想这里大概有，几乎肯定有我们漫不经心的过错，因为他本来就体弱多病，而我们却根本不善于照顾他。恳请作如下指示：(1)要办好葬礼（由莫斯科苏维埃或外交人民委员部主持是否方便）；(2)其次应照顾好他的妻子，她大概身无分文，据我所知，她完全孤立无援，也不适应俄国目前的生活条件；(3)还应在报刊上发表悼念文章。

显然，是流亡生活和我们俄国人的漫不经心把他送进了坟墓。我们是在完全不可饶恕地断送宝贵的工作人员。[207]

列 宁

电话口授

载于 1924 年 2 月 13 日《真理报》
第 35 号

译自《列宁全集》俄文第 5 版
第 54 卷第 104 页

208

☆致苏维埃房屋管理处

（1月2日）

　　恳请为科列斯尼科娃同志——一位遭枪杀的负责干部同志[208]的妻子——调换一下住房，她现在住的是苏维埃2号楼的一间房（549号），这间房很小，主要是**非常潮湿**，请给她换一间干燥的房间（科列斯尼科娃有两个孩子，一个正患疟疾）。[209]

人民委员会主席

弗·乌里扬诺夫（列宁）

载于1960年3月20—26日《周刊》　　　　　译自《列宁全集》俄文第5版
（《消息报》星期日附刊）　　　　　　　　第54卷第104—105页

209

致维·米·莫洛托夫并转
俄共（布）中央政治局全体委员

（1月3日）

致莫洛托夫同志并转政治局全体委员

（关于契切林提出的波格丹诺夫给厄克特写信一事）

　　我认为，派人调查是有好处的，但是不必宣布波格丹诺夫的信无效,我们要考虑一下;第一,把波格丹诺夫信件的全文分发给政治局全体委员;第二,等一等调查的结果;第三,我们还有充分时间来拟定谈判恢复后我方的条件。[这]① 丝毫不会束缚我们,而且在一定程度上将对我们有利。**210**

列　宁

电话口授

译自《列宁全集》俄文第5版
第54卷第105页

210

致维·米·莫洛托夫

(1月3日)

致莫洛托夫同志

(关于契切林提出的劳合-乔治所提宣言一事)

我认为,不仅不应匆忙行事,而且总的说来,条件是绝对不能接受的。请将此意极端秘密地通知克拉辛,或者根本不通知他也可以,等会议召开时再说,我们将在会上发表具体声明。**211**

列　宁

电话口授

译自《列宁全集》俄文第5版
第54卷第105—106页

---

① 记录有遗漏,现按意思补正。——俄文版编者注

211

致安·马·列扎瓦

（1月3日）

致列扎瓦

随件送上梅德维捷娃同志的请求书[212]以及勒柏辛斯基和杜姆巴泽两同志对这份请求书的意见。我支持这个请求，请迅速办理。如有什么阻碍，请告知。

列　宁

电话口授

译自《列宁文集》俄文版第37卷
第343页

212

致维·米·莫洛托夫并转
俄共（布）中央政治局委员

（1月4日）

致莫洛托夫同志并转政治局委员

普列奥布拉任斯基同志给我打电话说，如果克拉斯诺晓科夫被任命为第二副人民委员，他就辞职；似乎除索柯里尼柯夫以外整个部务委员会都是这种意见。斯大林认为，应重申决定，但必须推迟到索柯里尼柯夫回来以后执行，否则克拉斯诺晓科夫可能遭到陷害。我认为，如果政治局不立即大力反对部务委员会的意见，不始终坚决保护并支持克拉斯诺晓科夫，这种危险就一直存在。我看，这个问题极端重要，因为不仅整个部务委员会，还有普列奥布拉任斯基，都会因没有充分认识到必须全面使用此人而犯极大的错误。此人在美国和远东共和国的工作中积累了丰富经验，能实际处理财政问题。这一点最重要，这也正是普列奥布拉任斯基和其他部务委员所缺少的。他们反对克拉斯诺晓科夫的整个立场，是十足的和有害的偏见。因此，我主张立即通过苏维埃系统批准任命克拉斯诺晓科夫的决定。[213]

列　宁

口授

载于1959年《列宁文集》俄文版
第36卷

译自《列宁全集》俄文第5版
第54卷第106页

213

致亚·德·瞿鲁巴

（1月4日）

致亚·德·瞿鲁巴同志

您昨天对我讲的有关交通人民委员部的那些问题，我刚才同克尔日扎诺夫斯基谈过了。我认为，您如能同克尔日扎诺夫斯基哪怕单独会见一刻钟，同涅奥皮哈诺夫（国家计划委员会的）单独会见半小时，都会大有好处。克尔日扎诺夫斯基认为，涅奥皮哈诺夫对交通人民委员部的各种问题都很熟悉，是这方面的宝贵人才。

列　宁

电话口授

载于1959年《列宁文集》俄文版第36卷

译自《列宁全集》俄文第5版第54卷第107页

214

致叶·阿·普列奥布拉任斯基

（1月4日）

致普列奥布拉任斯基同志

请您给我来信简单谈谈纳扎尔·乌拉尔斯基的情况。他安置好了没有？怎么安置的？安置在哪里？他现在的政治态度如何？总的说来，最近他的态度是有转变还是依然如故？[214]

列　宁

1922年1月4日

电话口授

译自《列宁全集》俄文第5版第54卷第107页

215

致亚·德·瞿鲁巴

(1月9日)

致瞿鲁巴同志

亚历山大·德米特里耶维奇:我认为您应当决定召开人民委员或副人民委员(财政人民委员部、对外贸易人民委员部＋李维诺夫)的会议研究罗蒙诺索夫的来信,并要求在最短期间(例如两天)内向您提出明确的建议和结论草案。[215]

列 宁

1922年1月9日

电话口授

载于1959年《列宁文集》俄文版
第36卷

译自《列宁全集》俄文第5版
第54卷第107—108页

216

致马·马·李维诺夫

1922年1月9日

李维诺夫同志:

送上米哈伊洛夫的来信。同舍印曼和列扎瓦或同列扎瓦委托的人开个会,立即就这个迫切问题拟好决定草案,您看是否合适。**216**

列　宁

电话口授

载于1961年《历史文献》杂志
第5期

译自《列宁全集》俄文第5版
第54卷第108页

217

致阿·萨·叶努基泽和
列·波·加米涅夫

(1月9日)

致叶努基泽同志和加米涅夫同志

　　萨马拉省阿拉卡耶夫卡村的代表,农民谢尔盖·弗罗洛夫①前来为该村购买和提取粮食,并要求供应该村春播用的种子,请你们予以协助。因为我个人对该村曾有所了解,我认为不使农民空手而归,在政治上是有利的。

　　请设法把这件事办好,并将结果报告我。**217**

列　宁

1922年1月9日

载于1945年《列宁文集》俄文版
第35卷

译自《列宁全集》俄文第5版
第54卷第108—109页

---

　　①　打字稿可能有误:到莫斯科来的是谢尔盖的儿子库兹马·弗罗洛夫。——俄文版编者注

218

致维·米·莫洛托夫

(1月9日)

致莫洛托夫同志

对于克列斯廷斯基的第一个建议(薪金数额)我根本无法判断,但是我认为对他的意见必须重视,因为他并没有言过其实。至于第二个建议,我认为克列斯廷斯基不正确,派阿瓦涅索夫到各地去检查是绝对必要的。[218]

列　宁

电话口授

译自《列宁全集》俄文第5版
第54卷第109页

219

致维·米·莫洛托夫

(1月9日)

莫洛托夫同志:

现送上阿尔斯基的信并请转政治局委员以及组织局委员一阅。[219]阿尔斯基的所有建议恐怕完全是由于有怨气才提出来的,所以根本不应接受。关于此事您也许可以同克列斯廷斯基商量一下。

列　宁

1922年1月9日

译自《列宁文集》俄文版第38卷
第413页

220

致约·维·斯大林

（1月12日）

致斯大林同志

古谢夫一个半小时后启程，我刚才通过电话同他商谈了所有要谈的事；半小时后，他将在克拉西科夫寓所，等您的电话。中央给土耳其斯坦共产党的指示信草稿我刚才读过了，完全同意。最好今天就批准这个草稿，让古谢夫带去。[220]

列　宁

1922年1月12日

电话口授

载于1945年《列宁文集》俄文版
第35卷

译自《列宁全集》俄文第5版
第54卷第109页

221

致维·米·莫洛托夫并转
俄共(布)中央政治局

(1月12日)

致莫洛托夫同志

从加米涅夫那里得知人民委员会一致通过了卢那察尔斯基要求保留大歌舞剧院的那个极不像样的建议,我建议政治局作如下决定:

1.责成全俄中央执行委员会主席团撤销人民委员会的决定。

2.只给莫斯科和彼得格勒保留几十名歌剧和芭蕾舞演员,以便他们的演出(无论是歌剧还是舞蹈)能够做到收支相抵①,即省下布景道具等等方面的任何巨额开销。

3.从这样节约下来的几十亿中至少拨出一半用来扫盲和建立阅览室。

4.把卢那察尔斯基召来五分钟,以便听取被告最后的申辩,并向他以及所有人民委员提出警告:今后如把类似这次被中央委员会撤销的决定提出来讨论和表决,中央委员会将采取更加严厉的措施。**221**

列　宁

1922年1月12日

译自《列宁全集》俄文第5版
第54卷第110页

---

① 例如让歌剧演员和芭蕾舞演员参加各种音乐会等等,以此做到收支相抵。

222

致维·米·莫洛托夫并转
俄共(布)中央组织局和政治局

(1月12日)

莫洛托夫同志:

送上克列斯廷斯基同志的信,建议由组织局(有几点由政治局)作出决定:

1.同卫生人民委员部商定,指派一两名医生为索柯里尼柯夫、瞿鲁巴及其他治病归来的同志定期检查身体,让医生就必要的生活制度提出书面意见。要求医生个人负责。责成他向中央书记处或人民委员会秘书处(如果中央书记处同意的话)作简短的汇报。

2.指定专人负责督促索柯里尼柯夫遵守生活制度。

3.要瞿鲁巴每周在卡希拉他弟弟格·德·瞿鲁巴那里住三天(星期六、星期日和星期一),由他弟弟督促他彻底休息,加强营养。

4.要瞿鲁巴减少工作量,具体说,要几乎完全摆脱各专门委员会的工作,而仅仅负责监督人民委员会和劳动国防委员会一些最重要的决定的实际执行情况。

5.要瞿鲁巴对人民委员会和劳动国防委员会的开会时间作一总的规定,即不超过三小时。[222]

列　宁

电话口授

译自《列宁全集》俄文第5版
第54卷第110—111页

223

给列·波·克拉辛的电报

(1月12日)

伦　敦

苏维埃政府代表团

克拉辛

对外贸易人民委员部12月份宣布,已采购到800万普特粮食,但未运出。在得到新的拨款后,对外贸易人民委员部曾提出保证:每月运500万普特粮食,4月1日以前运回1 500万普特粮食。但1月份到目前为止连一普特粮食都未收到,而轮船是否启航,今后如何运,也毫无消息。鉴于粮食情况极为严重,我命令在两日内提出报告:第一,已买到多少粮食;第二,已发运多少,由哪些船运载,驶往哪些港口;第三,即将发运多少,何时发运;第四,打算如何履行采购1 500万普特粮食的保证。①

人民委员会主席　**列宁**

载于1959年《列宁文集》俄文版
第36卷

译自《列宁全集》俄文第5版
第54卷第111—112页

---

① 并见本卷第245号文献。——编者注

224

致格·叶·季诺维也夫

(1月12日)

季诺维也夫同志:

今天我从报上得知,英国在2月初将举行议会选举,十分遗憾,我们昨天没有谈一谈。我认为必须召开共产国际执行委员会扩大会议并通过一项详细说明理由的决议,在决议中务必要求英国共产党全体党员为工党党员作竞选宣传并投他们的票。[223]只有在如下难得的情况下可以例外:即使投共产党员的票也能保证绝不会使资产阶级候选人获胜。

请您写张便条告诉我,今天什么时候您能打电话同我交谈两三分钟。

列 宁

译自《列宁文集》俄文版第37卷第343—344页

225

致维·米·莫洛托夫并转
俄共(布)中央政治局

(1月12日)

致莫洛托夫同志并转政治局
(关于应克拉辛的请求派拉林同志去伦敦一事)

鉴于克拉辛同志的请求,必须提交政治局表决[224]。我认为可以满足克拉辛的请求,但有两个条件:不能让拉林直接或间接地进行任何谈判。不要相信只是拉林一人提供的任何一个数字。

列　宁

1922年1月12日

电话口授

译自《列宁文集》俄文版第39卷
第330—331页

226

致阿·萨·叶努基泽

1922年1月13日

叶努基泽同志:

拉拉扬茨同志对我说要寄些钱补助一下他的家庭,使他们能够维持到3月份。请同斯大林谈谈,这件事怎么解决好?这笔钱由中央委员会出,还是由全俄中央执行委员会主席团出?请写封短信通过福季耶娃转给我:这件事能不能办到(钱数要问拉拉扬茨)?如果有困难,是什么困难?困难在哪里?

那时我再另想办法弄钱。请将这封信转给斯大林;顺便说一下,我请他同拉拉扬茨**商量好**拉拉扬茨的工作问题。我同拉拉扬茨谈话之后,看出这件事我决定不了。应该由斯大林在组织局内或在组织局协助下决定。[225]

您的　**列宁**

载于1945年《列宁文集》俄文版
第35卷

译自《列宁全集》俄文第5版
第54卷第112页

227

致彼·谢·奥萨德奇

(1月13日)

奥萨德奇同志:

审查用黄金在国外进行采购的计划时,数额应控制在**每年13 000**万金卢布。

此数不得超过。一有**突破这个数目**的危险征兆,就**立即**告诉我。

列　宁

1月13日

译自《列宁全集》俄文第5版
第54卷第113页

228

给俄罗斯联邦各驻外商务代表处的电报

（1月14日）

密码

伦敦、柏林、斯德哥尔摩、
布拉格、华沙、赫尔辛福斯、罗马
俄罗斯联邦商务代表处

货物运抵我国海关时仍然没有货单，常常连收货人（订货人）也没有注明。对外贸易人民委员部要求每件货物都附有包装单，开列商品名目，这个要求没有照办。包装往往很糟，货物运到时已经散包。虽然车皮上的铅封完整无损，却常发现货物被盗，这显然是在装货时发生的。我要求采取坚决措施杜绝这种丑恶的、侮弄人的事。我命令你们严格执行列扎瓦12月21日的电报指示。要将执行情况以及应对发货不附货单和包装单、包装不善、在装货、转运时和运往我国海关途中发生盗窃现象负直接责任的人员名单立即电告对外贸易人民委员部，并将抄件送我。

人民委员会主席　列宁

载于1959年《列宁文集》俄文版第36卷

译自《列宁全集》俄文第5版第54卷第113页

229
致尼·彼·哥尔布诺夫

1

（1月14日）

哥尔布诺夫同志：

　　我认为这个主意完全正确，**应予**支持，请征求卢那察尔斯基同志的意见，然后把他的方案（正式的：条件、期限等）提交小人民委员会，**力争从速通过。**[226]

人民委员会主席　**列宁**

1922年1月14日

译自《列宁全集》俄文第5版
第54卷第114页

2

（1月18日）

　　哥尔布诺夫同志：您要亲自去搜集必要的信息，如果需要，可以同加米涅夫和托洛茨基商量，然后作出决定，不必再征询我的意见。

列　宁

电话口授

译自《列宁全集》俄文第5版
第54卷第114页

230

致约·斯·温什利赫特和瓦·瓦·佛敏

亲收

1922 年 1 月 16 日　　　　　　　　　　　　　　　　　　**秘密**

全俄肃反委员会　温什利赫特同志

交通人民委员部　佛敏同志

抄送:尼·彼·哥尔布诺夫

　　最近我有机会亲自了解全俄肃反委员会**轨道车**的情况。这些车显然是由全俄肃反委员会和交通人民委员部共同管理的。我想,无论全俄肃反委员会还是陆军人民委员部,都绝对有必要在莫斯科枢纽站配备轨道车(听说全俄肃反委员会有两辆),供执行紧急任务和最迅速、最机密地运送小分队(5—10 人的)等等使用。

　　我看到的轨道车的情况糟到了无以复加的程度。无人照管,残缺不全(很多东西被偷走了!),乱七八糟,燃料看来被偷光了,煤油里掺水,发动机的运转糟得令人无法忍受,途中不断停车,运行情况坏到极点,不该停的站也停,站长们全然无知(看来他们根本不懂,全俄肃反委员会的轨道车应被视为有特别通行证,应以最快速度运行,所谓最快速度不是指行车速度——这些车看来都是"苏维埃造的"，也就是说都糟得很——而是指尽量少停、少耽搁，**具有军事上的准确性**），秩序混乱，工作马虎，简直是耻辱。幸亏我是化名乘坐轨道车的，所以能够听到而且已经听到职工们坦率而真实的（不像官方那样娓娓动听而虚假的）介绍。从他们讲的情况来看，这不是偶然现象，整个组织工作也同样丢人到了极点，简直是一团混乱，愚笨无能。

我这是第一次不以"大官"身份乘轨道车出行。大官出行往往要发几十份专电，兴师动众，而我是以全俄肃反委员会属下的一个无名工作人员的身份出行的，我所得到的是令人极度懊丧的印象。机器上一个由全俄肃反委员会**亲自**特别监督的专用小轮子尚且如此，整个交通人民委员部的情况如何，我也就可想而知了！那里大概乱得不堪设想。

我命令：由全俄肃反委员会和交通人民委员部协商（如果陆军人民委员部有轨道车的话，或许让它也参加？），立即指定一位负责人，直接抓这项工作，而不是当官做老爷。这个人要对玩忽职守的现象绝对负责。

关于全俄肃反委员会的轨道车，应该颁发一个军事化的简明守则，规定轨道车要秘密而又迅速地运行，要维修保养、保管燃料以及不在环行路线、枢纽站**和任何地方**滞留等等。守则中还应规定：必须按照尼·彼·哥尔布诺夫的要求（他必定是取得我同意的）准确无误地出车，并且把车开到他所指定的地点。

要将执行情况向人民委员会办公厅主任尼·彼·哥尔布诺夫详细汇报。

我则责成哥尔布诺夫对执行情况随时进行检查，即出其不意地乘坐轨道车出行,记下各个环节(叫车、运行、沿途停车等等)用掉多少分钟,并进行视察。

劳动国防委员会主席
弗·乌里扬诺夫(列宁)

载于1945年《列宁文集》俄文版　　　　　译自《列宁全集》俄文第5版
第35卷(非全文)　　　　　　　　　　　第54卷第114—116页

231

致列·达·托洛茨基

(1月16日)

托洛茨基同志:

您完全正确。我已经过问了两次。一次是派一名肃反委员会工作人员去那里解决**木柴**问题。答应了。**去了一趟**。施加了一点压力。另一次是从谢马什柯那里给格季耶争取到补助:任命他为克里姆林宫医院**顾问**(100多万收入,1份口粮等等)。

我看,**再**由政治局作个决定对事情会有好处

(1)责成索洛维约夫(**副**卫生人民委员)亲自负责;

(2)要他向政治局提出报告(书面的);

(3)还有,对格季耶来说,怎么做比较好——是解除他在疗养

院的工作,还是按照他的要求和意愿重新调配全院人员。看来格季耶希望的是后者。他生活在那里,似乎喜欢那个地方。[227]

列 宁

1月16日

译自《列宁全集》俄文第5版
第54卷第116页

232

致维·米·莫洛托夫并转
俄共(布)中央政治局[228]

(1月16日)

秘密

政治局   莫洛托夫同志

(1)是否应要求提供防范法西斯分子的特别保证(例如要一艘由我们控制的带有无线电台的意大利军舰?要意大利军警负责人的名单,等等)?

(2)是否应立即通知,**我方将派出**……名到……名**代表**((+工作人员))? 全俄中央执行委员会何时召开会议?

(3)在总的方面(以及其他方面)契切林是对的。

(4)是否应由全俄中央执行委员会任命(从策略上考虑):

列宁——团长

契切林——副团长,在团长不能出席时行使团长的**一切**权利。

$$
\left.
\begin{array}{l}
\text{越飞} \qquad ?? \\
\text{和} \\
??\ \text{克拉辛}??
\end{array}
\right\}
$$

两名副团长助理?

或者 3—4 名

副团长助理?229

(5)是否应在柏林和莫斯科**立即**同德国人开始完全个人的(不用任何文件的)谈判,商谈我们和他们在热那亚期间的**接触**问题?

(6)是否应立即向**所有**全权代表秘密建议,让他们试探其驻在国政府是否同意就**事先**拟订热那亚会议的**方针**问题同我们开始**非正式的秘密谈判?**

列 宁

1 月 16 日

译自《列宁全集》俄文第 5 版
第 54 卷第 117 页

233

致维·米·莫洛托夫并转
俄共(布)中央政治局全体委员

1922 年 1 月 16 日

致莫洛托夫并转政治局全体委员

(1)契切林的诊断书证明他病了。**230**要赶快征询**优秀**医生的

意见,怎么办合适:

> (a)把他的整个休假期(半年)推迟到热那亚会议以后? 他
> 能坚持住吗?

> (b)不然就立即休息1个月或5周,从1月18日到2月22
> 日,这样到3月8日还有两周的时间,等热那亚会议开
> 完再另给假? (也许(b)是唯一妥善的办法。)[231]

(2)看来,外交人民委员部的情况很糟很危险。把外交人民委员部的优秀力量全派到热那亚去,部里剩个空架子,这不危险吗?

这个问题应当受政治局最密切的、**直接的**监督。

(3)应当责成一些人(也许可责成李维诺夫+沃罗夫斯基+越飞+帕·彼·哥尔布诺夫?)在契切林和整个代表团去热那亚期间,专门负责将外交人民委员部的**全部**事务**十分**有条理地移交给**某些**人。

在整个热那亚会议期间,应当从最有经验的外交人员中留下一名来领导外交人民委员部。[232]

(4)立即找几个优秀而又完全可靠的密码员,叫他们为热那亚会议准备几套最可靠的密码(和**能够每天变更的**密钥)供整个会议期间使用。

列　宁

译自《列宁全集》俄文第5版
第54卷第118页

234

致维·米·莫洛托夫并转
俄共(布)中央政治局委员

(1月16日)

尊敬的弗拉基米尔·伊里奇:

　　出席即将在热那亚召开的欧洲代表会议的俄国代表团无疑需要有关于俄罗斯联邦整个国民经济及其各个部门的现状和发展情况的比较详尽的统计材料。根据经您同意并经劳动国防委员会或人民委员会审查过的计划来编写这样的纲要的工作,我看可以交给中央统计局去做……

　　致同志的敬礼!

帕·波波夫

莫洛托夫并

政治局委员:

　　我看,热那亚会议不需要这个材料。

　　文牍主义。

　　让他们做点实际工作。[233]

列　宁

1月16日

译自《列宁文集》俄文版第37卷
第344页

235

致俄共(布)中央政治局[234]

(1月16日)

致政治局

莫洛托夫同志:

只好准假。除皮达可夫外我们没有**副主席**。

我看要问问医生,将假期推迟两三周是否可以(是否有害),以便在此期间让皮达可夫**熟悉情况**。

列　宁

1月16日

译自《列宁文集》俄文版第38卷
第413页

236

致维·米·莫洛托夫

1922年1月17日

莫洛托夫同志:

附上沃罗夫斯基的请示和阿克雪里罗得的申请。应予解决。

阿克雪里罗得在这里的共产国际和外交人民委员部工作过。我早在1916年在苏黎世时就认识这位布尔什维克。我支持他所提出的以某种方式帮助他们夫妇的申请。[235]

致共产主义的敬礼!

列　宁

译自《列宁全集》俄文第5版
第54卷第119页

237

致德·伊·库尔斯基

(1月17日)

司法人民委员部　库尔斯基同志

司法人民委员部寄来的两份报告——11月14日和12月20日关于"执行"我提出的经常组织反拖拉作风斗争这一任务的情况的报告已经收到。

在第一份报告中您写道:

"在这些案件中,这种组织上的缺陷(指我们的机构臃肿和官僚主义的层次繁多,以及各部门的相互关系、摩擦,等等)不是表现得很突出;拖拉现象不过是个别人造成的,并不是我们机构设置不当的客观后果,但要把这类案件区分出来就得花很大的气力。"

采取这种态度同拖拉作风作斗争自然不会有任何结果。应该学会找出并严加惩办的正是对造成这些"组织上的缺陷"负有罪责的人员，而不是其他什么人。您要从拖拉作风案件中抓获怠工分子是永远抓不到的。

由克拉西科夫签署的司法人民委员部的第二份报告以及随件附来的侦查员"就非常重大的案件"所写的一些报告——维尤科夫、罗伊兹曼和工农检查院工作人员克德罗夫的报告，真是发现了新大陆。这些报告文理不通地就官僚主义、机构层次繁多等等现象说了一大堆套话。

总之，反对拖拉作风这项工作看来丝毫没有进展。

实质上，对我提出的五项任务的任何一项都没有作出详尽的答复①。

我建议再把问题研究一下，切实地、按照军事学术的一切规则来组织同拖拉作风的斗争。

请您每月在20日以前不经事先提醒就把关于运动进展情况的报告送给我。

人民委员会主席

弗·乌里扬诺夫(列宁)

载于1928年《列宁文集》俄文版第8卷

译自《列宁全集》俄文第5版第54卷第119—120页

---

① 见本卷第1号文献。——编者注

РОССИЙСКАЯ
СОЦИАЛИСТИЧЕСКАЯ
ФЕДЕРАТИВНАЯ
Советская Республика.

ПРЕДСЕДАТЕЛЬ
СОВЕТА
Народных Комиссаров.

—о—

Москва, Кремль.

17 / I 192 2

№ 8050

1922 年 1 月 17 日列宁给瓦·亚·斯莫尔亚尼诺夫的信

...дского нажима и ускорения! Идр — при даст, как телеграммы и т. п. о меня надо Кашурки!

Что же делают с объективными прочими жуликами? Очевидно, негде употреблять сразу!

Предлагаю вам:

1) поправить дело на суд за волокиту и довести до строжайшего наказания;

2) карать на КПС и кроме суда, добиваться мер повышения ответственности и улучшения работы. — Предс. И. Скворцов

238

致瓦·亚·斯莫尔亚尼诺夫

1922 年 1 月 17 日

斯莫尔亚尼诺夫同志：

送上格·德·瞿鲁巴的报告①。

拖拉作风令人愤慨。

交通人民委员部的工作糟透了。

居然这样对待卡希拉工程，这样对待极端重要的工程！这样对待由政治局**专门**指示要千方百计抓紧和加速完成的工程！在我就卡希拉工程发出几十份电报等等的情况下居然还这样搞！

对**一般的**货物又会怎样呢？显然，会糟得难以想象！

我命令您：

(1)向法院对拖拉作风提出控告，要求从严惩办；

(2)要对交通人民委员部施加压力，**除提交法院外**，要它务必采取加强责任心和改进工作的**措施**。

劳动国防委员会主席

弗·乌里扬诺夫(列宁)

载于 1931 年 1 月 21 日《真理报》第 21 号和《工业化报》第 21 号

译自《列宁全集》俄文第 5 版第 54 卷第 120—123 页

---

① 见本卷第 247、248 号文献。——编者注

239

致国家出版社

(1 月 17 日)

国家出版社

抄送:**约诺夫**同志

从**约诺夫**同志那里获悉,地图集的出版工作因缺钱而陷于停顿,据他计算,大约需要 3 亿卢布。

应当立即给彼得格勒汇一笔**固定的**专款,使事情不致再延误,并保证地图集的编辑出版工作能继续迅速进行。[236]

人民委员会主席

载于 1959 年《列宁文集》俄文版
第 36 卷

译自《列宁全集》俄文第 5 版
第 54 卷第 123 页

240

致瓦·亚·斯莫尔亚尼诺夫[237]

(1月17日)

致斯莫尔亚尼诺夫同志

浏览了一部分图表,建议:

(1)每次都要逐月填上**绝对数字**(以千或百万为单位),用钢笔小字填写**清楚**(如表格 V,4 那样)。

(2)同样,**每次都要**在表格旁边填写

战前的数字(1913 年或 1916 年等等)为多少多少(绝对数字)。

(3)这些图表的全部作用在于使人一目了然,便于比较。因此,**要在保持原有表格大小的情况下**填入 1920 年—1921 年—1922 年**36** 个月的数字

(即把 1920—1922 年的 **36** 个月都列在**一张**表格上)。

列　宁

1月17日

＋(4)**用细线符号(∧)代替香肠形符号(∧)就行**,既简单明了,又容易勾画,还可以省几个公务员。

(5)可否提个奢望:把全部图表用夹子夹成**一本**(如太厚,则夹成两三本),以便翻阅。

列　宁

1月17日

载于1945年《列宁文集》俄文版
第35卷

译自《列宁全集》俄文第5版
第54卷第124页

241

致维·米·莫洛托夫并转
俄共(布)中央书记处

(1月17日)

莫洛托夫同志:

我替两位同志向中央书记处(如果不归书记处管而归组织局管,那就向组织局)提出申请:

(1)玛格丽塔·瓦西里耶夫娜·**福法诺娃**的女儿,15岁,患骨结核,病情严重。请把她(必要的话,连母亲一起)送到里加我们的疗养院去。钱她们当然没有。

玛·瓦·福法诺娃是一个既坚强又忠诚的布尔什维克,1917年夏天我就认识她了。那年秋天,即在十月革命前夕最危险的时刻,她让我隐居在她的家里。

从1917年十月革命起,她一直勤奋工作。女儿的重病弄得她精疲力竭,无法工作。**238**

(福法诺娃的地址:苏维埃 4 号楼沃兹德维任卡 5 号住宅 31 号①)

(2)请把

尼娜·科托维奇-萨美尔(14 岁)

安排在教育人民委员部办的示范学校住读。

应把她编入中等学校一年级。

地址:马罗谢伊卡 2/15 号住宅中央消费合作总社宿舍。

我很了解她的父亲——已故的伊万·阿达莫维奇·**萨美尔**。他是老革命家,布尔什维克。第一次(1905 年)革命前他就是中央委员。在工作中积劳成疾,1920 年在乌克兰去世。**239**

弗·乌里扬诺夫(列宁)

载于 1945 年《列宁文集》俄文版
第 35 卷

译自《列宁全集》俄文第 5 版
第 54 卷第 124—125 页

242

致弗·德·邦契-布鲁耶维奇

1922 年 1 月 18 日

致邦契-布鲁耶维奇同志

(抄送:加米涅夫同志)

您没有离开国营农场,我很高兴;希望您能为整个地区把您的

经济工作进行到底。对于您的出版工作,我有很大怀疑。至于我的东西,请您问一下加米涅夫同志,因为这个问题我目前无法顾及。**240**

列　宁

电话口授

译自《列宁全集》俄文第5版
第54卷第125—126页

243

致列·波·加米涅夫

（1月18日）

加米涅夫同志:

送上我给邦契-布鲁耶维奇复信的抄件;补充一句:如果您根据邦契-布鲁耶维奇的请求和我给他的答复,准许出版我的东西,那就请您担负起全部责任。①

列　宁

电话口授

译自《列宁全集》俄文第5版
第54卷第126页

---

① 见上一号文献。——编者注

244

致尼·巴·布留哈诺夫

1922 年 1 月 18 日

致布留哈诺夫同志

（抄送：加米涅夫同志和瞿鲁巴同志、斯大林同志）

我坚决不同意您的意见。我认为，粮食人民委员部在乌克兰的工作情况极度混乱，那里需要弗鲁姆金。粮食人民委员部的整个工作亟须大力改进，这是我坚定不移的看法。国外的采购任务，克雷什科或者别的什么人大概能够胜任。应当给克拉辛发一份极严厉的电报。①

列　宁

电话口授

译自《列宁全集》俄文第 5 版
第 54 卷第 126 页

245

致约·维·斯大林

1 月 19 日

斯大林同志：

如果您决定把弗鲁姆金派到乌克兰去，那就应该给克拉辛发

---

① 见下一号文献。——编者注

一份特别严厉的电报：

> 如您不能在1、2月份购进1 500万普特粮食，那就把您解职并开除出党。现迫切需要粮食。不容拖延。对外贸易人民委员部这个机构很糟。外汇问题拖而不决。请全力以赴。每周两次如实电告执行情况。

请于明日即1月20日批准这个电报，用政治局名义发出[241]；此外，请您全力督促李维诺夫（为外汇事）[242]，每周**亲自**检查两三次。

列　宁

载于1959年《列宁文集》俄文版
第36卷

译自《列宁全集》俄文第5版
第54卷第127页

246

致列·波·克拉辛

1922年1月19日

克拉辛同志：

关于拉林问题，我对政治局1月17日的决定[243]作如下补充：

1.让他在伦敦**尽量多待些时候**。

2.如果您相信他的数字，哪怕只是一个，我们就要撤您的职。

3.请关心他的健康，好好给他治病，指定一名**负责的**医生。

4.让他**长期**做**德文**和**英文**材料方面的**文字**工作（如果他不懂英文，就教会他）。

1、3、4 各点要特别严格执行,要**特别讲究方法**。第 2 点要加两倍地严格。

致共产主义的敬礼!

列　宁

附言:对外贸易人民委员部这个机构糟透了。列扎瓦**不得力**。需要一个更强的人。现迫切需要粮食,刻不容缓。请**全力以赴**。**由您承担责任**。①

列　宁

发往伦敦

载于 1945 年《列宁文集》俄文版
第 35 卷

译自《列宁全集》俄文第 5 版
第 54 卷第 127—128 页

247

致瓦·瓦·佛敏

1922 年 1 月 19 日

致**佛敏**同志

总工程师**格·德·瞿鲁巴**向我报告了令人愤慨的事:载有工程所需物资的车皮迟迟未能从莫斯科发往卡希拉。尽管发出过一系列极严厉的指令,要求竭力协助卡希拉工程,对它的需求特别关

---

① 见本卷第 223 号文献和上一号文献。——编者注

注，但这种事还是发生了。

请您对这种令人愤慨的拖延发车的事进行最仔细的调查。

要严惩失职人员。向本部门下达最严格的命令：要为发运卡希拉的货物排除一切障碍，并予以全力协助。

请将所采取的措施报告**斯莫尔亚尼诺夫**同志。[244]

人民委员会主席

弗·乌里扬诺夫（列宁）

载于1959年《列宁文集》俄文版
第36卷

译自《列宁全集》俄文第5版
第54卷第128页

248

致瓦·亚·阿瓦涅索夫

（1月20日）

致**阿瓦涅索夫**同志

卡希拉工程总工程师**格·德·瞿鲁巴**报告说，车皮迟迟未能从莫斯科发往卡希拉实在令人愤慨。这种拖延是交通人民委员部造成的。

鉴于卡希拉工程对国家极端重要，曾发出过一系列极严厉的指令，要求给予全力协助，责成各部门特别迅速、特别认真地完成为卡希拉工程所承担的任务。

请您派人对拖延发车一事严格进行调查，切实查明谁对此事负有罪责,务必将其交付法院审判。

调查应**火速**进行。请将调查结果告知**斯莫尔亚尼诺夫**同志,由他向我报告。[245]

人民委员会主席

译自《列宁全集》俄文第 5 版
第 54 卷第 129 页

249

致亚·德·瞿鲁巴

(1 月 21 日)

瞿鲁巴同志:我仔细考虑了整个情况和您给我看的医生的书面意见[246]等等,最坚决地要求您注意以下几点。

三星期之内,也可能是四星期之内,我回不来。现在是最困难的时刻,中央委员们不能为了直接参加人民委员会和劳动国防委员会的工作而把别的事情放下。医生已准许您工作 8 小时,但我绝对坚持您在最近四星期内要把一天的工作时间限制为 4 小时,此外,星期六、星期日和星期一要完全休息。剩下的全部时间要按照疗养院的作息制度安排。为此,我打算给你们夫妇在索科利尼基找一间房子,给您安排一个熟悉的护理员以及良好的伙食等等。我完全相信,不这样您就会经受不住四星期的工作,而从政治形势来看,坚持工作对于我们又极为必要。4 小时里,您应该每天用两小时参加人民委员会和劳动国防委员会每星期两次的例会,其余两小时可完全用来审签会议记录和进行最必要的谈话（通过电话或面谈）。如果事情这样安排，那么我们的机关在这四星期内是一点也不会削弱的。在事务性的工作方面，哥尔布诺夫和斯莫尔亚尼诺夫将大力协助您；在政治工作方面，加米涅夫和斯大林则将大力协助您。我同他们都已谈妥。我再一次要求您采纳这个计划并不折不扣地严格执行，因为不让粮食人民委员部的朋友们蜂拥到您家去，以及诸如此类的办法，都纯属空想。

请尽快通过福季耶娃答复我。[247]

列　宁

1922年1月21日

电话口授

载于1959年《列宁文集》俄文版
第36卷

译自《列宁全集》俄文第5版
第54卷第129—130页

250

致列·达·托洛茨基[248]

（1月21日）

托洛茨基同志：我毫不怀疑，孟什维克正在加紧进行而且还将加紧进行最恶毒的鼓动。因此，我认为，对他们必须既加强监督，也加强镇压。这件事我已同温什利赫特谈过，请您抽出10分钟来同他谈谈，但不要在电话里谈。至于问题的实质，我认为我和您的看法是一致的。我现在想写一篇短文，主题同您涉及的相似；但是看来在两周内未必能写成。因此,如果您能立即在报刊上公开投入战斗,点出这个孟什维克的名字,讲清楚他那些言论的恶毒的白卫性质,并且有说服力地号召全党振奋精神,那可能是非常有益的。"国家资本主义"这个术语,据我看(为此我曾多次同布哈林争论过),是理论上唯一正确的术语,而且是一个必不可少的术语,它可以迫使那些因循守旧的共产党员明白,新政策在认真贯彻执行。但是,这些恶毒的白卫分子帮凶(所有孟什维克都是这样的帮凶)看到这个术语自然会装糊涂,假装不懂在无产阶级当权的国家里,国家资本主义只能在受限制的情况下存在,它既受推广的时间和范围的限制,也受其采用条件和监督办法等等的限制。[249]

列　宁

1922年1月21日

电话口授

译自《列宁全集》俄文第5版
第54卷第130—131页

251

致格·雅·索柯里尼柯夫

1月22日,星期日

索柯里尼柯夫同志:

就您1月18日的来信[250]谈一谈。

关于巴沙和国家珍品库问题。我很担心您醉心于改组计划的形式上的"严谨"。巴沙是由一些可靠的人推荐给我的,他**已经证明**他有保管才干,他是能够做好(我觉得是这样)保管和保护工作的,这就行了。这就够了。这就很好了。让他们在托洛茨基总的监督和催促下去做保管、保护工作,去同盗窃现象作斗争,去销售好了。这就够了。这就很好了。

为什么要"改组国家珍品库"呢? 为什么要把它改组为"黄金—外汇—管理局"呢?

我非常担心,我们一件实际工作也没有干到底,就会因那些改组而完蛋。

让托洛茨基和巴沙把国家珍品库的事情,即把收集、保管和销售工作干到底吧。

而外汇管理局应该是独立的。该局是由李维诺夫主管的。他和克拉辛不知闹了什么矛盾——这是一个最令人头痛的问题,政治局最近不得不为这件事作了一个决定[251]。

无论如何要消除这个矛盾,要**迅速**,要**立即**使他们(李维诺夫和克拉辛)的工作协调起来。

如果李维诺夫不能用全副精力主管这项工作(因为要搞外交工作),如果(您)打算让克拉斯诺晓科夫来领导外汇管理局,那您为什么不把这件事提交政治局讨论:国家珍品库负责保管、收集、送出去销售;克拉斯诺晓科夫则负责外汇管理局(接替李维诺夫或者同李维诺夫一起负责?)?

我万分害怕不断的改组。我们总是改组来改组去,而实际工作却放下不干。请记住我的话:如果说财政人民委员部有个凶恶的敌人的话,那么这个敌人就是醉心于改组而削弱**实际**工作。

您认为工作中心是重新整顿预算,这我不能同意。工作中心应是贸易和恢复卢布币值。

说拉林"毫无疑义"(如您所说的)是造成预算极端混乱的"罪魁",这是对的。说普列奥布拉任斯基是第二号罪人,这也对。但奥·尤·施米特呢?他并没有普列奥布拉任斯基那些可以让人原谅的理由!应该把这个奥·尤·施米特撤掉。这是一个十分有害的糊涂虫,尤其危险的是,他把事情搞乱,却还摆出一副"自命不凡"、"聪明过人"的样子……

我看,预算问题上您不必去搞什么"重新整顿",把这项工作的⁹⁄₁₀交给国家计划委员会,把这一切简化一下,只作些**实际的、慎重的**修正就行了。否则您就会被"重新整顿"迷住心窍。而现在要立即编制出稍微像样的预算反正是**不可能的**;如果把注意力分散到当前无法实现的任务上,我们就会因为货币制度崩溃而灭亡。

现在一切的中心是贸易,首先是国内贸易,其次是对外贸易;随着贸易的发展,以贸易为基础,来恢复卢布的币值。

要把全部注意力集中在这件事情上。要**切实**处理好这件事,这是主要的,最主要的,根本的。

发展贸易,把国家银行贸易部办好,不让它睡大觉,而要它去**推动整个**贸易工作,这才是主要的。

我万分害怕,在您目前**实际掌管**一个**最重要的**人民委员部的时候,竟醉心于重新整顿和改组,醉心于理论方针(您是有这个毛病的),却不去实干、实干、再实干,即不去振兴贸易,**增加**并**征收税款**,恢复卢布币值。说实在的,我真怕得要命:您可别犯这个毛病,不然,我们会垮台的。让克拉斯诺晓科夫去干吧,看来他是个实干家。

致共产主义的敬礼！

列 宁

载于1959年《列宁文集》俄文版
第36卷

译自《列宁全集》俄文第5版
第54卷第131—133页

252

致维·米·莫洛托夫并转
俄共（布）中央政治局
全体委员

（1月22日）

致莫洛托夫同志并**密**转（不要复制）

政治局全体委员传阅，

附拉狄克的信一件

我建议：

（1）采纳拉狄克的意见，立即要以紧急通电建议克拉辛和克列斯廷斯基：分别向各大国进行试探（此事我已建议过一次；我的**书面**建议怎么会下落不明，我不明白。那个建议是送交莫洛托夫的①）。

（2）要拉柯夫斯基尽快来莫斯科，并尽快去布拉格（以便在热

---

① 见本卷第232号文献。——编者注

那亚会议召开前两周返回这里）。

（3）在同一期限内将克拉辛召回莫斯科。

（4）要加倍谨慎，有关热那亚会议的我方计划即使是在发往国外的密码文件中也不要提及；一切留待代表团 2 月 23 日（热那亚会议召开前两周）在莫斯科开会时再说。契切林、克拉辛、拉柯夫斯基（以及李维诺夫、沃罗夫斯基、越飞等，即**整个**代表团）都应出席这次会议。

（5）政治局应作出如下初步指示：

    （a）我们无论如何不要承认任何债务，契切林已承诺的债务[252]除外；

    （b）而这些债务，也**只有**在我们的反要求与之**相抵**的条件下**才**能承认；

    （c）我们可以作出担保（如果给我们贷款的话），但只限于北方的森林之类；

    （d）对博诺米条款第 1 条[253]，我们要作最广义的解释；

    （e）我们要为德国和土耳其说话，等等；

    （f）尽量把美国分化出来，总的说来，要尽量分化各大国。[254]

（6）委托代表团的**每个**成员以此为**基础**在 2 月 23 日以前详细拟定出谈判方案。

（7）我建议**撤销**关于同意契切林吸收**苏汉诺夫**和约尔丹斯基参加工作的决定。[255]

拉狄克的意见是极端错误的。

苏汉诺夫多嘴饶舌，只能带来**危害**。约尔丹斯基也一样。**极端有害**。

(8)鉴于我们在莫斯科这里四处都是孟什维克和半孟什维克**奸细**,不要把这个(以及类似的)建议载入政治局记录,而要另纸单独记载,以便代表团全体成员就在这一页纸上签字,然后退还给莫洛托夫,并保证在**任何地方**,无论是在文件里还是在密电中都**不提**及政治局的指令。

列　宁

1月22日

译自《列宁全集》俄文第5版
第54卷第133—135页

253

致安·马·列扎瓦[256]

1922年1月23日

致列扎瓦同志

关于哈里曼参加的方案,我的意见如下:如果我没有弄错的话,俄德运输公司合同的主要一条是我们和德国人在董事会中有同等的表决权。如果哈里曼参加德国人一方,即属于德国那一半,我们当然可以接受;如果德国人加上哈里曼有$\frac{2}{3}$的表决权,而我们只有$\frac{1}{3}$,那显然是不能接受的。那就必须成立与俄德运输公司并列的另一个公司,在其中我们和哈里曼应拥有对等的表决权。在这样的条件下,两个公司联合行动就能充分保障我们和哈里曼双方的利益。

列　宁

译自《列宁全集》俄文第5版
第54卷第135页

254

致安·马·列扎瓦、彼·阿·
波格丹诺夫和维·米·
莫洛托夫并转俄共(布)中央
政治局委员

致列扎瓦、波格丹诺夫和莫洛托夫同志
（并转政治局委员）

1922年1月23日

我认为,正是现在,即在热那亚会议召开以前,接受克虏伯的建议[257]对我们来说是绝对必要的。正是同德国公司签订租让合同,哪怕签订一项,对我们来说也是无比重要的,更不用说签订几项合同。因此,应当对最高国民经济委员会领导人中的那种反对租让石油、农业等项目的偏见进行最无情的斗争。

列　宁

译自《列宁全集》俄文第5版
第54卷第135—136页

255

致维·米·莫洛托夫并转
俄共(布)中央政治局委员

1

(1月23日和24日)

致莫洛托夫同志
(并转政治局委员)

刚刚收到契切林的两封信(20日的和22日的)。他提出一个问题:可否为得到相当的补偿而同意对我国的宪法作些小的改动,即让寄生分子在苏维埃中有代表权。这样做是为了迁就美国人。

我认为,契切林的这个建议表明,应将他(1)立即送进疗养院,这方面的任何姑息、拖延等等,在我看来都是对一切谈判的极大威胁。[1] (2)这表明我的建议(随信附上)是多么及时,这就是:立即为我们出席热那亚会议的代表团全体团员拟定我方初步的、大致的、然而是明确的条件[2]。

列 宁

电话口授

载于1961年在莫斯科出版的《列宁思想永世长存战无不胜》一书

译自《列宁全集》俄文第5版
第54卷第136页

---

① 见本卷第233号文献。——编者注
② 见本版全集第42卷第410—412页。——编者注

2

（1月24日）

致莫洛托夫同志并转**政治局全体**委员

契切林的这封信以及下一封信清楚地证明他病了，而且病得很厉害。[258] 如果我们不**立刻**强迫他进疗养院，我们就是糊涂虫。

列　宁

1922年1月24日

译自《列宁全集》俄文第5版
第54卷第137页

256

致舒·姆·马努恰里扬茨[259]

（1月24日）

马努恰里扬茨同志：我早在**一个星期以前**就从温什利赫特那里收到《路标转换》杂志第11期了。

很明显，如果第8期和第9期是**国家出版社**送来的，那它就是愚蠢的拖拉作风的典型。

请检查一下他们是怎样收到的，他们那里谁管这件事。应当把这个人撵走。

请以我的名义写信问一问加米涅夫、季诺维也夫和温什利赫特：

　　他们是**怎样**收到《路标转换》杂志**这类刊物**的（是通过邮寄吗？寄到哪里？还是通过专人？这个人在哪里？）。

　　我必须及时收到。

列　宁

1月24日

载于1959年《列宁文集》俄文版
第36卷

译自《列宁全集》俄文第5版
第54卷第137页

257

致列·波·加米涅夫和约·维·斯大林

（1月25日）

加米涅夫同志和斯大林同志：

　　我刚从索柯里尼柯夫那里了解到（我非常吃惊），他**反对**（！）政治局关于**三人小组**（他＋普列奥布拉任斯基＋克拉斯诺晓科夫）的指示。

　　这是混乱！

　　这是丑闻。

　　这说明，中央的机构不起作用！应当明天就予以确认[260]。

　　要再三强调，如果没有**有关的**人民委员和副人民委员或人民委员助理的书面建议和反建议，一律不准将问题提交**最高经济委**

员会。否则就是混乱、拖拉、空谈、**不负责任**。

列　宁

1月25日晚9时半

载于1959年《列宁文集》俄文版 第36卷

译自《列宁全集》俄文第5版 第54卷第137—138页

258

致安·马·列扎瓦

(1月26日)

致对外贸易人民委员部

列扎瓦同志：

　　罗蒙诺索夫同志报告说，为沃尔霍夫工程订购涡轮机一事又拖延了。

　　我命令您同罗蒙诺索夫同志一起立即查明并彻底解决这个问题，务使这件拖得令人愤慨的事今后不再有丝毫的拖延。

　　请于今年1月26日前将决定交哥尔布诺夫同志转我。

人民委员会主席

弗·乌里扬诺夫(列宁)

载于1959年《列宁文集》俄文版 第36卷

译自《列宁全集》俄文第5版 第54卷第138页

259

致格·雅·索柯里尼柯夫

（1月26日）

致索柯里尼柯夫同志

抄送：加米涅夫同志

索柯里尼柯夫同志：

鉴于我们昨天的谈话，恳请您尽快采取下列措施：将您关于黄金自由流通的建议（您昨天的10点意见）形成文字，给我一份，另一份给克尔日扎诺夫斯基转交国家计划委员会。关于这个问题，务必尽快收集各方面最简明的书面意见，既要有普列奥布拉任斯基和克拉斯诺晓科夫的意见，也要有财政部门主要干部以及若干专家的意见[261]。凡属财政政策的重大问题，都要让每一个负责干部（政治局需要了解他们的意见）尽快交来他们亲自签署的明确的书面意见（用电报文体，以免滋生文牍主义）。

列　宁

电话口授

载于1959年《列宁文集》俄文版
第36卷

译自《列宁全集》俄文第5版
第54卷第139页

260

致伊·捷·斯米尔加

（1月26日）

致斯米尔加

抄送:尼·彼·哥尔布诺夫同志

斯莫尔亚尼诺夫同志

　　不仅从经济上考虑,而且从政治上考虑,我们绝对有必要同德国人签订格罗兹尼的租让合同,如有可能,也签订其他燃料集中产地的租让合同。如果您怠工,那我认为这简直是犯罪。必须赶快行动,力求在热那亚会议召开前取得积极成果。请答复。先用电报简要答复,再写信报告详情。[262]

列　宁

电话口授

发往柏林

译自《列宁全集》俄文第5版
第54卷第139—140页

261

致格·叶·季诺维也夫

（1月26日）

1

季诺维也夫同志：

　　如果我对您昨天的意思理解得正确的话,那么您是希望我2月5日在共产国际执行委员会全会上作关于统一战线的报告。应当告诉您,报告我不能作。我最多只能就这个问题准备一个提纲或者对基本提纲(我想会有人准备出来的)作些补充。请送给我一份印好的执行委员会关于这个问题的决定和**最多**一两篇外国共产党人就这个问题写的文章,那时我再最后答复您,能否给您送去提纲,送去什么样的提纲。[263]

列　宁

载于1959年《列宁文集》俄文版　　　　　译自《列宁全集》俄文第5版
第36卷　　　　　　　　　　　　　　　　第54卷第140页

2

致季诺维也夫同志

　　如果我在电话里表示过同意,那显然是因为我没有估计到发言时间同治疗时间有冲突。[264]我必须坚决收回我的允诺。让布哈林代替我吧,如果他要走,就另找别人。关于新经济政策的几点总结,我同加米涅夫商定委托一个人执笔,大概是可以给您准备出一个简短的报告的。

列　宁

电话口授

译自《列宁全集》俄文第5版
第54卷第140—141页

3

致季诺维也夫同志

(抄送:加米涅夫同志)

请讨论下面的问题:如果托洛茨基和加米涅夫都不同意在共产国际执行委员会全会上作关于新经济政策问题的报告,可否指定皮达可夫同志为报告人。布哈林根本没有可能,因为他必须立刻到德国去治病。

我认为,皮达可夫是适当的人选,如果您同意的话,请政治局作出决定,并要求皮达可夫在这个星期日就把提纲草拟出来,起草时可参照我为上次共产国际代表大会的报告所写的并已由中央委员会批准的提纲[265]。

列　宁

译自《列宁全集》俄文第5版
第54卷第141页

262

致格·瓦·契切林

1922年1月26日

契切林同志:

您还记得您曾给我送来一封孙中山的信吗?

他在信中还说了一些对我**友好**的话,您还曾问我认不认识他。

那封信是写给您的还是写给我的?**266**

您的档案中还保存着那封信吗? 还有您的询问和我的回答吗?

如果有,能否给我送来(送交福季耶娃)?

如果没有,关于这件事您还**记得**些什么?

致共产主义的敬礼!

列　宁

载于1959年《列宁文集》俄文版
第36卷

译自《列宁全集》俄文第5版
第54卷第141—142页

263

致玛·伊·格利亚谢尔

1922年1月26日

格利亚谢尔同志:

我绝对需要得到政治局(和"二人小组"**267**)的所有记录

要**及时**

并要**完整**。

所谓完整,就是**齐全**:

　　(a)**所有的**记录

　　(b)每份记录所涉及的**所有**文件,而不是注明参见**未附 上的**信件、"建议"、札记等等。

务请同布拉科娃及其他有关人员谈妥:

把我缺席期间(即从 1921 年 12 月 6 日起?[268])的所有记录 **整理好**(并补齐**所有**缺少的文件)

并请全部给我送来。

随信附上记录。

列　宁

载于 1959 年《列宁文集》俄文版　　　　　　译自《列宁全集》俄文第 5 版
第 36 卷　　　　　　　　　　　　　　　　　第 54 卷第 142 页

264

☆致尼·彼·哥尔布诺夫

(1 月 26 日)

　　请您或斯莫尔亚尼诺夫接见写这封信的人,同他详细谈谈,把 他了解的专家的姓名和他提出的所有建议都**记下来**;处理之后告 诉我。[269]

列　宁

1 月 26 日

载于 1959 年《列宁文集》俄文版　　　　　　译自《列宁全集》俄文第 5 版
第 36 卷　　　　　　　　　　　　　　　　　第 54 卷第 143 页

265

给秘书的指示

(1月26日)

下面的事已同克尔日扎诺夫斯基谈好,告诉斯莫尔亚尼诺夫记下来:

纳兹万诺夫将由克尔日扎诺夫斯基安排做经济工作,这项工作的安排要使我们完全有可能评价他的工作能力和品质①,两个月之后便可对纳兹万诺夫的工作结果作全面的汇报。让斯莫尔亚尼诺夫同志在我回来工作后提醒我这件事。

列　宁

电话口授

译自《列宁全集》俄文第5版
第54卷第143页

266

致维·阿·卡尔宾斯基[270]

1922年1月26日

卡尔宾斯基同志:

可否给我写封短信(最多两三页)谈一谈:

---

① 见本卷第165号文献。——编者注

《贫苦农民报》[271]接到多少封农民来信?

在这些来信中有什么重要的(特别重要的)和新鲜的东西?

情绪如何?

迫切问题是什么?

能否**每两个月**给我写**一封**这样的信(下一次是1922年3月15日)?(α)来信的平均数

(β)情绪

(γ)最重要的迫切问题。[272]

致共产主义的敬礼!

列 宁

载于1924年1月24日《真理报》
第19号

译自《列宁全集》俄文第5版
第54卷第143—144页

267

给亚·德·瞿鲁巴的信和给秘书的指示

(1月26日)

1

瞿鲁巴同志:

假如您愿意了解皮利亚夫斯基委员会[273]的工作(我们对协约国的要求的数额),我建议这样办:请皮利亚夫斯基明天顺便到您那里去一趟,时间不超过10分钟,并把委员会的材料的总目录以及委员会的材料的摘要带去。这样您也许在休假时能把最主要的材料看一遍并就以下问题作出判断:我们的反要求中哪个部分是有充分根据的。我听说,法国人向我们提出的要求估计为160亿金卢布,而我们对协约国的反要求则为600亿金卢布。我十分担心,后一数字中有可靠根据的连$\frac{1}{4}$也没有。

我要强调的是,这项工作不是现在非做不可,因为外出的越飞一回来,他作为代表团的团员就一定会着手做这项工作。

列　宁

2

假如瞿鲁巴同意做这项工作,那就马上为他向皮利亚夫斯基索取所有材料,并把这封信的抄件送交皮利亚夫斯基。

译自《列宁文集》俄文版第38卷
第414页

268

给约·斯·温什利赫特的信的片断

(1月26日和31日之间)

革命法庭的审判不是在任何时候都公开的;要派"你们的"人去加强革命法庭,要加强革命法庭同全俄肃反委员会的联系(各种形式的);要使革命法庭从快从严镇压,要使中央委员会多关心这件事情。盗匪活动等等稍有抬头,就应立即戒严,就地执行枪决。只要您能及时呈报,人民委员会一定会迅速批准,用电话报告也可以。

请再同斯大林谈一谈。如您认为有必要,可将此信给他看一看。[274]

译自《列宁全集》俄文第5版
第54卷第144页

269

致尤·弗·罗蒙诺索夫

(1月27日)

致罗蒙诺索夫同志

抄送:国家计划委员会运输处　拉姆津教授

交通人民委员部　佛敏同志

请遵照劳动国防委员会1922年1月4日的决定,同国家计划委员会、交通人民委员部及热工学研究所共同商定悬赏征求内燃机车设计的条件。如果订购蒸汽机车的款项有剩余,则用来购买更适合我们需要的内燃机车,千万不要错过时机。请将你们商定的结果立即告诉我本人。[275]

列　宁

1922年1月27日

载于1925年1月31日《红色日报》
第25号

译自《列宁全集》俄文第5版
第54卷第144—145页

270

致格·马·克尔日扎诺夫斯基

1922年1月28日

格·马·：

哥列夫的著作[276]读过了，现退还。

本来我以为会写得更好些。这位从前的布尔什维克曾使您那么钦佩，并且据您说，他现在又成了真正的布尔什维克；他本来应当作出动人的、鲜明的、有力的、通俗的宣传，从法国电气化的角度维护法国共产主义运动。

哥列夫却写得"学究气十足"。

我提出如下计划，请您酌定：

(1)**立刻付排，无论如何让它很快出版**；

(2)建议哥列夫——**如果您同意的话**——再写一篇序言或后记，要特别通俗明了，要稍微放开一些(为此可以给他开3克拉林主义浸膏；据说莫斯科出售此药)，向法国资本主义进攻，告诉法国的工人和农民：如果法国建立了苏维埃政权，由它来实现电气化，那你们在三五年内就可以比现在富两倍，并且每昼夜工作可以不超过6小时(大体上说)；

(3)如果您(或哥列夫本人)认为，哥列夫做不好这项工作或不愿意做这项工作，那么要考虑一下可否另请别人做这项工作(为法国写一本**简明的**"巴洛德"[277])；

(4)尽快把哥列夫的文章的清样给我寄来(以小册子的形式

出版还是在某个杂志上发表——请您酌定)。我也许会写一篇序言[278]。

敬礼!

您的　**列宁**

载于1950年《列宁全集》俄文第4版　　　译自《列宁全集》俄文第5版
第35卷　　　　　　　　　　　　　　　第54卷第145—146页

271

致尼·彼·哥尔布诺夫

(1月28日)

哥尔布诺夫同志:

应当支持。请同舍印曼谈一谈。如果他不同意,请告诉瞿鲁巴和我。

请收集一下对别洛夫的意见(基谢廖夫的意见;涅斯捷罗夫收集了吗?),请把这些意见给瞿鲁巴看一看,然后保存起来。

您或斯莫尔亚尼诺夫应当经常帮助别洛夫。[279]

列　宁

1月28日

载于1959年《列宁文集》俄文版　　　　译自《列宁全集》俄文第5版
第36卷　　　　　　　　　　　　　　　第54卷第146页

272

☆致尼·彼·哥尔布诺夫[280]

(1月29日)

　　哥尔布诺夫同志：您或斯莫尔亚尼诺夫应当专门注意这件事。**十分重要**。请把所有有关这方面的材料(**劳动国防委员会**关于奖金的决定等等)汇集起来。请同罗蒙诺索夫谈一谈。星期三①他要在国家计划委员会同克尔日扎诺夫斯基等人开会研究。会议记录应放在您那里。请把研究结果告诉我。此件我已念给克尔日扎诺夫斯基听了。他说，征求设计和罗蒙诺索夫的计划并**不**矛盾。

列　宁

1月29日

　　附言：斯琼克尔那里可能有这方面的资料。要找人把这方面的所有科学文献资料都收集起来。

载于1933年在莫斯科出版的瓦·瓦·佛敏《列宁与运输业》一书(非全文)

译自《列宁全集》俄文第5版第54卷第146—147页

---

① 即2月1日。——编者注

273

对延误递送公文袋一事的结论的批示

(1月29日)

结　　论

同意；

要加上所指出的修

改意见。**281**

列　宁

1月29日

我认为需要：

1. 向福季耶娃同志指出，有必要更周密地组织特种密件和急件的收发工作。

2. 鉴于别尔津没有准确执行给他的指示，建议索特尼科夫同志对别尔津同志予以警告处分。

3. 由于鲁德涅娃同志玩忽职守，应给予她严重警告处分。

人民委员会办公厅主任

尼·哥尔布诺夫

对延误递送1922年1月24日列宁同志发出的
装有急件的公文袋一事的调查结果

15时30分——帕卡温交给别尔津两个公文袋。别尔津同志当时知道袋内装有弗·伊·写的信。

18时20分。别尔津乘火车到达莫斯科。

19时10分。别尔津来到人民委员会，把公文袋交给鲁德涅娃同志。而且据别尔津交待，他曾告诉她说："请马上把这些公文袋交给福季耶娃，这是从弗·伊·那里带来的。"而据鲁德涅娃交待，别尔津告诉她的是"秘书处没有人。我把这些公文袋交给您"。

公文袋交接是在电话室附近的值班室里进行的,没有开收据,没有见证人。鲁德涅娃认为这是从弗·伊·那里退回的空公文袋,就放在窗台上了。15分钟后鲁德涅娃同志因自己有事到图书馆去了,关于收到公文袋的事根本没有向任何人谈起过。

20时零5分。弗·伊·打电话询问,别尔津送去的公文袋是否收到,信件是否已分发。

与弗·伊·通话的先是勒柏辛斯卡娅,后来是福季耶娃。通话是在电话室里进行的。因为关于公文袋的事大家根本不知道,便开始寻找,一直找到鲁德涅娃回来还没找到。

20时20分。鲁德涅娃从图书馆回到电话室,当知道大家在找别尔津带来的公文袋时,才说出她收到的公文袋放在窗台上。公文袋被打开后,在其中的一个袋里发现有一个黄色的纸包,内装有分别给莫洛托夫、瞿鲁巴、佛敏和泰奥多罗维奇的信。

20时30分。把给斯大林的信和给泰奥多罗维奇的信送出。

21时35分。把给莫洛托夫的信和给瞿鲁巴的信送出。

22时。斯大林、泰奥多罗维奇、莫洛托夫和瞿鲁巴都收到了信。

尼·哥尔布诺夫
1922年1月28日

译自《列宁文集》俄文版第38卷
第415—416页

274

致格·雅·索柯里尼柯夫

1922年1月30日

致索柯里尼柯夫同志
抄送:加米涅夫同志和瞿鲁巴同志

您的报告收到了,知道你们的会议一致通过了10条建议中的

8条,删去了1条。

希望给我送来:(1)各条的准确条文;(2)对会议决定的简要说明;(3)在国家计划委员会讨论的结果;(4)务必把普列奥布拉任斯基和克拉斯诺晓科夫的书面结论都送来。[282]

列　宁

电话口授

载于1959年《列宁文集》俄文版
第36卷

译自《列宁全集》俄文第5版
第54卷第147页

275

致维·米·莫洛托夫并转
俄共(布)中央政治局委员

(1月30日)

致莫洛托夫同志

并转政治局委员

我完全同意托洛茨基的意见。[283]

我建议:

(1)由于拉狄克对孟什维克的态度软弱,应予以谴责。

(2)应对孟什维克加强镇压,责成我们的法院付诸实施。

(3)应采纳托洛茨基的这项建议。

(4)鉴于格鲁吉亚问题[284],要托洛茨基竭尽全力加速对孟什维克的猛烈进攻。

列　宁

1922年1月30日

译自《列宁全集》俄文第5版
第54卷第148页

276

致维·米·莫洛托夫并转
俄共(布)中央政治局[285]

1

致莫洛托夫同志并转政治局全体委员

（1月30日）

关于出版马尔尚的小册子问题，看来契切林是对的，应暂缓进行。

1922年1月30日

2

致莫洛托夫同志并转明天的政治局会议

（2月1日）

关于马尔尚的小册子问题，应注意克列斯廷斯基和雷迈的报

告，也许应这样办：把小册子完全准备好，制好版，保证一旦政治上
适宜即可在两天内出版[286]。

列　宁

1922 年 2 月 1 日

电话口授

译自《列宁文集》俄文版第 37 卷
第 345 页

277

☆致全俄中央执行委员会房屋管理处

（1 月 30 日）

　　恳请给现住苏维埃 2 号楼的俄罗斯联邦图书馆管理处处长斯
穆什科娃增拨一个房间，小点的也可以。斯穆什科娃现在的一间
房子里住着七口人。她担负着很重要的工作，但在目前条件下她
既无法工作，也无法睡眠。由于长期无法睡眠和根本得不到休息，
她现在已经病了。[287]

人民委员会主席

弗·乌里扬诺夫（列宁）

载于 1924 年《无产阶级革命》杂志
第 3 期

译自《列宁全集》俄文第 5 版
第 54 卷第 165 页

278

致格·叶·季诺维也夫[288]

1922年1月31日　　　　　　　　　　　　　　　绝密

致季诺维也夫同志

许多天以前我就去信要求取消我的报告①，直到今天才收到您的回信。这种不能容忍的拖拉现象完全是您造成的。来信说您无论如何不能同意取消我的经济形势报告，我觉得很可笑。遗憾的是，我的病使我力不从心。如果您不及时安排另外的报告人，那就完全是您的过错了。我建议这个报告由皮达可夫去作，可是一直没有得到答复，尽管我在许多天以前就把这个建议告诉了加米涅夫和您②。我已经开始就这个主题写一篇文章，但现在看来，根本不能保证及时写完。[289]对于孟什维克，您认为应当给予绝对否定的回答，这是完全正确的。我认为，在这一点上您也有过错，那就是失之宽大。例如，本来决定罗日柯夫是不释放的，但是却释放了，尽管政治局并未作出任何决定。[290]我认为，这种政策只能带来危害。

列　宁

电话口授　　　　　　　　　　　　译自《列宁全集》俄文第5版
　　　　　　　　　　　　　　　　　　第54卷第148—149页

---

① 见本卷第261号文献（1、2）。——编者注
② 见本卷第261号文献（3）。——编者注

279
致约·斯·温什利赫特

1月31日

致温什利赫特同志

实在无法参加政治局会议。**291** 我的病情恶化了。

我看也没有必要让我参加。

现在的问题只是要采取纯**技术性的**措施,以便我们的法院对孟什维克**加强**(并加快)镇压。

不仅法院应如此,人民委员会或全俄中央执行委员会也应如此。

致共产主义的敬礼!

列 宁

译自《列宁全集》俄文第5版
第54卷第149页

280
致扬·埃·鲁祖塔克

(1月31日)

鲁祖塔克同志:

应当马上动**身来**参加代表大会。不要放过**认真**治疗的机会[292]。

您的　**列宁**

译自《列宁文集》俄文版第 37 卷
第 345 页

281

致亚·德·瞿鲁巴

（1月）

如果证明粮食人民委员部采购处**不增加**国库开支就能**取得**煤油并将它**销售掉**，那就应将这件事交给粮食人民委员部去办（不必先解决总的问题），条件是：（1）提高价格；（2）立即归还货款，并上缴国库；（3）给中央消费合作总社代售的提成，这样做的主要意图，是要更快更多地使货币回笼。

至于应给燃料总管理局多少卢布（几百万金卢布），给燃料总管理局多少石油产品提成，都要吸收波波夫和斯特卢米林对估算的数字复核一遍。

载于 1945 年《列宁文集》俄文版第 35 卷

译自《列宁全集》俄文第 5 版第 54 卷第 150 页

282

致约·维·斯大林和列·波·加米涅夫

（2月1日）

致斯大林同志和加米涅夫同志

昨天加米涅夫吓唬我说，从土耳其斯坦乘车到这里有时要21天，因此我建议立即以政治局的名义给佛敏和交通人民委员部全体部务委员发一封严厉的电报：假如他们不采取有力措施，迅速把越飞送到莫斯科，我们将严厉处分他们。让他们每天用电话向书记处报告越飞的列车到达的地点。

列　宁

1922年2月1日

电话口授

译自《列宁文集》俄文版第37卷第346页

283

致格·雅·索柯里尼柯夫

（2月1日）

绝密

致索柯里尼柯夫同志

抄送：瞿鲁巴同志和克尔日扎诺夫斯基同志

您曾同我谈过，我们的某些托拉斯不久就会没有资金了，因而会断然要求我们由国家来接管。我想,托拉斯和企业建立在经济核算的基础上正是为了要它们自己承担责任,而且要承担全部责任,使自己的企业不亏损。如果它们做不到这一点,我认为它们就应当受到法庭审判,管理委员会全体委员都应当受到长期剥夺自由(也许过一定的时期可予以假释)和没收全部财产等等的惩罚。

如果我们建立了实行经济核算的托拉斯和企业,却不会用精明的、商人的办法来充分保证我们的利益,那我们便是地道的傻瓜。

最高国民经济委员会应该注意这个问题,财政人民委员部更应该通过国家银行和专门的检查员注意这个问题,因为财政人民委员部虽然与此没有直接关系,但正是它有责任建立真正的、切实的监督和检查。

列　宁

电话口授

载于1931年3月21日《真理报》
第79号

译自《列宁全集》俄文第5版
第54卷第150—151页

284

致亚·德·瞿鲁巴

（2月1日）

致瞿鲁巴同志

望您写一简短的便条答复我那封长信①。必须事先从从容容

---

① 见本版全集第42卷第398—401页。——编者注

地把新的工作制度考虑好。关于李可夫已有好消息：手术虽然很难做，但非常成功，已经没有危险了，但他至少要过几个星期才能来上班，因为需要长时间恢复体力。我想在他回来之前就把新的工作制度完全安排好。**293**

列　宁

电话口授　　　　　　　　　　　　　译自《列宁全集》俄文第5版
　　　　　　　　　　　　　　　　　　第54卷第151页

285

致尼·彼·哥尔布诺夫

（2月1日）

致尼·彼·哥尔布诺夫

　　请不要忘记向哈尔科夫方面查问一下那个因病推迟行期的乌克兰发现者的情况。他真的是由于生病，还是以此作为托词**294**。

列　宁

1922年2月1日

电话口授　　　　　　　　　　　　　译自《列宁文集》俄文版第37卷
　　　　　　　　　　　　　　　　　　第347页

286

致维·米·莫洛托夫并转
俄共(布)中央政治局

(2月2日)

致莫洛托夫同志并转政治局

鉴于季诺维也夫坚持要我接受共产国际执行委员会的委托，在2月12日的共产国际执行委员会扩大会议上作关于新经济政策的报告，鉴于我曾再三向季诺维也夫说明，我因病根本无法完成这个委托①，我请政治局作如下决定：

(1)注意到列宁的说明，他因病根本无法完成执行委员会的委托。

(2)责成执行委员会的俄国委员撤销由列宁作报告的决定。

(3)责成执行委员会的俄国委员委派皮达可夫同志为该问题的报告人。

(4)责成皮达可夫至迟在本星期日准备好：第一，报告的详细提纲；第二，报告的要点以及该报告中所要引用的主要数字材料，另外，皮达可夫应参照列宁向共产国际第三次代表大会提出的、当时经党中央批准的提纲②。

---

① 见本卷第261、278号文献。——编者注
② 见本版全集第42卷第1—10页。——编者注

　　(5)责成季诺维也夫、布哈林和列宁三位同志对皮达可夫的报告提纲和报告要点作修改和最后审定。

　　(6)要求皮达可夫将报告的时间限制在一小时左右,最多不超过一个半小时。

　　(7)要求皮达可夫同志列举一些最简明的基本数字,说明执行新经济政策以来工商业顺利发展的情况及其对恢复共和国国民经济的意义。

　　(8)注意到列宁的说明:如果健康状况允许,皮达可夫作报告时他将到会,并在报告结束后发言,作简短的补充或非报告性的情况介绍。**295**

列　宁

电话口授

译自《列宁全集》俄文第5版
第54卷第151—152页

287

致尼·伊·布哈林

1

(2月2日)

致布哈林同志

　　1.我的电话稿上曾谈到同第二国际、第二半国际举行联席会议的问题,而您却根本不予答复**296**,这使我感到奇怪和气愤。对于这样的事本应立即答复,即使三言两语也好。

2.您能否让经常阅读在欧洲出版的第二国际、第二半国际的报纸的人把各报评论我国新经济政策所提出的论据简要地给我开列出来(从每种文字的报纸摘编的材料切勿超过两页)。我只要有这种从德、法、英三种文字的报纸分别摘编的材料就够了。不过,要重说一遍,必须用简明的电报文体。这三种文字的材料都不要超过两页。

　　请答复。[297]

列　宁

电话口授

译自《列宁全集》俄文第5版
第54卷第153页

载于1959年《列宁文集》俄文版
第36卷

2

(2月3日)

致布哈林同志

既然现在您的信中有了答复,那再去证明需要答复就是多余的了。

列　宁

电话口授

译自《列宁全集》俄文第5版
第54卷第153页

288

给马·马·李维诺夫的便条和
给 F.R.麦克唐纳回信的草稿[298]

(2 月 2 日)

致李维诺夫同志(或**契切林**同志)

我的回信请您过目,并请您找人译成英文,措辞力求谦逊有礼(小的改动请自行处理,大的改动打电话同我联系)。用我的公函纸打出来,交我签字。

亲爱的麦克唐纳先生:

您的亲切来信以及您对接待工作的热情褒奖,我深表感激。克拉辛同志向我谈起您,他对您在工商业方面的卓越作用和杰出才能评价极高。我尤其珍视您在这方面向我们提出的具体建议。非常抱歉,我由于患病不能接见您,医生甚至禁止我进行任何交谈。您的具体建议对我们至为重要,我们深感兴趣,我将欣然函告契切林同志和列扎瓦同志,要他们格外予以重视,并要他们指定优秀专家尽快进行权威性的切实的研究。

因病迟迟没有回复,望您见谅。请接受您的忠实仆人的崇高敬意。

1922 年 2 月 2 日

载于 1959 年《列宁文集》俄文版
第 36 卷

译自《列宁全集》俄文第 5 版
第 54 卷第 153—154 页

289

致格·雅·索柯里尼柯夫

（2月3日）

致索柯里尼柯夫同志

您给斯大林的以金卢布计算的贵金属储备的材料太长，而且前后矛盾。请告诉我下面两项总数：

（1）截至某日共有多少百万卢布（有多少黄金、白银、白金、贵金属锭）。

（2）其中扣除全部债务（即按已订的合同、订货等等应付的款项）后净存多少。

请于明天上午11时用电话报告福季耶娃转我。

列　宁

1922年2月3日

电话口授

译自《列宁文集》俄文版第37卷第347页

290

致格·雅·索柯里尼柯夫

（2月4日）

致索柯里尼柯夫同志

抄送:斯大林和加米涅夫

您的材料是否有意义,完全取决于数字是否准确。如果像您所说的那样,第二项数字（即我们的债务）没有把某些应付款项包括在内,那么全部材料就毫无用处。恳请您在第二项数字内给我提供一个总数,把我们所有的债务毫无例外地都计算在内。[299]

列　宁

电话口授

载于1959年《列宁文集》俄文版
第36卷

译自《列宁全集》俄文第5版
第54卷第154—155页

291

致约·维·斯大林和列·波·加米涅夫

（2月4日）

斯大林同志和加米涅夫同志亲收

这是索柯里尼柯夫根据我昨天的要求给我送来的简单材料,

请过目。第一,材料不全,我已要求补充。[①] 第二,如果这份材料是可靠的,那么据此可以看出诺维茨基提供给我们的数字无疑是错误的。这个问题一定要彻底查清楚;如果证实诺维茨基的数字是错误的,那就要向政治局提出把他交付法庭审判的问题。

列　宁

1922年2月4日

电话口授

载于1959年《列宁文集》俄文版
第36卷

译自《列宁全集》俄文第5版
第54卷第155页

292

☆致尼·彼·哥尔布诺夫

(2月6日)

据2月5日《消息报》报道,在莫斯科登记的私营出版社超过143家,现托您检查一下:这些出版社是根据哪些法律和规定登记的,各出版社负责行政和编辑工作的都是什么人,他们承担什么民事责任及总的法律责任,这件事在国家出版社由谁主管,由谁负责。

同时,请通过秘密交谈了解一下,司法人民委员部、工农检查院和全俄肃反委员会对此事有哪些监督,是怎样组织监督的。所有这些都要严格保密。请在星期三之前答复我,先作个初步答复

---

① 见上一号文献。——编者注

也行。**300**

列　宁

电话口授

载于1945年《列宁文集》俄文版
第35卷

译自《列宁全集》俄文第5版
第54卷第155—156页

293

致维·米·莫洛托夫

（2月6日）

致莫洛托夫同志

莫洛托夫同志：报载3月20日将召开省、州国民教育局长紧急代表会议。我看应由我们两人联名签发一份通电，内容如下：

"各省、州国民教育局必须准备关于本地优秀教育工作人员的准确而详细的材料，由代表带来或经邮局寄给会议。其中应包括参加会议的代表。每个优秀工作人员的材料都要包括革命前和革命后的详细履历以及当地省执行委员会和省党委对他的评语。每省要上报材料的优秀教育工作人员不得少于两名党员和两名非党员。

凡不执行或不认真执行本命令者，将通过党和苏维埃系统追究其责任。"**301**

我建议对这份电报再作一点补充：要求利特肯斯同志也能提供至少10名教育人民委员部工作人员的材料，他们都应是中央机关近几年或几个月来最优秀的工作人员。

我认为所有这些材料都是绝对必要的，因为教育人民委员部根本不善于吸收地方工作人员，而我们必须为该部物色人选来更新部务委员会。

列　宁

电话口授

载于1945年《列宁文集》俄文版
第35卷

译自《列宁全集》俄文第5版
第54卷第156—157页

294

致尼·伊·布哈林和维·米·莫洛托夫
并转俄共（布）中央政治局

（2月6日）

致布哈林同志、

莫洛托夫同志并转政治局

《路标转换》杂志（第13期）对热那亚会议的准备工作做得比我们好。要敲打敲打**《真理报》**和**《消息报》**的编辑们。命令他们从《路标转换》杂志第13期转载两篇文章，并就与热那亚会议有关的**所有**问题发表若干篇具有同等水平或水平更高的文章。**302**

列　宁

载于1945年《列宁文集》俄文版
第35卷

译自《列宁全集》俄文第5版
第54卷第157页

295

关于乌克兰区划问题的批语

（2月6日以后）

乌克兰的同志们对于乌克兰的区划方案感到不安。他们认为，应当把乌克兰社会主义苏维埃共和国保留为一个统一的区域。[303]

目前的情况怎样？何时何地作最后决定？

列　宁

赶快，也就是说今天就用电话向下列人员了解

克尔日扎诺夫斯基

叶努基泽

加米涅夫？

瞿鲁巴？

载于1959年《列宁文集》俄文版
第36卷

译自《列宁全集》俄文第5版
第54卷第157—158页

296

给悉·希尔曼的电报

(2月9日)

纽　约

俄美工业公司　希尔曼主席

　　谨向所有积极为苏维埃俄国经济复兴出力的工作人员,向俄美工业公司[304]和各联合会致衷心的问候。已采取一切措施保证美国工人的投资不致亏损。望加倍努力,你们的道路是正确的。

人民委员会主席　**列宁**

原文是英文

载于1959年《列宁文集》俄文版
第36卷

译自《列宁全集》俄文第5版
第54卷第158页

297

致格·瓦·契切林

1922年2月10日

亲爱的契切林同志:

　　我今天读了《真理报》——当然不是社论,它糟蹋了一个极好的题目,而是有关韩德逊的"举动"的电报,真是太高兴了。

韩德逊和克伦斯基一样愚蠢,所以才会帮我们的忙[305]。

这是高兴的第一个理由。

第二个理由:您应该看到,我提出那个已由中央委员会通过的"内容广泛的"热那亚纲领是对的。

我想,现在,在韩德逊此举之后,您该看到了吧?

我们将要提出一个内容极其广泛的热那亚纲领,同时也会**婉转地**表明,我们不会提出最后通牒,**因为在热那亚会议上谈不上服从多数,只能是大家达成一致意见**。不同意? 那就随你们的便。我们同意内容狭窄的纲领!(内容广泛的纲领中再加上:国际劳动立法;与失业现象作斗争的措施;等等)

还有一点。绝密。搅散热那亚会议……对我们有利,不过,当然**不是由我们来搅散**。请与李维诺夫和越飞一起仔细考虑一下这个问题并写封短信告诉我。当然,这一点**即使在秘密文件中**也不能写。**请把此信退给我,我将付之一炬。**[306] 最好是热那亚会议开不成,而我们又能获得贷款,只要搅散热那亚会议的不是我们就行。应当想一些比较高明的办法,不要由我们来搅散热那亚会议。比如说,傻瓜韩德逊及其一伙就能给我们帮大忙,只要我们**巧妙地**推他们一下就行。找克拉辛了吗? 是否确实找了? 他什么时候动身? 请催一催,**再核实一下**。

"他们"正在失去**一切**。彻底完蛋(印度等国)。我们应当在这个**突然**要倾倒的东西上推一把,但**不是用我们的手**。

敬礼!

您的 列宁

附言:请让李维诺夫和越飞看看此信。

译自1999年《不为人知的列宁
文献(1891—1922)》俄文版
第504—505页

298

致尼·彼·哥尔布诺夫

(2月10日)

　　哥尔布诺夫同志:请给予**最严重的**注意。[307]据我看,申请的钱即400万卢布×0.2(?)=8 000**亿**,应**如数拨给**。这是第一。

　　第二,**不要从中央泥炭工业管理局分出去**(既然拉德琴柯不在,就应该问问莫罗佐夫和缅施科夫)。何必分出去呢? 应该在中央泥炭工业管理局**内部**给予**自主权**。对此应作出确切的明文规定,并由**劳动国防委员会**加以确认。

　　第三,关于确定泥炭水力开采管理局为重点部门等等,**劳动国防委员会**不是作过**一系列**决定吗? 这些决定显然都被"遗忘了"。真是岂有此理! 要**查出**"遗忘"的责任者,**交付法庭**。一定要这样做!(请把结果——做了**哪些**工作——告诉我。)

列　宁

2月10日

载于1934年在莫斯科出版的《列宁
在经济战线上。回忆录》一书

译自《列宁全集》俄文第5版
第54卷第159页

299

致格·雅·索柯里尼柯夫

1922年2月11日

抄送:亚·德·瞿鲁巴同志

索柯里尼柯夫同志:

(1)关于别洛夫,哥尔布诺夫已同您谈过。我见到的对别洛夫的评语,无论是党务方面的,还是**商务**方面的,都非常好。依我看,如果我们对**这样的**"自己的"商业人员都不支持,那么一切就都是空话。要**惩办**那些犯有拖拉作风和官僚主义罪过的人(国家银行中的)。否则就将一事无成。(这些评语在哥尔布诺夫那里。)

(2)对外贸易提纲耽搁下来了。我老早就规定了两三天的期限。

这种拖拉作风决不应放过。

(3)采取什么形式和办法追究托拉斯管理委员会委员们对不按规定呈送报表和经营出现**亏损**应负的责任,考虑好了吗?① 我们的司法人民委员部是否在睡大觉? 这方面需要审理若干**示范性**的诉讼案,而且要采用**最严厉的**惩治手段。看来司法人民委员部

---

① 见本卷第283号文献。——编者注

不懂得，新经济政策需要用**新**办法给予**新的严厉的**惩罚。

（4）据说，斯摩棱斯克省私人资本**击败**了合作社，使之关门停业。

对非法贸易的案件审判了没有？

对私人贸易征税了没有？ 如此等等。

苏维埃的官僚们也都在睡大觉吗？

你们那里谁负责这件事？ 是否应该由

（1）财政人民委员部
（2）司法人民委员部　成立委员会，对违法贸易等等采取
（3）别的什么人　监督和取缔的措施。[308]

致共产主义的敬礼！

列　宁

载于1942年《列宁文集》俄文版　　　　　　译自《列宁全集》俄文第5版
第34卷　　　　　　　　　　　　　　　　第54卷第159—160页

300

致格·瓦·契切林

2月11日

致契切林同志

契切林同志：

请让人抄下**第120页**并加以利用，然后把书还给我。[309]

致共产主义的敬礼!

列　宁

译自《列宁文集》俄文版第 37 卷
第 348 页

301

致列·波·加米涅夫

(不早于 2 月 11 日)

加米涅夫同志:

这件事为什么耽搁了?[310]

大约在一个半月以前不是就决定了吗?

当时我给列扎瓦的期限是两三天!

看在基督的分上,把办事拖拉的人送进监狱吧! 说实在的,不这样什么事也办不成。

您的　列宁

载于 1959 年《列宁文集》俄文版
第 36 卷

译自《列宁全集》俄文第 5 版
第 54 卷第 160—161 页

302

致阿·萨·叶努基泽

(2月13日)

1

致叶努基泽同志
抄送:**格·马·克尔日扎诺夫斯基**

请拨给国家计划委员会两处好的住房,供**斯特卢米林**和**拉姆津**居住。您要亲自督促快办。

人民委员会主席

弗·乌里扬诺夫(列宁)

译自《列宁全集》俄文第5版
第54卷第161页

2

叶努基泽同志:

我根据在莫斯科这里的交谈和汇报得出结论:全俄中央执行委员会主席团及其工作似乎有点松垮。这并不奇怪,因为每个执行委员都有20件事缠身,这在我们这个"奥勃洛摩夫"共和国[311]里是司空见惯的。

由于这个缘故,像拉林这样的人影响就愈来愈大了。作为诗人,作为记者,作为讲师,他是满不错的。但是我们这些傻瓜却让他去做立法工作,这既**有害**于他,也**有损**于工作。

看在基督的分上,请您严加注意。什么地方也不要让拉林去。如果已经去了,那么对他拟的任何一个计划、方案都不能相信,——不经过再三审查,决不能通过。

有人总是设法(用半欺骗手段)绕过人民委员会和国家计划委员会,把东西直接塞到全俄中央执行委员会主席团去批,请您注意不要再让这种常见的混乱现象发生。

请加倍注意,并**及时**通知我(或斯大林及加米涅夫)。

还有两点:

(1)斯大林的住房。究竟什么时候解决?真是拖拉!

(2)拉拉扬茨。他怎样了?如果他去西伯利亚,我得交给他一封信,并要让斯克良斯基和佛敏安排他上火车。

敬礼!

您的　**列宁**

附言:刚才给您送去一份为斯特卢米林和拉姆津要住房的公函。恳请您尽力抓紧设法解决,并写封短信告诉我。**312**

您的　**列宁**

载于1959年《列宁文集》俄文版
第36卷

译自《列宁全集》俄文第5版
第54卷第161—162页

303

致马·马·李维诺夫、德·伊·
库尔斯基、约·斯·温什利赫特、
安·马·列扎瓦

(2月13日)

秘密

外交人民委员部——李维诺夫

司法人民委员部——库尔斯基

全俄肃反委员会——温什利赫特

对外贸易人民委员部——列扎瓦

我们在国外正在进行或者不得不进行一系列民事诉讼:"爱沙尼亚银行黄金丢失案"、"契布拉里奥案"[313]、"志愿商船队案"[314]"购买假药肿凡纳明案"[315]等等。

请告诉我:国外所有民事诉讼案件都由谁监督和负责妥善处理?

哪个部门管?

哪个局? 哪位部务委员具体负责?

如果这些都没有规定,那么我委托司法人民委员部会同全俄肃反委员会、外交人民委员部和对外贸易人民委员部在一周内深入研究这个问题,并向人民委员会提出相应的决定草案。

人民委员会主席

弗·乌里扬诺夫(列宁)

载于1958年在莫斯科出版的《列
宁论社会主义法制(1917—1922
年)》一书

译自《列宁全集》俄文第5版
第54卷第162—163页

304

给列·米·欣丘克的电报

(2月14日)

交克拉辛转欣丘克

(或通过其他途径,可问中央消费合作总社)

请告诉我,您什么时候、用什么方法把您所参加的布鲁塞尔会议的详细材料寄来。望立即先简单汇报一下最重要的情况,以后再详细汇报。[316]

列　宁

1922年2月14日

载于1959年《列宁文集》俄文版
第36卷

译自《列宁全集》俄文第5版
第54卷第163页

305

致俄共(布)中央政治局

(2月14日)

这样看来,一点像样的东西也没有准备出来。最危险的事情是出废品。

附上的这两份东西显然都是**废品**。

我们会受人愚弄。

建议:(1)现在**只拿出已经印好的**国家计划委员会关于**东南部地区**的简报。

只拿出这一份。

(2)其他材料**暂缓**。

(3)责成

克尔日扎诺夫斯基

索柯里尼柯夫

＋别的什么人

对**所有**发出去的材料**亲自**负责。[317]

列　宁

载于1959年《列宁文集》俄文版第36卷

译自《列宁全集》俄文第5版第54卷第163—164页

306

致维·米·莫洛托夫并转
俄共(布)中央政治局委员

(2月14日)

致莫洛托夫同志并转政治局

建议作如下决定：

(1)关于反要求的数额和种类一个字也不要提。

关于反要求要写得笼统。

(2)关于会议笼统地写写，关于我们的和平主义纲领也这样。

(写＝发表。)[318]

列　宁

2月14日

译自《列宁全集》俄文第5版
第54卷第164页

307

致德·伊·库尔斯基[319]

1922年2月14日

库尔斯基同志：

请您在最短期间内给我送一份以下问题的正式材料：根据现

行法令,工农检查院在检查私营(非国营)企业方面有哪些权利。

我记得不止一次谈起过,对工农检查院在检查不属于国营企业范畴的任何企业方面的权利不要有任何限制。**320**

列　宁

电话口授

载于 1945 年《列宁文集》俄文版
第 35 卷

译自《列宁全集》俄文第 5 版
第 54 卷第 164 页

308

给德·伊·库尔斯基的信和
给尼·彼·哥尔布诺夫的指示

(2 月 15 日)

库尔斯基同志:

附上科布连茨给我的答复①。阅后请退还给尼·彼·哥尔布诺夫。

(1)我很担心科布连茨不称职,整个这个部门不中用。

科布连茨显然"忘记了",从苏维埃政权那里承租的企业**也**是**苏维埃**企业;

(2)——他把事后还是事先检查的问题同究竟该不该检查的问题混为一谈了;

----

① 见本版全集第 60 卷第 454 页。——编者注

(3)他想必是"忘记了"工农检查院的权限**并不比**国家监察人民委员部原先的权限**小**(1920 年《法令汇编》第 16 期);还忘记了许多别的事情。

结论:对科布连茨的意见要审查。如果认真研究之后证明科布连茨是瞎说,那就换一个更有才学的法学家替代他。

请告诉我,您将委派谁负责这项审查。

———如果我们的法律是"互相抵触的"(这种情况无疑是有的),那司法人民委员部和法案司是干什么用的?

法典编纂方面干了些什么? ——为消除互相抵触又干了些什么?

具体说,正是**现在**需要**赶紧**拟定明确的法律,把工农检查院的检查权和质询权扩大到各种各样的(不论是私营的、合作社的还是租让的等等)机构和企业。

请告诉我,这件事您委托谁办。

致共产主义的敬礼!

列 宁

尼·彼·哥尔布诺夫同志:请看一看这封信,并请**记下来**,以便检查执行情况。

叫人抄写一份,送库尔斯基同志。**321**

载于 1945 年《列宁文集》俄文版第 35 卷

译自《列宁全集》俄文第 5 版第 54 卷第 165—166 页

309

致格·雅·索柯里尼柯夫

1922年2月15日

抄送：瞿鲁巴同志和加米涅夫同志

索柯里尼柯夫同志：

是否应该把主要注意力放在发展贸易和通过国家银行贸易部对贸易进行监督方面？

这件事是否应该这样来办理：我们物色二三十个（哪怕少一些也行，如果我们该死的官僚机器完不成如此"艰巨的"任务的话）国家银行贸易部特派员，而这些特派员能随着"委托"给他们的企业或地区的贸易额的增加而得到与此成正比的酬金。

我认为，这比成立各种特别委员会或机构要实际些，因为这样的委员会和机构在我们的恶劣风气（自以为是"真正的共产主义"）下**不可避免地**会蜕化成官僚主义的愚蠢机构。不过，应该给国家银行贸易部提出明确的**实际**任务：发展国内贸易并把它置于自己的监督之下。如果发展了业务，就让特派员和管理委员会委员们（假如国家银行贸易部有管理委员会委员的话）得到酬金——但只有发展了业务才能得到酬金。

哥尔布诺夫向我谈到他为别洛夫和国营百货公司的事"奔波"的结果，从这一情况看来，国家银行贸易部的**过错**是明显的：他们错过了时机；他们睡着了；他们像真正的官气十足的败类那样，一直等到"上司"的**命令**下来。我以为为此必须马上惩办贸易部，并且要比较严肃地向他们提出警告：如再这样失误一次，再这样昏睡不醒，就要**坐牢**。

在我看来，另外一个实际办法是：对私人交易进行登记，用上印花税或其他类似办法对其征税。这个问题处理得怎样？**能不能用这种办法**使私营商业服从（或者开始服从）财政人民委员部和国家银行的监督？

我认为，在估计整个财政人民委员部的工作成绩时，百分之九十九要看**国营商业发展得如何，国家银行贸易部工作得如何**（在私营商业的信贷方面）。别的方面只占百分之一。①

致共产主义的敬礼！

列　宁

载于1949年《布尔什维克》杂志
第1期

译自《列宁全集》俄文第5版
第54卷第166—167页

310

致瓦·格·雅科温科

（2月15日）

农业人民委员部

雅科温科同志

1月26日《全俄中央执行委员会消息报》刊载了阿·别利亚

---

① 见本卷第320、330、342号文献。——编者注

科夫同志的文章《抑郁不欢的发动机和无产阶级的农业》。

建议您重视这篇短评。原来事情是:有770台崭新的发动机连同备件在军事部门闲置了5年之久,它们都完好无损,外国包装未动,总功率约117 000马力,价值超过1 400万战前金卢布。这些发动机军事部门用不上,于是让给了农业人民委员部,以便该部有效地用于农业。农业人民委员部得知此事已经4个月了,但是除公文来往外,至今什么事都没有做。

这是闻所未闻的管理不善和庸碌无能的表现。

我命令:

1.向我提交一份农业人民委员部的书面说明;

2.查出办事拖拉、犯有官僚主义的责任者,并就此事大张旗鼓地进行审讯;

3.立即采取最坚决的措施切实处理这件事情,一个月之后向我报告执行情况(发动机是何时接收的,怎样使用的,交给了谁,将在何时何地开始使用,等等)。[322]

人民委员会主席

弗·乌里扬诺夫(列宁)

载于1942年《列宁文集》俄文版
第34卷　　　　　　　　　　译自《列宁全集》俄文第5版
　　　　　　　　　　　　　　第54卷第168页

311

致德·伊·库尔斯基

1922年2月15日

致库尔斯基同志

抄送：瞿鲁巴同志

哥尔布诺夫同志

库尔斯基同志：

关于期票及民事债务的法令草案我不能看了。我认为绝对必须用这个法律充分保障我们国家不仅有彻底检查和监督的权利，而且有根据真正国家的理由予以废止的权利。请您对这个问题提出结论性意见(写几行，不超过一页)，并把为我们规定这种保障的条文摘抄两三条送来。我根据哥尔布诺夫同志所说的情况判断，草案中是有这样的条文的。[323]

致共产主义的敬礼！

列　宁

载于1945年《列宁文集》俄文版
第35卷

译自《列宁全集》俄文第5版
第54卷第169页

312

☆致尼·彼·哥尔布诺夫

（2 月 15 日）

请调查一下，克拉辛为什么把这个寄给我？真是胡闹！这同我有什么关系？对外贸易人民委员部干了些什么？如果什么都没干，就应交法庭惩办。如果什么都已经干了，那就请您检查一下，但这送给我毫无必要。**324**

列 宁

2 月 15 日

译自《列宁全集》俄文第 5 版
第 54 卷第 169 页

313

致尼·彼·哥尔布诺夫

（2 月 15 日）

致**哥尔布诺夫**同志

根据医嘱，我命令您：

1. 改善米罗什尼科夫同志的伙食。

2.安排他自4月1日起到克里木去治疗三个月。

人民委员会主席

弗·乌里扬诺夫（列宁）

译自《列宁全集》俄文第5版
第54卷第170页

314

致伊·伊·米罗什尼科夫

（2月15日）

致米罗什尼科夫同志

根据克里姆林宫医院住院医师列文博士的意见,我命令您:

1.每天工作不得超过8小时。

2.4月1日以前物色好一名替代的人,向他交代好工作,以便自4月1日起去长期休假。

人民委员会主席

弗·乌里扬诺夫（列宁）

译自《列宁全集》俄文第5版
第54卷第170页

315

给格·瓦·契切林的信和
给秘书的指示

(2 月 16 日)

请将我下面的复信送斯大林和莫洛托夫一阅并交契切林。

契切林同志:您过于急躁了。我们还来得及在 2 月 22 日或 23 日讨论在热那亚的行动计划。

无论是您还是我都反对过把和平主义当做革命的无产阶级政党的纲领。这一点是清楚的。但是什么地方、什么人、什么时候否定过这个政党可以利用和平主义者来瓦解敌人,瓦解资产阶级呢?[325]

您的   **列宁**

译自《列宁全集》俄文第 5 版
第 54 卷第 170—171 页

316

致叶·亚·利特肯斯

（2 月 16 日）

致**利特肯斯**同志

抄送:小人民委员会

去年 12 月底,我曾就克鲁格教授为莫斯科高等技术学校的电工系和电工学研究所申请房子一事写信给教育人民委员部,请你们格外予以重视,并尽量设法满足这一要求。

2 月 9 日,我又收到克鲁格教授一封信,他说,教育人民委员部至今没有给该校以支持。克鲁格教授指出,可以先挤一下,把原伊丽莎白学院³²⁶的校舍腾出一部分来,给电工系和实验电工学研究所使用,等开春天气转暖时再让现在占用该院校舍的拉吉舍夫学校迁走,这样做是毫无困难的。

如果您不同意克鲁格教授的这个建议,我就委托您亲自负责在两周内给研究所找到房子并拨给该所使用。

请将执行情况在 3 月 3 日以前向我报告。

人民委员会主席

载于 1959 年《列宁文集》俄文版
第 36 卷

译自《列宁全集》俄文第 5 版
第 54 卷第 171 页

317

☆致尼·彼·哥尔布诺夫同志

(2月17日)

尽管我已去信索取,但是至今没有收到关于里杰尔租让企业的调查报告。请在明天就向曾去调查过的委员会[327]成员要来报告,报告的篇幅切勿超过两页。

我怕我们的报告又像通常那样一厚本,谁也不会去看。

此事请同委员会主席和克尔日扎诺夫斯基正式接洽,后者曾多次向我许愿,却都没有兑现。

列 宁

1922 年 2 月 17 日

电话口授

载于 1945 年《列宁文集》俄文版
第 35 卷

译自《列宁全集》俄文第 5 版
第 54 卷第 172 页

318

致格·瓦·契切林

2月18日

契切林同志:

您的信[328]以及报道《时报》[329]的广播稿收到了。

　　如果这是拉狄克和拉品斯基的错误,那就请稍为详细地写封信来。我也认为这两个同志不是外交家。³³⁰

　　致共产主义的敬礼!

列　宁

译自《列宁文集》俄文版第 37 卷
第 348 页

319

致阿·萨·叶努基泽

(2 月 18 日)

叶努基泽同志:

　　谢谢您寄来同志们的名单及自动电话号码。

　　请增加:

+ 泰奥多罗维奇,伊万·阿道·第二副农业人民委员。

+ 索柯里尼柯夫。

+ 佛敏　　副交通人民委员。

+ 米·尼·波克罗夫斯基。

+ 利特肯斯。

+ 《消息报》编辑部(斯切克洛夫)。

+ 娜·康·克鲁普斯卡娅。

+ 《真理报》编辑部。

+ 中央委员会秘书或办公厅主任。

+   人民委员会办公厅主任——尼·彼·哥尔布诺夫

(已经有:第111号)。   (格利亚谢尔?)

+   人民委员会秘书——莉·亚·福季耶娃。

+   李维诺夫,副(?)外交人民委员。

+   共产国际执行委员会秘书,**如果不是萨法罗夫的话**。

+   社会保障人民委员部   **米柳亭**。

我觉得您还应当分别寄给政治局委员和莫洛托夫,让他们提出补充方案,**然后停止登记**,至少留下 50 个号码作为**特殊备用**。

50 个号码**留做备用**,动用这些备用号码要具备**特别严格的**条件(比如说,要取得您＋莫洛托夫＋我的同意)。

给全俄肃反委员会 20 个号码少了,尤其是把政治局委员的郊外电话算在全俄肃反委员会的电话数里。或者,您认为方便的话,请把号码簿寄给尼·彼·哥尔布诺夫,让他们把每个增补的号码打电话告诉他,而他则复制一份给我?

敬礼!

您的   **列宁**

2 月 18 日

译自《列宁文集》俄文版第 37 卷
第 349—350 页

320

致亚·德·瞿鲁巴

1

2月18日

瞿鲁巴同志：

在我写论帝国主义那本书①的时候，我读到资本主义国家的国家银行(以及一般银行)有**两种体制**。其中的一种体制是国家银行同**商业**关系密切。

应该叫两个我们的"金融学家"(可否挖苦点说——平庸学家②?)研究一下这个问题。

我们需要的国家银行同商业的关系应当比资本主义同商业关系最密切的国家银行还要密切一百倍。我们的国家银行应当有个商业代办**网**,上自中央(有点类似银行中掌管几十亿周转资金的商务巡回检查员),下至小的乃至最小的商业代办点。如果整个代办网实行分成制并学会(也教会我们)很好地做生意,那么我们就能够掌握整个贸易额的$\frac{9}{10}$。只有走这条路,才能恢复黄金流通,并使**新经济政策**由一个愚弄共产党员蠢人(他们掌握着政权,但不会利用它)的制度**变成**社会主义的**基地**——一个在农民国家里的为

---

① 指《帝国主义是资本主义的最高阶段》,见本版全集第27卷。——编者注

② 原文为фи-ученые,同финученые(金融学家)发音相近,"фи"是表现轻蔑的感叹词,相当于汉语中的"呸"。——编者注

世上任何力量所战胜不了的基地。

此信请交索柯里尼柯夫一阅。在没有**达到**这个目的以前,就要让国家银行和财政人民委员部**不得安宁**。

您的　**列宁**

载于1937年《布尔什维克》杂志
第2期

译自《列宁全集》俄文第5版
第54卷第172—173页

2

(2月20日)

瞿鲁巴同志:

我想请您特别注意我给索柯里尼柯夫写的那封关于商业、国家银行以及国家银行贸易部的信①。

整个关键在于商业并把商业掌握在国家银行手中。

可是,我们的国家银行贸易部好像根本不是个"**贸易**"部,而像俄罗斯联邦所有其他部门那样,是个官僚老爷部。我看应当**全力以赴地**抓一抓。

并且要**做到**实行分成制,根据实际成绩来检验工作,凡是萎靡不振的,凡是同贸易无关的,凡是不善于在贸易中做出成绩的,都要从国家银行**贸易部中清除出去**。

我们需要的并不是"国内贸易衙门"(这类衙门我们有的是),我们需要的是在国家银行里有一二十个**善于**(并能教会别人)做生意的**人**。这是整个问题的关键,不掌握这个关键,就调整不好货币

---

　　① 见本卷第309号文献。——编者注

制度。

致共产主义的敬礼!

列　宁

译自《列宁全集》俄文第5版
第54卷第173—174页

321

☆致莉·亚·福季耶娃

(2月18日)

可据此评语予以拒绝。[331]

列　宁

脚本作者想把革命几乎全部反映出来。事实的选择往往带有偶然性。人物生平的许多细节不真实。

摄制工作异常复杂,需要大量人员,会花费巨额资金,表演会很拙劣,就像演一出蹩脚的草台戏。我们的电影技术水平很低,不能把作者所要表现的东西表现出来。脚本恐不能采用。

娜·克鲁普斯卡娅

载于1959年《列宁文集》俄文版
第36卷

译自《列宁全集》俄文第5版
第54卷第174页

322

致维·米·莫洛托夫

1922年2月20日

莫洛托夫同志：

我没有收到中央委员会统计处处长斯米滕的任何报告。请从负责工作人员的统计材料中抽一两张卡片给我送来，并叫斯米滕给我写几句说明：(1)这种卡片她那里有多少；(2)其中莫斯科市的有多少；(3)她打算在多长时间内按照什么样的大纲把材料整理出来。[332]

列　宁

载于1959年《列宁文集》俄文版
第36卷

译自《列宁全集》俄文第5版
第54卷第174—175页

323

致尼·彼·哥尔布诺夫

（2月20日）

哥尔布诺夫同志：

委托您(赶快)到列·波·加米涅夫所知道的那个设在莫斯科的德国医疗机构[333]去一趟，并(在对人员进行一些调查之后)聘请

那里会说(或至少能看懂)俄语的德国医生

到我们这里来担任检查员或(和)指导员,条件大致如下:

薪金为(现在的)110％或120％;

给在德国的家属的津贴为(现领津贴的)110％—120％;

一旦死亡,给家属的抚恤金为(按德国法律应得数目的)150％。

如在我国任职5年,则发给几千金卢布奖金。

如果我们原则上意见一致,我就把这个问题提交政治局。[334]

列　宁

2月20日

译自《列宁全集》俄文第5版
第54卷第175页

324

☆致尼·彼·哥尔布诺夫

(2月20日)

我同莫洛托夫联名给各省国民教育局发了一份通电,要求它们参加2月25日会议的每个代表至少带两名党员工作人员和两名非党工作人员的材料来。①

现委托哥尔布诺夫确切地检查一下,这个通知谁照办了,谁没

---

① 见本卷第293号文献。——编者注

有照办,并立即给我准确无误的答复。[335]

电话口授

325

致维·米·莫洛托夫并转
俄共(布)中央政治局全体委员

(2 月 20 日)

不制抄件

致莫洛托夫同志

请将此信交政治局全体委员一阅,阅后连同他们的意见一并退还给我。我认为契切林的意见是完全正确的,这件事再一次证明,尽管拉狄克有许许多多优点,他却完全不适合当外交官。[336]

列 宁

1922 年 2 月 20 日

电话口授

326

致阿·萨·叶努基泽

1922年2月20日

1.请把我的自动电话机号码从所有文件和表册上统统勾掉，这样任何人就不可能知道这个号码,也不可能直接打电话给我了。

2.给这部电话机装上个小灯泡,以代替电话铃。

3.这件事要在明天以前办完,星期三务必一切就绪。

列　宁

电话口授

译自《列宁文集》俄文版第35卷第331页

327

致列·波·加米涅夫和约·维·斯大林

2月21日

致加米涅夫同志和斯大林同志

你们因为同我长谈了一次,就表示歉意或诸如此类的心意,这说起来都觉得可笑。我的病并没有**任何**客观征兆(昨天夜里还很好,今天却完全病了),我的精力如何只有我自己能够估量。原因还是在我,因为你们不止一次问过我是不是累了。

务请不要忘记:

(1)无条件地把拉狄克调离外交部门①;

(2)拉品斯基也一样。

(3)所附斯米尔加来信中提到的事,请严令专人(尼·彼·哥尔布诺夫?)抓紧办**妥**。**337**

(4)关于米雅斯尼科夫,应补充两句:要么把我的信全文发表,要么从我的信中摘几段内容充实、文字完整的话发表(否则会模糊不清,任何人都弄不明白什么意思,会说列宁是否在**帮**米雅斯尼科夫说话?)。**338**

(5)我对亚·德·瞿鲁巴关于小人民委员会的草案的意见已经送给他了。这件事应**仔细**考虑、审查和反复斟酌。②

(6)对政治局2月20日决定的第8条我有异议。**不能委派索柯里尼柯夫**。**不能**。**339**

(7)关于工农检查院的法令草案,要修改、仔细斟酌、更确切地表达并予以**扩充**,使之成为**现行法律**的**解释和综合**。③

列　宁

附言:应当就"米留可夫只是在假设"这个题目在《**真理报**》和《**消息报**》上再引发出十来篇文章。2月21日的《**真理报**》。

如果情况属实,一定要解聘20—40名教授。

他们是在愚弄我们。

---

① 见本卷第325号文献。——编者注
② 见本版全集第42卷第403—404页。——编者注
③ 见本卷第307、347、348号文献。——编者注

应周密考虑，作好准备，**狠狠地打击**。³⁴⁰

列　宁

译自《列宁全集》俄文第5版
第54卷第176—177页

328

致尼·彼·哥尔布诺夫

2月21日

哥尔布诺夫同志：

两份总结都写得**很糟糕**。³⁴¹他们不善于把技术同经济、结论同条件区分开来。

建议您：

(1)要求最高国民经济委员会和国家计划委员会在最短期限内分别提出经负责人签署的结论性意见；

(2)立即采取措施进行调查，使我们能从米哈伊洛夫委员会的**全体**委员那里、**逐个地、在尽量不使他们有交换意见机会的情况下**(这要您安排得巧妙：给所有委员打电话，问谁在什么时候有空，然后派自行车通讯员"截获"他们，**等等**)拿到经他们签署的书面意见；

(3)意见要按下列提纲写(说明和备注另附)：

1.可能达到的产值……百万金卢布

(α)目前

(β)在……年内增加经费……百万金卢布的情况下

　　（克什特姆、里杰尔、埃基巴斯图兹、塔纳雷克分别统计）。

2. 没有承租人我们能办到(大概)还是办不到？ 如果办不到，

那是因为什么？

　　(α)因为没有资金？

　　(β)因为没有可能买到和运来第一流的设备？

　　(γ)因为聘不到第一流的工程师？

　　(δ)因为没有可能买到和运来粮食？ 服装？ 劳动力？

　　还是由于其他(哪些?)原因？

3. 结论:(α)同意厄克特的条件？

　　　　(β)修改这些条件？ 如何修改？

　　　　(γ)根本拒绝这些条件？

　　首先您得巧妙地(迅速地)**分别抓住**委员会的所有委员,拿到他们对这些问题的书面答复。

　　然后把结果告诉我,**以后**我们再去敦促最高国民经济委员会和国家计划委员会。[342]

列　宁

载于1945年《列宁文集》俄文版
第35卷

译自《列宁全集》俄文第5版
第54卷第177—178页

329

致格·马·克尔日扎诺夫斯基

2月22日

秘密

克尔日扎诺夫斯基同志：

托洛茨基同志在给中央的一封信中说，我们的计划部门要垮台。

这个看法就如下意义来说是正确的，比如国家计划委员会的**行政**方面的工作无疑**没有安排好**。

国家计划委员会没有建立每个委员对**某些**（重大的）职能的**个人负责制**。计划委员会的委员没有分工对计划执行情况进行"总的监督"，而没有这种监督工作，一切＝0。

如此等等。

结论：要赶紧草拟以下各项决定（快些交来）：关于国家计划委员会成员；关于国家计划委员会主席团（由15个人组成?? 我认为这样更糟，因为这样一来个人的责任就会**更小**）；由3人组成的**主席团常务委员会**（先看看你们的论据吧，依我看，这个常务委员会就应当是主席团）。在这段时间（5月15日以前）谁代替皮达可夫呢？

3名常务委员（如果中央批准如下3个人：您＋皮达可夫＋奥萨德奇）必须重新安排行政方面的工作。如果由皮达可夫＋奥萨德奇当行政负责人，那么**他们**就要用脑袋来**担保**不发生任何"失误"(比如没有指定某个计划委员会委员去办理某事,没有检查他的工作,没有及时指出某地缺少什么,等等)。①

速将致各人民委员部计划部门的公函、常务委员人选等等的最后草案拟妥。

致共产主义的敬礼!

列　宁

载于1959年《列宁文集》俄文版第36卷　　　　　　译自《列宁全集》俄文第5版第54卷第179页

330

致格·雅·索柯里尼柯夫

2月22日

　　索柯里尼柯夫同志:问题完全不在于一个国营百货公司。我们所有经济机构的一切工作中最大的毛病就是官僚主义。共产党员成了官僚主义者。如果说有什么东西会把我们毁掉的话,那就是这个。对国家银行来说,最危险的莫过于变成官僚机关。我们还在考虑法令、机构。错误就在这里。现在问题的全部关键在于要有实践家,要实践。发现人才——**做生意的人**(但愿能从一百个、一千个共产党员中挑出一个,这还要上帝保佑),使我们的法令由废纸(不管法令本身是好还是坏,反正都一样)变成生动的实践——这就是问题的**关键**。

---

　　① 见本卷第384号文献。——编者注

国家银行应该自己做买卖还是通过所属公司(通过代办或通过借贷户等等)做买卖,这一点我不知道。我不想发表意见,因为我对货币流通和银行业的具体业务不大熟悉。但是有一点我很清楚,这就是——现在整个关键在于迅速发展国营商业(包括它的各种形式:合作社、国家银行的客户、合营公司、代销人、代理人等等,等等)。①

2月28日。因病未能把信写完及早寄出。您说(在答记者问时)要以合营公司代替国家托拉斯。**343** 这不会有好处。那些精明的资本家会把蠢笨的(最老实和最善良的)共产党员弄到合营公司里去,并像现在这样愚弄我们。现在问题不在机构,而在人才和对实际经验进行检验。**一个一个地**发现善于经商的人,一步一步地用他们的经验、他们的劳动去**清除**那些共产党员蠢货……把那些善良的共产党员从管理委员会中赶出去,把那些死气沉沉(和恪守共产主义)的企业关闭,关闭这些企业,从一百个合格的企业中挑选出一个。要么财政人民委员部**有能力**转入**这种**工作,要么整个财政人民委员部=0。

　　　　　　　　　　　您的　**列宁**

载于1949年《布尔什维克》杂志
第1期

译自《列宁全集》俄文第5版
第54卷第180页

---

① 见本卷第309号文献。——编者注

331

致尼·彼·哥尔布诺夫

（2月22日）

哥尔布诺夫同志：请极亲切地答复他，说我读过了，我病了，不能会见他。

关于借款的事，请安排他同列·波·加米涅夫、季诺维也夫和索柯里尼柯夫会见（或者会见他们当中某一位）。[344]

列　宁

2月22日

译自《列宁文集》俄文版第37卷
第350页

332

☆致尼·彼·哥尔布诺夫

（2月23日）

请同克拉辛谈谈**高尔基**的事，尽量设法让高尔基早日收到钱。

如遇到一点阻力，就告诉我。[345]

列 宁

2月23日

附言：为什么今天没有（像您答应的那样）把关于国家银行的意见给我送来？不准时**不好**。

载于1945年《列宁文集》俄文版
第35卷

译自《列宁全集》俄文第5版
第54卷第181页

333

☆致俄国红十字会中央委员会主席[346]

1922年2月23日

亲爱的同志们：

甚感遗憾和抱歉，我因病不能给你们的文集提供文章或书信，虽然这是责无旁贷的事。为了赈济饥民，凡是能够做到的乃至某些做不到的，苏维埃政权都已经做了，都正在做，而且还要继续做下去。握手，祝你们的出版物取得完全成功。

致共产主义的敬礼！

弗·乌里扬诺夫（列宁）

载于1945年《列宁文集》俄文版
第35卷

译自《列宁全集》俄文第5版
第54卷第181页

334

致维·米·莫洛托夫

(2月24日)

　　莫洛托夫同志:我认为契切林**完全**正确,建议**政治局**作出决定:确认契切林的观点是正确的。无条件地如期偿付承诺的款项。**347**

列　宁

2月24日

译自《列宁全集》俄文第5版
第54卷第181—182页

335

致列·波·加米涅夫

(2月25日以前)

　　加米涅夫同志:关于委托书**348**请给我写封短信来。不要拖。可否这样解决:仍用原来的文本。加上五行:把商品交换改为贸易。当地人决定的期限(每年两次或**再少些**)可以同意。

列　宁

附言:关于德国医生的事,请答复。

关于彼舍霍诺夫,我建议政治局作以下决定:(1)责成波波夫派他去做商业和卫生方面的而不是其他方面的统计工作;(2)叫波波夫亲自负责,不要让彼舍霍诺夫涉足政治;(3)以上两条向波波夫口头宣布,要他签知,不发文件,严肃警告他:如果泄密,就撤他的职并送交法庭;(4)指示温什利赫特严密监视彼舍霍诺夫;(5)宣布给哈尔科夫省委和乌克兰中央委员会警告处分(由于泄密)并记入党证。[349]

列　宁

译自《列宁全集》俄文第5版
第54卷第182页

336

致伊·伊·米罗什尼科夫

(2月25日)

要查一下,我们这里是谁主管酒类贸易,他们是否用黄金折算,是否把价格提得比战前都高,收入作何用途,此事总的由谁监督和负责。[350]

口授

载于1961年《历史文献》杂志第5期

译自《列宁全集》俄文第5版
第54卷第182—183页

337

致格·瓦·契切林[351]

致契切林同志或李维诺夫同志

抄送:**莫洛托夫**同志

（并转政治局委员）

1922年2月25日

看了电报以及今天各报的社论之后,我得出结论,抗议热那亚会议不定期推迟的照会,应该用最粗鲁、最辛辣的口吻来写,要让他们在热那亚感到是挨了一记耳光。显然,只有用异常粗鲁的口吻才能给人真正留下印象。比如说,可以写上,由于这些大国没有履行最起码的义务——如期召开会议——而造成的经济损失,我们要列入我们的反要求之内。我们通过这个粗鲁辛辣的照会可以促使所有资产阶级和平主义分子的力量在全世界得到加强,这个机会不能放过。[352]

列　宁

电话口授

译自《列宁全集》俄文第5版
第54卷第183页

338

☆致社会主义科学院[353]

(2月27日)

对[1922年2月23日]第[577]号来函的答复①

非常感谢。遗憾的是,我因病根本无法履行社会主义科学院院士的哪怕一点点职责。挂名院士我不想当。因此,请把我从院士名单中勾掉或不要列入名单。

列　宁

2月27日

载于1942年《列宁文集》俄文版
第34卷

译自《列宁全集》俄文第5版
第54卷第184页

---

① 列宁在手稿上留下空白,以便填写日期和文件编号。——俄文版编者注

339

给尼·巴·布留哈诺夫的便条和
给尼·彼·哥尔布诺夫的指示[354]

(2 月 27 日)

布留哈诺夫同志：

现在的问题是拟出**具体的**建议：

卖给粮食人民委员部多少？

为了交换粮食，根据什么条件拨给(贷给？)多少？

仓库怎么利用？

签订怎样的合同？

列　宁

2 月 27 日

哥尔布诺夫同志：请将此件发出并注意掌握情况。

列　宁

2 月 27 日

给尼·巴·布留哈诺夫的便条
载于 1945 年《列宁文集》俄文版
第 35 卷

译自《列宁全集》俄文第 5 版
第 54 卷第 184 页

340

致亚·德·瞿鲁巴

1

1922年2月27日

　　致劳动国防委员会副主席亚·德·瞿鲁巴、
　　最高国民经济委员会主席
抄送：皮达可夫（最高国民经济委员会燃料总管理局）
　　　　莫罗佐夫（最高国民经济委员会泥炭总委员会）
　　　　财政人民委员部
　　　　工农检查人民委员部

　　我宣布，以下同志因未履行自己的职责，在泥炭水力开采管理局问题上犯有官僚主义，应予以**警告**：

　　皮达可夫同志
　　莫罗佐夫同志
　　扎克斯同志和哥尔布诺夫同志。

　　皮达可夫同志作为燃料总管理局代理局长，本来应当不是"请我相信"（见2月22日他的来文），也不是"请我要么满足泥炭水力开采管理局追加预算的要求，要么允许缩小该局业务范围"（向我提出这种"请求"，这说明他连国家事务的起码常识都不懂），而是

考虑如何**执行人民委员会**（不是我个人）1920 年 10 月 30 日关于泥炭水力开采管理局的**决定**[355]。

如果皮达可夫不知道有这个决定，那就该把燃料总管理局那一大帮专家和官老爷抓起来，因为此事他们理应知道、理应查对并提醒皮达可夫。不把这帮坏蛋抓起来，就等于助长官僚主义，让它来扼杀我们。

人民委员会 1920 年 10 月 30 日的决定里说得很清楚：皮达可夫既然处于困境，他就不应用第 00770 号一纸空文（2 月 22 日的来文）来搪塞，而应立即召集（也可请最高国民经济委员会主席或亚·德·瞿鲁巴召集）最高国民经济委员会＋财政人民委员部＋工农检查院的人民委员们开会，立即起草劳动国防委员会和人民委员会的决定（规定由中央泥炭工业管理局或泥炭总委员会给泥炭水力开采管理局拨款多少，由燃料总管理局给泥炭水力开采管理局拨款多少，在预算外追加多少，泥炭水力开采管理局的规划要压缩多少）。

这才是皮达可夫为贯彻人民委员会 1920 年 10 月 30 日的决定应当做的事；这个决定**要求**所有人民委员部都真正承认泥炭水力开采管理局"对国家具有极其重要的意义"，并向该局提供"一切便利"……

莫罗佐夫同志本应紧急申请召开这样的会议（如果会期稍有拖延，就应向上反映），而不应去写 2 月 22 日那种纯属意气用事的公文（1922 年 2 月 22 日收文簿第 Л184 号），文中不提切实建议，却不光彩地一味叫苦。

扎克斯和哥尔布诺夫两同志作为**办公厅**负责人，如果明白自己的职责所在，而不是被互发空洞公文的习气所支配，那就应当翻阅人民委员会 1920 年 10 月 30 日的决定,亲自从中找出唯一正确、**唯一合理的**办法:立即召集人民委员们开会。扎克斯和哥尔布诺夫的来文从表面上看也是草率的,因为他们既没有查对法律条文,没有简单阐述泥炭水力开采管理局的申请,也没有注明行文和我批注的日期。今后如再这样草率从事,我就要撤扎克斯和哥尔布诺夫的职。

瞿鲁巴同志,请您立即向上述同志宣布已给他们警告处分,要他们签知,

并指示最高国民经济委员会、财政人民委员部和工农检查院的人民委员立即召开会议,争取在星期二,即 2 月 28 日,最迟也要在星期三,即 3 月 1 日清晨召开;人民委员要亲自出席(如果本人根本不能出席,又有正当理由,可由完全内行并能代表人民委员作决定的同志代替),同时泥炭水力开采管理局的代表,当然还有燃料总管理局和泥炭总委员会的代表也要参加。

会议的任务是贯彻人民委员会 1920 年 10 月 30 日决定的精神(而不死抠文字),设法最大限度地满足泥炭水力开采管理局的要求(如果不能满足百分之百,也一定要使该局 1922 年的主要任务能彻底完成)。泥炭水力开采管理局所需的经费,一部分应由中央泥炭工业管理局和燃料总管理局拨给,一部分应在预算外追加。一定要在 3 月 1 日晚以前把工作做完,并在 3 月 1 日晚提交劳动国防委员会行政会议[356]讨论,然后交劳动国防委员会和人民委员会批准。

请您委托秘书处的人亲自进行特别严格的检查,务使这个指示能得到迅速而正确的贯彻。

觉悟的革命者除履行自己的职责以外,还应当认识到是哪些

经济原因迫使人民委员会承认泥炭水力开采管理局"对国家具有极其重要的意义"。

人民委员会主席

弗·乌里扬诺夫（列宁）

载于1959年《列宁文集》俄文版
第36卷

译自《列宁全集》俄文第5版
第54卷第185—187页

2

（2月27日）

瞿鲁巴同志：

寄上一个说明我们的可恶的拖拉作风和头脑迟钝的典型例子！

这居然是**我们最优秀的**人物——皮达可夫、莫罗佐夫等人干的！

假如不用鞭子抽，他们是会把事情毁掉的。

恳请从速全力加以督促，再一次狠狠惩办失职人员，并**力求**（通过哥尔布诺夫和勒柏辛斯卡娅，我已要他们给您准备1920年10月30日的法令等文件）**立即**执行。泥炭水力开采管理局的要求，即使不能满足百分之百，也要满足百分之九十。

您的 **列宁**

载于1959年《列宁文集》俄文版
第36卷

译自《列宁全集》俄文第5版
第54卷第187页

3

1922年2月27日

瞿鲁巴同志：

今寄上有关泥炭水力开采管理局的文件一袋。邮件通常是7时半左右或稍晚一些到达莫斯科。

恳请把时间分配好,今晚就把文件看完,交人打印,并把应发的电话稿都发出去。

我星期三①回莫斯科。早晨和晚间我们都要会面,以便能交谈半小时左右。

列　宁

电话口授

载于1945年《列宁文集》俄文版
第35卷

译自《列宁全集》俄文第5版
第54卷第188页

341

致尼·彼·哥尔布诺夫[357]

(2月27日)

致哥尔布诺夫

能否加上合同**总金额**(折合成多少百万金卢布)？和订货

---

① 即3月1日。——编者注

总数？
‥

列　宁

2 月 27 日

译自《列宁全集》俄文第 5 版
第 54 卷第 188 页

342

致亚·李·舍印曼[358]

2 月 28 日

舍印曼同志：

　　您说国家银行现在是个"强有力的机构"（2 月 22 日的信），这真使我发笑。私下告诉您吧：这话幼稚到了极点，是共产党大员幼稚到极点的表现。

　　"强有力的机构"！"强有力的机构"＝把苏维埃卢布这种真正"现实的财富"从国家的一个口袋放到另一个口袋…… 以金卢布计算的活期存款额（即便如此也是虚假的，并不是按**实际**行情折算的）为 280 万——790 万——1 030 万卢布（截至 12 月 16 日、1 月 16 日和 2 月 1 日）。哈哈！其中有多少转账呢？有 90％—98％是从我们**官办的托拉斯**转来的！也就是说，还是那些官僚手中公家的钞票。

　　现在的国家银行＝官僚主义的转账游戏。这就是真实情况，如果您不想听共产党员官僚动听的谎言（大家都用这种谎言来欺骗您这位大员），而想知道**真实情况**的话。

如果您不愿睁开双眼，透过这一切共产党员的谎言来正视这个真实情况，那么您就是一个年富力强却**淹死**在官场谎言泥潭中的人。这是个令人不快的事实，但毕竟是事实。

要么去物色并且**慢慢地**物色到（经过上百次考查和检验）一批善于以国家银行的名义去组织商业、检查商业的**人**，奖励能干的商业人员，**关闭**那些表面上似乎是在经营商业，实际上却是官僚共产主义工商业的"波将金村"[359]；要么，整个国家银行及其全部工作就＝零，甚至比零还糟糕，是自我陶醉于新的官僚主义的玩艺儿。

在您未能用经过经验检验的事实向我证明国家银行已经**开始物色到**这样的人即检查员、代办员等等之前，那就没有什么可谈的，因为我一句话也不能相信。

话讲得很坦率，请别生气。

您的　**列宁**

载于1949年《布尔什维克》杂志
第1期　　　　　　　　　　译自《列宁全集》俄文第5版
　　　　　　　　　　　　　第54卷第188—189页

343

☆**致尼·彼·哥尔布诺夫**

（2月28日）

交索柯里尼柯夫和舍印曼一阅，阅后归档。（墨守成规、冒充博学。迂腐透顶。)**360**

列　宁

2 月 28 日

载于 1959 年《列宁文集》俄文版
第 36 卷

译自《列宁全集》俄文第 5 版
第 54 卷第 189 页

344

给格·雅·索柯里尼柯夫的便条和
给尼·彼·哥尔布诺夫的指示

(2 月 28 日)

索柯里尼柯夫同志:

问题的关键:(1)在于这些"保证"。对于这些保证**首先**要仔细研究,并要再三加以**检查**;

(2)在于我们的"机构"。监督得了吗? 照顾得过来吗? 不能。那会把一切都**运走**的。**361**

列　宁

2 月 28 日

致尼·彼·哥尔布诺夫

请把我的批语抄送加米涅夫

＋莫洛托夫、

斯大林、

瞿鲁巴。

请再提醒我一次。

载于1959年《列宁文集》俄文版　　　　　　译自《列宁全集》俄文第5版
第36卷　　　　　　　　　　　　　　　　　第54卷第190页

345

致尼·彼·哥尔布诺夫[362]

（2月28日）

哥尔布诺夫同志：

这很重要！！

交亚·德·瞿鲁巴过目，并交（至少把摘要）列·波·加米涅夫和斯大林一阅。

能不能把总结归纳成两三页？

列　宁

2月28日

载于1959年《列宁文集》俄文版　　　　　　译自《列宁全集》俄文第5版
第36卷　　　　　　　　　　　　　　　　　第54卷第190页

346

致尼·彼·哥尔布诺夫

(2月28日)

哥尔布诺夫同志:我无法仔细研究。[363]请您再加加工(亲自动手或交给扎克斯、斯莫尔亚尼诺夫或涅斯捷罗夫),让亚·德·瞿鲁巴过目,然后连同他的结论性意见再交给我。

注意: **依我看**,这些才**是**应当审查、摘录和研究的主要**条款**。

其余的**看来**都是鸡毛蒜皮。

列　宁

2月28日

(1)面积多大? 多少俄亩?

(2)年产值多少? 概数。

(3)我方的优势?

　(克拉辛的第13条)

　　要审查!

(4)外国人占多少份额?

　(克拉辛的第14条)

　　要审查!

(5)克拉辛的第15条**重要**。[364]

附言:请了解一下并告诉我,这两个合同是否为**最后文本**? 是否已经生效?

列　宁

载于1959年《列宁文集》俄文版
第36卷

译自《列宁全集》俄文第5版
第54卷第191页

347

给德·伊·库尔斯基的便条和
给尼·彼·哥尔布诺夫的指示

（2月28日）

库尔斯基同志：

请会同国家政治保卫局拟定指令草案[365]。

列　宁

2月28日

制定法律要再三斟酌。**要慎之又慎！** 对于雅洪托夫，我十分怀疑。请您亲自检查两三遍乃至许多遍。

列　宁

哥尔布诺夫同志：请把我的附言送去打印，然后送交库尔斯基。

列　宁

载于1945年《列宁文集》俄文版
第35卷

译自《列宁全集》俄文第5版
第54卷第191—192页

348

给约·维·斯大林的便条、
给尼·彼·哥尔布诺夫的指示和
在瓦·伊·雅洪托夫报告上的批注

（2月28日）

斯大林同志：请读一读，并下一道严格些的命令，要工农检查院拟定一份草案。[366]

列　宁

2月28日

哥尔布诺夫同志：

请转送斯大林，等他退还后请检查执行情况。

致人民委员会

关于私人联营企业和私营企业是否应受工农检查人民委员部监督的问题，我认为必须作如下说明：

1. 关于合作联社：

根据工农检查院条例和现已撤销的关于事先的和事实上的监督的规定，工农检查人民委员部对政府机构和公共组织有权进行检查，这里的公共组织应理解为合作组织……　1921年6月10日关于取消对合作社事先监督的法令，把对合作组织的事先检查取消了，但是又"责成工农检查人民委员部在它的职权范围内并根据已有的检查规定对合作组织进行事实上的和事后的检查"。

……但是,鉴于上面援引的6月10日法令并未撤销,关于工业合作社的专门法令显然应理解为<u>取消事先检查,而不是取消事后监督的权利</u>。不过,在承认工农检查院有权对合作组织进行事后监督的同时,必须附带说明,在新经济政策条件下,这种权利应认为是有一定限制的。合作组织的<u>私人</u>活动,即为<u>自由市场和私人干的工作,不应受工农检查人民委员部的监督。只有</u>合作组织为完成国家任务而干的工作才(在正确使用国家拨给的资金和物资方面)应受监督……

2. 关于私营企业:

对于私营企业的活动,工农检查人民委员部条例没有规定有任何检查和监督的权利……　但是如果由此得出结论说,<u>工农检查人民委员部的机构对私营工业没有任何监督的权利</u>,那就错了。首先,既然工农检查人民委员部负有监督苏维埃政权各项法令执行情况的职责,那么不言而喻,只要私<u>营工业家违犯这些法令,工农检查人民委员部就有权对违法者追究法律责任</u>。另一方面,既然我国私营工业现时是靠承租国有的企业而获得发展的,那么不言而喻,工农检查人民委员部在这方面也应该有<u>而且事实上也有相应的监督权</u>。工农检查人民委员部<u>不能监督私营企业的流转和商业活动</u>,因为它们是为自由市场工作的;但是既然这些企业以及所有私营企业都是按照国家交给的任务工作的,那么工农检查人民委员部对它们的监督权也就不应比它对合作组织的监督权小。同时,既然出租的企业是国家财产,只是出租给承租者暂时使用,那么工农检查人民委员部作为国家政权机关,不仅享有监督权,对承租者是否正确履行合同进行监督,而且还有权<u>监督他们是否正确保管国家财产和合理利用国家财产而不损害国家的利益</u>……

对,是这样!

不对!! 这有什么根据?
　　　??

正是如此!

不对。
这里也能监督,不过只能是**事后监督**。

正是! 正是!

不是补充,而是**阐明**和编纂

> 最后,我认为必须指出,鉴于有关工农检查人民委员部权限的法律互相抵触,互不协调,<u>有必要在新的工农检查人民委员部条例中<u>补充</u>相应的条文,十分明确地规定工农检查人民委员部对合作企业和私营工业企业拥有的权利。

司法人民委员部部务委员
瓦·雅洪托夫

载于1945年《列宁文集》俄文版
第35卷

译自《列宁全集》俄文第5版
第54卷第192—194页

349

致维·米·莫洛托夫并转
俄共(布)中央政治局委员

1922年2月28日

致莫洛托夫同志
（并转政治局委员）

　　请打电话征求政治局委员们对下述问题的意见:为了尽快解决中央委员会给参加热那亚会议的[代表团的][①]指令问题,我建议采用该指令的最初草案,对这个草案政治局委员们大概不会有很大异议;今天就把这个草案送交契切林,不要让他复制,要绝对保守秘密,同时要他设法通过全体会议或其他方式,使代表团全体

---

① 记录时这几个字遗漏,现按意思补正。——俄文版编者注

团员今天就了解草案的内容。这样,问题的讨论就会迅速得多,明确得多。对这个草案可提出书面修改意见。[367]

列　宁

电话口授　　　　　　　　　　　　译自《列宁全集》俄文第5版
　　　　　　　　　　　　　　　　第54卷第194—195页

350

致尼·彼·哥尔布诺夫

(2月28日)

哥尔布诺夫同志:

请再提醒我一次。

先向莫洛托夫了解一下,这份材料怎样(1);

(2)它是谁编写的;

(3)结论如何?[368]

列　宁

2月28日

译自《列宁全集》俄文第5版
第54卷第195页

351

致亚·德·瞿鲁巴[369]

（2月28日）

1921年10月或11月我曾试图**通过**司法人民委员部吸收波斯托洛夫斯基参加工作。结果没有成功，据说，**他**拒绝了。似应审查一下：这位**法学家**是不是**反动的**？（大多数"法学家"是反动分子。）

列　宁

2月28日

译自《列宁文集》俄文版第38卷第417页

352

给弗·亚·吉霍米罗夫的信和
给秘书的指示[370]

（3月1日）

吉霍米罗夫同志：依我看，任何变动都不需要。

不应该让合作社去适应**新经济政策**，而应该让**新经济政策**去适应合作社。

同工会比是不对的，同苏维埃比也许比较合理。

要保留原来的结构。要把全部注意力和全部力量放在挑选人才(这一点我们做得很差)和**战胜私营商业**上。

把一切都放在这上面。

任何改组都不需要。

有没有实际成绩? 恐怕没有。

贸易额 9 月——100 万战前卢布

　　　　10 月——300 万

　　　　11 月——600 万

　　　　12 月——1 000 万?

　　　　而 1922 年 1 月呢?[371]

开支占百分之几? 地方合作社是在削弱还是在壮大?

致共产主义的敬礼!

　　　　　　　　　　　　　　　　　列　宁

打印后交我签字。(抄送瞿鲁巴和莫洛托夫。)

载于 1927 年 11 月 6—7 日　　　　　译自《列宁全集》俄文第 5 版
《合作社生活报》第 255 号　　　　　第 54 卷第 195—196 页

353

致雅·克·彼得斯[372]

(3 月 1 日)

彼得斯同志:

很抱歉,由于患病,只好不同您见面了。

对受贿以及诸如此类的事情，国家政治保卫局能够而且应该进行斗争，并通过法庭判处枪决。国家政治保卫局应该同司法人民委员部商妥，并由政治局通过相应的指令下达司法人民委员部以及所有机关。

致共产主义的敬礼！

列　宁

载于1959年《列宁文集》俄文版
第36卷

译自《列宁全集》俄文第5版
第54卷第196页

354

☆致泥炭水力开采管理局的同志们

（3月2日）

由于我的帮助，你们现在获得了你们工作上所必需的东西。[①]尽管我们十分穷困，但我们除早先投入的资金外，又给你们拨了巨款。

要极缜密地考虑：

1.不要做任何徒劳无益的事；

2.不要大手大脚，超出投资允许的范围；

3.要使你们进行的试验取得最有说服力的结果，能对新的泥炭开采法是否切实可行和经济上是否有利作出最后的回答；

---

① 见本卷第298号文献。——编者注

4.要加倍注意:关于拨给你们的经费的支出情况要制成报表。从报表应能看出所开采的泥炭的价值。

人民委员会主席

弗·乌里扬诺夫(列宁)

载于1934年在莫斯科出版的
《列宁在经济战线上。回忆录》
一书

译自《列宁全集》俄文第5版
第54卷第196—197页

355

致尼·彼·哥尔布诺夫[373]

(3月2日)

哥尔布诺夫同志:

这就够了。我没要求"准许打电话",只是要求执行我的关于用电话传呼警卫长的命令(以防万一;这种例子还没有过)。

请您同彼得松谈一谈。

列 宁

3月2日

译自《列宁文集》俄文版第37卷
第353页

356

致维·米·莫洛托夫并转
俄共(布)中央政治局委员[374]

（3月2日和9日之间）

莫洛托夫同志：请送政治局委员一阅，阅后请退给我。

一个**小小的**差别：高尔察克和邓尼金**甚至**不客气地**用绞杀**来"**教育**"全俄中央执行委员会委员。教育得很好，很认真。好好地教育了他们。而我们国营托拉斯的情况怎样呢？谁来教育呢？用什么方法教育呢？教育得怎样呢？那里有认真的检查吗？

的的确确，这是一个小小的、**小小的**差别。

列　宁

译自《列宁文集》俄文版第37卷
第353页

357

致列·波·克拉辛[375]

（3月3日）

致克拉辛或列扎瓦

请最多写10行字给我通俗地解释一下（我有病，迟钝了）以下两种做法的区别：

（1）取消对外贸易绝对垄断制，代之以贸易租让制；

（2）保留对外贸易（非绝对）垄断制，下指令规定：私营商行可以同对外贸易人民委员部建立合同关系以获得外国产品的供应。

能不能具体、通俗地说明区别何在？

致共产主义的敬礼！

列　宁

载于1959年《列宁文集》俄文版
第36卷

译自《列宁全集》俄文第5版
第54卷第197页

358

致维·米·莫洛托夫

1922年3月3日

莫洛托夫同志：

送上我同克拉辛同志的来往信件（索柯里尼柯夫提纲的第12条），这个提纲我在另一封信[①]中提到过。

克拉辛的答复不明确，我看他说不清两种提法的区别。

由此可以得出结论：索柯里尼柯夫是在制造分歧，应该不加改动地接受列扎瓦的提纲。[376]

列　宁

译自《列宁全集》俄文第5版
第54卷第198页

---

① 见本版全集第42卷第468—469页。——编者注

359

致维·米·莫洛托夫并转
俄共(布)中央政治局委员

1922年3月3日

致莫洛托夫同志并转政治局委员

抄送:皮达可夫同志和索柯里尼柯夫同志

现给您送去工业拨款问题会议的记录,这次会议是受人民委员会副主席瞿鲁巴同志委托在3月3日召开的。

请您将它分发给政治局全体委员,并将工业拨款问题从速提交政治局。

请皮达可夫同志和索柯里尼柯夫同志担任报告人。[377]

人民委员会主席

弗·乌里扬诺夫(列宁)

载于1959年《列宁文集》俄文版   译自《列宁全集》俄文第5版
第36卷   第44卷第431页

360

给 P.A.彼得松的信和
给尼·彼·哥尔布诺夫的指示

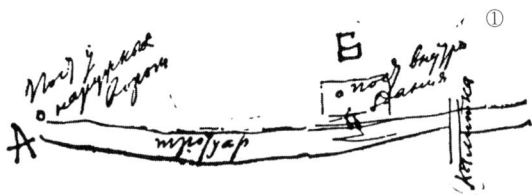

1922年3月4日

致克里姆林宫警卫长彼得松同志

我宣布给您警告处分,因为您没有令人满意地执行我的命令。今晚 10 时 45 分左右,我路过前几天同您谈过话的那个岗哨

岗哨 Б　　　　　岗哨 A

(楼内岗哨,即同外边大门的岗哨并排的那个岗哨)。当我漫步第二次或第三次经过这个岗哨的时候,一个哨兵从楼里向我喊道:**"不要在这里走动"**。显然,我要您向哨兵明确说明他们的职责的命令,您执行得不能令人满意(因为不得靠近十步以内的规定,与这个内部岗哨无关;此外,哨兵也没有明确说明他要禁止的究竟是什么)。

---

① 图中文字从左至右为:外边大门岗哨 A、人行道、楼内岗哨 Б、便门。——编者注

下次再犯我只好给您更严厉的处分。

关于这个命令,请向您的直接上级报告,您的直接上级则应将所采取的措施向人民委员会办公厅主任尼·彼·哥尔布诺夫作书面报告。

劳动国防委员会主席
弗·乌里扬诺夫(列宁)

1922年3月4日

哥尔布诺夫同志:

请将附上的这封信登记后发出去,并将执行情况告诉我。[378]

人民委员会主席
弗·乌里扬诺夫(列宁)

译自《列宁文集》俄文版第37卷
第354—355页

361

致尼·彼·哥尔布诺夫

1922年3月5日   秘密
                                                          · ·

哥尔布诺夫同志:

关于附上的这本书[379],我曾想同温什利赫特谈一谈。

依我看,这像是"用写作为白卫组织打掩护"。

请您同温什利赫特谈一谈,但不要在电话上谈,让他给我写一密信,书仍退还给我。

列　宁

载于1959年《列宁文集》俄文版
第36卷

译自《列宁全集》俄文第5版
第54卷第198页

362

致格·列·皮达可夫

(3月5日)

致燃料总管理局局长皮达可夫同志

抄送:国家计划委员会主席团

鉴于你们根据**泥炭总委员会**的预算已给**泥炭水力开采管理局**拨了巨款,原打算给**该管理局**的那些拨款就可以腾出来了。

请您特别关照一下,把这笔腾出来的拨款的一部分用来加紧进行原拟兴建伊万诺沃-沃兹涅先斯克区电站地区的泥炭开采工作;关于这件事,国家计划委员会主席团在1921年12月和1922年2月曾作过相应的决定。①

人民委员会主席

译自《列宁全集》俄文第5版
第54卷第199页

---

① 见本卷第81号文献。——编者注

363

致维·米·莫洛托夫并转
俄共（布）中央政治局委员

（3月6日）

致莫洛托夫同志

建议征求政治局委员们的意见，立即就下述提议进行表决（我事先已同斯大林、加米涅夫和季诺维也夫简单交换了看法）：

（1）责成鲁祖塔克同志立即去疗养院疗养，要他严格遵守作息制度，在代表大会①召开前不离开疗养院。

（2）责成医生……（中央委员会的那个医生叫什么？如果他不在，就责成谢马什柯）立即安排鲁祖塔克住进好一些的疗养院，加强营养，治疗他的结核病，以便他在党代表大会和全会（3月24日）召开以前，能得到更多的治疗和休息。**380**

致共产主义的敬礼！

列　宁

译自《列宁全集》俄文第5版
第54卷第199—200页

---

① 指俄共（布）第十一次代表大会。——编者注

364

致谢·叶·丘茨卡耶夫

(3月6日)

西伯利亚革命委员会　丘茨卡耶夫同志

给您转去**米·巴加耶夫**的信。委托您对他信中所说的事实进行核对,查清税率定得同收成不相称的原因,惩办在征收粮食税时有越权行为并欺压农民的犯罪人员,并查明新尼古拉耶夫斯克省其他各乡征税的情况。

必须采取特别有力的措施,使那些由于粮食税征收不当而受害的地方能全部完成播种任务。

请将执行情况写信告诉我。[381]

人民委员会主席

弗·乌里扬诺夫(列宁)

载于1945年《列宁文集》俄文版
第35卷

译自《列宁全集》俄文第5版
第54卷第200页

365

致格·瓦·契切林

（3月6日）

契切林同志：

　　给您和李维诺夫送去一本书[382]。如果还没有看过，就请看一看，或者叫别人读后给您说说。看来作者是个危险的恶棍，是个货真价实的资本家阶级的工人帮办。

您的　列宁

载于1959年《列宁文集》俄文版
第36卷

译自《列宁全集》俄文第5版
第54卷第200—201页

366

致阿·萨·叶努基泽

1922年3月6日

致叶努基泽同志

　　叶努基泽同志：如有可能，请您下令快些给安·伊·叶利扎罗娃发木柴。我弟弟同她住在一起，现在弟弟家中的人口增加了，因此不得不为取暖操心。

如果不麻烦的话,请就此事给我妹妹玛丽亚·伊里尼奇娜写封短信,因为我马上要到乡下去。

假如需要同我通电话,我的办公室有"保密电话机"(也就是说在办公室可以同我秘密通话)。福季耶娃会告诉您。

您的　**列宁**

译自《列宁文集》俄文版第 38 卷
第 417—418 页

367

致维·米·莫洛托夫

（不早于 3 月 6 日）

莫洛托夫同志:

如果您需要找我,务请不要客气,找我好了。这里有电话(三楼交换台的话务员和福季耶娃都知道);送文件可以通过福季耶娃。**我也完全可以乘车去**,我很乐意出去,这用不了一小时。

列　宁

载于 1945 年《列宁文集》俄文版
第 35 卷

译自《列宁全集》俄文第 5 版
第 54 卷第 201 页

368

致玛·伊·格利亚谢尔

（3月7日）

格利亚谢尔同志：这次讲话稿的整理工作比前几次大有进步，不过仍然做得不好。请您把第一稿同我的修改稿仔细地对照一下。**383**

整理讲话稿的人不应把毫无意义的词句和显然没有道理的脱漏保留下来。他要善于补上两三个词，使意思始终连贯。有时不妨从第一人称转到第三人称（（"讲话人在谈到什么什么或重复什么什么之后，接着说"：（再用第一人称）））。有经验的、善于整理讲话稿的人总是把速记稿当做材料，不受它的束缚，有时用第一人称叙述，有时用第三人称转述，不去追求那种可笑的奢望（什么都用第一人称，什么都要完整无缺），这种奢望既可笑又有害。

列　宁

3月7日

载于1945年《列宁文集》俄文版
第35卷

译自《列宁全集》俄文第5版
第54卷第201—202页

369

致列·米·欣丘克[384]

（3月7日）

抄送：哥尔布诺夫和斯莫尔亚尼诺夫

欣丘克同志：

我因病不能接见合作社工作者。明天将发表我的讲话[①]，那里我谈到了这种毛病。关于合作社工作者，我有一种担心：他们转报给您的负债数字恐怕是不实的，是夸大了的。我把您的报告交给哥尔布诺夫和斯莫尔亚尼诺夫，请您把资产和负债的最后准确结算也寄给他们，以便他们把结果告诉我。

您出国的时候曾想从国外的合作社组织弄到一笔贷款，这件事现在怎样了？

希望您给我一份关于俄国合作社机构发展情况的简要综合报告（我只有旧的数字：9月——100万金卢布，10月——300万金卢布，11月——600万金卢布）。您那里现在有没有逐旬的材料？有没有准确材料说明有多少个省消费合作总社向您按时呈送报表，有多少个省消费合作总社没有呈送？您是否按照合作社工作人员完成的贸易额以及降低机构开支的百分比方面取得的成绩来

---

① 指《论苏维埃共和国所处的国际和国内形势》这篇讲话，见本版全集第43卷。——编者注

决定他们的报酬?

　　请您最简要地回答我这些问题;另外再请告诉我,为了使我们的合作社成为真正的商业机构而不是官僚机构,中央消费合作总社理事会采取了哪些认真的检查措施。不久前我接到吉霍米罗夫的信并写了回信①,他的信就像打算出版《合作事业报》周刊的想法一样使我在这方面产生了不少怀疑②。大概在您那里是那些只会摆弄公文和报纸但不会经商的官僚主义者和知识分子占据了不应有的高位。

列　宁

电话口授

载于1959年《列宁文集》俄文版
第36卷

译自《列宁全集》俄文第5版
第54卷第202—203页

370

致叶·萨·瓦尔加[385]

　3月8日

亲爱的瓦尔加同志:

　　我病了。根本**无法**担负任何工作。

　　如果您想编一个集子(节录我的著作或著作的一些章节),我当然没有任何反对意见,不过您应当说明是您自己负责编选的。

---

① 见本卷第352号文献。——编者注
② 见本版全集第42卷第425、428—429页。——编者注

我的请求：

(1)比较完整地节选我1918年春反对"左派"的著作，以及关于"国家资本主义"、关于克服**管理的**困难是一项**特殊**任务等方面的著作；

(2)反对"幼稚病"的小册子(策略和战略的一般规则)(要选得完整些)①；

注意(3)**千万**不要节选我的讲话(讲话稿总是整理得不好，总是不准确)；只能节选我的**著作**。

致最崇高的敬礼！

您的　**列宁**

附言：写跋一事我也**不能**应承。**您**要说明是您自己负责选编的。**386**

原文是德文

载于1923年在汉堡出版的《经济、政治和工人运动年鉴(1922 — 1923年)》(非全文)

全文载于1945年《列宁文集》俄文版第35卷

译自《列宁全集》俄文第5版第54卷第203—204页

---

① 指《共产主义运动中的"左派"幼稚病》一书，见本版全集第39卷。——编者注

371

致格·瓦·契切林

(3月8日)

（抄送：加米涅夫同志）

契切林同志：

　　我不能提供文章。请完全不要指望我。必须事先就考虑到，要有一个极负责任而又很精明强干的人来编辑我们要在英国报纸上发表的全部文章。我很担心，要是不委派这样一个编辑，我们在《曼彻斯特卫报》[387]上登出来的将只会是对我们有害的蹩脚文章。现在正是法国人破坏热那亚会议的可能性大大增加的时候，我们的文章应该成为一种战斗行动，也就是说，既要提出一个不是在资本主义基础上复兴俄国的十分明确的计划，又要对欧洲各国的毫无办法、不知所措和愚蠢无知痛加斥责。[388]

列　宁

电话口授

载于1959年《列宁文集》俄文版
第36卷

译自《列宁全集》俄文第5版
第54卷第204—205页

372

致列·波·加米涅夫和
约·维·斯大林

(3月9日)

致加米涅夫和斯大林

请注意捷尔任斯基关于西伯利亚情况的报告。我们的人很可能搞不好同西伯利亚农民的关系,这种危险性非常大,而且很可怕。丘茨卡耶夫固然有很多优点,但毕竟能力差,根本不懂军事,只要情况稍微紧张一点,那里就可能出大乱子。我考虑,应当讨论一下最晚也得在夏季开始之前派伊·尼·斯米尔诺夫去西伯利亚的问题。当然,他是要极力反对的,但是如果找不到另外一个既熟悉西伯利亚,又懂军事,在困难的情况下肯定不会惊慌失措的人,那么我认为,派斯米尔诺夫去是绝对必要的[389]。

列　宁

1922年3月9日

按莉·亚·福季耶娃的记录刊印

载于1932年《列宁文集》俄文版
第20卷

译自《列宁全集》俄文第5版
第52卷第93页

373

致列·波·克拉辛

（3月10日）

绝密

致克拉辛同志

克拉辛同志：

在我们最近见面时您有一次对我说，您曾同一个英国商人就成立推销宝石等的合营公司问题进行了谈判。

请您写几行字来，告诉我这个计划取得了什么进展？关于同德国谈判的情况也请说一下。

其次，请您答复我：您能不能找人整理一份简要的（不超过两三页）总结性的实际资料，说明最近几个月，例如最近6个月，我国对外贸易的发展情况。我要在党代表大会①上作报告，很需要这样的材料。问题大致如下：

同其他大国签订的通商条约的数目，签订的年、月。

同各国资本家建立的商业性合营公司的数目。

最近几个月来每月进出口的贸易额（按战前卢布计算）。

分别列出粮食和工业设备的订购量和进口量。

对外贸易人民委员部吸收的俄国代理商以及外国代理商各有

---

① 指即将召开的俄共（布）第十一次代表大会。——编者注

多少,等等。**390**

致共产主义的敬礼!

列　宁

电话口授

载于1945年《列宁文集》俄文版
第35卷

译自《列宁全集》俄文第5版
第54卷第205—206页

374

致维·米·莫洛托夫

(3月12日)

急

致莫洛托夫同志

请立即以中央的名义给各省委发一份密电,让出席党代表大会的代表带来如下的尽可能详细的数字和材料:教会、修道院现在拥有珍宝的情况以及没收这些物品的工作**391**进展情况。

列　宁

电话口授

译自《列宁全集》俄文第5版
第54卷第206页

375

致约·维·斯大林[392]

（3月12日）

斯大林同志：请指定工农检查院进行侦查并**交付法院审理**。

列　宁

3月12日

译自《列宁文集》俄文版第38卷
第418页

376

给莉·亚·福季耶娃的指示[393]

（3月12日）

福季耶娃同志：请将此信转交莫洛托夫同志，请他提交（**政治局**），同时还请将此事通知瓦·尼·雅柯夫列娃。

列　宁

3月12日

译自《列宁文集》俄文版第38卷
第418页

377

致阿·萨·叶努基泽

（3月13日）

叶努基泽同志：

请您给**哥尔布诺夫**同志写几句，让他打电话转告我，给**国家计划委员会**委员的那两套住房究竟安排好没有；关于这件事我给您写过信，您答复说已经采取了一切措施。

拨给国家计划委员会两套住房是十分必要的。**394**

人民委员会主席

弗·乌里扬诺夫（列宁）

译自《列宁全集》俄文第5版

第54卷第206—207页

378

致尼·彼·哥尔布诺夫**395**

（3月14日）

急!!

哥尔布诺夫同志：

请通知拉德琴柯同志，我个人会表示同意的。不过支付黄金**只有政治局**才能决定，因此应该尽快请示政治局（似乎应通过黄金委员会?),并且把理由申述得详细些。

列　宁

载于 1959 年《列宁文集》俄文版
第 36 卷

译自《列宁全集》俄文第 5 版
第 54 卷第 207 页

379

致列·波·加米涅夫和约·维·斯大林

1922 年 3 月 15 日

致加米涅夫同志和斯大林同志

我觉得,对外贸易人民委员部的流动基金问题,克拉辛和瞿鲁巴的解决办法是对的。索柯里尼柯夫犯了一个错误:他设想国营托拉斯能够做到独立而且稳固,虽然他实际上并没有为真正达到这个目的做任何具体的事情。

他那些国营托拉斯是不受监督的,是必定要发生危机的。

问题如何解决应该看而且只能看哪种办法更能保证正常的流转并取得巨额利润。因此,我才觉得克拉辛和瞿鲁巴的解决办法是正确的。[396]

列　宁

电话口授

载于 1959 年《列宁文集》俄文版
第 36 卷

译自《列宁全集》俄文第 5 版
第 54 卷第 207—208 页

380

致格·雅·索柯里尼柯夫

(3月15日)

财政人民委员部
索柯里尼柯夫同志

鉴于苏维埃的报刊和党的报刊曾经就1921年9月18—25日工业企业农场总管理局举办的展览会一致称赞**鲁诺夫**同志的工作,认为他在创建无产阶级农业方面成绩卓著,鉴于这一评价已为劳动国防委员会1921年9月30日的决定所确认,我认为绝对应该完全满足鲁诺夫的请求(申请书附上)。[397]

请索柯里尼柯夫同志立即向我作出实质性的答复,复信交哥尔布诺夫同志转。[398]

电话口授

译自《列宁全集》俄文第5版
第54卷第208页

381

致德·伊·库尔斯基

(3月18日)

库尔斯基同志:

瞿鲁巴同志给您寄去一封谈糖业托拉斯的信[399]。

请对此事加倍注意。

请委派一名**优秀的**工作人员。

请您**亲自**检查。

要尽最大的努力并采取最严厉的态度。

我们的国营托拉斯里不像话的事情数不胜数。而最不像话、无所事事、游手好闲的人，就是那些老老实实任人愚弄的"老老实实的"共产党员。

司法人民委员部和革命法庭有责任首先无情地惩办这帮游手好闲的人以及那些戏弄他们的白卫分子。

致共产主义的敬礼！

列　宁

1922年3月18日

载于1937年1月21日《真理报》
第21号和《消息报》第19号

译自《列宁全集》俄文第5版
第54卷第208—209页

382

致约·斯·温什利赫特[400]

1922年3月18日   **秘密**

温什利赫特同志：

我有一次写信告诉您，不要让罗伯特·爱德华多维奇·克拉松的儿子出国，您还记得吗？据我现在查询的结果，此事**已无必要**。也就是说，我这方面对他出国不再阻拦了。

致共产主义的敬礼！

列　宁

译自《列宁全集》俄文第5版
第54卷第209页

383

致伊·伊·斯克沃尔佐夫-斯捷潘诺夫

3月19日

斯捷潘诺夫同志：

刚刚看完您的著作[401]160页。

您在目前居然能坐下来一连几个月去批驳库诺，为此我曾非常气愤地骂过您（甚至骂得很难听），现在看了您这本书，我兴奋极了。这才是实干！这才是一个范例，说明应当怎样**从最起码的常识入手**去教育俄国蛮人，但讲授的不应是"半吊子的科学"，而是**完整的科学**。

请您再写一本（先要**好好休息一下**）这样的书，介绍宗教史**并批判一切**宗教（包括康德的宗教和其他精致的唯心主义的或精致的不可知论的宗教），同时简要评述一下无神论历史方面的材料以及教会同资产阶级的**联系方面**的材料。

再一次向您致敬并祝贺您的卓越成就！

您的　列宁

附言:第 97 页不好。雷斯庞德克搞错了。[402]建议您找出原始资料,叫人核对一下。附上给波波夫的信(您可以通过我的秘书发出去)。

序言我寄给秘书。又及。

载于1929年《无产阶级革命》杂志
第10期

译自《列宁全集》俄文第5版
第54卷第209—210页

384

致阿·伊·李可夫和亚·德·瞿鲁巴

(3月19日)

致李可夫和瞿鲁巴同志

非常重要。我完全赞成。把皮达可夫暂时(即在斯米尔加回来以前)调到燃料总管理局和最高国民经济委员会去。

阅后请立即转给莫洛托夫,以便提请政治局批准。[403]

关于交通人民委员部的事,望知照备查。[404]

列 宁

3月19日

译自《列宁全集》俄文第5版
第54卷第210页

385

给东南边疆区经济会议的电报

（3月19日）

东南边疆区经济会议

抄送:顿河州　萨利斯克专区执行委员会

　　为租让给克虏伯5万俄亩土地一事,农业人民委员部代表阿达莫维奇和另一位同志以及克虏伯的代表克莱特、富尔特和策豪已动身去你们那里,此事不仅在经济上,而且在政治上都具有很大的意义。你们应竭尽全力促使租让合同能签订,这方面的任何懈怠我都将认为是犯罪。请简略电告执行情况。一切详情请函告。[405]

　　　　　　劳动国防委员会主席　**列宁**

　　　　　　　　1922年3月19日

　　　　　　　　译自《列宁全集》俄文第5版
　　　　　　　　第54卷第211页

386

致帕·伊·波波夫

（3月19日）

致中央统计局

波波夫同志：

请您指派一位您手下曾研究过美国统计学的统计学家检查一下附上的统计表。要找出原始资料（调查报告、统计年鉴或专门的出版物），并提供原始资料的数字。我需要用这些资料来修改一部苏维埃著作。回信请写给伊·伊·斯克沃尔佐夫-斯捷潘诺夫（地址和统计表是他附上的）。[406]

致共产主义的敬礼！

列　宁

3月19日

译自《列宁文集》俄文版第38卷
第419页

387

致格·雅·索柯里尼柯夫

1922年3月20日

索柯里尼柯夫同志：

请写封短信告诉我：

（1）别洛夫同志的报告《1922年新收获前的财政工作计划》您是否收到了？看过没有？有何意见？

（2）对征收货币税的监督工作是怎样安排的？

把事实写在一页纸上。每10天汇报一次？打电报还是邮寄？有多少省按时汇报？

欠税的百分比平均是多少？**最低和最高**是多少？

（3）国家银行对我们那些可恶的国营托拉斯是怎样进行监督的？托拉斯里那帮狡猾的骗子一味在愚弄老老实实、十分圣洁的共产党员和管理委员会主席等。**407**

致共产主义的敬礼！

列　宁

载于1959年《列宁文集》俄文版
第36卷

译自《列宁全集》俄文第5版
第54卷第211—212页

388

致列·波·克拉辛**408**

3月20日

克拉辛同志：

我不同意您的意见。列扎瓦是一位极可爱的同志，但已完全暴露出他软弱。

需要成立新的部务委员会（政治局），其中要有个三人小组：您＋弗鲁姆金＋拉德琴柯，因为您经常出国，而**权力**应该留在国内。再说您**又**是个外交官员。日常的杂事,如清除骗子、整顿秩序、惩办失职人员,您都不用去做。您的责任是领导,可是日常杂事需要的是**坚强的**人,而不是列扎瓦。他们是能学会的。

您的　**列宁**

译自《列宁全集》俄文第5版
第54卷第212页

389

致维·米·莫洛托夫

1922年3月20日

莫洛托夫同志:

请读此信[409]并请转斯大林及其他人一阅。

斯蓬德这个人诚实而且也不蠢。

阅毕请退还,并请将看过此信的人的意见简单告诉我。

列　宁

译自《列宁文集》俄文版第38卷
第419页

390

致尼·彼·哥尔布诺夫

（3月21日）

致哥尔布诺夫同志

美国资本家代表已就向俄国提供4 000万美元农业机器问题开始同李可夫谈判，请您检查一下，代表们的入境签证发出没有。如果还没有发，请您查清办事拖拉的人的姓名，我好严厉惩罚他们。

列　宁

电话口授

载于1945年《列宁文集》俄文版
第35卷

译自《列宁全集》俄文第5版
第54卷第212页

391

致莫·伊·弗鲁姆金和
伊·伊·拉德琴柯[410]

1922年3月21日

弗鲁姆金同志和拉德琴柯同志：

克拉辛同志昨天同我谈话时表示担心，由于你们两位都是自由贸易主义者,对外贸易垄断的前景肯定不妙。我坚决反对这种看法,我指出你们两位都是经过各种考验的老党员,没有丝毫根据说你们会不执行中央政治局(它已批准确认对外贸易垄断制的提纲[411])的十分明确的指示。此外,我对弗鲁姆金同志是"自由贸易主义者"这种说法也表示非常怀疑。如果说拉德琴柯同志先前表示过(我也听他说过)对外贸易人民委员部"**搞不好**"垄断,那首先是指对外贸易人民委员部的机关工作人员不能令人满意,我们现在正准备加以改善;其次,显然是指对外贸易的"绝对"垄断,而现在绝对垄断已为**自由**垄断所代替,但不管怎么说这无疑仍然是垄断。

我认为有责任把同克拉辛的这次谈话告诉你们。请给我写封短信来。我希望,在"合营公司"的基础上,如果我们大家,特别是你们,不容许再保持这样的局面:"共产傀儡"即共产党员傀儡身居高位只是为了装潢门面,而操纵一切的却是专家、骗子之流——那么,我们就能够在这个基础上对整个商业经济进行改造,使之适应有保障的社会主义建设的需要。

致共产主义的敬礼!

列　宁

载于1959年《列宁文集》俄文版
第36卷

译自《列宁全集》俄文第5版
第54卷第213页

392

致莫·伊·弗鲁姆金

(3月21日)

弗鲁姆金同志：

我刚写完给您和拉德琴柯的信①，就收到了您的来信[412]。我不能同意您的意见。政治局的决定是明确的、清楚的，据我看也是正确的。

在什么问题上您"同克拉辛有原则分歧"?? 请告知。有没有？在什么问题上？是什么样的？

即使真有分歧，那也不碍事。

请您和拉德琴柯现在就在这里同斯托莫尼亚科夫谈好。您和拉德琴柯每年至少要到国外去一次。柏林并不远，而柏林是中心。

致共产主义的敬礼！

列　宁

译自《列宁全集》俄文第5版
第54卷第214页

---

① 见上一号文献。——编者注

393

致列·波·加米涅夫

(3月21日)

致加米涅夫同志

今天我感到身体比平时好多了,因此能够系统地选择和研究我作报告要用的全部材料[413]。结果发现这份材料过于贫乏。因此,请您明天腾出整个晚上,至少腾出一个小时,以便就我们谈过的那个题目准备好您的补充报告。我将给中央全会写信,要求指定一名补充报告人。① 如果中央委员会愿意的话,它可以作出决定,把是否需要补充报告的问题交由届时出席代表大会的政治局委员们解决。[414]

列 宁

电话口授

译自《列宁全集》俄文第5版
第54卷第214—215页

---

① 见本版全集第43卷第68页。——编者注

394

致约·维·斯大林

（3月22日以前）

斯大林同志：

写这封信是担心加米涅夫万一没有告诉您：

我打算于星期三回莫斯科。我们应该安排一次会面。

星期四最好结束热那亚会议的准备工作。

请写封短信或打个电话来。

列　宁

译自《列宁文集》俄文版第40卷
第97页

395

致列·波·加米涅夫

（3月22日）

加米涅夫同志：从政治局的记录看，总的问题您是**1922年2月11日**提出来的（关于魏勒的建议；认为从国外进口食品是可取的）。

请写封短信答复我，整个这件事是从什么时候开始的？魏勒到过您那里吗？什么时候？还是有人(谁？什么时候?)对您谈过魏勒?①

　　　　　　　　　　您的　**列宁**

　　　　　　　　　　　3月22日

　　附言:您是什么时候同克拉辛商定的？是2月28日？还是3月1日？

　　　　　　　　　译自《列宁全集》俄文第5版
　　　　　　　　　第54卷第215页

396

致尼·彼·哥尔布诺夫[415]

(3月22日)

哥尔布诺夫同志：

　　让米罗什尼科夫今天或明天就魏勒的事情给我查明：

　　(1)武尔弗松

　　　　　和

　　普拉夫尼克

　　是不是共产党员？早就是吗？

　　(2)索罗金那里有没有关于这笔交易的总结材料？货物接收了吗？质量是否合格？

---

　　① 见下一号文献。——编者注

(3)米罗什尼科夫能否把魏勒的价格同莫斯科自由市场的价格作一比较(供我参考)?[416]

列　宁

3 月 22 日

译自《列宁全集》俄文第 5 版
第 54 卷第 215—216 页

397

致列·米·欣丘克

(3 月 23 日)

致欣丘克
抄送:莫洛托夫和瞿鲁巴

关于您提出的问题,我已大略地同瞿鲁巴同志谈过,并请瞿鲁巴同志和李可夫共同了解一下这件事,然后在政治局会议上提出他们的看法。我没有可能更多地过问这件事。[417]

列　宁

电话口授

译自《列宁全集》俄文第 5 版
第 54 卷第 216 页

398

致维·米·莫洛托夫并转
俄共(布)中央政治局委员

(3月23日)

致莫洛托夫同志并转政治局委员

我收到索尔茨的一封信,他根据现有经验反对办《工人报》。他说《工人报》无非是养活一批多余的文人,绝对办不成新型的报纸,也不可能赢得新的读者。我看最好让这份报纸停刊,限令它在短期内处理善后,把腾出来的人力物力用到改进现有的几种报纸上。[418]

列　宁

电话口授

译自《列宁全集》俄文第5版
第54卷第216—217页

399

给尤·弗·罗蒙诺索夫的电报

(3月27日)

密码

柏　林

全权代表处　　罗蒙诺索夫

我命令您坚决执行:不参加有关借款的任何谈判,不经人民委员会逐一特别批准,不得订立借款契约和其他信贷契约。

人民委员会主席　**列宁**

1922 年 3 月 27 日

于莫斯科克里姆林宫

载于 1959 年《列宁文集》俄文版
第 36 卷

译自《列宁全集》俄文第 5 版
第 54 卷第 217 页

400

给尼·尼·克列斯廷斯基的电报

(3 月 29 日)

　　请尽全力立即为副工农检查人民委员阿瓦涅索夫办好签证。从德国来的医生断定他的病情很严重,对他来说春天尤其危险。他必须立即动身。请全力以赴。我们可以提供任何保证。请立即答复。[419]

列　宁

发往柏林

载于 1945 年《列宁文集》俄文版
第 35 卷

译自《列宁全集》俄文第 5 版
第 54 卷第 217—218 页

401

☆致中央委员会书记处

1922年3月29日

恳请让斯克沃尔佐夫-斯捷潘诺夫休息,要莫斯科委员会不再让他参加工作(便条[420]附上),因为他**绝对**需要休息。

致共产主义的敬礼!

弗·乌里扬诺夫(列宁)

载于1945年《列宁文集》俄文版
第35卷

译自《列宁全集》俄文第5版
第54卷第218页

402

致雅·斯·加涅茨基

1922年3月29日

急

致加涅茨基
用密码发往柏林　克列斯廷斯基的副手
转契切林和李维诺夫

最高国民经济委员会主席团委员伊帕季耶夫从法国写来的报告极为重要。契切林、李维诺夫和其他人务必亲自同伊帕季耶夫谈一谈,如有必要,可吸收他参加热那亚会议的工作。请电告执行情况。**421**

列 宁

载于1928年1月21日《真理报》
第18号

译自《列宁全集》俄文第5版
第54卷第218页

403

致维·米·莫洛托夫并转
俄共(布)中央政治局委员

1922年3月30日

致莫洛托夫同志并转**政治局**委员

我已同克拉斯诺晓科夫谈过了,依我看,我们政治局犯了一个大错误。

毫无疑问,他是个聪明、肯干、内行而又有经验的人,但我们却一再打搅他,弄得人家宁肯抛弃一切,一走了之。

他会多种语言,英语好极了。1896年起就参加运动。旅美15年。开始是当油漆匠。后来当过小学校长。懂得经商。在远东共和国**422**时他证明自己是个聪明能干的政府主席,那里的一切几乎都是他一手建立起来的。

我们把他从那里撤了下来。到了这里,我们又把他安排到了无人管事的财政人民委员部。现在,正当他患伤寒病卧床不起的时候，竟解除了他的职务!!!

为了把一个干劲十足、聪明能干、十分宝贵的干部推到一旁，一切能做的和不能做的事我们都做了。

他同对外贸易人民委员部和财政人民委员部都有过分歧，因为他主张**较多的**"贸易自由"。

他说："让我在工作上施展一番吧，请别打搅我，**我好把工作干到底**。"这种愿望当然是正当的。

应当设法把他安排在最高国民经济委员会。无论如何我们也要想尽办法**做到不失掉**一个干部，而要满足他的**极正当的**愿望：为他安排**一定的**工作，给他**哪怕一年的时间**进行试验，考验他，不去打搅他。（他说，我到哪里工作都行，就是别打搅我。）

（他倒是愿意到外交人民委员部工作。在远东共和国的对外政策上他同契切林有过分歧。）

列　宁

译自《列宁全集》俄文第5版
第54卷第219页

404

致尼·彼·哥尔布诺夫

1922年3月31日

致哥尔布诺夫同志

给您检查身体的德国医生们指出，您必须立即摆脱工作，因此,我命令您马上交代一下公务去休息一段时间,所有医嘱都应照办。

责成瞿鲁巴同志监督执行这个命令。

人民委员会主席

弗·乌里扬诺夫(列宁)

译自《列宁全集》俄文第5版
第54卷第220页

405

致德·伊·库尔斯基

(3月31日)

绝密

司法人民委员部　库尔斯基同志

抄送:**克雷连柯**同志

受我的委托,原莫斯科肃反委员会曾对科学技术局和发明事务委员会两单位的玩忽职守、拖拉作风、不负责任等犯罪性行为进行了调查。

调查结果交给了莫斯科革命法庭,莫斯科革命法庭不但没有对此案进行实质性审理,把犯罪人员揭露出来并予以惩办(这两个单位里有相当多吊儿郎当、游手好闲的学者和其他坏蛋,这在报刊上、在索斯诺夫斯基同志和其他人的文章中已经多次指出过了),

反而竭力包庇被告,竟在原告缺席的情况下进行审判,最后认定控告证据不足,宣布所有犯罪人员无罪。

现在有人报告我说,国家政治保卫局莫斯科省分局就莫斯科革命法庭的判决已向司法人民委员部司法监察局提出控告。请您亲自了解此案,格外认真对待,并要竭力同工农检查院一起搜集有关这两个单位活动情况的补充材料,如果需要的话,可以同阿瓦涅索夫同志协商,派一个检查组——不是由官僚和懦夫组成,而是由确实能做好检查工作、搞到必要材料并把犯罪人员查出来的人组成。必须在革命法庭上提起政治诉讼(为了进行报道,可吸收索斯诺夫斯基同志参加),把这个"科学"泥潭好好整治一下。

莫斯科革命法庭姑息养奸,对案件采取走过场的、官僚主义的态度,我命令给予严重警告。

人民委员会主席

弗·乌里扬诺夫(列宁)

载于1931年1月21日《真理报》第21号　　　译自《列宁全集》俄文第5版第54卷第220—221页

406

致亚·德·瞿鲁巴

1922年3月31日

瞿鲁巴同志:

我们应当见一次面。请写个条子告诉我,您什么时候方便些。

附上关于库尔斯基的材料。这太不像话了!这是怠工!由我给他写信怒斥一番呢，还是干脆由您宣布给警告处分？①

您的　**列宁**

载于1959年《列宁文集》俄文版
第36卷

译自《列宁全集》俄文第5版
第54卷第221页

407

致德·伊·库尔斯基

（3月31日）

库尔斯基同志：

尼·彼·哥尔布诺夫通知我说，您打电话来表示不愿意制定公民权利宣言（按照政治局3月22日的决定应叫做"基本财产权利宣言"**423**），您提出的理由是"停止退却"。

我不得不警告您，提出这种理由是开玩笑，您迄今表现出来的这种拖拉是不能容许的。

我要求您最多在两天内，即不迟于星期一早晨②，把公民权利宣言草案送交瞿鲁巴同志。**424**

人民委员会主席

弗·乌里扬诺夫（列宁）

1922年3月31日

载于1959年《列宁文集》俄文版
第36卷

译自《列宁全集》俄文第5版
第54卷第222页

---

① 见下一号文献。——编者注
② 即4月3日。——编者注

408

致亚·德·瞿鲁巴和阿·伊·李可夫[425]

（3月31日）

秘密

亚·德·瞿鲁巴和阿·伊·李可夫：

请过目。我看作者（伊帕季耶夫和福金）"谦让"得太过分了。等他们到来后，要分别**考考**他们。

列　宁

3月31日

译自《列宁文集》俄文版第38卷
第420页

409

致格·马·克尔日扎诺夫斯基

1

1922年3月31日

格·马·：

附上今天收到的一封信[426]。关于施泰因梅茨，记得您对我说过他是个有世界声望的人物。但在您告诉我以前,我连名字都没有听说过。

回信要亲切? 我给他的回信中要不要提出一些实际的东西? 因为他表示愿意提供援助。有鉴于此,应不应该向他提一提援助的**具体**形式?

有关电气化的著作全都给他寄去了吗?

他的来信和我的回信要不要发表?

请把附上的信和我这封信退还给我,您的建议也一并告诉我。我想再同马尔滕斯商量商量。要好好考虑应该怎样回复。[427]

　　　　　　　您的　列宁

2

1922年4月2日

克尔日扎诺夫斯基同志:

寄上给施泰因梅茨的回信草稿,退还时请把您的意见或补充一并寄来。[428]

致共产主义的敬礼!

　　　　　　　列　宁

载于1959年《列宁文集》俄文版
第36卷

译自《列宁全集》俄文第5版
第54卷第222—223页

410

给伊·捷·斯米尔加的电报

（不晚于 4 月 3 日）

特急
　　　　　　　　　　　　　　　　　　　　　　　　　　˙˙

柏　林

　　只有医生们一致认为对斯米尔加的治疗已经完全结束,恢复他的工作对其健康已完全没有危险,并为此写有书面证明,我们才能准许斯米尔加回莫斯科,但绝对不能让他去热那亚。否则,我们要提出警告,我们会立刻派人强行送斯米尔加出国。[429]

列　宁

译自《列宁文集》俄文版第 38 卷
第 420—421 页

411

致阿·伊·李可夫

1922 年 4 月 4 日

致李可夫同志

　　请您处理一下马尔滕斯同志提到的事。[430] 如果证实是外交人民委员部阻挠,那就应该处分他们,以儆效尤。当然,办理外国工人入境的事要很慎重；这是因为——从另一方面说——我们的经验还极其不足。既然一切限制性的手续都已履行,还容许任何拖延,那就简直是犯罪,为了使经济工作得以开始,应该让侨民现在即春耕开始以前就入境。

列　宁

载于1959年《列宁文集》俄文版　　　　　　　　译自《列宁全集》俄文第5版
第36卷　　　　　　　　　　　　　　　　　　第54卷第223页

412

致阿·伊·李可夫

1922年4月4日

李可夫同志:

　　现将叶若夫的信[431]转给您,据介绍他是个极可靠而又能干的工作人员。遗憾的是,我虽想对他有更多的了解,但未能如愿。仓库工作搞得一团糟,整个工作似乎是特罗雅诺夫斯基领导的,我记得在国外时他是个布尔什维克。后来他转向了孟什维克,现在又好像脱离了孟什维克。我非常怀疑,他不是在管仓库,而是在搞政治,让他搞仓库工作是决计搞不好的。我认为对特罗雅诺夫斯基的办事能力必须进行更认真的考查。

列　宁

载于1959年《列宁文集》俄文版　　　　　　　　译自《列宁全集》俄文第5版
第36卷　　　　　　　　　　　　　　　　　　第54卷第224页

413

致格·雅·索柯里尼柯夫[432]

4月4日

索柯里尼柯夫同志:现将这封信**秘密**送上;请连同您的答复一并退还给我。

我看应当把阿尔斯基赶走(根本不称职);让克拉斯诺晓科夫回来。他是正确的。现在政策已经定下来了;他不会做任何反对您的事情。

他会把**工作班子**建立起来。现在**没有**工作班子。阿尔斯基是永远建立不起来的。我知道亚·德·瞿鲁巴对他也这样看。您负责领导;建立工作班子的事您管不过来。您可以**不**派克拉斯诺晓科夫到小人民委员会去。

请今天就给我答复,因为我打算傍晚离开这里。[433]

您的   **列宁**

译自《列宁全集》俄文第5版
第54卷第224页

414

致 B.Л.格尔松

（4 月 4 日）

格尔松同志：

有人报告我说,莫斯科委员会关闭了哥尔克的疗养院。

我坚决反对。

第一,保留那里的疗养院是因为那里有一个很好的"工作班子"(指食堂、伙食等方面而言),而这很重要,这样需要休养的人可以**随时**到那里去休养。

第二,我打算住在那里;捷尔任斯基同我谈话时也表示同意。我还同他说,国家政治保卫局在该疗养院留**一个党员工作人员(轮流)是有益的**(既是休息,又是为了**各方面的**检查和监督)。

所以我主张：

（1）保留疗养院。

（2）看来最好以莫斯科委员会＋**国家政治保卫局**的名义进行领导,并经双方协商选派一些人到那里去[434]。

请同温什利赫特和捷尔任斯基谈一谈,并请答复我。

致共产主义的敬礼！

列　宁

译自《列宁文集》俄文版第 37 卷
第 357 页

415

致列·达·托洛茨基[435]

1922年4月4日

托洛茨基同志：

昨天我偶然地，但是是从一个熟悉情况和值得绝对信任的人那里获得一个消息，使我不得不相信：克里姆林宫军事学校学员们在挨饿，这是一，第二，他们都对警卫任务异常繁重而无法学习表示不满。

鉴于这种情况，是否应该：

(1)向人民委员会申请一笔专项补充拨款，全部用来改善克里姆林宫军事学校学员的伙食，保证他们能够完全吃饱。

(2)讨论一下，可否在克里姆林宫采用电信号装置，以减轻克里姆林宫军事学校学员的警卫任务？（一位叫捷尔缅的工程师曾在克里姆林宫给我们看了他的试验：是这样一种信号装置，人一接近导线但尚未触及，电铃就响了。）

(3)要是电信号装置不能减少警卫人员的人数和时间，可否采用其他机械设施，如隐蔽岗亭（从岗亭里能看到外面的一切，但从外面却看不见里面的哨兵），或者检查通行证等等的其他办法。

您的　**列宁**

译自《列宁文集》俄文版第37卷
第357—358页

416

致阿·伊·李可夫

(4月5日)

致**李可夫**同志

抄送:**瞿鲁巴**同志

人民委员会办公厅

关于**鲁特格尔斯**和美国工人小组的租让合同一事,**马尔滕斯**告诉我说,情况很糟。必须进行检查并给予严重注意。这是经政治局特别批准的我们向美国工人提供的特殊租让项目。[436]

如果不专门给予支持,不进行检查,这件事就可能彻底垮台。

请向**马尔滕斯**询问详情,并严格检查整个这件事的进展情况。

列　宁

电话口授

载于1959年《列宁文集》俄文版
第36卷

译自《列宁全集》俄文第5版
第54卷第225页

417

致阿·伊·李可夫

（4月5日）

致**李可夫**同志

抄送：**瞿鲁巴**同志

人民委员会办公厅

请关注一下美国人**哈默**的承租项目，据认识他的**雷恩施坦**告诉我，他目前正在我国。

照**马尔滕斯**的说法，我们已办了一件至少是很不体面的事，这就是：对外贸易人民委员部按照同**哈默**签订的合同发往美国的**货物**质量低劣。应该向对外贸易人民委员部和最高国民经济委员会以及向认识**哈默**的**雷恩施坦**同志了解这件事的情况。一定要进行监督，务必绝对严格、一丝不苟地履行这个租让合同中规定的我方义务，而且对整个事情都要更仔细地进行监督。[①]

列 宁

电话口授

载于1959年《列宁文集》俄文版
第36卷

译自《列宁全集》俄文第5版
第54卷第225—226页

418

致阿·伊·李可夫[437]

（4月5日）

致**李可夫**同志

抄送：**瞿鲁巴**同志

人民委员会办公厅

请注意库尔斯克磁力异常区的调查工作的极端重要意义。**克尔日扎诺夫斯基**同志告诉我，从同他交谈过的一些工程师提供的情况来看，几乎可以证实那里蕴藏着无比丰富的纯铁矿。**马尔滕斯**同志则认为这已经得到证实。再过三星期他准备到现场去一趟。要研究一下，是否应由国家计划委员会再派一名工程师随同前往，这个工程师要比较熟悉我国的情况，并能查明在这个问题上是否有任何浮夸。[438]

我看，不应向报刊提供有关此事的任何消息，并应采取措施防止在报刊上谈论此事，因为可以预料，如果不这样做，人家更会打算插一手。根据同一理由，**马尔滕斯**的报告最好不要向人民委员会作，也不要向劳动国防委员会作，只要两位副主席、波格丹诺夫和几个中央委员听一听就行了。

如果**马尔滕斯**和那位由国家计划委员会派出随他前往的工程师所作的报告证明这件事果真属实，那就必须力争以最快速度进行开发,千万不要舍不得拨给必要的黄金,同时要建立专门的监督,以便尽快从国外进口必要的设备(金刚石钻头、钻探设备等)。我很担心人们干这件事劲头不足。可是**克尔日扎诺夫斯基和马尔滕斯**都说,这个地方很可能有举世罕见的宝藏,这些宝藏会使整个冶金业彻底改观。①

列　宁

电话口授

载于1959年《列宁文集》俄文版
第36卷

译自《列宁全集》俄文第5版
第54卷第226—227页

419

致格·马·克尔日扎诺夫斯基

1922年4月6日

格·马·:

昨天马尔滕斯告诉我,库尔斯克省有空前丰富的铁矿一事"已得到证实"(您说是"几乎可以证实")。

如果确实如此,是否**今春就**需要:

(1)在那里敷设必要的窄轨铁路?

(2)在就近的一个(或数个?)泥炭沼泽地做好开采的准备工作,以便在那里建立发电站?

如果这些意见您不认为是多余的,就请函告马尔滕斯(也给我

---

①　并见第419、424、475号文献。——编者注

写几句)。

再过三星期马尔滕斯打算去那里。我已写信告诉李可夫和瞿鲁巴,应当由国家计划委员会再给他派一名工程师去。①

此事必须**加倍**努力去办。我很担心,如不再三检查,事情就会停滞不前。我走后,请不要忘记李可夫和瞿鲁巴那里有我就此事写的一封信。

　　　　　　　　　　您的　**列宁**

载于1925年1月21日《经济生活报》第17号

译自《列宁全集》俄文第5版第54卷第227—228页

420

致雅·斯·加涅茨基

1922年4月6日

加涅茨基同志:

几个月以前,李维诺夫从我这里把一部英文书稿(打字稿;装订成十来册)拿去看,书名是《美国的极端伪善》**439**。

现在,把这部书稿送给我看的马尔滕斯同志向我索还。

如果李维诺夫在这里没有留下秘书或可以告知他的行踪的人,那么请您给李维诺夫拍份电报(或叫信使带封信去,如果路上时间不太长的话),内容如下:

---

① 见上一号文献。——编者注

列宁请您把他给您看的《美国的极端伪善》这部英文书稿退还给他。

您的　**列宁**

译自《列宁全集》俄文第5版
第54卷第228页

421

致弗·维·阿多拉茨基

1922年4月6日

阿多拉茨基同志:

我因病不能工作,而且还要相当长时间不能工作。

您的近况怎样,请告知一二。

特别请您谈一谈编选马克思书信集的事。(我要离开好几个星期,如果加米涅夫同志同意的话,这件事也许可以让他去"关心"?)这件事必须干下去,要干到底。**440**

您的　**列宁**

载于1924年《无产阶级革命》杂志
第3期

译自《列宁全集》俄文第5版
第54卷第228—229页

422

致亚·德·瞿鲁巴

1922年4月6日

瞿鲁巴同志:

我给托洛茨基写信说,据**最可靠**消息(消息来源我未指明),军事学校学员在挨饿。

这是他的回信[441]。

大概人们没有对他说实话。还是应该尽力弄清真实情况。

您的　**列宁**

译自《列宁文集》俄文版第37卷
第358页

423

致格·康·奥尔忠尼启则[442]

4月7日

谢尔戈同志:请您把我们昨天谈的事同别连基同志谈谈,然后给我简单写几句,好让我知道我们已经完全谈妥,不会再发生"误会"。

我还是神经痛,而且头痛不止。为了试一试认真的治疗,必须真正休息。

　　您很忙,大概根本不可能亲自去办我们昨天谈的事,再说这件事由您去办显然也不合理。请找一个办事认真、对小事也很细心的人去干吧(顺便说一句,那时,骂也骂**不到您头上了**,我会感到高兴些的)。

　　我希望5月7日前后能给我寄来一个合适地点(或几个合适地点)的详细地图和情况:海拔高度、**隔绝程度**以及其他等等;另外,还要介绍一下这些地方及其所在的县或省。

　　应当坦白承认,我对"边远地区"不信任之处很多;由于这种不信任(加上神经有毛病),我简直可以预料一定会闹出什么"笑话"而得不到任何治疗。甚至在莫斯科近郊这里,我也常常碰到这样的事:向你许了一大堆愿,结果却是一场"笑话",那时只有一个补救办法,就是离开选定的地方返回莫斯科,等那里"消除了笑话"再说。而要从梯弗利斯近郊或者新罗西斯克近郊"返回莫斯科",那可就办不到了。老实说,我真怕长途旅行:担心神经得不到治疗,反而会弄得很疲劳、无聊、忙乱和招来麻烦。

　　请找个办事细心的人,让他更认真地把事情办妥。①

　　　　　　　　　　　　　　　　　　您的　**列宁**

　　附言:别忘了更仔细地检查一下同中央和同斯大林联系的密码。还要找位秘书来解码和完成一些"书面"委办的小事。

载于1945年《列宁文集》俄文版　　　　　译自《列宁全集》俄文第5版
第35卷　　　　　　　　　　　　　　　　第54卷第229—230页

---

① 并见本卷第425、445号文献。——编者注

424

致阿·伊·李可夫

1922年4月8日

致李可夫同志

抄送:瞿鲁巴同志和斯莫尔亚尼诺夫同志

李可夫同志:

看了您打来的电话的记录,我还是坚持要保密,不吸收外国人参加。[443]我建议要克尔日扎诺夫斯基和马尔滕斯提出正式意见,或者立即就提,或者等马尔滕斯出差(三星期后动身)回来后再提。这个问题我们在劳动国防委员会主席和两位副主席的专门会议上最后商定。

列　宁

电话口授

载于1959年《列宁文集》俄文版
第36卷

译自《列宁全集》俄文第5版
第54卷第230页

425

致格·康·奥尔忠尼启则

(4月8日或9日)

谢尔戈同志:

谢谢您的来信。

卡莫请求我把他带去。[444] 我是不反对的。但想知道您的意见。如果您不反对，就请您转告他，说我同意（并要说明一切均须保密）。如果您反对，就请在明天中午（12 时或 1 时；通过秘书把时间定下来）从我的办公室给我打个电话。

选定的住所的高度（海拔）必须问清楚，因为娜·康·的心脏不好，太高受不了。

向您和基洛夫致最深切的敬意！

您的　列宁

载于 1959 年《列宁文集》俄文版
第 36 卷

译自《列宁全集》俄文第 5 版
第 54 卷第 230—231 页

426

致格·康·奥尔忠尼启则

（1922 年 4 月 9 日）

谢尔戈同志：

鉴于卡莫提出了请求，因此我还要补充说一说：我应当**单独**居住。这是病人的生活方式。我连三个人在一起谈话都几乎受不了（有一次加米涅夫和斯大林到我这里来过之后，**病情就恶化了！**）。要么是几所单独的小房子，要么只有一幢大房子，但里面可以绝对隔开。这一点应当考虑到。来访不接待。

《高加索旅行指南》看过了，就是说浏览了一遍。我看无论是地图还是书上的详细描述（我曾向您索要过）我都不要。因为主要问题在于**察看**合适的房子（当然，大部分是被破坏了，被搞得很脏),而这方面的情况无论是地图还是书都是提供不了的。请派一名精明强干的人去察看一下①,并请寄来选择的结果:房子**是什么样的**;离铁路多少俄里;有公路可走的多少俄里,没有公路可走的多少俄里;**海拔高度**;**多雨情况**。如果需要修缮,我们用电报商定("需要修缮几星期")。不要忘记还有黑海沿岸和**北高加索**山前地带。我根本不高兴到梯弗利斯以远的地方去,因为太远。

　　　　　　　　您的　**列宁**

　　　　　译自《列宁文集》俄文版第37卷
　　　　　第359—360页

427

致加·伊·克鲁敏、格·马·克尔日扎诺夫斯基、帕·伊·波波夫、瓦·亚·斯莫尔亚尼诺夫

（4月10日）

《经济生活报》[445]　**克鲁敏**同志

国家计划委员会　**克尔日扎诺夫斯基**同志

中央统计局　**波波夫**同志

斯莫尔亚尼诺夫同志

　　根据各地经济会议的工作报告研究地方经验的问题没有得到

---

① 如果5月7日以前来不及,最好推迟一星期,用密码电报通知延期。

实际的解决。10月1日前收到的工作报告，没有在实际工作和报刊中加以充分利用，中央统计局也没有加工整理。然而，只有对这些工作报告加以正确而系统的研究（由中央统计局、国家计划委员会、《经济生活报》）并在报刊上阐明研究的结果，才能使这些工作报告成为可供作出政治结论和经济结论的真正宝贵的资料。这项任务应当由国家计划委员会、《经济生活报》、中央统计局和劳动国防委员会办公厅来承担并力求把它完成。

委托你们召开一次专门会议，定出研究工作报告的工作计划来。**446**

人民委员会主席

弗·乌里扬诺夫（列宁）

载于1945年《列宁文集》俄文版　　　　　　　译自《列宁全集》俄文第5版
第35卷　　　　　　　　　　　　　　　　　　第54卷第231—232页

428

致叶·萨·瓦尔加

1922年4月10日

亲爱的瓦尔加同志：

很遗憾，我仍然有病，不能工作。请您只重印我的一些文章（旧作）；重要的也许是我1918年春写的那篇文章①的摘录（已收载在论粮食税的小册子②里）。或许还可以（作为例外）重印我在

---

① 指《论"左派"幼稚性和小资产阶级性》，见本版全集第34卷。——编者注
② 见本版全集第41卷第195—205页。——编者注

1922年党代表大会上讲话的某些段落；**不过报刊上发表的这篇讲话我本人未能审阅**，发表出来的很可能已面目全非了。请及早把您想要重印的那些段落送给我看(先找个内行同志仔细校订!)。①

　　致最崇高的敬礼!

您的　列宁

载于1945年《列宁文集》俄文版
第35卷

译自《列宁全集》俄文第5版
第54卷第232页

429

致瓦·弗·古比雪夫

(4月10日)

致中央委员会书记

（并转鼓动宣传部）

　　我介绍一下阿多拉茨基同志：他是一位著作家；**一位有学识的马克思主义者**。应予以大力帮助。

　　他交来一份《马克思主义基本问题小组学习提纲》手稿。

　　请从速出版；署作者姓名；**不要留难。**[447]

　　致共产主义的敬礼!

列　宁

载于1959年《列宁文集》俄文版
第36卷

译自《列宁全集》俄文第5版
第54卷第233页

---

① 并见本卷第370号文献。——编者注

430

☆致中央监察委员会[448]

（4 月 10 日）

我证明所述属实。从 1905 年后的反动时期起我就认识阿多拉茨基同志（而且很了解他）。他顶住了右倾潮流，那时就已经是布尔什维克了，而且一直没有变。1919 年他从德国回国时正患重病。他是一位理论家和宣传家。我认为增加他的党龄，承认他自1904 年起就是俄国共产党党员，无疑是公正的。

弗·乌里扬诺夫（列宁）

1922 年 4 月 10 日

载于 1959 年《列宁文集》俄文版
第 36 卷

译自《列宁全集》俄文第 5 版
第 54 卷第 233 页

431

☆致社会主义科学院主席团[449]

（4 月 10 日）

兹证明持信人弗拉基米尔·维克多罗维奇·阿多拉茨基同志

是布尔什维克,我本人从 1911 年起就认识他;对他完全可以信赖;是俄国共产党党员;是著作家。

他正在编辑马克思书信选集,这项工作是我和他共同商定的。

恳请尽力帮助他,为他订购他所需要的书籍,尤其是要使他有可能每天上午在社会主义科学院工作 4 小时,并使用该院图书馆的藏书。

弗·乌里扬诺夫(列宁)

1922 年 4 月 10 日

载于 1959 年《列宁文集》俄文版
第 36 卷

译自《列宁全集》俄文第 5 版
第 54 卷第 233—234 页

432

致弗·维·阿多拉茨基

1922 年 4 月 10 日

阿多拉茨基同志:附上您要的信①。我还要给加米涅夫写封信②。我有病,大概既不能同您会面,也不能对马克思书信集的事帮忙。加米涅夫会协助您,而且会有可与之商量的人的。您对书信要多加研究,因为这是一项重要的**国际事业**。要选**最重要的东西**。注释要简短、明了、准确(＋把马克思的意见同**某些**"权威"资

---

① 见上一号文献。——编者注
② 见下一号文献。——编者注

产阶级**反动**学者加以对比）。

敬礼！

您的　**列宁**

载于1933年在莫斯科出版的
弗·维·阿多拉茨基《关于列宁
生平著述问题》一书

译自《列宁全集》俄文第5版
第54卷第234页

433

给列·波·加米涅夫的便条和
在弗·维·阿多拉茨基来信上的批注

（4月10日）

加米涅夫同志：这是**阿多拉茨基**同志写来的。请同他见见面，并给予协助。

您的　**列宁**

亲爱的弗拉基米尔·伊里奇：

……我很想实施并彻底完成最初的计划——编辑《马克思恩格斯关于理论和政治问题的书信选集》。现在我的信心更足了，因为我对这个课题有了更深的理解……

希望能见到您，就一些疑点跟您谈谈。如果可以的话，请通知我。我一直在中央档案馆，即瓦甘科夫8号，电话：1—78—38或1—75—86。

弗拉基米尔·
维克多罗维奇·
阿多拉茨基

最好您能给我写封介绍信,说明委托我完成这项工作,并要社会主义科学院协助我在他们那里进行的研究。假如我每天上午能在社会主义科学院工作4小时,那么,有两个月时间我就可以做完付印前的全部工作。我不十分明白把"关心"书信集的事交给加米涅夫同志是什么意思。如果是指经常

已写①

♯
敲打我的脑袋,免得我忘记书信集的事,那就不必了,因为我记得很牢。如果是指支持、释疑、帮助,那当然很好。我非常高兴能有个人商量。不过,我

♯有时也有益!

×
希望由您最后审阅和批准……

×我恐怕办不到。

编书计划我已大体上拟好了,希望能最后商定下来。按年代顺序编排。有些信件,例如给安年科

××
夫的信,全文刊印,<u>有些则只印摘录。</u>

××对!

选编的理论方面的材料有:哲学、经济学、史学、关于革命的理论、关于阶级斗争的理论、历史性的札记;政治方面的有:无产阶级与其他阶级、各国工人运动、对政治活动家的评价、小资产阶级民主派。

是否只选理论和政治方面的,或再辟出一定篇幅,选一些说明马克思的生活、对了解他的生平有意义的信件。我认为无此必要。

(我也这样认为。
　列　宁)

序言中简单阐述一下所有的问题,并指出与这些问题有关的信件中最重要的地方。

书信要加**注释**,
使人能够**看懂**。
　　　　　· ·

批注载于1945年《列宁文集》
俄文版第35卷

译自《列宁全集》俄文第5版
第54卷第235—236页

---

① 见本卷第431号文献。——编者注

434

致恩·奥新斯基

1922年4月12日

(1)《真理报》编辑部

抄送:(2)斯切克洛夫同志

(3)李可夫和瞿鲁巴

奥新斯基同志:

非常欢迎您在今天的《真理报》上发表的文章《地方经验的新材料》。我们最缺的正是这类文章,我认为每个人民委员部都应该"设置"一名政论家(同人民委员部和人民委员的工作有最密切联系的人)来撰写这类评论。

我们这里最糟的是,报刊上空泛的议论和政治高调太多,而对地方经验的**研究**却非常缺乏。无论是在地方上还是在上边,都有反对如实公开、如实评价地方经验的强烈倾向。他们害怕家丑外扬,害怕赤裸裸的真相,回避真相,"瞥上一眼便了事",像托洛茨基同志恰当地形容的那样,只是浮光掠影地瞥上一眼。

对地方经验、详情细节、实际做法、实际经验的研究要具体、再具体,要深入到现实生活中去,既深入县的,也深入乡的、村的;要分析:在什么地方、什么人、为什么(用什么办法)能在极度贫困和经济严重破坏的情况下取得实际的、虽然是不大的改善;不要怕揭露错误和无能;要广泛介绍并大力**宣扬**任何一个表现稍为突出的地方工作人员，把他树为榜样。这种工作做得愈多，愈是深入生动的实际，使自己和读者不去理会莫斯科文牍主义者和知识分子（总之是苏维埃官僚主义分子）的污浊空气，那么我们的报刊和我们的整个建设事业就会愈有成效地得到改善。

再次欢迎您的创举，衷心希望您朝着这个方向更广泛、更深入地继续做下去。

致共产主义的敬礼！

列 宁

载于1956年4月22日《真理报》
第113号

译自《列宁全集》俄文第5版
第54卷第236—237页

435

致阿·伊·李可夫和亚·德·瞿鲁巴

1922年4月12日

致李可夫同志和瞿鲁巴同志

请今天就召集副手们开会制定实际的和最有力的措施，使卡希拉电站能开始向莫斯科供电。既然电站已经建成，线路已经架好，只是由于我们管理混乱而不能供电，那么，这就是完全不能令人容忍的荒唐事。[450]

列 宁

电话口授

载于1945年《列宁文集》俄文版
第35卷

译自《列宁全集》俄文第5版
第54卷第238页

436

致雅·斯·加涅茨基

4 月 13 日

加涅茨基同志：

瓦列茨基同志今天告诉我，我留在波罗宁的文件和书籍（同存放在克拉科夫卢博米尔斯基耶戈街的一样）落到了波兰政府手里。可否核实一下？可否也同卡拉汉谈谈并**正式**提出询问？那里有一份没有发表过的手稿（关于德国 1907 年的土地统计）。[451]

握手！

您的　**列宁**

载于 1924 年《列宁文集》俄文版
第 2 卷

译自《列宁全集》俄文第 5 版
第 54 卷第 238 页

437

致列·米·卡拉汉

（4 月 13 日）

卡拉汉同志：

恳请您尽力帮助库恩·贝拉同志（携带家眷）去斯德哥尔摩。能否办到，有没有什么特殊困难？如果您能写一封简短的复信，我将非常感激。**452**

　　握手！

您的　**列宁**

译自《列宁全集》俄文第5版
第54卷第239页

438

致普・米・克尔任采夫

1922年4月13日

克尔任采夫同志：

　　恳请您充分信任库恩・贝拉同志及其家属，并**大力**协助他们在斯德哥尔摩安排住宿、休息和治疗等等（他**非常**需要休息和治疗）。

　　致崇高的敬礼！

您的　**列宁**

载于1959年《列宁文集》俄文版
第36卷

译自《列宁全集》俄文第5版
第54卷第239页

439

致伊・尼・斯米尔诺夫

1922年4月13日

斯米尔诺夫同志：

　　恳请您**大力**协助库恩・贝拉同志及其家属在斯德哥尔摩和瑞

典安排住宿。库恩·贝拉非常需要休息和治疗。

致崇高的敬礼！

您的　**列宁**

译自《列宁全集》俄文第5版
第54卷第239页

440

致库恩·贝拉

（4月13日）

亲爱的库恩·贝拉同志：

随信附上给克尔任采夫和斯米尔诺夫的信。我已经给卡拉汉写了信。如果还需要什么，请立即给我来信（寄给**福季耶娃**）。

致崇高的敬礼！

您的　**列宁**

译自《列宁全集》俄文第5版
第54卷第240页

441

致瓦·亚·阿瓦涅索夫

1922年4月13日

阿瓦涅索夫同志：

原来您还没有走。听说（据拉莫诺夫医生说）您想去克里木。

我恳切地希望您不要去。我从弟弟的介绍中（妹妹夏天也在那里待过）知道克里木的情况。[453]简直不是治病,而是受罪。健康人也会生病的。这是极不明智的。

再不要急躁和犹豫不决了。德国人,**也只有他们**才能切实可靠地把病治好,并且比其他任何人都要治得快。希望给我最明确的答复。[454]

敬礼!

列　宁

译自《列宁文集》俄文版第 37 卷
第 360 页

442

致　某　人

（4 月 13 日）

关于小人民委员会主席**基谢廖夫**,请与谢马什柯同志商定送**到离莫斯科远一些的地方**去治疗（直到痊愈）,并请将安排情况**告诉我**。[455]

列　宁

4 月 13 日

译自《列宁全集》俄文第 5 版
第 54 卷第 240 页

443

致瓦·亚·阿瓦涅索夫①

（4月13日和20日之间）

您真的要动身吗？什么时候？

还是**又要**消极对抗？不想去治疗？

载于1945年《列宁文集》俄文版
第35卷

译自《列宁全集》俄文第5版
第54卷第249页

444

致约·维·斯大林并转
俄共(布)中央政治局

4月15日

致斯大林同志（并转政治局）

抄送：托洛茨基同志

加米涅夫同志

米·尼·波克罗夫斯基

我刚收到《1910—1914年法俄关系史料》一书。

这本厚达733页的巨著是以可耻的、道地苏维埃式的马虎态度出版的，为此有关的人应当坐牢。没有定价。没有负责人或其他人

---

① 见本卷第400号文献。——编者注

署名。没有索引!!连简单的人名**录**也编得**很马虎**。如此等等。

我建议:

(1)责成加涅茨基和卡拉汉在两天之内查明出版此书的所有负有责任的人;

(2)责成他们两人制止出售此书;

(3)要他们编一个补遗表;

(4)要他们编制详细的索引;总之,星期四①以前,要就该书存在的全部谬误即缺陷及其补救办法向中央提出**简短的**报告。

列　宁

附言:在"序言"(**没有署名的!!**)里提到米·尼·波克罗夫斯基,但他是**收集**资料的,显然不能对**出版**和出版方面的**技术工作**负责[456]。

载于1950年《列宁全集》俄文第4版
第33卷

译自《列宁全集》俄文第5版
第54卷第240—241页

445

致格·康·奥尔忠尼启则

4月17日

谢尔戈同志:再给您寄上几点简短的情况介绍。这都是一位到过当地而且完全可以信任的医生告诉我的。他说阿巴斯图曼根本不合适,因为那里像口"棺材",是一个狭窄的盆地;对神经有病

---

① 即4月20日。——编者注

的人不适宜；没有地方散步，只能爬山，而爬山对娜捷施达·康斯坦丁诺夫娜来说是绝对不行的。博尔若姆很相宜，因为有平地可以散步，这对娜捷施达·康斯坦丁诺夫娜是必不可少的。此外，博尔若姆的高度适中，阿巴斯图曼则过于高了，超过 1 000 米是**不行**的。我们的医生特别提醒不要过早去旅行，说直到 6 月中旬都寒冷多雨。对这一点我倒不很担心，只要房子不漏，室内生火就行，因为在这种条件下寒冷多雨并不可怕。

　　握手！

您的　**列宁**

　　附言：显然，在极不相同的许多地方，只要单独的住房坐落在适宜的高度，就可能完全适用。

载于 1945 年《列宁文集》俄文版
第 35 卷

译自《列宁全集》俄文第 5 版
第 54 卷第 241—242 页

446

致格·叶·季诺维也夫

（4 月 17 日）

致季诺维也夫同志

绝密
禁止翻印

季诺维也夫同志：

　　请您在共产国际执行委员会上提出（不知道是应该在扩大会

议上提出,还是在小范围的执行局会议上提出)这样一个问题:由共产国际派遣一名特派记者或若干名记者前往南非,目的是去搜集最详尽的情报和一套最完整的、与不久前被镇压的工人起义有关的当地书刊,既包括公开的,也包括秘密的。这件事必须尽快去办,但是一定要做好最充分的防范措施,因为英国人无疑会[想尽一切办法]①不让我们有丝毫的机会去接触那些尚未被枪毙、尚未被投入监狱的起义者。**457**

我们无论如何必须形成一种惯例:共产国际的代表要善于秘密地出现在发生这类起义的任何地方,并及时搜集有关起义经过的最完整的资料。

请简单答复我几句。

列 宁

电话口授

译自《列宁全集》俄文第5版
第54卷第242—243页

447

给约·斯·温什利赫特的便条和电报稿

(4月23日)

1

温什利赫特同志:我不希望到高加索去,**真**要拖到5月底了。

---

① 记录时遗漏的词语,现按意思补正。——俄文版编者注

我不愿意浪费一个月时间。请将此件寄出,并请给我一个简短的书面答复。**458**

致共产主义的敬礼!

列　宁

2

国家政治保卫局
温什利赫特同志

请将电报送国家政治保卫局长捷尔任斯基和中央委员会书记斯大林签署,**用密码**发给**乌拉尔**有关同志,或许还应发给其他估计能询问出结果的一些省份。

致共产主义的敬礼!

列　宁

4月23日

请设法了解一下,在你们地区内有没有好的房屋,可安排20个人居住,适于几位同志全家疗养之用;要绝对安静,方便,空气清新,海拔尽量要高一些,地方一定要干燥一些。不要声张。如果有合适的地方,或者很快就能去看看,请电告,以后的事情,我们另行联系。

译自《列宁文集》俄文版第37卷
第361—362页

448

致约·维·斯大林

1922年4月25日

致斯大林同志

请中央书记处(如果不归它管,而归组织局管,就请组织局)决定:

(1)立即责成外交人民委员部为国家计划委员会主席格列勃·马克西米利安诺维奇·**克尔日扎诺夫斯基**及其妻子季娜伊达·巴甫洛夫娜·**克尔日扎诺夫斯卡娅**办理去**德国**的**签证**;

(2)根据格·马·克尔日扎诺夫斯基赴德治疗所需时间给这两位同志假期;

(3)委托克列斯廷斯基同志支付在德国治疗所需的费用,并进行检查(通过使馆的俄国医生)以使治疗彻底完成。

我指的是疝气病的治疗。

皮达可夫将于4月26日外出两星期左右,他一回来格·马·克尔日扎诺夫斯基应立即启程。

如果遇到阻碍,难以满足我的这一要求,请告诉我是哪些阻碍。**459**

致共产主义的敬礼!

列　宁

译自《列宁全集》俄文第5版
第54卷第243—244页

449

致尼·亚·谢马什柯

1922年4月25日

谢马什柯同志：

请您安排

索尔达坚科夫医院的护士

叶卡捷琳娜·阿列克谢耶夫娜·

涅奇金娜

到**克里木**的一所疗养院去治疗和休养。

请把您关于此事的指示抄送给我。如果您在满足我的请求时遇到什么阻碍，请来信告诉我是哪些阻碍。[460]

致共产主义的敬礼！

列　宁

载于1945年《列宁文集》俄文版
第35卷

译自《列宁全集》俄文第5版
第54卷第244页

450

致叶·萨·瓦尔加[461]

1922年4月26日

亲爱的瓦尔加同志:

收到您关于外国科学技术局的报告,非常感谢。不过,下一次请把提供情况的人的姓名告诉我。

我现在不主持人民委员会的工作。您的报告我将立即转给代理我工作的同志,要求他们严加追查。①

随信寄上我在我们党的第十一次代表大会(1922年4月初)上发表的**闭幕词**②。

请别忘了所附的更正。

这是我**唯一**一篇事先**写好**的讲话稿(尽管如此,我们那些笨驴还是未能正确无误地刊载出来!!)。所以,这是目前**唯一**一篇**文字可靠的**(经过更正)讲话稿。恳请您托人把这篇讲话稿很好地译成德文,并予以发表。[462]

除此以外,我**未必**能再给您寄去什么了。

致崇高的敬礼!

您的　**列宁**

载于1959年《列宁文集》俄文版
第36卷

译自《列宁全集》俄文第5版
第54卷第244—245页

---

① 见下一号文献。——编者注
② 见本版全集第43卷第136—137页。——编者注

451

致阿·伊·李可夫和
亚·德·瞿鲁巴

1922年4月26日   **绝密**

致李可夫和瞿鲁巴同志

寄上瓦尔加的德文信。

我相信，这类不像话的事在我们这里是**数不胜数**的。

瓦尔加大概是正确的（我写信告诉他，今后他应把提供情况的人的姓名告诉我）。请你们派人（通过克列斯廷斯基？或通过别的途径）在柏林**严加**追查，**查出**外国科学技术局中的犯罪分子，然后**彻底**加以改组。

一定要指定叶夫根尼·**瓦尔加**参加调查和改组委员会。**463**

人民委员会主席

弗·乌里扬诺夫（列宁）

载于1945年《列宁文集》俄文版
第35卷

译自《列宁全集》俄文第5版
第54卷第245—246页

452

致格·李·什克洛夫斯基①

4月27日

什克洛夫斯基同志:

您3月15日的来信收到了。您身体这样不好,我感到非常非常难过。我考虑了很久,怎样才能帮助您。由于我正在病中,不主持工作,又不在莫斯科,所以只能想出一个办法:把您的信转给中央委员会书记(斯大林同志),**并以我个人名义**给他写信把您的情况告诉他。② 建议您本人也给他写信(寄中央书记处),要写得**详细些、尽量详细些**,提出一些切合实际的建议。或者您再给季诺维也夫写一封信,因为他在彼得格勒,而彼得格勒通常有它的"独立性",说不定他能想出什么办法,或者拿出什么具体的妙策。

有人告诉我,您已同卡拉汉谈妥,或者已同他谈过调到离俄国近一些的地方。应该争取调到东方来,如果不能一次调成,能逐步做到也好。(请您注意:我可能离开此地;有急事请写信给中央书记处,不要写给我,或者**不要只**写给我。)

紧紧握手,并向全家问候!

您的　**列宁**

发往柏林

译自《列宁全集》俄文第5版第54卷第246页

---

① 并见本卷第132号文献。——编者注
② 见下一号文献。——编者注

453

☆致中央书记处

（4月27日）

斯大林同志：现将什克洛夫斯基同志（格·李·什克洛夫斯基）的信转给您。在侨居国外期间（1908—1914年）我对他很了解，他出国前已经入了党，是布尔什维克。现在他想回国，并想在党内工作。他曾在莫斯科工作——在市政机关工作过（弗拉基米尔斯基了解他在该处工作的情况），还在外交人民委员部、农业人民委员部工作过；似乎只是在外交人民委员部他才完全"顺手"，他在那里受到重视。在其他地方不知是闹僵了还是不那么融洽，或者有诸如此类的问题，因为结果是未能谈成在国内工作的事。什克洛夫斯基是个老党员，"不安排"他在国内工作，使他极为伤心（从他的信中可以看出）。他很着急；担心会"抛弃"他，等等。（他有家，有孩子；国内发生饥荒，天气寒冷，生活不易适应。季诺维也夫、萨法罗夫和所有在1908—1917年侨居瑞士的人都了解什克洛夫斯基在国外的情况。）

请您或委托您的秘书给什克洛夫斯基写封信（寄往柏林，由克列斯廷斯基转）了解一下他的愿望，然后提交书记处讨论。不能"浪费"人才，要多关怀他们。[464]

致共产主义的敬礼！

列　宁

译自《列宁全集》俄文第5版
第54卷第247页

454

致亚·德·瞿鲁巴

(4月27日)

瞿鲁巴同志：

我这样写够吗：

(写给谁？给副人民委员吗？)

我认为雅科温科同志的请求在**政治上**是重要的，并且必须强调指出，当任命他为人民委员时，我曾肯定地答应他在这方面给予协助，因此，**恳请设法**满足雅科温科同志的请求(如果不能满足100％，满足50％也好)。[465]

载于1959年《列宁文集》俄文版　　　　　　　译自《列宁全集》俄文第5版
第36卷　　　　　　　　　　　　　　　　　　第54卷第247—248页

455

给苏拉汉内油田工人和工程师的电报[466]

(4月28日)

巴库　国营阿塞拜疆石油工业联合公司

4月9日深夜，工人阶级的敌人在好几处放火，企图烧毁巴库的苏拉汉内油田。油田的工人和工程师冒着极大的生命危险,阻止了火灾的蔓延,表现出罕见的英勇气概和自我牺牲精神,我了解到这些事迹之后,认为应该以苏维埃俄国的名义向苏拉汉内油田的工人和工程师表示感谢。这些英勇事迹最好不过地证明,尽管有种种困难,尽管工人共和国的敌人社会革命党人–白卫分子不断进行阴谋活动,苏维埃共和国定能战胜一切困难。

人民委员会主席

弗·乌里扬诺夫(列宁)

载于1922年5月3日《巴库工人报》第96号

译自《列宁全集》俄文第5版第54卷第248页

456

致俄共(布)中央政治局①

(4月29日)

建议发出如下电报:

致斯托莫尼亚科夫

"请与克列斯廷斯基和罗蒙诺索夫共同商讨对克虏伯施加影响的办法,并将决定报来。你们必须按你们三人一致的决定行事。"467

译自《列宁全集》俄文第5版第54卷第249页

---

① 这个文献的一个打字稿副本上有弗·伊·列宁的署名。——俄文版编者注

457

致费·埃·捷尔任斯基

1922年5月2日

抄送:李可夫同志和瞿鲁巴同志

捷尔任斯基同志:

请您告诉我——用**最**简明的形式——是否已着手执行劳动国防委员会关于把铁路划分为三类并停止使用第三类铁路的决定,工作进展速度如何。

应该以最快速度停止使用,无论如何要办到,而且要快。除此还能有什么办法同危机作斗争呢?[468]

劳动国防委员会主席

弗·乌里扬诺夫(列宁)

载于1924年《交通通报》杂志
第6期

译自《列宁全集》俄文第5版
第54卷第249页

458

致亚·德·瞿鲁巴和阿·伊·李可夫

（5月2日）

请瞿鲁巴和李可夫同志在星期四①召开的**人民委员会**会议上给予支持，如有必要，则提交政治局。**469**

列　宁

1922年5月2日

译自《列宁全集》俄文第5版
第54卷第250页

459

致叶·阿·普列奥布拉任斯基

（5月3日以前）

问题至今未研究好，这种情况是纯粹的官僚主义作风和有害的官僚主义作风。

应立即尽一切可能在**几个**委员会中着手准备。**470**

载于1945年《列宁文集》俄文版
第35卷

译自《列宁全集》俄文第5版
第54卷第250页

---

① 即5月4日。——编者注

460

致瓦·亚·斯莫尔亚尼诺夫

（5月4日）

斯莫尔亚尼诺夫同志：请将此件（登记下来以便检查执行情况）送给库尔斯基同志，并以我的名义要他严加侦查（先同谢马什柯谈一谈）和严加惩处。[471]

列　宁

5月4日

译自《列宁文集》俄文版第37卷
第362页

461

致瓦·亚·斯莫尔亚尼诺夫[472]

（5月5日）

斯莫尔亚尼诺夫同志：

这完全是中央组织局的问题，而不是政治局的问题，因为目前还牵涉不到政治。

问题是：谁的过错？是季维尔科夫斯基提供的情况不正确，还是莫斯科委员会常务委员会包庇共产党员官僚及其舞弊行为，如果不是"包庇",那么就是墨守成规。

要把问题提交组织局,请求其检查(也许,通过一个专门设立的主持公道的委员会?)并予以解决。

列　宁

5月5日

译自《列宁文集》俄文版第 37 卷
第 362 页

462

致约·维·斯大林

(5月6日)

这份电报送交政治局是完全错误的。这类问题应该通过苏维埃系统处理。这种电报应该由两位副主席、租让委员会主席或副主席以及燃料总管理局局长签发。只有这些人才对这里提供的数字是否准确,对这里下达的指示同苏维埃的法令和有关的苏维埃机关的决定是否一致负责,而且理应由他们负责。因此,对这份电报的实质性内容我拒绝表态。[473]

列　宁

电话口授

载于 1959 年《列宁文集》俄文版
第 36 卷

译自《列宁全集》俄文第 5 版
第 54 卷第 250—251 页

463

给格·瓦·契切林的电报

（5月6日）

热那亚　契切林

抄送：柏林　克列斯廷斯基

列宁拍发

在医生尚未认定鲁祖塔克已彻底康复以前，他仍应留在国外。无论如何不要让他回国。

1922年5月6日

译自《列宁文集》俄文版第40卷
第98页

464

☆致国家计划委员会主席团

（5月9日）

致弗·米·斯米尔诺夫

您4月13日的报告终于看过了。

报告写得清楚,特别是图表很清楚,我很满意。

请您:(1)编制这类图表,**定期**填写(通过秘书或助理),并以"国家计划委员会主席团委员"的名义签署。

这项工作是属于国家计划委员会对国家经济计划执行情况进行"总的监督"的职责范围内的。

(2)再给我写一个关于预算的报告,**扼要**写一下您有什么建议?[474]

人民委员会主席

弗·乌里扬诺夫(列宁)

载于 1959 年《列宁文集》俄文版
第 36 卷

译自《列宁全集》俄文第 5 版
第 54 卷第 251 页

465

关于小人民委员会成员名单方案[475]

（5 月 10 日）

关于哥伊赫巴尔格我听到不少意见,说他太爱骂人,他当主席会令人生畏。在**其他**方面我个人对哥伊赫巴尔格评价很高。能否检查一下或者向他提出**特别警告**。

列 宁

5 月 10 日

译自《列宁全集》俄文第 5 版
第 54 卷第 251 页

466

致列·波·加米涅夫

(5月10日)

我看应立即交政治局委员传阅。如果谁都没有反对意见,那就这样做。**不要忘记问一下温什利赫特**。如果温什利赫特没有异议,那我也不反对。[476]

列 宁

5月10日

译自《列宁文集》俄文版第37卷
第363页

467

给尼·尼·克列斯廷斯基的电报

(5月11日)

柏林　克列斯廷斯基

抄送:外交人民委员部　卡拉汉

请您采取有效措施尽快给人民委员会办公厅主任**哥尔布诺**

夫弄到一张德国政府的入境签证，以便让他去德国医治一个疗程。

人民委员会主席　**列宁**

1922 年 5 月 11 日

于莫斯科克里姆林宫

译自《列宁文集》俄文版第 37 卷
第 364 页

468

致阿曼德·哈默

1922 年 5 月 11 日

亲爱的哈默同志：

请原谅，我生了一场大病，现在觉得好多了。

非常感谢您的礼物——狱中的美国同志和朋友们写来的如此热情的信。在给您的这封信里我另附了一封给季诺维也夫同志的信，如果他已离开彼得格勒，请交给彼得格勒的其他同志。

衷心祝愿您的第一个租让合同取得圆满成功。它的成功对我们共和国和合众国之间的贸易往来也将有很大的意义。

再一次感谢您并请您原谅我的英文不好。所有的信件和电报都请寄给我的秘书（**福季耶娃**或**斯莫尔亚尼诺夫**）。我将通知他们。①

您的真诚的　**列宁**

原文是英文

载于1926年1月21日《红色日报》
第17号

译自《列宁全集》俄文第5版
第54卷第252页

469

致莉·亚·福季耶娃和
瓦·亚·斯莫尔亚尼诺夫[477]

（5月11日）

致福季耶娃和斯莫尔亚尼诺夫

找人把这封信给你们译出来，请阅读；请记下**阿曼德·哈默**的名字，如果他找到你们，请代表我**尽力帮助**他。

列　宁

5月11日

译自《列宁全集》俄文第5版
第54卷第252页

---

① 见下两号文献。——编者注

470

致格·叶·季诺维也夫

1

1922年5月11日

　　致季诺维也夫同志或他的副手

　　恳请尽力帮助来人阿曼德·哈默同志,他是第一个办理承租的美国同志。最最重要的是,要使他的全部事业取得圆满成功。

　　致共产主义的敬礼!

弗·乌里扬诺夫(列宁)

原文是英文

载于1959年《列宁文集》俄文版
第36卷

译自《列宁全集》俄文第5版
第54卷第253页

2

1922年5月11日

电话打往彼得格勒　季诺维也夫

或他的副手(以防在季诺维也夫外出或不在时没有着落)[478]

　　今天为美国同志阿曼德·哈默写了一封介绍信给您和您的副

手。他的父亲是个百万富翁,共产主义者(关在美国**监狱**中)。他同我们签订了对我们很有利的第一个**租让合同**。他要去彼得格勒,以便第一船小麦①卸货时在场并为他承租的企业((石棉矿))接收机器进行安排。

恳请立即指示所属,不得有任何拖延耽搁,并要由可靠的同志亲自监督,使为该租让企业进行的各项工作能圆满迅速地完成。这是最最重要的。阿曼德·**哈默**与他的公司经理**米歇尔**先生同行。

列　宁

译自《列宁全集》俄文第5版
第54卷第253—254页

471

给波·斯·斯托莫尼亚科夫的电报

(5月11日)

致**斯托莫尼亚科夫**同志
抄送:柏林　**拉皮罗夫-斯科布洛**同志

请采取一切措施尽快将两台亨里希·兰茨式旋耕犁发动机运来莫斯科交工业企业农场总管理局。拖延一天就会带来不可弥补

---

① 见本卷第55号文献。——编者注

的损失。收到电报后请立即回电,并将执行情况立即电告我和工业企业农场总管理局。⁴⁷⁹

人民委员会主席   列宁

载于1959年《列宁文集》俄文版
第36卷

译自《列宁全集》俄文第5版
第54卷第254页

472

致俄共(布)中央政治局

（5月11日）

我同意,**如果捷尔任斯基正式答复说**,他不反对也不要求修改合同的话。⁴⁸⁰

列 宁

5月11日

译自《列宁全集》俄文第5版
第54卷第254页

473

致瓦·萨·多夫加列夫斯基

1

（5 月 11 日）

致多夫加列夫斯基同志

抄送：人民委员会办公厅

多夫加列夫斯基同志：

今天读了《消息报》上的报道，得知下诺夫哥罗德市苏维埃报请全俄中央执行委员会授予下诺夫哥罗德无线电实验室劳动红旗勋章，并将邦契-布鲁耶维奇教授和沃洛格金教授列入光荣榜。

请您发表意见。从我这方面说，我认为应当支持这个申请。

请您在来信时顺便告诉我，您对下诺夫哥罗德无线电实验室的工作是否完全满意；并请您把邦契-布鲁耶维奇关于他试制能向广大群众广播无线电话内容的扩音器的工作情况的意见寄给我，要写得尽量简短。这项工作对我们有极其重要的意义，因为如果试制成功（邦契-布鲁耶维奇早就保证过一定会成功），将会给宣传鼓动工作带来极大好处。

因此，为了支持这项工作，必须作出某些牺牲。特别是我听说在美国类似的试验已经取得实际成果。

最好能检查一下，我们下诺夫哥罗德无线电实验室是否掌握美国有关这个问题的全部最新的文献资料。

请您尽快提出意见，这样，如果有必要的话，我还来得及在明天召开的全俄中央执行委员会常会上签署一份报告或申请。**481**

人民委员会主席

弗·乌里扬诺夫（列宁）

同时请您另写一封保密信件，把免去尼古拉耶夫无线电局局长职务改任他职的一些细节告诉我；还请告诉我，特罗菲莫夫同志领导这个局（现在好像是由他领导）的能力如何；还有那个在中央主管部门直接领导这项工作的专家的能力如何。**482**

载于1934年在莫斯科出版的阿·马·尼古拉耶夫《列宁与无线电》一书（非全文）

译自《列宁全集》俄文第5版第54卷第255—256页

2

1922年5月12日

致多夫加列夫斯基同志

收到了您关于尼古拉耶夫问题的答复，以及关于邦契-布鲁耶维奇的电台的价值的答复。对后面一点我还需要有一些补充说明，但我不想耽误您的工作，请您告诉我，能否派人打自动电话同我谈谈（关于邦契-布鲁耶维奇和乌格洛夫的发明问题），如果巴甫洛夫同志完全了解这项发明的情况，那就派他打电话；要不就派奥斯特里亚科夫同志（在邦契-布鲁耶维奇和沃洛格金的无线电实验室工作过的那个工程师好像是姓奥斯特里亚科夫,他好像常来莫斯科,并曾到过我这里)。

请通过勒柏辛斯卡娅同志给我答复,或通过电话使她同巴甫洛夫同志或奥斯特里亚科夫同志取得联系。[483]

列　宁

电话口授

载于 1959 年《列宁文集》俄文版
第 36 卷

译自《列宁全集》俄文第 5 版
第 54 卷第 256 页

474

致列·波·加米涅夫

(不晚于 5 月 13 日)

克雷连柯提出的问题是个**重要的法制**问题。您能否参加全俄中央执行委员会主席团的这次会议,并<u>寻根究底地</u>问清楚?[484]

译自《列宁全集》俄文第 5 版
第 54 卷第 257 页

475

致瓦·亚·斯莫尔亚尼诺夫

1922年5月13日

斯莫尔亚尼诺夫同志：

有人私下告诉我，长期以来一直对库尔斯克磁力异常区进行研究的拉扎列夫院士，似乎由于得不到任何资助而垂头丧气，请您检查一下，这件事是否属实。

请了解一下，他希望得到多少钱，实际上给了他多少。[485]

列 宁

载于1959年《列宁文集》俄文版　　　　　译自《列宁全集》俄文第5版
第36卷　　　　　　　　　　　　　　　第54卷第257页

476

致叶·费·罗兹米罗维奇[486]

1922年5月13日

罗兹米罗维奇同志：

对您5月8日秘字第96号公函答复如下：

我不记得了。也许可以查一查：(1)通过当时的报纸，(2)通过您所打听的那个区的委员会或那个工厂的委员会，(3)通过当时在莫斯科活动的鼓动员和宣传员,因为我同他们当中的某些人几乎一直保持着接触。[487]

列　宁

电话口授

载于1945年《列宁文集》俄文版
第35卷

译自《列宁全集》俄文第5版
第54卷第257—258页

477

给列·波·克拉辛、格·瓦·契切林、瓦·瓦·沃罗夫斯基的电报[488]

(5月13日)

热那亚

克拉辛、契切林、沃罗夫斯基

我认为这样的合同有很大意义。我想,向意大利人提出的煤炭价格应该低于他们付给一般供货者的价格。请从速答复。①

列　宁

译自《列宁全集》俄文第5版
第54卷第258页

---

① 见本卷第483号文献。——编者注

478

致瓦·亚·斯莫尔亚尼诺夫①

5月15日

斯莫尔亚尼诺夫同志：

我要向您和扎克斯同志提出批评(同时警告你们,下一次要采取更严厉的处分),乌尔里希同志负责了解人民委员会和劳动国防委员会的决定执行情况已经好几个月了,可是我检查她的工作后发现她搞得一塌糊涂。

随信附上的卡片规定了乌尔里希同志的工作方式和程序。但是卡片却没有填好;而您和扎克斯都没有过问此事,虽然这是你们的首要职责。我曾要求乌尔里希同志**极其**认真地填写卡片,**一丝不苟**地做这项工作。

现在我委托您和扎克斯同志共同负责,把这项工作极其认真地做好。如果乌尔里希同志学不会,就换掉她,另找一个能绝对认真做好这项工作的人。

从附上的这些卡片可以看出,福季耶娃同志也像乌尔里希同志一样开始"擅自"改动卡片。这是我绝对不允许的。**只有两位副主席**才有权下令和准许改动卡片,而且要由他们共同签字。在其他情况下作任何改动,就要被撤职。

最好只检查**一部分**人民委员会和劳动国防委员会的决定(由副主席或办公厅主任规定),但是一定要检查得**一丝不苟**。

---

① 在这个文献的上端列宁写道:"请用公文纸复写4份,并交我签字。**列宁**　5月15日"。——俄文版编者注

每个人民委员应立即指定几位同志(办公厅主任、主任助理；秘书、秘书助理等等)负责检查执行情况，并把他们的姓名上报**人民委员会**和**劳动国防委员会**办公厅。这些人如不认真进行检查，就应受到无情惩罚，由副主席下令逮捕或撤职。人民委员如不认真进行检查，则应受到警告处分——一般警告和记入党证的警告。人民委员会办公厅主任必须对这项工作进行监督(极严格的监督)，如果这项工作不能一丝不苟地完成，我一定把他撤职。

我们的任务是使各个人民委员部养成认真的工作作风，而把不认真执行任务的人送进监狱或驱逐出去。

以上对人民委员部所提的要求，对各单位(国家计划委员会、中央统计局、租让委员会、国内商业委员会等等)和各省执行委员会、区域经济委员会等等都适用。

您和扎克斯必须每月向我作两次书面报告(要简单扼要，用电报文体)，汇报如何组织认真检查决定的执行情况。做不出成绩就撤职。

附上福季耶娃同志填写的卡片(她填得不认真，这样填是不允许的)和经我修改的誊清的卡片——卡片是不许弄脏，不许乱写，不许丝毫走样的。否则我就把秘书和所有办公厅主任统统赶走。

此信立即送两位副主席一阅。把根据我的要求认真检查执行情况、填写卡片、处分失职人员的极其明确的决定，交给他们签字(在我动身之前完成，即最晚不超过三四天)。

人民委员会主席

弗·乌里扬诺夫(列宁)

载于1942年《列宁文集》俄文版
第34卷

译自《列宁全集》俄文第5版
第54卷第258—260页

479

给约·维·斯大林、莫·伊·弗鲁姆金的信和给秘书的指示

(5月15日)

斯大林同志和弗鲁姆金同志:我认为,有关削弱对外贸易垄断的一切议论、商谈和委员会等等都应**正式禁止**。

我不同意弗鲁姆金的意见,他认为国营商业总是要被击败的。在全世界都是百货商店击败所有其他的商店。可是它比国营商业好在哪里呢?

应该有步骤地过渡到根据贸易额和利润来**奖励**职员的办法。不然,对外贸易人民委员部(还有我们大家)就会垮台。这个问题弗鲁姆金没有考虑。他的过错就在这里。

列　宁

5月15日

把这封信作为密件送交斯大林和弗鲁姆金,请他们附上几句意见退给我。要督促他们尽快(两三天内)退还。**489**

列　宁

5月15日

载于1959年《列宁文集》俄文版
第36卷

译自《列宁全集》俄文第5版
第54卷第260页

480

致阿·伊·李可夫和亚·德·瞿鲁巴[490]

（5 月 15 日）

交李可夫和瞿鲁巴征求意见。

我反对合并人民委员部。应合并和精简的限于办事机构和司局。对精简了办事机构和迅速扩大了营业额的应规定给予**奖励**。

列　宁

5 月 15 日

载于 1959 年《列宁文集》俄文版
第 36 卷

译自《列宁全集》俄文第 5 版
第 54 卷第 261 页

481

致瓦·亚·斯莫尔亚尼诺夫[491]

（5 月 15 日）

斯莫尔亚尼诺夫同志：弗·米·斯米尔诺夫提供的数字完全不同。我建议劳动国防委员会通过一项决定，责成

（1）财政人民委员部

（2）中央统计局

（3）国家计划委员会

（4）《经济生活报》

每月将有关货币发行的收益的资料**秘密地**(极简要地)呈报**劳动国防委员会**。

送李可夫和瞿鲁巴阅。

列　宁

5 月 15 日

译自《列宁全集》俄文第 5 版
第 54 卷第 261 页

482

致恩·奥新斯基[492]

1922 年 5 月 16 日　　　　　　　　　　　　　**秘密**

奥新斯基同志：

依我看,应该撤掉《农业生活报》的编辑,并将瓦因施泰因和奥加诺夫斯基专门监视起来。这是我看完《农业生活报》第 34 号(总第 75 号)之后得出的结论。请把这封信密送雅科温科同志和泰奥多罗维奇同志一阅(后者错误极为严重),然后退给我,并补充有关编辑 A.H.莫罗萨诺夫(?)和另外两人的更详细的材料。他们的经历等等要详细些。他们很可能是右翼社会革命党人,你们三位"沦为"他们的牺牲品。

你们三位采取什么措施保证这种事情不再发生?

列　宁

译自《列宁全集》俄文第 5 版
第 54 卷第 262 页

483

致阿·伊·李可夫[493]

(5月17日)

李可夫同志:应该用电话表决通过**劳动国防委员会**关于发运两船顿涅茨**优质煤**的决定,并**催促**执行(由弗鲁姆金**亲自负责**)。巴赫姆特和塔甘罗格两地应**指名**由专人负责。

列　宁

载于1959年《列宁文集》俄文版
第36卷

译自《列宁全集》俄文第5版
第54卷第261页

484

给阿·瓦·卢那察尔斯基的信和
给瓦·亚·斯莫尔亚尼诺夫的指示①

1922年5月17日

致教育人民委员

我得到很多消息,说在我们"热衷于"**新经济政策**和夸大**新经济政策**的情况下,书价昂贵,人民买不起有用的书。

我觉得有必要作出某种规定或通过一个内容大致如下的法令:从地方税中抽取一定数量的款额上缴中央,以建立一笔基金,

---

① 信文上端有列宁写的:"**注意回信。**"——俄文版编者注

用来购买几千册图书(例如斯克沃尔佐夫的《电气化》等等)，**发给各县图书馆。**

请讨论一下并把你们讨论的结果告诉我。**⁴⁹⁴**

人民委员会主席

弗·乌里扬诺夫（列宁）

交斯莫尔亚尼诺夫转卢那察尔斯基、波克罗夫斯基、李可夫、瞿鲁巴等同志。①

《给阿·瓦·卢那察尔斯基的信》载于　　　　　　　译自《列宁全集》俄文第5版
1945年《列宁文集》俄文版第35卷　　　　　　　第54卷第262—263页

485

给阿·伊·李可夫的信和
在他的电话的记录上作的标记

（5月18日）

李可夫同志：如果对外贸易人民委员部及该部的人员总是"制造混乱"(×××)，那我们就不应该再制造了。要是我们在公文信件中总是"似乎"(×)怎样，总要留待"弄清问题之后"(××)再解决，那么，这岂不是在实际上**助长混乱**吗？是否应该结束这种混乱，要斯莫尔亚尼诺夫(或别的人，但要把人定下来，并且要便于您**立即**亲自进行检查)发一份直达电报，马上弄清情况，不要再"似

---

① 这封信还曾抄送副财政人民委员格·雅·索柯里尼柯夫。——俄文版编者注

乎"了。乌克兰对外贸易人民委员部是什么人负责？他现在和过去都干了些什么？那一两船煤是已经发出去了，还是正在发，将要发？什么时候发？发给谁？发多少？

看来，我们的对外贸易人民委员部里混乱现象是非常严重的，而**我们**不同它进行**切实的**斗争，反而**纵容它**。难道您担任"国防委员会特派员"**495**时就是这样工作的吗？难道不用当年"国防委员会特派员"那样的工作方法就能战胜混乱吗？

列　宁

5月18日

给弗·伊·列宁的电话的记录

弗拉基米尔·伊里奇：

劳动国防委员会讨论了往意大利发运两船煤的问题。已查明，乌克兰对外贸易人民委员部下设一个向意大利运销煤炭的专门组织，该组织<u>似乎</u>^{×）}已发走了一船。因此，我们只作出一项决定：精选优质煤供出口意大利之需，以便争得意大利市场。至于发运两船煤的问题，则留待<u>弄清</u>^{××）}已经往意大利运去多少煤这个问题之后再行解决。

请注意，我们驻热那亚的代表一直<u>给我们制造混乱</u>^{×××）}，他们提出的要求，总是过不几天就自行撤销。明天我准备发一份电报，建议提到莫斯科来的必须是那些理由充分、经过周密考虑的问题和建议，因为绝对不能一会儿按照李维诺夫和契切林的要求去做某件事，一会儿又按照克拉辛的建议加以拒绝。从克拉辛的来电可以看出，他自己不了解情况，不知道煤已在途中，而且一部分已经预售出去。在您批转的那份电报上甚至没有指明，把煤发运到意大利的哪个港口，到哪里去找买主，谁负责在意大利销售煤。

劳动国防委员会副主席

阿·伊·李可夫

1922年5月17日19时25分

载于1959年《列宁文集》俄文版第36卷

译自《列宁全集》俄文第5版第54卷第263—264页

486

致 B.A.巴甫洛夫

1922年5月18日

巴甫洛夫同志:

我收到了米·亚·邦契-布鲁耶维奇的报告。请打电话向他了解,为了把事情办好**总共**需多少钱(战前卢布)。如果用一个数字不行,最好也不要超过两个(从多少到多少;或最少和最多)。请用电话或紧急函件答复,通过秘书勒柏辛斯卡娅同志。[496]

致共产主义的敬礼!

列 宁

载于1959年《列宁文集》俄文版
第36卷

译自《列宁全集》俄文第5版
第54卷第264页

487

致约·维·斯大林[497]

(5月18日)

斯大林同志:现将斯克沃尔佐夫-斯捷潘诺夫同志的这封信转给您,我非常支持他的请求。他是个体弱多病的人,却是一位非常可贵的工作人员。应根据他的请求允许他休假;我非常支持这样

做。经治疗、休养病体痊愈以后,请注意,无论是当**教授**,还是从事
写作,他都是极为有用的。

列　宁

1922 年 5 月 18 日

载于1959年《列宁文集》俄文版　　　　　　译自《列宁全集》俄文第5版
第36卷　　　　　　　　　　　　　　　　第54卷第265页

488

致尼·亚·谢马什柯

(5 月 18 日)

谢马什柯同志:

请对她出国一事给予协助。钱不需要。

1912—1913 年我在柏林就认识沃斯基,她是已故的苏连·斯
潘达良的亲属。如果需要的话,请以我的名义向组织局提出。

列　宁

5 月 18 日

附言:给政治教育总委员会打电话,找科列斯尼科娃,电话:
63—94(或楼上总机)。把为协助沃斯基所需要做的一切事情都
告诉她。

译自《列宁文集》俄文版第37卷
第364页

489

致费·埃·捷尔任斯基

(5月19日)

捷尔任斯基同志:谈谈把那些帮助反革命的作家和教授驱逐出境的问题。

这件事要准备得周密一些。不准备好我们会干蠢事。请讨论下列准备措施:

召集梅辛、曼采夫和其他一些人在莫斯科开个会。

责成政治局委员每周抽出两三个小时审阅一些报刊和书籍,同时**检查执行情况**,**要求提出书面意见**,力求做到把所有非共产主义出版物毫不拖延地寄到莫斯科来。

还要征求一些党员著作家(斯切克洛夫、奥里明斯基、斯克沃尔佐夫、布哈林等)的意见。

搜集关于教授和作家们的政治经历、工作和写作活动的**系统**材料。

把所有这些工作委托给**国家政治保卫局**中一个精明强干、有学识、办事认真的人去完成。

关于彼得格勒的两个刊物,我的意见如下:

《新俄罗斯》杂志[498]第2期。该杂志已被彼得格勒的同志们查封。

查封是否过早? 应当把刊物分送给**政治局**委员,并**比较仔细地**进行讨论。这个刊物的主编**列日涅夫**是什么人? 是《日报》社的吗？能否搜集一下他的材料？当然，**不是**该杂志的**所有**工作人员都应驱逐出境[499]。

但是，俄国技术协会第十一部在彼得格勒出版的《经济学家》杂志[500]就是另一回事了。我看，它是白卫分子的公开的中心。第3期(**仅仅第3期!!! 要注意**这一点!)封面上刊登了撰稿人的名单。我认为，这些人**几乎全**都是最应该被驱逐出境的。

这些人全都是明目张胆的反革命分子，协约国的帮凶，协约国的一伙仆从、间谍和毒害青年学生的教唆犯。要这样来处理此事：把这些"军事间谍"全抓起来，要不断地和有计划地抓，并把他们驱逐出境。

请将这封信密交(不要复制)**政治局**委员阅，然后**退还给您和我**，并请把他们的意见和您的结论性意见告诉我。

列　宁

5月19日

译自《列宁全集》俄文第5版
第54卷第265—266页

490

致费·埃·捷尔任斯基

(5月19日)

捷尔任斯基同志：我非常担心，我的汽车库开支是否"过大"，它好像是由**国家政治保卫局**严格监管的。现在是否该"压缩"这个单位并减少其开支？所有各项开支都在压缩。

请您将此件交李可夫和瞿鲁巴两位副主席一阅，并委托一个可靠的、精明的、内行的人检查一下，是否可以减少、压缩这项开支，而且要多减一些。[501]

列　宁

5月19日

载于1959年《列宁文集》俄文版
第36卷

译自《列宁全集》俄文第5版
第54卷第266页

491

致约·维·斯大林

(5月19日)

斯大林同志：现将阿尼克斯特同志的信转给您。他昨天(5月18日)向我大举进攻。他委屈，伤心，焦急，爱动气，有病。我劝他把病治好，不要刺激神经。看来，他是一个好的工作人员。应该让他到德国或里加去把病治好(在俄国不行)。[502]

列　宁

5月19日

译自《列宁全集》俄文第5版
第54卷第267页

492

致值班秘书

(5月20日)

致福季耶娃

或

勒柏辛斯卡娅

或

沃洛季切娃

请将这些书转交**季诺维也夫**同志,并请他从彼得格勒寄给我:

(1)这些书每种一本

(2)《朝寒》[503]

(3)《文学家之家年鉴》[504];

请**注意**使这些书刊以及类似的出版物迅速、准时地寄来。

请季诺维也夫同志将寄书的事委托给某个**同志**办理,并请他叫这位同志同我的秘书**取得联系**。

列　宁

译自《列宁文集》俄文版第40卷
第99页

493

致约·维·斯大林并转
俄共（布）中央书记处

（5月21日）

斯大林同志：

请您把我的下列请求转中央书记处（或组织局，我不知道这件事归谁管）批准：

准许索尔达坚科夫医院外科医生弗·尼·罗扎诺夫于**7月份去里加休假，他的儿子**同行。

这个请求是弗·尼·罗扎诺夫向我提出的。他虽然多次前来为我治病，但仍然像1918年那样，从不收我的诊费。据谢马什柯同志讲，他是一个优秀的外科医生，但很少休息。

因此，我请求准许他去休养，并请您让秘书把组织局或**中央书记处的决定告诉我**。[505]

列　宁

1922年5月21日

载于1959年《列宁文集》俄文版
第36卷

译自《列宁全集》俄文第5版
第54卷第267页

494

致尼·亚·谢马什柯

（5月21日）

谢马什柯同志：

　　还有一个请求。我曾答应弗·尼·罗扎诺夫帮助**格列什诺娃**医士，在我做完取子弹的手术之后，她曾护理我多日。

　　罗扎诺夫请求允许格列什诺娃今年夏天**照例**去度假时**带着**她抚养的**小女孩**（孤儿）。

　　这个"带着"想必是破例，没有您的指示是不能允许的吧？

　　请费心，让您的秘书就这件事给开个证明，并请您或委托别人给我写几个字，说明这件事您能不能作出安排。[506]

您的　列宁

1922年5月21日

载于1945年《列宁文集》俄文版
第35卷

译自《列宁全集》俄文第5版
第54卷第268页

495

致各中央机关和组织的领导人

(5月21日)

秘密。亲收

致全体人民委员(不在者,交其副手)

并**所有独立机构**:中央统计局、国家计划委员会、租让委员会、劳动国防委员会国内商业委员会、中央消费合作总社等等,全俄工会中央理事会、共产国际、红色工会国际等等。

我即将外出休假数月,有关最重要的事务和最重要的决定、计划的执行情况以及运动的开展情况等等恳请按如下方式向我汇报:

——每月就上述内容给我寄一两次最简短的(不超过两三页)报告,并叫人给我寄人民委员部现时出版的最重要的刊物,以及最重要的决定和草案的打印稿,如果这项工作不便由人民委员亲自去做,那么请报告一下,他准备交给谁(副人民委员、部务委员、办公厅主任还是秘书等等),并要求这个人同我的秘书(福季耶娃、勒柏辛斯卡娅)及时保持联系。有事询问时可随时发电报或信函由这两位秘书转交;不过日常的和紧急的事一定要请示副主席(李可夫或瞿鲁巴),只需给我抄件。

列 宁

5月21日

秘书的任务是认真注意上述任务的执行情况，向我报告收到哪些出版物；这些出版物不必全部寄来，只寄最重要的（其余的只开列名称）。

俄文报纸要按时寄送的是《**真理报**》、《**消息报**》和《**经济生活报**》。

要定期同**共产国际**和**外交人民委员部**联系，请他们把**最重要**的外国出版物特别是有关当前问题的小册子寄来。

国外出版的俄文报刊要寄送的是《前夜报》[507]、《社会民主党人》（孟什维克的）、《曙光》（孟什维克的）、《现代纪事》杂志（社会革命党人的）、《俄国思想》杂志[508]；其他报刊、小册子和书籍寄送**目录**。

载于1942年《列宁文集》俄文版
第34卷

译自《列宁全集》俄文第5版
第54卷第268—269页

496

致约·维·斯大林

（5月22日）

致斯大林同志

我认为，应该**严守机密地**（不复制抄件）将此件交捷尔任斯基和**政治局全体委员**一阅，并作出如下指示："责成捷尔任斯基（**国家**

政治保卫局)在谢马什柯的协助下制定**对策**,并于———(**两周**?)期限内报政治局".**509**

列　宁

5 月 22 日

译自《**列宁全集**》俄文第 5 版
第 54 卷第 270 页

497

致格·叶·季诺维也夫

1922 年 5 月 22 日

季诺维也夫同志:

今天雷恩施坦给我看了**阿曼德·哈默**的信。关于哈默,我曾写信向您介绍过(他是美国人,一个百万富翁的儿子,是最先同我们签订对我们**极为有利的**租让合同的人之一①)。他写道,尽管带着我的信②,他的同事**米歇尔**(哈默的同事)对"在彼得格勒接待他的**别格的缺乏礼貌和官僚作风**"还是颇有怨言。

我要向中央控告别格的行为。鬼知道这是怎么回事! 竟然不顾我写给您和**您的副手**的专函,**完全顶着干!!**

而且没有人向我报告,既没有说不同意我的意见,**也没有说别的。**

请您专门检查和调查一下这件事。

---

① 见本卷第 55 号文献。——编者注
② 见本卷第 470 号文献。——编者注

我写给您或您的副手的信(我的电话稿)给别格看了没有?

如果给看了,那就是他的过错。

如果没给看,那是不是您的某位秘书的过错?

是谁的过错? 应该查清。您能否对别格**施加点影响**并**把事情弄清楚**?[510]

列　宁

载于1959年《列宁文集》俄文版
第36卷

译自《列宁全集》俄文第5版
第54卷第270—271页

498

致列·米·欣丘克

(5月23日)

欣丘克同志:

您在《真理报》上(好像是前天)发表的那篇关于国际合作社的文章非常重要(译文不好)。[511]请寄给我:(1)决议的原文(德文的或者法文的、英文的)和(2)**简短的补充或说明**:借款的事怎么样? 有什么结果,还是毫无收获?[512]

致共产主义的敬礼!

列　宁

1922年5月23日

载于1959年《列宁文集》俄文版
第36卷

译自《列宁全集》俄文第5版
第54卷第271页

499

☆致鞑靼共产党员同志

1922年5月23日

　　赛德-加利耶夫同志今天来过我这里。根据他的请求我证明:他曾向我讲过克里木的一般情况,也稍许谈了鞑靼共产党员中存在的两个派别。[513]我争取同斯大林同志谈一谈这个问题。

弗·乌里扬诺夫(列宁)

译自《列宁全集》俄文第5版
第54卷第271页

500

给秘书们的指示

(5月23日)

　　送交主管农业人民委员部的副主席,并将他的批示报告给我。[514]

列　宁

5月23日

载于1945年《列宁文集》俄文版
第35卷

译自《列宁全集》俄文第5版
第54卷第272页

501

致约·维·斯大林并转
俄共(布)中央政治局委员

(5月24日)

急

秘密

致斯大林同志并请转政治局委员(其中
一定要包括季诺维也夫同志)传阅

根据雷恩施坦同志提供的这些情况,我以个人名义特别推荐阿曼德·**哈默**和 B.**米歇尔**,请全体中央委员**大力**支持这两个人和他们的事业。[515]这是通向美国"实业"界的一条小径,应该**千方百计**加以利用。如有不同意见,请**打电话**告诉我的秘书(福季耶娃或勒柏辛斯卡娅),以便我动身之前,即近几天,能及时弄清情况(并通过政治局彻底解决)[516]。

列 宁

5月24日

附言:5月27日。此信因季诺维也夫同志的回信未到而没有发出。回信已于5月26日寄到。

列 宁

载于1959年《列宁文集》俄文版
第36卷

译自《列宁全集》俄文第5版
第54卷第272页

502

致约·维·斯大林

（5 月 24 日）

斯大林同志：

我反对**全俄中央执行委员会**下设的一个委员会提出的修正案[517]，赞成**劳动国防委员会**和**人民委员会**的原方案。

列　宁

5 月 24 日

译自《列宁文集》俄文版第 38 卷
第 422 页

503

为阿·朱·哈默写的介绍信和
给秘书的指示[518]

（5 月 24 日和 27 日）

持件人阿曼德·朱利耶维奇·<u>哈默</u>博士是美国联合公司的秘书。该公司是从我国获得承租权即乌拉尔石棉矿承租权的第一家股份公司。这个公司还承办供应俄国一批粮食以换取俄国的商品，此外它还有专为俄国开设的代理机构，经营美国"福特"工厂的汽车、卡车和拖拉机以及美国一家大公司"莫林农具公司"的农具。

　　美国联合公司同一般资本主义公司不同，它同情苏维埃俄国，所以，使它有充分可能顺利完成自己的任务，对我们是十分有利的。

　　因此，我坚决要求**对外贸易人民委员部**、**铁路管理部门**的全体代表以及苏维埃政府在国内的及驻国外的其他代表都能对该公司的代表不仅给予应有的关照和礼遇，而且竭力给予可能的协助，切勿拖延耽搁等等。

　　把介绍信全文抄在我的公文纸上，**不要删节**；同时要把英译文也抄上。

列　宁

5 月 24 日

莉迪娅·亚历山德罗夫娜：

　　抄写要**特别细心**，要校对**两遍**。

　　两份委托书（第二份**照这一份写**）。

　　也要有英译文。

　　另外再复制两三份。

1922 年 5 月 27 日

译自《**列宁文集**》俄文版第 37 卷
第 365 页

504

致莉·亚·福季耶娃

（7 月 13 日）

　　莉迪娅·亚历山德罗夫娜：我已痊愈，您可以向我祝贺了。笔迹就是证明,已**开始**像人写的了。请着手给我准备书(并把书目给我送来):(1)科学作品;(2)小说;(3)政治著作(后者放在最后,因为这类书现在还不准阅读)。

请向李可夫(瞿鲁巴走了吗?)告全体女秘书一状:她们表现不好,都害了疟疾和其他病。让李可夫安排她们到里加、芬兰、莫斯科近郊等地去休养。我认为,李可夫应该给斯莫尔亚尼诺夫和您警告处分,因为你们不关心女秘书们。

敬礼!

列　宁

载于 1942 年在莫斯科出版的《弗拉基米尔·伊里奇·列宁。生活和活动简述》一书(非全文)

译自《列宁全集》俄文第 5 版第 54 卷第 273 页

505

致约·维·斯大林[519]

(7 月 16 日)

斯大林同志:

关于把孟什维克、人民社会党人[520]、立宪民主党人之流驱逐出俄国的问题,我想提出几个问题,因为在我休假前开始的这一行动至今尚未结束。

是坚决"清除"所有的人民社会党人吗?把彼舍霍诺夫、米雅柯金、戈尔恩费尔德都"清除"吗?还有彼得里谢夫等人。依我看应该统统驱逐。他们比任何社会革命党人的危害都大,因为他们更狡猾。

亚·尼·波特列索夫、伊兹哥耶夫和《经济学家》杂志所有的撰稿人(奥泽罗夫以及其他许多人)同样如此。孟什维克:罗扎诺夫(医生,很狡猾)、维格多尔契克(米古洛或诸如此类的人物)、柳博芙·尼古拉耶夫娜·拉德琴柯及其年轻的女儿(听说她们是布尔什维主义十分凶恶的敌人);尼·亚·罗日柯夫(应驱逐他,他不可救药);谢·路·弗兰克(《方法论》[521]的作者)。由曼采夫、梅辛等人控制的委员会应提出名单并应无情地把几百个此类先生驱逐出境。让俄罗斯永远纯净。

关于列日涅夫(从前的《日报》)应该好好考虑考虑:是否驱逐他? 从我读过的他的文章来判断,他永远是最阴险的人。

奥泽罗夫跟《经济学家》杂志的所有撰稿人一样,是最凶残的敌人。应该把他们统统赶出俄国去。

这应该马上就办。在对社会革命党人审判[522]结束之前,不要在审判之后。逮捕几百个人,不必宣布理由——先生们,请出国吧!

驱逐"文学家之家"[523]、彼得格勒的《思想》杂志[524]的所有作者;搜查哈尔科夫,我们对它不了解,它对我们来说是"国外"。应迅速地、在对社会革命党人的审判结束之前加以清洗。

请注意彼得格勒的著作家(《俄罗斯新书》的通讯地址,1922年第4期第37页)和私人出版社的名单(第29页)。

致共产主义的敬礼!

列　宁

载于1992年2月12日
《共青团真理报》

译自1999年《不为人知的列宁文献(1891—1922)》俄文版第544—545页

506

致约·维·斯大林

（7 月 18 日）

斯大林同志：我非常认真地考虑了您的答复，但**不**同意您的意见。**525**

请祝贺我已获准**看报**了！从今天起准许看旧报，从星期日① 起准许看**新报**！

您的   **列宁**

译自《列宁全集》俄文第 5 版
第 54 卷第 273 页

507

致维·米·莫洛托夫**526**

8 月 16 日

莫洛托夫同志：

恳请以中央委员会书记处的名义下令：

（1）**发给物品**

---

① 即 7 月 23 日。——编者注

(2)给予**住房**和其他方面的帮助。

致共产主义的敬礼!

列　宁

译自《列宁文集》俄文版第38卷第423页

508

致约·维·斯大林

（8月16日）

斯大林同志:我看您的气色不好。建议**政治局** * 作出决定:

责成斯大林从星期四晚上到下星期二早上住在祖巴洛沃。

（* 如果书记处不好通过的话。）

请通知下列同志来我处会晤**半小时**（**12 时**或 **5 时**）:

克拉辛

李可夫

加米涅夫

1　弗拉基米罗夫

2　斯米尔加[527]

次序由他们自己决定

要通过叶努基泽把安排的每次会见通知（**在会见那天的早上**）医生们。

请给我简短的答复。

致共产主义的敬礼!

列　宁

1922 年 8 月 16 日

译自《列宁文集》俄文版第 40 卷
第 100 页

509

致米·康·弗拉基米罗夫

8 月 21 日

弗拉基米罗夫同志:在办事机构问题上让您受委屈是不公正的。我完全同意您的意见,并准备把这件事告诉斯大林和李可夫。——关于查获"耐普曼"的问题,我建议要认真考虑(也许可以委托罗森霍尔茨和另外一两个同志极其秘密地做这件事)我们最近应该做什么:征收所得税,还是发行强制公债? 或者仍照原先的办法干?

地方财政已经提供了不少情报。应当**系统地**收集、整理情报,**查明是哪些人**,然后再解决所提的问题。

致共产主义的敬礼!

列　宁

载于 1959 年《列宁文集》俄文版
第 36 卷

译自《列宁全集》俄文第 5 版
第 54 卷第 273—274 页

510
致工农检查人民委员部部务委员

8月21日

致斯维杰尔斯基、列斯克、罗兹米罗维奇、
卢泽尔同志和**工农检查院**其他部务委员

我感到非常遗憾的是，瞿鲁巴同志未能到**工农检查院**工作。**528**我担心工作安排得不那么合理。工作**方式**只是作**个别调查和打报告**。还是老一套。机构没有**重建**，也没有改善。没有由清一色的共产党员或清一色的苏维埃工作和党务工作学校学员组成的模范机构；没有系统地制定出可供其他部门采用的工作**准则**；没有系统地测定各部门**苏维埃工作人员**一星期可以完成的工作量，如此等等。

我一直期待着，工农检查院部务委员会补充了一批新干部，工作会有起色，但从斯大林提出的种种问题中却看不出这一点。请简单地给我写几句话来，然后，如有必要，再见面谈一谈。你们的编制是8 000而不是9 000。是否可以缩减到**2 000**而领6 000人的薪金（也就是增加两倍）并提高业务水平？

如果阿瓦涅索夫很快能回来，请将此信也给他看一下。**529**
致共产主义的敬礼！

列 宁

载于1928年《列宁文集》俄文版
第8卷

译自《列宁全集》俄文第5版
第54卷第274—275页

511

致约·维·斯大林⁵³⁰

8月22日

斯大林同志：我看要**严厉斥责**斯米尔加，对燃料总管理局不能放任不管，要下命令：把**燃料总管理局**的工作增加50％，但不要超过此数。

不要撤掉他副主席的职务。我们还要看看，他也要学习学习。9月15日他要离开一个月。等到那时（他返回时）再说。

明日，即星期三(**12时**)请到我这里来。有些事要谈谈。

您的　**列宁**

我建议要**小心谨慎地**同厄克特重新开始谈判。

译自《列宁文集》俄文版第38卷第423—424页

512

致阿·伊·斯维杰尔斯基

（不早于8月29日）

斯维杰尔斯基同志：

感谢您送来材料。⁵³¹

我恐怕来不及看完。

您如需要，请来信。

亚·德·瞿鲁巴神经系统有病（这些德国名医**只是**治了他的心脏病），将在德国待**很长时间**。

应立即着手，**不必等他**；要认真考虑**指定谁和怎样进行**；要同斯大林商量一下。

您的 **列宁**

附言：我认为，您首先应该把病彻底治好，把牙全**镶上**，并学会用假牙吃东西，然后再全力以赴地抓工农检查院的工作。请从部务委员会中抽两三名**可靠的**人组成班子，委托他们立即**着手从根本上**进行改革（把8 000压缩到2 000，提高素质；认真研究规范化问题等等）。

请十分有礼貌地"回绝"福斯，我不能约见他。又及。**532**

载于1945年《列宁文集》俄文版
第35卷

译自《列宁全集》俄文第5版
第54卷第275页

513

致阿·伊·李可夫

（8月30日）

李可夫同志：

送上《消息报》剪报一份（大概是8月25日的）。**533** 建议您发指示，要他们格外注意。要核实（通过办公厅主任或秘书）。

如果属实，应**全力支持**。

鲁特格尔斯那里有什么成绩吗？未必有吧。

如果那里确有成绩，就应授予劳动红旗勋章；还要给美国写一封信（以您或我的名义）；还要叫**国家银行**定出对这类事情提供优惠**贷款**的办法；还要叫财政人民委员部或农业人民委员部**赶紧**制定出吸引更多拖拉机（今秋；现在就定出，为了能赶上用）的优惠条件。

看来，这是一个实实在在的榜样，一种实实在在的援助；而在我们这里，官僚主义**真是多极了**！

请让秘书或办公厅主任给我简单地写封回信。[534]

您的　**列宁**

注意:您要严格听从格季耶的意见!

载于 1942 年《列宁文集》俄文版
第 34 卷

译自《列宁全集》俄文第 5 版
第 54 卷第 276 页

514

致莉·亚·福季耶娃

（8 月 31 日）

莉迪娅·亚历山德罗夫娜：

书收到了，非常感谢。现在我这里书很多，准备分批送还。

《复兴》文集[535]收到了,也表示感谢。拖延了时间,不怪您,看来要怪柏林方面。

您究竟什么时候去休养? 建议您快点去,多待些日子。

附上给李可夫的便条。您看一下,给斯莫尔亚尼诺夫(或办公厅的其他主任)看一下再交给李可夫,不要**耽搁**。要您和办公厅主任看是为了免得李可夫忘掉。

致崇高的敬礼!

列 宁

载于1959年《列宁文集》俄文版
第36卷

译自《列宁全集》俄文第5版
第54卷第276—277页

515

致阿·伊·李可夫

1922年8月31日

李可夫同志:恳请您给**克里木**有关同志(如不知道给谁,可通过谢马什柯)写一封信,说我请求他们那里给莉·亚·福季耶娃**特别加强营养**,以便她回到我这里时能精力充沛地工作。

如果您愿意,可以直接把我这封信寄去。

您的 列宁

附言:送上君主派会议文件汇编。[536]

译自《列宁全集》俄文第5版
第54卷第277页

516

致瓦·亚·阿瓦涅索夫

1922年9月1日

阿瓦涅索夫同志：昨天我同斯维杰尔斯基同志谈过了，我确信，他也认为"规范局"有极重要的意义。搜集资料的事他已委托给叶尔曼斯基。我有些怀疑，叶尔曼斯基能否很好地完成这项任务。他是个孟什维克，而且从他的书中可以看出有一些恶意(尽管书仍不失为好书)**537** 请您或者检查他完成得怎样，或者您**自己也**设法去完成。

资料既要弄到德国的，也要弄到美国的。凡是有点价值的，特别是**文牍**工作规范化方面的(公文交换程序；形式；检查；打印；询问和答复等等，等等)，**全都要搜集。**

依我看，我们现在向欧美学一学是**很有必要的。**假如我没有弄错的话，我听说您精通德语。如果不是这样，就找个翻译。大概在斯堪的纳维亚各国也能找到某些有用的东西。

应该搜集一切资料，**不要一味依靠**叶尔曼斯基而**不加以专门检查。**

也许，通过克列斯廷斯基您能得到一些**没有公布过的**材料吧？或者通过驻挪威大使？

我认为，我们应该制定出**文牍**工作规范，然后全面推广。这是最重要的。如果在德国或者挪威能让您参观一个最好的机关，那么逗留一个星期是值得的。

主要的是定额(即多大的工作量由多少人完成)。往后我们责成中央统计局也给我们做这项工作。

此信用过之后，请您再转给亚·德·瞿鲁巴。他正在病中，我不想打扰他。

致崇高的敬礼！

您的　**列宁**

发往柏林

载于1928年《列宁文集》俄文版
第8卷

译自《列宁全集》俄文第5版
第54卷第277—278页

517

致约·维·斯大林

（9月5日）

斯大林同志：

捷尔任斯基昨天在我这里。各个方面都谈了。但他身体不好。他说睡了14小时，起来还是**浑身无力!!** 支持不到9时半。应该：

　　（1）叫克拉梅尔和费尔斯特给他检查一下

　　（2）**立即**送他去休息。

一定要办到。

今天有人要派加里宁到我这里来。然后我还要请鲁祖塔克和欣丘克来。

假如您愿意，就请**明天来**①。如果您来，就让鲁祖塔克和欣丘

---

① 列宁在这里加了附注："注意：只能在5时。注意。"——俄文版编者注

克晚些来。

如果捷尔任斯基很快离开的话，我想可以叫加米涅夫参加财政委员会（临时参加一下，在捷尔任斯基回来之前），还可及早找个"副手"。

致共产主义的敬礼！

列　宁

附言：捷尔任斯基那里发生了枕木危机。而又无钱支付。

我们的**劳动和畜力运输税**[538]干什么用？可否利用这种**劳动和畜力运输税**让人把枕木锯好运来？秋天的天气极好，路又好走，可否动员大家立刻砍些枕木运来？

其次，书记处要挑选人才。要给每个人民委员部 10 个年轻人，以便训练和选任"大官"。要**有步骤地**这样做，而且必须这样做。

译自《列宁文集》俄文版第 38 卷
第 424—425 页

518

致瓦·亚·斯莫尔亚尼诺夫

（不晚于 9 月 7 日）

斯莫尔亚尼诺夫同志：

感谢您寄来报告[539]。烦请打听一下日杰列夫同志在克里木的**准确**地址,我想给他去信(最好托人捎去,这样可靠些;请您问一下去克里木的快车什么时间开)。

致共产主义的敬礼!

列 宁

还有一件事忘了(1)请给我寄来**伊·别斯普罗兹万内**的小册子:(a)1915年下诺夫哥罗德出版的《按泰罗制建立的小型工厂企业的计划分配室》

和(b)1919年莫斯科出版的**该作者的**《现代美国工厂组织法》。

另外再**查一下**最高国民经济委员会的档案,**第二本**小册子即1919年的那本是**谁**批准出版或者送去出版的。这本小册子**正是**最高国民经济委员会出版的。**540**

译自《列宁全集》俄文第5版
第54卷第279页

519

致尼·伊·布哈林

1922年9月7日

布哈林同志:

我读了(在《社会主义通报》杂志**541**上)高尔基那封写得很坏的信**542**。本想在报刊上骂他一顿(关于社会革命党人的事),但又考虑,这样做可能太过分了。应该商量一下。也许,您常见到他,常同他交谈？请把您的看法写信告诉我。我看到的报纸很少(国外的几乎看不到)。因此"情况"也就知道得很少。请把您的看法写得详细一些。

　　代表我们全家向您的妻子和您致以崇高的敬礼！

您的　列宁

　　附言:我已差不多痊愈了。

　　我准备给克列斯廷斯基写信,让他给我弄到在《社会主义通报》杂志1922年7月20日那一期上发表的高尔基那封信的原件。①

　　如果他忘记的话,请您寄来。又及。

译自《列宁全集》俄文第5版
第54卷第279—280页

520

致尼·尼·克列斯廷斯基

1922年9月7日

克列斯廷斯基同志:

　　烦请将附信②送交布哈林同志,——要用妥善的办法;我想,您自己能找到合适的办法。

---

　　①　见下一号文献。——编者注
　　②　见上一号文献。——编者注

先向您表示感谢,向您的妻子致意,握您的手。

列　宁

附言:我已差不多痊愈了。

麻烦您把《社会主义通报》杂志1922年7月20日那一期上发表的高尔基那封信的**原件**寄来。又及。

译自《列宁全集》俄文第5版
第54卷第280页

521

致米·巴·托姆斯基

9月9日

最尊敬的托姆斯基同志:我将非常高兴地满足您的要求。[543]您是否有一些问题要我在信中专门讲一下,望告。我已经大大落后了,所以不知道仅仅一般地表示一下祝贺是否合适,也许应当就某个专门问题较详细地谈谈。①

向主席团全体同志致热烈的共产主义的敬礼!

列　宁

译自《列宁全集》俄文第5版
第54卷第280—281页

---

① 并见本卷第523号文献。——编者注

522

致列·米·欣丘克

(9月12日)

欣丘克同志:

请把您的新著的校样(初校样,没改过的也可以)寄给我。

可不可以(如果不会耽误出版时间的话,**千万别**耽误)补充以下方面的一些表格:

各季度贸易额增长情况

乡村销售点的数目

(并按区标明)

乡村的销售额

开支所占的百分比(占贸易额的)

职员人数

等等。

总之,我认为必须有精确的材料说明流转进入农村的**深度、广度**以及**具体方式**。如果因故不能付印,请寄给我。[544]

致共产主义的敬礼!

列 宁

载于1924年《消费者团体》杂志
第5期

译自《列宁全集》俄文第5版
第54卷第281页

523

致约·维·斯大林

（9 月 13 日）

斯大林同志：请把这个信稿交给托姆斯基同志看一下（如有必要，也请给加米涅夫、季诺维也夫、李可夫等看一看），并请**打印好，明天就退给我**。

我将于 16 日代表大会召开前或者需要的时候寄去。**545**

列　宁

译自《列宁全集》俄文第 5 版
第 54 卷第 282 页

524

致列·米·欣丘克①

（9 月 17 日）

欣丘克同志：您**什么时候**需要校样，请写张便条告诉我。校样已经收到，并已开始看，我原以为不用退还的。**应该**什么时候归还，请来信（如急用，请打电话）。

---

① 见本卷第 522 号文献。——编者注

致共产主义的敬礼!

列　宁

载于1924年《消费者团体》杂志
第5期

译自《列宁全集》俄文第5版
第54卷第282页

525

致阿·伊·李可夫

9月17日

致李可夫同志

　　李可夫同志:从报上看,顿巴斯和巴库的情况极其糟糕。您的看法如何? 可否冒一下风险,从黄金储备中拿出**几百万**来? 听之任之,不给帮助不就更糟吗? 您能否让斯米尔加或他的副手写一份**简短的**(不超过5—10行)材料,使我对情况有个**清楚**的了解?**546**

您的　**列宁**

载于1945年《列宁文集》俄文版
第35卷

译自《列宁全集》俄文第5版
第54卷第282—283页

526

致米·康·弗拉基米罗夫

9月17日

致弗拉基米罗夫同志

尊敬的同志:烦请告诉我:

(1)我们还有多少黄金?(a)总数多少?(b)抵偿各种债务后净存多少?

(2)有多少其他珍品(要**非常简明**,非常概括)。

(3)目前的(本季度或本月的)赤字有多大。

(4)关于所得税和强制公债问题您考虑过没有? **请扼要说明**:结论是什么(只要总结性的)。[547]

致共产主义的敬礼!

列 宁

载于1959年《列宁文集》俄文版第36卷

译自《列宁全集》俄文第5版第54卷第283页

527

致瓦·亚·斯莫尔亚尼诺夫

9月17日

斯莫尔亚尼诺夫同志:请您读一读这几张便条,请作些批注

(不必誊抄),并请分送给该送的人。

顺便请您答复我:给日杰列夫的信[548]是否已经寄出,是什么时候寄出的？会有回信吗？

附言:是否已收到从彼尔姆寄来的回信？

致共产主义的敬礼!

列　宁

译自《列宁文集》俄文版第 40 卷第 101 页

528

致米·哈·波利亚科夫

9月17日

致波利亚科夫同志

尊敬的同志,烦请您将我们的**劳动和畜力运输税**的情况**十分简短地**写一下。完成总数(**立方米数**和**枕木根数**)占多大百分比?以及其他。

致共产主义的敬礼!

列　宁

载于1959年《列宁文集》俄文版第 36 卷

译自《列宁全集》俄文第 5 版第 54 卷第 283 页

529

致费·埃·捷尔任斯基

9月17日

致捷尔任斯基同志

捷尔任斯基同志:烦请您写一封短信来,说说罗蒙诺索夫的问题现在怎样了? 什么时候任命? 任什么职务? 已经决定了(通过正式手续?)还是尚未决定?[549]

您的 **列宁**

译自《列宁文集》俄文版第37卷
第367页

530

给尤·弗·罗蒙诺索夫的信和
给瓦·亚·斯莫尔亚尼诺夫的指示

9月18日

致罗蒙诺索夫同志

罗蒙诺索夫同志:我还没有回去上班,但是很快(10月1日)就能回去。[550]

　　我认为您绝对必须**尽快**回到俄国工作,不是去基辅当教授(如您给加米涅夫和捷尔任斯基写信说的那样),而是去交通人民委员部,既可以到地方工作(不是像您向我建议的那样从站长做起——这话您还记得吧?而是从路局局长做起),也可以留在中央,由捷尔任斯基决定。**551**

　　致共产主义的敬礼!

列　宁

斯莫尔亚尼诺夫同志:

　　附信请交捷尔任斯基和李可夫一阅,并要**很快**收回,寄给收件人。请向我报告得准确些。请催促一下收到我便条的所有其他同志。**552**

译自《列宁全集》俄文第5版
第54卷第284页

531

致格·叶·季诺维也夫

(9月18日)

季诺维也夫同志:

　　我同意当报告人是**有条件的**:(1)托洛茨基同时应该作为替补(他还要准备单独的报告);(2)我有权**收回自己的意见**,但只在身体或工作**不允许**的情况下。**553**

关于厄克特问题，我不再犹豫了。已经有了美方的建议。巴库要重要得多，好得多。中央委员会下设的专门委员会（斯米尔加＋安德列耶夫＋克拉辛）已作了**决定**，而克拉辛**完全**违背了这个决定。还有其他种种不利条件（99 年、规模太大等等）。**554**

附言：请送政治局委员一阅。

您的　**列宁**

9 月 18 日

译自《列宁全集》俄文第 5 版
第 54 卷第 284—285 页

532

致列·米·欣丘克

（不早于 9 月 18 日）

欣丘克同志：

我决定把小册子寄给您，以免耽误出版。① 请把校样再寄给我。

能否补充：

(1)关于精简机构的详细情况？ **按职务分门别类谈？**

(2)关于规范化的详细情况（据说，你们设了一个局）？

(3)各季度各种数字对比的详细资料？

---

① 见本卷第 522 号文献。——编者注

(4)**多少个乡**(及其所占的百分比)和多少个村(及其占总村数的百分比)有销售点的详细资料?

(5)茶叶的价格?不低吗?您是否意识到这是**奢侈品**?你们如何规定茶叶的可能的**最高价格**?

(6)产品按必需品和奢侈品分类的情况?

(7)**农具**也包括改良农具的销售情况?宣传这些农具的措施?[555]

致共产主义的敬礼!

列　宁

附言:小册子非常好。

载于1924年《消费者团体》杂志　　　　　译自《列宁全集》俄文第5版
第5期　　　　　　　　　　　　　　　　第54卷第285页

533

致瓦·亚·斯莫尔亚尼诺夫

(9月19日)

斯莫尔亚尼诺夫同志:请您选出:(1)**有关决定**,登在报上的(**人民委员会**和**劳动国防委员会**的),剪报即可;

(2)一部分**记录**,要特别重要的;

(3)中央委员会的(政治局和全会的)旧记录,**全部**都要。

其次,请您密切**注意**美国人的石油租让合同的事[556],请写便条并打电话给我妹妹转告我。

致共产主义的敬礼!

列　宁

载于 1945 年《列宁文集》俄文版
第 35 卷

译自《列宁全集》俄文第 5 版
第 54 卷第 286 页

534

给帕·彼·哥尔布诺夫的批示[557]

(不早于 9 月 20 日)

　　要严厉批评斯托莫尼亚科夫,因为既然要调回,他就应当负责调回,不应提问,不应有保留条件,不应有借口。拖延的过错要由他承担。

译自《列宁文集》俄文版第 37 卷
第 367 页

535

致瓦·亚·斯莫尔亚尼诺夫

(9 月 23 日)

斯莫尔亚尼诺夫同志:

　　我于 10 月 1 日或 2 日回去。星期二,即 10 月 3 日主持会议。[558]会议在 **5**—9 时举行,中间休息一刻钟。

　　请通知吸烟的同志。**禁止吸烟**。**严禁**。休息时(在隔壁房间)

可以喝茶和吸烟。

瞿鲁巴没回来吗？他回来时，就**在这里召开**三位副主席的全**体会议**。

如果他回不来，就**在星期一**开个会。开两三个小时：或者11—2时；或者5—7时。

这一切您都应该安排**好**。

星期二**早晨**按**全部**议事日程为我准备好**材料**。

致共产主义的敬礼！

列　宁

请查问一下讨论**规范化**问题的大会的情况。什么时候召开？您要尽可能参加。我**极**感兴趣。应从国家计划委员会抽出　个**非常**关心这件事的人去参加。[559]

载于1945年《列宁文集》俄文版　　　译自《列宁全集》俄文第5版
第35卷　　　　　　　　　　　　　第54卷第286—287页

536

致玛·伊·格利亚谢尔

1

(9月23日)

格利亚谢尔同志：

我给斯莫尔亚尼诺夫写了信。

让他给您和**所有的**秘书看一下。

我10月2日(或10月1日)回去。请在星期二①以前把一切都准备好。

中央委员会的记录已经收到。这些记录**几乎**是完整的(缺一些附录)。不过目前有这些也够了。人民委员会和劳动国防委员会的记录送来时最好经过挑选(**剪报**),并要整理得**便于**阅读。

致共产主义的敬礼!

列　宁

载于1958年《历史文献》杂志
第4期

译自《列宁全集》俄文第5版
第54卷第287页

2

(9月23日以后)

格利亚谢尔同志:

我至今没有收到**劳动国防委员会**和**人民委员会**记录的**摘要**。我已经写信告诉斯莫尔亚尼诺夫。② 请您同他商定。马上送来。

其次,请向斯维杰尔斯基打听一下,瞿鲁巴来信说了什么? 如果他不知道,就问**斯大林**。我需要知道**确实的**消息;让他们给我一份瞿鲁巴**来信**的摘抄,为什么他不回来? 推迟**多久**?[560]

敬礼!

列　宁

载于1959年《列宁文集》俄文版
第36卷

译自《列宁全集》俄文第5版
第54卷第288页

①　即10月3日。——编者注
②　见本卷第533号文献。——编者注

537

致格·列·皮达可夫

9月25日

皮达可夫同志:这就是我们昨天谈话的纪要。

(1)由皮达可夫同志负责国家计划委员会机构本身(或者说国家计划委员会本身的机构)的组织工作(并且要按战时方式予以改进);主要是通过办事认真的办公厅主任去做。皮达可夫本人在这方面每天最多花半个来小时。

(2)皮达可夫同志的主要任务是:(a)侧重从整个机构的角度审查全国的计划,首先是经济计划;(b)精简机构,包括我们的托拉斯;(c)审查国家机关各部门的比例关系;(d)研究如何按照美国托拉斯的办法缩减国家机关的开支:无效益的开支——砍掉。

(3)要使皮达可夫同志最大限度地摆脱国家计划委员会的日常工作(每天大约占一小时)。

请周密考虑,并把这封信交克尔日扎诺夫斯基一阅,然后请给我答复。**561**

您的　**列宁**

译自《列宁全集》俄文第5版
第54卷第288—289页

538

致尼·瓦·克雷连柯

9月25日

交库尔斯基的副手(如果库尔斯基不在)

克雷连柯同志:你们为出版苏维埃政权的法律汇编在做些什么?法典编纂局是在睡大觉呢,还是准备出点什么迎接五周年?应该叫醒它。给我简单写几句来。**562**

您的　**列宁**

载于1945年《列宁文集》俄文版　　　　　　译自《列宁全集》俄文第5版
第35卷　　　　　　　　　　　　　　　　　第54卷第289页

539

致瓦·亚·斯莫尔亚尼诺夫

9月25日

斯莫尔亚尼诺夫同志:我曾通过您给李可夫送去一张便条①。一直没有得到答复。这件事我要怪您,因为李可夫当然是非常忙的。您本该注意了解,并在李可夫忙的情况下,把他的意见口头转

---

① 见本卷第525号文献。——编者注

达给我。现在这样是不行的。

　　请把下面这张便条交给李可夫，要他立即回信①。

　　致共产主义的敬礼！

列　宁

译自《列宁全集》俄文第5版
第54卷第289页

540

致阿·伊·李可夫

9月25日

　　李可夫同志：依我看，绝对有必要在同一天对莫斯科市所有的官员和职员进行一次调查。我们过去搞过一次，但那是很久以前的事了。

　　为了用最小的开支完成这项工作（仅仅花一些纸张费，而且一部分纸张还可以从中央统计局的总储备中提取），应责成所有从苏维埃政权机关和托拉斯领取薪金的人自行把情况（按照简要的调查提纲，这个提纲应由中央统计局会同工农检查院、国家计划委员会及其他部门一起在一星期内拟出来）填在个人卡片上。在没有填好以前，不给任何人发薪。

　　这样，我们很快就能收上来（迟交或填写不合格的罚款）。

　　我们的机构很糟糕，应当彻底整治一下。不进行一次调查是

---

　　①　见下一号文献。——编者注

不行的。而中央统计局理应受到严厉的申斥,因为他们学究气十足:光坐在那里编写"巨著",对迫切问题却不予考虑。

请给我回信或把回信交给斯莫尔亚尼诺夫同志。

您的　**列宁**

要进行动员,如果需要的话,就公布一个专门的法令。把中央统计局的全体职员都动员起来,从其他部门再抽一定比例的人员。**563**

载于1945年《列宁文集》俄文版
第35卷

译自《列宁全集》俄文第5版
第54卷第290页

541

致尼·伊·布哈林

(9月27日)

布哈林同志:寄上今天的《真理报》。究竟为什么要刊登普列特涅夫的杂文,刊登这些用各种深奥时髦的字眼故弄玄虚的蠢话?我标出了两处蠢话,并打了几个问号。作者应该学习的不是什么"无产阶级"科学,他应该进行一般的学习。难道《真理报》编辑部不打算向作者指明他的错误吗? 这可是在**伪造**历史唯物主义! 玩弄历史唯物主义!**564**

您的　**列宁**

载于1950年《列宁全集》俄文第4版
第35卷

译自《列宁全集》俄文第5版
第54卷第291页

542

给弗·雅·丘巴尔的电报

（9月28日）

巴赫姆特　丘巴尔

请立即报告,顿巴斯需要多少纸币。原来答应给多少,而实际收到多少? 要最近时期的数字。[565]

　　　　　　　　　　人民委员会主席　**列宁**

　　　　　　　　　　　　　　1922年9月28日

　　　　　　　　　　　　于莫斯科克里姆林宫

载于1959年《列宁文集》俄文版
第36卷

译自《列宁全集》俄文第5版
第54卷第291页

543

致列·波·克拉辛

（10月4日）

克拉辛同志:**叶尔马柯夫**(运输器材司司长?)在您那里工作,是部务委员。我在国内战争时期见过他两三次,当时他常执行最

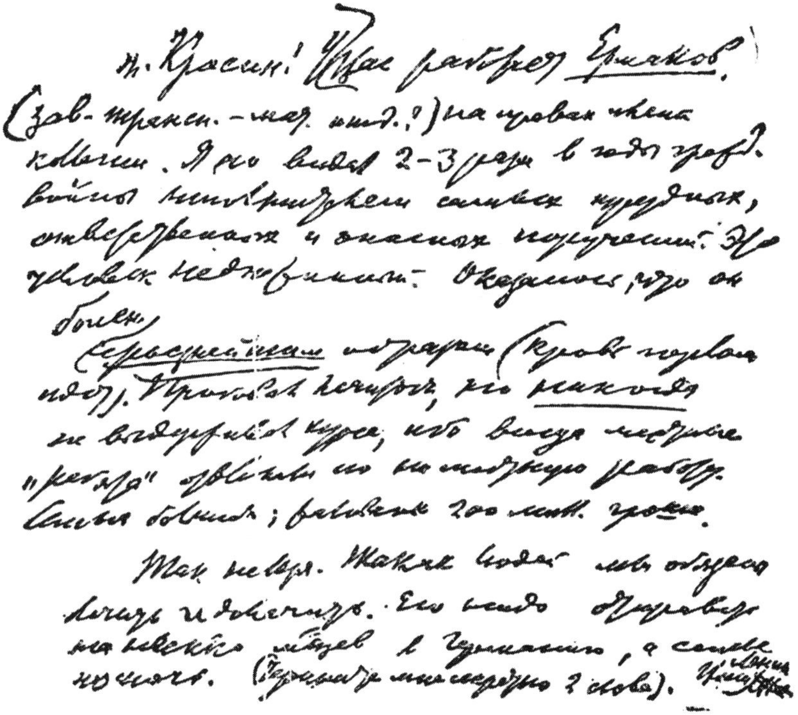

т. Красин! Ищет работы Ермаков (зав. трансп.-мат. отд.?) на правах члена коллегии. Я его видел 2–3 раза в годы гражд. войны при исполнении самых трудных, ответственных и опасных поручений. Это человек недюжинный. Оказалось, что он болен.
Серьезнейшим образом (кровь горлом идет). Пробовал лечиться, но никогда не выдерживал курса, ибо всегда местные „вожди" отвлекали на немедленную работу. Семья больная; [illegible] 200 милл. [illegible].
Таких людей мы обязаны лечить и долечить. Его надо отправить на несколько месяцев в Германию, а семье помочь. (Черкните мне [illegible] 2 слова). Ленин

1922 年 10 月 4 日列宁给列·波·克拉辛的信

困难、最重要而且最危险的任务。他是个杰出的人才。据了解，他的病情**非常严重**(吐血)。他治是治过，但是**从来**没有治完过一个疗程，因为地方上的"伙伴们"总是拉他参加当地的工作。他家人口多，薪金才两亿，太少了。

这样是不行的。这样的人我们有责任帮助治疗并把病治好。应当把他送到德国去几个月，对家属给予帮助。(请秘密地给我写封短信)。**566**

您的　**列宁**

载于1959年《列宁文集》俄文版
第36卷

译自《列宁全集》俄文第5版
第54卷第291—292页

544

致列·波·加米涅夫

1

（10月4日）

致加米涅夫

加米涅夫同志：我刚才见到了米哈伊洛夫。我**再一次**反复斟酌。我**反对**厄克特租让合同。今天9时半请到我这里碰一下头。(8时半我在牙科医生那里)。**567**

列　宁

2

(10月6日)

加米涅夫同志:今天我牙龈肿了并且发烧。上午不打算去中央委员会,晚上也不去**劳动国防委员会**了。

我们用书信联系吧。

另外,我能不能见一见**丘巴尔**同志?

请您问问他,说不定他能在上午的时候,在2时以前,到我这里来一趟?[568]

您的　**列宁**

3

(10月6日)

加米涅夫同志:您是否忘了向克拉辛要反对厄克特租让合同的**第二个**论据(我们对这份贸易合同的不满,合同的缺点)的书面材料?应该向他要。

列　宁

附言:全会上有什么新闻?[569]

译自《列宁全集》俄文第5版
第54卷第292—295页

545

致瓦·亚·斯莫尔亚尼诺夫

（10月5日）

致斯莫尔亚尼诺夫

告诉舍印曼，请他提供简单的用数字表示的结果，说明情况现在怎样。[570]

列　宁

译自《列宁全集》俄文第5版
第54卷第286页

546

致《青年之路报》编辑部[571]

1922年10月6日

亲爱的朋友们：衷心感谢你们的问候。我也向你们致以崇高的敬礼和良好的祝愿。

你们的　弗·乌里扬诺夫（列宁）

载于1924年《接班人》杂志
第2期

译自《列宁全集》俄文第5版
第54卷第295页

547

致贝·亨·扎克斯

（10 月 10 日以前）

致扎克斯同志

委托您核实一下我们黄金储备的综合报告，要非常准确，并经您和财政人民委员部主管黄金储备情报的负责人签字后于 10 月 10 日交我。

人民委员会主席

弗·乌里扬诺夫（**列宁**）

包括财政人民委员部、对外贸易人民委员部和其他部门的各个种类和各种来源的储备。

列　宁

载于 1959 年《列宁文集》俄文版
第 36 卷

译自《列宁全集》俄文第 5 版
第 54 卷第 295—296 页

548

给马·马·李维诺夫的电报

（10 月 10 日）

急

密码

全权代表处   李维诺夫

克拉辛和契切林吓唬我们,说由于厄克特不满和上院可能作出反对我们的决定,我们会丧失在英国的全部资产(达 5 000 万金卢布)。请把您的意见告诉我们,并请采取一切可能的措施。盼复。[572]

列　宁

发往柏林

译自《列宁全集》俄文第 5 版
第 54 卷第 296 页

549

致瓦·安·特里丰诺夫

（10 月 10 日）

致燃料总管理局副局长特里丰诺夫同志

我得到的材料说明,彼尔姆省奥汉斯克县"托伊基诺"国营农场的美国拖拉机队在机耕方面取得了显著成绩。①

据彼尔姆省执行委员会报告,如果不是因为所需汽油和润滑油(报告中说给的是煤油,而不是汽油)供应不足,成绩还会更大。

我请您立即命令您属下负责彼尔姆全区石油产品分配和销售的机构(彼尔姆区石油委员会),以最优惠的条件把汽油和润滑油按需要量拨给在"托伊基诺"国营农场工作的美国拖拉机队。

命令请抄送斯莫尔亚尼诺夫同志。

人民委员会主席

载于 1959 年《列宁文集》俄文版
第 36 卷

译自《列宁全集》俄文第 5 版
第 54 卷第 296—297 页

550

同卡·伯·拉狄克的来往便条

(不晚于 10 月 13 日)

您们要写一本经济地理吗？论述帝国主义？20 印张？

我建议:编一部论述基本论点的文集(拉品斯基、拉狄克、瓦尔加、纽博尔德、罗特施坦),篇幅为 20—30 印张。

需要谈谈？同意吗？

最近几天内。

译自《列宁全集》俄文第 5 版
第 54 卷第 297 页

---

① 见本卷第 513 号文献。——编者注

551

致贝·亨·扎克斯

（10月16日）

致扎克斯同志

委托您会同财政人民委员部赶快拟定出关于每月1日统计我国外汇基金**总额**的秘密决定草案。

这个草案或提交劳动国防委员会，或送交劳动国防委员会副主席**加米涅夫**同志签署。

人民委员会主席

弗·乌里扬诺夫（列宁）

载于1959年《列宁文集》俄文版
第36卷

译自《列宁全集》俄文第5版
第54卷第297—298页

552

☆致对外贸易人民委员部

（10月16日）

我命令每月给我送来对外贸易人民委员部贸易额和收入的简表，由人民委员会办公厅主任哥尔布诺夫同志转交。我们的收入预算中这一项是最重要的。

人民委员会主席

弗·乌里扬诺夫（列宁）

载于 1945 年《列宁文集》俄文版
第 35 卷

译自《列宁全集》俄文第 5 版
第 54 卷第 298 页

553

致格·康·奥尔忠尼启则

1922 年 10 月 16 日

谢尔戈同志：

斯大林和索柯里尼柯夫都反对给梯弗利斯附近的发电站拨款。

达成的妥协：派图曼诺夫去一趟。

请给予**特别**注意（这里还涉及**茶叶**和其他问题）。

全部材料都要收集（给办公厅主任）。

送给我的要有全部材料，也要有**扼要的**综合报告（给我本人写的）。斗争将是困难的。[573]

您的   列宁

载于 1935 年在莫斯科出版的
弗·伊·列宁《1922—1923 年
的论文和讲话集》一书

译自《列宁全集》俄文第 5 版
第 54 卷第 298—299 页

554
致列·波·加米涅夫和尼·彼·哥尔布诺夫

1922 年 10 月 17 日

致加米涅夫同志和哥尔布诺夫同志

我支持绍特曼同志关于在卡累利阿建造一个书写用纸工厂和开采云母矿的申请。如果没有特殊障碍,请从速办理。[574]

人民委员会主席

弗·乌里扬诺夫(列宁)

载于 1945 年《列宁文集》俄文版
第 35 卷

译自《列宁全集》俄文第 5 版
第 54 卷第 299 页

555
给科·马·钦察泽和
谢·伊·卡夫塔拉泽的电报[575]

1922 年 10 月 21 日　　　　　　　　　　密码

梯弗利斯　格鲁吉亚共产党中央委员会

钦察泽和卡夫塔拉泽

抄送:中央委员奥尔忠尼启则和外高加索

边疆区委员会书记奥拉赫拉什维利

由**钦察泽**等人签发的直达电报稿口气不礼貌,使我感到惊奇,这份电报稿不知为什么是由布哈林而不是由**中央**某个书记转给我。我本来以为,在我的间接参加和**姆季瓦尼**的直接参加下**中央**全会作出的几个决议[576]已经解决了所有分歧。因此我坚决谴责对**奥尔忠尼启则**的谩骂,坚决主张把你们的冲突以恰当的、有礼貌的口气提交俄共中央书记处解决,你们的直达电报已转给书记处。

列　宁

载于1927年在梯弗利斯出版的M.卡希阿尼《党与格鲁吉亚的带有托洛茨基主义倾向的反对派》一书

译自《列宁全集》俄文第5版第54卷第299—300页

556

致格·瓦·契切林[①]

(10月24日)

契切林同志:

　　我觉得事情的结果是:我们不会向任何人支付任何款项;我们是否会向厄克特提供租让还是个问题;我们连一项特权也不会给。

　　我是这么想的。完全有可能必须给点什么。我是不会束缚自己的手脚的。到关键时机我们再讨论给什么和怎样给(向厄克特

---

① 信封上写着:"契切林同志收(列宁寄)"。——俄文版编者注

提供租让或是给一些债券,等等)。

我的总体想法是:他们正在衰败,我们正在变得强大起来。如果能做到的话,应当力争什么都不给。不要束缚自己的手脚。仅以个人名义草草写这些;如果您想要正式的东西,您有权随时得到政治局的决定。

阿拉洛夫一事我没听说,不清楚是怎么回事。

您的　列宁

附言:如果您愿意的话,我们见个面,谈一谈。

我不赞同索柯里尼柯夫的意见。现在正需要贷款,但我们不应付出沉重的代价。

我不知道怎样才能做到发行债券(15年的)又不偿还债款!依我看,到时候人家会用封锁的手段强迫偿还。[577]

译自1999年《不为人知的列宁
文献(1891—1922)》俄文版
第560页

557

给秘书们的指示

1922年10月24日

致人民委员会和劳动国防委员会会议的值班秘书

委托你们密切注意,不准在开会时私下交谈,对交谈者加以制止。**578**

人民委员会主席

弗·乌里扬诺夫(列宁)①

载于1945年《列宁文集》俄文版　　　　　　译自《列宁全集》俄文第5版
第35卷　　　　　　　　　　　　　　　　　第54卷第300页

558

致列·谢·索斯诺夫斯基

(10月25日)

致索斯诺夫斯基同志

　　寄上奥新斯基同志10月14日柏林来信的抄件,他在信中提到了沙季洛沃托拉斯**579**。请您了解一下良种燕麦培育工作的情况,并给《真理报》写一篇短文讲讲这项工作的意义,特别要介绍一下沙季洛沃托拉斯和俄国育种家利西岑所进行的工作。所有必需的材料您大概都可以从泰奥多罗维奇同志那里得到。通过他您还可以同沙季洛沃托拉斯的人和利西岑直接取得联系。先建议您读一下我国出版的季米里亚捷夫翻译的小册子《更新的大地》。

人民委员会主席

弗·乌里扬诺夫(列宁)

---

　　①　签署该文献的还有劳动国防委员会副主席列·波·加米涅夫。——俄文版编者注

附言:我以前曾亲耳听到奥新斯基对沙季洛沃托拉斯的新的(还是老的?)育种家作过**很好的**评价。如果方便的话,**请您核实一下!**[580]

您的 **列宁**

载于 1924 年《求知》杂志
第 8 期

译自《列宁全集》俄文第 5 版
第 54 卷第 300—301 页

559

在格·雅·索柯里尼柯夫来信上的批注和给列·波·加米涅夫的便条

(10 月 25 日)

尊敬的弗拉基米尔·伊里奇:

我请您注意我们为保障纸币不贬值所采取的措施——我们已同国家银行商定,它将开始大批接受<u>按黄金折算的存款</u>(见国家银行今天的通告[581])。这项措施<u>或许</u>能够减轻用商品保护自己的托拉斯开始对纸币进行的抵制,而这种抵制是会加剧财政危机

β

的。黄金的官价<u>几乎</u>已提到市价的水平(官价——800,市价——860)。我想在一定时期内在颇大的程度上能够稳定卢布对黄金的比价…… 从 11 月 1 日起提高铁路运费和邮电收费(收费也都**太低**①),想必能实行。我所以说"想必",是因为曾经以"突击"方式做到了这一点。我担心的是还会有人企图

加米涅夫同志:

(α)按自由行情?

(β) 860 —— 800? 这样"小的"差别不会断送整个事业吗?差别是否小了?

---

① 商品和黄金的指数约为 800 万,而邮电人民委员部收费率指数为 150 万,在某些方面甚至还低一些(写信人注。——俄文版编者注)。

γ)

（γ)为什么不可以　　取消提高收费的决定。
每两星期提高　　　　请您支持这些措施，这些措施能使11月份的
一次收费？　　　纸币发行额保持在10月份的水平上。
　　列　宁　　　　　致同志的敬礼！

　　　　　　　　　　　　　　　　　格·索柯里尼柯夫

加米涅夫同志：

　　应当商谈5—10分钟，并且要赶快。

　　　　　　　　　　您的　列宁

　　　　　　　　　　　译自《列宁文集》俄文版第37卷
　　　　　　　　　　　第369页

560

致格·马·克尔日扎诺夫斯基和
格·列·皮达可夫

1922年10月26日

　　　　致克尔日扎诺夫斯基同志和
　　　　皮达可夫同志

附上此件[582]。我没有抄件。

应当**尽快地**（我想在两三天内）予以答复。

　　这是一。

整个问题要正式解决。

　　这是二。

恳请抓紧处理。

伊万·伊万诺维奇·拉德琴柯是个老布尔什维克,对他应当帮助[583]。

你们的 列宁

载于1959年《列宁文集》俄文版
第36卷

译自《列宁全集》俄文第5版
第54卷第301页

561

致弗·尼·马克西莫夫斯基

1922年10月27日

马克西莫夫斯基同志:

中央昨天作出的决定[584]您大概已经知道了。根据这个决定,教育人民委员部预算的其他项目看来也必须重新审定,以便统筹安排,弥补不足等等。

由于您负责人民委员部的行政和财务工作,所以我请您立即着手重新审查教育人民委员部的预算,尽量压缩一切不必要的开支(中央改善生活委员会①的一部分、高等院校的一部分、许多上层机构等等),以便增加对中小学校和扫盲工作的拨款。关于此事请您给我打个电话或写封短信。

您的 列宁

载于1959年《列宁文集》俄文版
第36卷

译自《列宁全集》俄文第5版
第54卷第302页

---

① 人民委员会所属中央改善学者生活委员会。——编者注

562

致列·波·加米涅夫

（10 月 27 日和 29 日之间）

加米涅夫同志：克尔日扎诺夫斯基告诉我，皮达可夫**一时疏忽**，使得预算（**陆军人民委员部的**）没有减少，而是**增加了**。是否需要**暂缓**一两天，以便设法**纠正**皮达可夫的错误？**585**

您的　**列宁**

译自《列宁全集》俄文第 5 版
第 54 卷第 302 页

563

致维·米·莫洛托夫

（10 月 28 日）

莫洛托夫同志：

此件请一阅，并请予以**重视**，阅后退我。请写张便条告诉我，给亚美尼亚的金卢布（好像决定的是 150 万卢布）是否已经汇出？

援助亚美尼亚人的其他措施又怎样？

必须加速办理，并予以检查。586

盼复。

列　宁

载于 1945 年《列宁文集》俄文版
第 35 卷

译自《列宁全集》俄文第 5 版
第 54 卷第 303 页

564

致约·维·斯大林和列·波·加米涅夫

（10月30日）

致斯大林同志和加米涅夫同志

我认为，从克拉辛同志关于同厄克特的代理人会面的电报内容来看，我们今天就需要先会一次面，不能再晚了，把问题先讨论一下。**587**

列　宁

电话口授

译自《列宁全集》俄文第5版
第54卷第303页

565

致格·列·皮达可夫和
莫·伊·弗鲁姆金

（10月30日）

致皮达可夫同志和弗鲁姆金同志

抄送：斯大林同志和加米涅夫同志

关于克拉辛同志同厄克特的代理人会面的来电，迫使我们尽快把辩论这个问题的文章发表出去。因此请明天就把皮达可夫的文章登在《真理报》上，并说明是供讨论的。后天要刊登弗鲁姆金的或经他选定的别人的文章。

我认为，两篇文章都签发对我们较为有利，但是这样一来就要求政治局改变原议，重新作出决定，因此今晚以前，签发文章的问题应先放一下。**588**

列　宁

电话口授

译自《列宁全集》俄文第5版
第54卷第303—304页

566

给列·波·克拉辛的电报**589**

（10月30日）

交克列斯廷斯基转克拉辛

请开始休假吧，因为我们明天就要在报刊上展开列宁答记者问时向法尔布曼许诺过的辩论**590**。而洛桑会议**591**还是个很大的问号。

译自《列宁全集》俄文第5版
第54卷第304页

567

致列·波·加米涅夫

1922年10月30日

加米涅夫同志：

星期五①晚上克尔日扎诺夫斯基同志向我报告说，皮达可夫同志错误地批准了超过原约定数几十万亿卢布的军事预算。

昨天我了解到，您未能在人民委员会纠正这个错误。用您的话来说，您是打算把这个错误暂时放一放。我仔细考虑了这件事之后，认为这种做法是极其危险的，不稳妥的，在原则上是不正确的，从各方面来说都是不适当的。

我建议今天，星期一，就到我这里来开个会，时间或者是1时到2时，或者是6时到7时，您同斯大林（季诺维也夫和莫洛托夫）一起来，商定召开政治局会议的问题，我想今天就开。

必须立即撤销人民委员会的决定，对皮达可夫提出申斥。否则我们就会长期纠缠不清。提出这个建议（晚了）我感到很抱歉，但是我不能不这样做。

这封信我要抄送斯大林同志。②

致共产主义的敬礼！

列　宁

译自《列宁全集》俄文第5版
第54卷第304—305页

---

① 即10月27日。——编者注
② 见下一号文献。——编者注

568

致约·维·斯大林并转

俄共(布)中央政治局委员[592]

(10月30日)

克尔日扎诺夫斯基告诉我说,这是皮达可夫(国家计划委员会副主席)的错误。这样的错误是不应该犯的。我看,应该客客气气地请皮达可夫今后不要再犯这样的错误。

列　宁

1922年10月30日

译自《列宁全集》俄文第5版
第54卷第305页

569

致卡·伯·拉狄克

(不晚于10月)

最好把这本书写成教科书:世界**各**国概况;谁欠谁多少债;各国能获利的主要**收入**来源。

总之要鲜明扼要地描绘出**4**个帝国主义强国进行无耻统治的情景(要译成各种文字;要写成一本教科书;每两年补充一次)。

地图要清楚。

地图要标明主要财富;

————主要**债务**;

这一切都要醒目,绘制成各种图表,等等。

载于1959年《列宁文集》俄文版
第36卷

译自《列宁全集》俄文第5版
第54卷第305——306页

570

给费·埃·捷尔任斯基的电报[①]

(11月1日)

交奥尔忠尼启则转捷尔任斯基

罗蒙诺索夫现在这里,他曾要我任命他为临时代理副人民委员。他要我们相信,一个月之后,在您回来之前,我们完全可以从容作出判断,他能不能制服敌视他的那些专家和工会;他还要我们相信,他不适合做顾问或者相当于顾问的部务委员。我认为,有您担任政治领导,他确实愿意管理铁路。我深信,他没有任何别的意图。恳请同意他的要求,不要怀疑此中别有用意,我一点没有别的

---

① 文献上方有约·维·斯大林写的批注:"**密码,绝密**"。——俄文版编者注

用意。我深信，让一位优秀专家认真试一试的机会，我们以后决不会再有了，因为他会辞职去当教授。我认为，您必须担任铁路党的和政治的领导。请立即给我答复，要开诚布公。[593]

列　宁

译自《列宁全集》俄文第5版
第54卷第306页

571

☆致财政委员会

（11月4日）

抄送：泰奥多罗维奇同志

在审查农业人民委员部的预算时，各部联席会议拒绝把国家种子改良局的预算列入农业人民委员部的预算，而建议向国家银行申请贷款。国家银行对第一季度申请的35 000亿卢布只同意贷给10 000亿。

我认为沙季洛沃托拉斯的工作对国家具有巨大的意义，并深信，按照美国方式改良农作物是提高我国农业生产率的极重要基础之一，因此请你们重新考虑各部联席会议的决定，尽可能满足国家种子改良局的需要。

附上以下材料：泰奥多罗维奇同志的申请报告的抄件和奥新

斯基同志的来信的抄件(我完全同意该信的内容)。[594]

人民委员会主席

弗·乌里扬诺夫(列宁)

载于1945年《列宁文集》俄文版
第35卷(非全文)

译自《列宁全集》俄文第5版
第54卷第307页

572

在娜·康·克鲁普斯卡娅的
信上写的附言

(11月4日)

致人民委员会食堂委员会

尊敬的同志们:

教育人民委员部部务委员中有一位别姆同志,是共产党员,是一位很好的同志。来莫斯科以前他患过重病(血中毒)。来莫斯科以后,他申请到人民委员会食堂就餐,但是至今没有得到答复。他工作繁忙,吃得难以想象地差,以致因虚弱而患病。一个人不善于为自己争取生活福利,但我们不能以此为理由听任他去拼命。

恳请让他能同其他部务委员一样在人民委员会食堂就餐。

按以下地址通知他:斯列坚斯克林荫道6号教育人民委员部社会教育总局,教育人民委员部部务委员 O.Л.别姆。

致共产主义的敬礼!

娜·乌里扬诺娃

我支持这个请求。

致共产主义的敬礼!

列　宁

译自《列宁文集》俄文版第 37 卷
第 370 页

573

致尼·巴·布留哈诺夫

(11月6日)

粮食人民委员部　布留哈诺夫同志

据悉,由于夏季多雨,目前送到粮站的大量粮食是湿的。令人担心的是粮食很容易发热而失去经济价值。

请告诉我,上述情况是否属实,对集中的粮食是否采取了妥善的保管措施,再者,这项工作在全国范围内由谁负责监督。

格列勃·马克西米利安诺维奇告诉我,对公粮的巨大威胁是在运达地点大量积压,在莫斯科、彼得格勒、萨马拉、雷宾斯克、雅罗斯拉夫尔、科斯特罗马等站积压粮食达 1 万车皮,原因是各指定的地点仓库不够和卸车工作普遍拖延。

改换收货地点的办法一时似乎还没有产生良好效果,因为改运到其他地点以后由于要等待包装材料和仓库,车皮仍然一连停留好几个星期不能卸货。

由于仓库装不下,现在显然已经到了特别危急的时刻。

请告诉我,现在卸粮工作的情况如何,粮食人民委员部为加速卸车采取了哪些措施。

人民委员会主席
弗·乌里扬诺夫(列宁)

载于1945年《列宁文集》俄文版 第35卷

译自《列宁全集》俄文第5版 第54卷第307—308页

574

致格·马·克尔日扎诺夫斯基

(11月6日)

国家计划委员会 克尔日扎诺夫斯基同志
抄送:**财政人民委员部 索柯里尼柯夫同志**

送上丘巴尔同志两封来信的抄件,他在信中论证说,现实生活已经推翻了劳动国防委员会10月13日关于顿巴斯的决定[595]。

这个问题必须紧急地通盘地重新加以研究。讨论时要请财政人民委员部和全俄工会中央理事会参加。无论如何必须找到一种能解决所有问题的办法,以保证顿巴斯的正常生产,使生产不受卢布继续贬值的影响。

我认为这件事非常紧急,请国家计划委员会专门集中力量处理这项工作。**596**

人民委员会主席

弗·乌里扬诺夫(列宁)

载于 1959 年《列宁文集》俄文版
第 36 卷

译自《列宁全集》俄文第 5 版
第 54 卷第 308—309 页

575

☆致国家政治保卫局

（11 月 6 日）

抄送:外交人民委员部

埃杜克同志

我得到的材料说明,目前有大量的人(俄罗斯人和美国人)通过各边境点,特别是通过黑海各港口非法入境。

据最高国民经济委员会工业移民局报告,每月入境人数达二三百之多(其中有投机商、反革命分子以及诸如此类的人物)。

请你们采取最果断的措施制止这种入境现象。

请把采取的措施报告哥尔布诺夫同志。

人民委员会主席

弗·乌里扬诺夫(列宁)

载于 1958 年在莫斯科出版的《列宁
论社会主义法制(1917—1922 年)》
一书

译自《列宁全集》俄文第 5 版
第 54 卷第 309 页

576

致格·瓦·契切林[597]

(不早于 11 月 8 日)

契切林同志:我们是否应该指责墨索里尼,将人员**全部**(沃罗夫斯基及代表团全体成员)**撤出意大利**,先对意大利的法西斯分子进行**谴责**?

我们要进行一次国际性的示威。

谴责的理由很容易找到:你们杀了我们的人,你们是野蛮人,是**比 1905 年的俄国黑帮分子还要坏的**黑帮分子,等等,等等。

我看,应该这样做。

我们要认真援助意大利**人民**。[598]

　　　　　　您的　列宁

　　　　译自《列宁全集》俄文第 5 版
　　　　　第 54 卷第 310 页

577

致伊·伊·斯克沃尔佐夫-斯捷潘诺夫

(11 月 15 日)

亲爱的伊万·伊万诺维奇:

您那篇谈专家问题的文章我已读过了。[599]

有两点我不同意。

第一点是在开头(顺数第3栏):"如果第一……**600**〈这是对的〉,第二,如果这些专家不能成为自己的专家,不能成为**把巩固和发展无产阶级专政看成自己的任务的专家**,无产阶级专政就会垮台。"

加上了着重标记的地方是不对的。在**资产阶级**专家、**小资产阶级**专家还没有消失以前,在**所有**专家还没有成为**共产主义者**以前,我们在很长时间内是不会有这样的专家的。可是,无产阶级专政决不应该"**垮台**"。只要有**起码**的条件即**第一个**条件就够了。第二个条件不会把我们置于死地。只要能"支配"就够了。

怀疑、犹豫、暗算、叛变等等还会长期地存在。第二个条件要延续到专政**结束**才能实现,因此**不是专政的条件**。

现在谈第二点,在文章的末尾,**倒数**第3段和第2段。

"阶级斗争……并不比它所表现的关系更不像样。"**601**

不对。这**不对**,而不仅仅是不像样。这比不像样还糟,这**在科学上是不对的**。这不是阶级斗争。

再有,"科学实验室是一个团结的集体,它协调一致而且其成员**人人都自觉地**进行活动"。

不对。这种情况不可能在**阶级消灭**以前出现。

这不是从科学出发而是从温情主义出发得出的结论:**在阶级消灭以前**"分享"一切吧。不对。这会退化到1918年的样子,医士要求医生:"分享"一切(**科学上的东西**)吧。

这是不对的,在实践上也是有害的。

比如:政治局和它的**女秘书**们。要"分享"一切(**科学上的东**

西)吗? 您自己也不会这样主张。您说过头了。

　　致崇高的敬礼!

您的　**列宁**

载于1929年《无产阶级革命》杂志
第10期

译自《列宁全集》俄文第5版
第54卷第310—311页

578

致尼·瓦·克雷连柯

1922年11月18日

　　尼·瓦·:从柏林的同志那里寄来的关于病人和就医者的"报告"中得知,叶·费·[602]基本上**没有**治好。要求(医生们要求)再给她治**几个月**,她拒绝了。

　　需要"十分细心地安排饮食和经常进行医疗监护"。　{"肝有毛病"}

　　请注意!

　　敬礼!

列　宁

译自《列宁文集》俄文版第38卷
第425页

579

致列·波·加米涅夫[603]

（11月21日）

要给马里州拨款，而且要多拨一些。这已是**多年的**嘲弄了。

译自《列宁文集》俄文版第 38 卷
第 429 页

580

给俄共(布)中央政治局委员的便条和
给赫伯特·克·胡佛的信的草稿

（11月22日）

绝密

　　哈斯克尔向我重述了他曾有条件地向加米涅夫同志提出过的建议。我已经表示完全同意，并说了许多赞扬的话。我在答应哈斯克尔的请求时，想把下面这封信交给他，请政治局委员们和契切林同志就下面的问题发表意见：你们认为把这样一封信交给哈斯克尔合适还是认为我推说有病，根本回避把任何信件交给哈斯克尔更为稳妥(因为美国的政治情况我们并不清楚)。

最晚在明天上午务必作出决定。

致**胡佛**先生

亲爱的胡佛先生:

哈斯克尔上校先生曾同经常与他交涉美国救济署事务的加米涅夫同志谈过,后来又在同我专门会晤时转告我,说您在一定条件下同意迁居俄国,献身于俄国的经济复兴工作;我以极大的兴趣欢迎这个建议,并预先为此向您表示感谢。我在此重申曾对哈斯克尔先生说过的话,这就是:一位来自与我国经济制度的原则相对立的国家的卓越组织者和"工业领袖"向我们提供援助,会有极重要的意义,这非常符合我们的愿望,也使我们感到高兴。

遵照哈斯克尔先生的愿望,此事在您作出决定前严格保密。**604**

致以敬意!

列　宁

译自《列宁全集》俄文第5版
第54卷第311—312页

581

致列·达·托洛茨基、格·叶·
季诺维也夫、尼·伊·布哈林和
卡·伯·拉狄克[605]

(11月25日)

致托洛茨基、季诺维也夫、
布哈林和拉狄克同志

你们寄来的文件,即主要由瓦尔加起草并经委员会批准的题为《土地行动纲领草案》的德文稿,我看过了,对这个文件我很难表示赞同。我觉得,这个草案与共产国际第二次代表大会关于土地问题的决议相比,几乎没有提出什么新东西。某些提法,可能是出于偶然,同共产国际第二次代表大会的决议不一致,我很担心会引起误解,造成这个草案与第二次代表大会的决议存在分歧的曲解。似乎还存在这样的差别,这会冲淡决议中所说的支持农民运动的意思,会在贫苦农民和农业无产者之间造成某种裂痕。

我不可能更仔细地研究这个问题,把你们送来的瓦尔加的决议草案同第二次代表大会的决议逐句加以对照。我认为我们必须极力防止就同一问题作出许许多多可能引起误解和混乱的决议。

我建议至少应该：

1.把新决议同第二次代表大会的决议逐句加以对照。

2.使这个新决议具有某种类似局部说明的性质。

说实在的,我觉得这个新决议是否有益是很值得怀疑的。[606]

列　宁

电话口授

译自《列宁全集》俄文第5版
第54卷第313页

582

致列·达·托洛茨基

(11月25日)

致托洛茨基同志

抄送:季诺维也夫、布哈林、拉狄克、

斯大林和加米涅夫

1.关于博尔迪加的问题,我极力主张采纳您的建议:以我们党中央的名义写一封信给意大利的代表们,十分坚决地建议他们采纳您提出的策略,否则他们的行动在今后整个时期里对意大利共产党人将是极其有害的。[607]

2.读了您论述新经济政策的提纲,我认为总的来说写得很好,某些提法恰到好处,但有少数几点我觉得还值得商榷。我建议暂时先在报上发表,以后一定要再印成单行本出版。要是再加上一些说明,那它对于向国外公众介绍我国的新经济政策将是特别合适的。

列 宁

电话口授

译自《列宁全集》俄文第5版
第54卷第314页

583

☆致全俄中央执行委员会主席团

(11月28日)

抄送:波格丹诺夫同志

佛敏同志

11月14日,人民委员会审议了把最高国民经济委员会的枕木防腐工厂移交给交通人民委员部的问题,决定把工厂移交给交通人民委员部。

由于我对这个决定是否正确产生某些疑问,我提请全俄中央执行委员会主席团对这个问题重新进行详细的、实质性的审查,让双方发表意见,每方不少于20分钟。

一方的报告人为最高国民经济委员会的代表,另一方为交通人民委员部的代表。

关于这个问题的全部材料,将由人民委员会办公厅主任**哥尔**

布诺夫同志送给你们,我已对他作了相应的布置。**608**

人民委员会主席

弗·乌里扬诺夫(列宁)

载于 1933 年在莫斯科出版的 　　　　　译自《列宁全集》俄文第 5 版
瓦·瓦·佛敏《列宁与运输业》　　　第 54 卷第 314—315 页
一书

584

对尼·米·克尼波维奇报告的批示**609**

(12 月 3 日)

他提出的为亚速海渔业科学考察队申请轮船的事,应予支持(申请报告附上)。

列　宁

1922 年 12 月 3 日

我本人了解**尼·米·克尼波维奇**,他是个绝对正派的人。他在政治上一度追随普列汉诺夫,但在这以前和以后他是一个不搞派别活动的社会民主党人。他所反映的意见是可以而且**应该**完全相信的。**克尼波维奇**精通渔业科学:从事研究已有 37 年。

列　宁

译自《列宁全集》俄文第 5 版
第 54 卷第 315 页

585

致约·伊·霍多罗夫斯基

(12月4日)

霍多罗夫斯基同志：

莫洛托夫同志告诉我，您曾在新尼古拉耶夫斯克进行过城乡支部相互帮助的试点。您能否把这方面的材料(手写的和印刷的)搜集起来；如果在苏维埃代表大会召开前来不及的话，能否简单地写几句；或者找时间面谈一下。**610**

列　宁

1922年12月4日

电话口授

载于1930年4月22日《消息报》
第111号

译自《列宁全集》俄文第5版
第54卷第315—316页

586

致马·马·李维诺夫

(12月4日)

秘密

致**李维诺夫**同志

李维诺夫同志：

哈斯克尔动身后您随即给他发往伦敦的电报他是否已收

到,请通知我。**611**如果没有这方面的消息,就请您告诉我您认为可以采取什么办法使哈斯克尔在回到美国会见胡佛之前收到这份电报。

人民委员会主席

弗·乌里扬诺夫(列宁)

电话口授　　　　　　　　　　　译自《列宁全集》俄文第5版
　　　　　　　　　　　　　　　　第54卷第316页

587

致阿·伊·斯维杰尔斯基

(12月5日)

工农检查人民委员部

斯维杰尔斯基同志

1. 我获悉,北冰洋岛屿经济管理局用烧酒同新地群岛移民做买卖,因而使那些异族人学会了喝酒。

据说,管理局规定的价格极其苛刻,结果当地移民就尽量设法把捕获的东西卖给到那里去的挪威猎人,因为后者出的价不那么苛刻。

2. 有人告诉我,由于战时捕鱼业严重削弱,在亚速海里又出现了达到捕捞数量的石斑鱼,而这种鱼过去因为滥捕几乎失去了捕捞价值。鲟科幼鱼,包括几乎绝种的鳇鱼,也多起来了。但是,立即就出现了毫无约束、毫无限制地滥捕鲟科幼鱼的现象。这样做很快会使战争造成的有利影响化为乌有,这是一方面。另一方面,顿河下游似乎发生过而且可能现在还在发生某种不可思议的怪事。有人举例告诉我说,连顿河粮食委员会水上警卫队自己也在禁区滥肆捕捞,而且还征收一种在禁区捕鱼的特别许可费:每网4亿到5亿卢布。

由于在顿河下游滥肆捕鱼,顿河粮食委员会水上警卫队队长已被撤职。这位先生**仅仅**是被撤职而已。必须了解一下,他现在在什么地方,并且要**认真**检查一下,对他惩罚得够不够。

请您派人对上述两件事进行调查,调查结果写成简短的报告交**哥尔布诺夫**同志转给我。

对这些胡作非为的人,不应只是吓唬一下,还应认真查办和清洗。

人民委员会主席

弗·乌里扬诺夫(列宁)

载于1934年《苏联渔业》杂志
第1期(非全文)

译自《列宁全集》俄文第5版
第54卷第316—317页

588

致尼·彼·哥尔布诺夫

(12月6日)

哥尔布诺夫同志:

鉴于撤销(明春?)铁路代表团的问题已经提出,必须把这件事彻底查清。

这个问题好像是由**阿瓦涅索夫**准备的。

韦托什金是否知道？阿瓦涅索夫是否把有关这个问题的**全部**材料交给他了？

请您**亲自**检查一下。[612]

列　宁

译自《列宁全集》俄文第5版
第54卷第318页

589

致莉·亚·福季耶娃和
尼·彼·哥尔布诺夫

（12月7日）

致福季耶娃同志和哥尔布诺夫同志

中央委员会送给我的所有文件都要登记在一个专门的本子上，要尽量简明，用电报文体，不超过3行。如果记载中有不清楚或不准确的地方（如要求什么，请求多少，对什么有意见，要达到什么目的这类问题），要由你们负责。

列　宁

1922年12月7日

载于1945年《列宁文集》俄文版
第35卷

译自《列宁全集》俄文第5版
第54卷第318页

590

致查理·普·施泰因梅茨

（12 月 7 日）

请交与无产阶级相对抗的科学文化界代表联合阵线中的少数例外人士之一、最尊敬的查理·普罗蒂尤斯·施泰因梅茨。

我相信，用不了多久，这个阵线打开的缺口会继续加深和扩大。愿掌握了自己命运的俄国工农的榜样，会成为对美国无产阶级和农民的一种支持。尽管战争的破坏造成了极其严重的后果，我们仍在前进，虽然我们进行新生活经济建设拥有的资源还不到美国人民多年来掌握的雄厚资源的 $\frac{1}{10}$ [613]。

弗拉基米尔·乌里扬诺夫（列宁）

1922 年 12 月 7 日于莫斯科

原文是英文

载于 1923 年 7 月《苏维埃俄国图画》杂志

译自《列宁全集》俄文第 5 版第 54 卷第 319 页

591

致格·叶·季诺维也夫

（12 月 8 日）

季诺维也夫同志：

我**丝毫**不怀疑您袒护罗日柯夫。

丝毫不!

实际上我是很担心:他什么谎都撒得出来,**即使在报刊上**也是如此。他会撒谎,而我们会上当。

我担心的就是这个。

他们的口号是:撒谎,退党,留在俄国。

这就是应该考虑和**商量**的事。[614]

您的 列宁

载于1959年在莫斯科出版的莉·亚·福季耶娃《列宁生活片断》一书

译自《列宁全集》俄文第5版第54卷第319—320页

592

致约·维·斯大林

(12月8日)

致**斯大林**同志

斯大林同志:

我对昨天通过的关于罗日柯夫的决定的合法性提出异议,因为:

第一,这个决定没有按照惯例和规章在中午12时以前列入议事日程;

第二,没有事先让中央委员了解各种文件;

　　第三，这个问题已讨论过两次，没有任何理由仓促行事，尤其是我只参加了会议的前半段，而问题恰恰是在我不得不离开会场之后提出讨论的。因此，我坚持把问题提交全会，何况离召开全会只有一个星期的时间了。[615]

　　关于洛佐夫斯基的问题，我建议用腾出的时间积极物色必要的人选。[616]

　　作为一个党，我们给共产国际，从而也给红色工会国际输送的人员已经太多了。如果洛佐夫斯基单独不能完全胜任工作，那就必须从外国人或者从我们决不会分配做其他工作（无论是组织工作，还是实际工作或行政工作）的干部中吸收新生力量。因此，无论如何不能动用卡尔宁，我听说，他在顿巴斯已着手进行一项相当重要的工作，而且，如果我没有弄错的话，干得还非常有成绩。同样也千万不要就把托姆斯基派去，他在全俄工会中央理事会忙得不可开交，由于人手不够，工作上的困难是很大的。如果一定要派，我建议派托姆斯基和鲁祖塔克去，不过这个新职务占用他们的时间每天不得超过半小时，而且一定要给他们配备两名或两名以上精通外语并能详尽向他们汇报情况的秘书。我提议把物色这种秘书的任务交给组织局或书记处，要做到决不解除这些秘书原来担任的我们党需要的任何职务。

　　我提请您注意，如果像罗特施坦这样的人都不使用，那就清楚地表明在红色工会国际和共产国际的工作中存在着令人不能容忍的无政府状态，因为不管怎么说，这些人已经以长期的工作证明他们完全适宜担任文字工作，比如说担任老的《新时代》杂志[617]的文字工作；毫无疑问，这些人在秘书的适当帮助下一定能发挥极大的作用，而合适的秘书可以而且应该从外国人中而不是从俄国人中挑选。从我们党里为共产国际和红色工会国际抽调人员绝对应该就此结束。

我提议把相应的建议送交中央书记处或组织局。**618**

列　宁

电话口授

译自《列宁全集》俄文第5版
第54卷第320—321页

593

致莫·伊·弗鲁姆金**619**

(12月10日)

致弗鲁姆金

阿瓦涅索夫的提纲的最后一稿(第11节第15条)您看过了吗?(12月5日第012461/ск 号)**620**

请写几行字把您的意见告诉我,如果星期一来不及,就请星期二以前①把意见写好交给我,星期二我打算到莫斯科去。**621**

列　宁

12月10日

译自《列宁全集》俄文第5版
第54卷第322页

---

① 即12月11日或12日。——编者注

594

给康·拉查理的信和
给秘书的指示

1922年12月11日于莫斯科克里姆林宫

亲爱的拉查理同志:

感谢你托马菲同志转达的问候,我也衷心向你问好。

很遗憾,我因病未能关注你在共产国际第三次代表大会以后的工作。目前面临的是一项需要审慎对待的任务。合并问题已由代表大会解决;要以最大的努力促使合并的实现。[622]我深信,你会把你的全部威望和一个忠诚的老革命家的热忱贡献给我们为自己提出的伟大目标——实现一切真正的革命者牢固的和真诚的团结。

一旦塞拉蒂制造障碍(即使可能不是有意的),我当特别寄希望于你:过去造成的不信任太严重了,因此塞拉蒂不仅应当(这是不言而喻的)抱最大的诚意,而且应当尽量使这种诚意表现出来。此外,他还应专门想出(他非常机智,非常灵活,是能做到的)各种办法,避免一切可能引起共产党人不信任的事端。很遗憾,我因病不能向塞拉蒂面告这些想法。

祝你身体健康并致最衷心的问候。[623]

列　宁

Moscou, Kremlin, le 11 décembre 1922

Cher camarade Lazzari,

Je te rends de tout mon coeur les salutations très agréées dont tu as chargé le camarade Maffi. *n'ai pas malheureusement à cause de ma maladie*

J'ai suivi ton oeuvre depuis le III-ème Congrès de l'Internationale Communiste ~~et je connais même les propositions personnelles du Congrès de Rome~~. Il y a maintenant la tâche la plus délicate à poursuivre. La fusion a été décidée par le Congrès; il faut y contribuer de toute bonne volonté. Je suis sûr que tout l'appui de ton autorité et de ton enthousiasme de vieux révolutionnaire fidèle sera mis au service du grand but que nous nous proposons: l'union solide et sincère de tous les vrais révolutionnaires.

Beaucoup de souhaits pour ta santé, et mes solutations les plus cordiales. Lénine

spécialement (il est assez adroit & flexible pour ça)

Je compte surtout sur toi en cas si Serrati créé quelques difficultés même involontairement : la méfiance resultant du passé est tellement grande qu'il doit non seulement être (ça va sans dire) se paraître le zélas legal possible et encore inventer toutes méthodes possibles pour éviter toute possibilité de méfiance de la part des communistes. Malheureusement ma maladie m'a empêché d'adresser cela à Serrati personellement.

(mais aussi)

1922 年 12 月 11 日列宁给康·拉查理的信和给秘书的指示

（按原稿缩小）

致福季耶娃或值班秘书

请将我的法文稿修改一下,打完字退给我。

列　宁

原文是法文

载于1959年《列宁文集》俄文版
第36卷

译自《列宁全集》俄文第5版
第54卷第322—323页

595

致列·达·托洛茨基

(12月12日)

托洛茨基同志:现将克列斯廷斯基的信送上。您是否同意,请尽快写封短信来;我将在全会上为维护垄断而战斗。

您呢?

您的　列宁

附言:最好尽快退还。[624]

译自《列宁全集》俄文第5版
第54卷第323页

596

致莫·伊·弗鲁姆金和
波·斯·斯托莫尼亚科夫[625]

(12 月 12 日)

致弗鲁姆金和斯托莫尼亚科夫同志
抄送:托洛茨基

我由于病情恶化,不得不放弃出席全会。我很清楚,这样对待你们我感到不安,甚至是很不安,可是我连作稍微像样一点的发言都办不到。

今天,我收到了随信附上的托洛茨基同志的来信[626]。信中提及的所有重要问题我都赞同他的意见,也许只有信末关于国家计划委员会的内容除外。我会写信告诉托洛茨基我赞同他的意见,此外因我生病,还请他在全会上出面维护我的观点。[627]

我想所要维护的观点可分三个方面:

第一,捍卫对外贸易垄断的基本原则,完全彻底地肯定它(垄断)。

第二,将阿瓦涅索夫提出的实施这一垄断的具体提纲[628]提交给专门委员会进行十分详尽的讨论;对外贸易人民委员部的代表在这个委员会中不应少于一半。

第三,关于国家计划委员会的工作问题应该单独提出来,而且我以为,如果托洛茨基仅仅要求以发展国有工业为标志的国家计划委员会的工作就对外贸易人民委员部各方面的活动作出评论的话,我和他大概不会有什么分歧。

我还希望今明两天写好一份就此问题的实质致中央全会的声明[629]并寄给你们。总之,我认为这个问题的原则意义非常重大,如果中央全会上不能达成一致,我还得把这个问题提交给代表大会。在此之前,我要在即将召开的苏维埃代表大会俄共党团会议上宣布目前的分歧。

列　宁

1922年12月12日

载于1971年在海牙—巴黎出版的《托洛茨基收藏文件集(1917—1922年)》第2卷(1920—1922年)

译自未刊印的《列宁文集》俄文版第41卷

597

致列·达·托洛茨基

(12月13日)

致托洛茨基同志

抄送:弗鲁姆金和斯托莫尼亚科夫

托洛茨基同志:

您对克列斯廷斯基的信和阿瓦涅索夫的提纲的意见我已收

到。**630** 我觉得我和您的意见完全一致，因此我想，国家计划委员会的问题照现在这样的提法就可以消除（或者撇开）国家计划委员会是否需要指挥权的争论**631**。

不管怎样，恳请您在即将召开的全会上出面维护我们的共同观点，即保留和加强对外贸易垄断是绝对必要的。由于上次全会在这方面通过了与对外贸易垄断完全背道而驰的决定，又由于在这个问题上不能让步，我认为，正如我在给弗鲁姆金和斯托莫尼亚科夫的信①中所说的，在这个问题上一旦我们失败，我们就应该将问题提交党代表大会。为此，有必要向参加即将举行的苏维埃代表大会**632**的党团简略地陈述一下分歧所在。如果来得及，我就把它写出来，如果您也这样做，我将十分高兴。在这个问题上摇摆不定会给我们造成前所未有的危害，而反对的理由无非是指责办事机构不完善。而在我们这里办事机构不完善到处都很突出，由于办事机构不完善就取消垄断，岂不等于把小孩和水一起从澡盆里泼出去。

列　宁

1922 年 12 月 13 日

电话口授

译自《列宁全集》俄文第 5 版
第 54 卷第 324 页

---

①　见上一号文献。——编者注

598

致约·维·斯大林

(12月13日)

致斯大林同志
给中央全会的信

为了正确评估我们在罗日柯夫问题上的分歧,应该考虑到,我们已经多次在政治局提出过这个问题。第一次托洛茨基主张推迟驱逐罗日柯夫出境。第二次,当罗日柯夫受梅辛压力的影响对自己的观点作了新的表述后,托洛茨基主张驱逐他,认为这一表述不仅很糟,而且显然证明罗日柯夫的观点言不由衷。我完全同意季诺维也夫的看法,罗日柯夫这个人观点死硬,但他在与梅辛做交易时对我们让了步,发表各种各样的反对孟什维克的声明,其动机完全与我们当年在参加国家杜马时签署效忠沙皇的誓言一样。因此,如果要让斯切克洛夫或别的什么人利用罗日柯夫的声明(比如为了向孟什维克"挑战"),那么,第一,他不会达到目的,第二,只会使我们丢脸,因为孟什维克会直截了当地回答说,他们在强制的作用下从来都会像我们一样主张签署任何一份效忠誓言。我们将会因与孟什维克如此"决斗"而丧失一切。

我建议:

第一,把罗日柯夫驱逐出境。

第二,如果这一条通不过(比如说,考虑到罗日柯夫已经年迈,应予宽恕），那就不应该公开讨论罗日柯夫在强制下发表的声明。应该等待罗日柯夫出自内心发表拥护我们的声明，哪怕几年以后也行。我迄今为止还是提议把他送走，例如送往普斯科夫，为他提供过得去的生活条件，使其在物质上和工作上得到保障。但要把他置于严密监视之下，因为这个人现在和将来大概都是我们的死敌。[633]

列　宁

1922年12月13日

莉·福季耶娃根据电话记录

载于1992年《祖国》杂志第3期

译自1999年《不为人知的列宁文献（1891—1922）》俄文版第579—580页

599

致瓦·亚·阿瓦涅索夫

（12月14日）

阿瓦涅索夫同志：送上我的信[①]，请在7时以前退给我。

请好好考虑一下，需要补充什么，删减什么。**如何开展斗争?**[634]

您的　**列宁**

载于1957年《苏共历史问题》杂志第4期

译自《列宁全集》俄文第5版第54卷第325页

---

① 见本版全集第43卷第332—336页。——编者注

600

致列·达·托洛茨基

(12月15日)

托洛茨基同志:我认为,我们已经完全谈妥了。请您在全会上声明我们两人意见一致。我相信,我们的决定一定能通过,因为在十月全会上投反对票的一些人,现在正部分地或者完全地转到我们这一边来。

万一我们的决定通不过,我们就向苏维埃代表大会党团声明,要求将问题提交党代表大会。

那时请通知我,我也将寄去自己的声明。

您的　**列宁**

附言:如果这个问题在这次全会上被撤销(我想是不会这样做的,而您当然应该以我们两人的名义全力反对这样做),那么我想,还是应当向苏维埃代表大会党团提出,要求把问题提交党代表大会,因为继续动摇不定是绝对不能容许的。

我给您送去的全部材料可以在您那里放到全会开完以后。

译自《列宁全集》俄文第5版
第54卷第325—326页

601
致列·达·托洛茨基

(12月15日)

致**托洛茨基**同志

托洛茨基同志：

我今天收到弗鲁姆金的信[635]，现转给您。我也认为，一劳永逸地彻底解决这个问题是绝对必要的。如果有人担心这个问题会使我感到不安，甚至会使我的健康状况受到影响，我认为这是完全不正确的，因为拖而不决将使我们在一个根本问题上的政策完全稳定不下来，这就更会使我一万倍地感到不安。因此，我请您注意附去的信，恳请支持立即讨论这个问题。我确信，如果我们有失败的危险，那么在党代表大会召开之前失败并立即向苏维埃代表大会党团提出声明，总比在党代表大会召开之后失败有利得多。或许，我们可以接受这样一种妥协，即我们现在作出一个确认垄断的决定，但问题仍然向党代表大会提出来，并立即就这一点谈妥。依我看，从我们的利益和事业的利益出发，其他任何妥协都是我们根本无法接受的。

列　宁

1922年12月15日

电话口授

译自《列宁全集》俄文第5版
第54卷第326页

602

致人民委员会副主席和
劳动国防委员会副主席[636]

(12 月 16 日)

给几位副主席的信[①]

1.应把国家计划委员会交给李可夫。[②]

2.我以为必须雇用 6 名速记员,把每次接见的情况用三四行字扼要地记下来,当然,只限于记录商定的要点和最主要的两三个数字。

我想,这样做是很必要的,这可以使三位副主席的工作协调起来,其次也可以对匆忙作出的决定再进行考虑,并在几星期之后把所采取的各项措施的结果加以比较。

应该委托哥尔布诺夫负责建立起这一速记记录的班子,并严格加以监督,使其能井井有条地进行工作。

3.请你们把你们谈到的有关统计学家波波夫的决定扼要地记下来(大约用一页)。我不打算现在就对这个决定提出异议,但我

---

① 打字稿上打的是"致加米涅夫、李可夫、瞿鲁巴同志"。——俄文版编者注

② 下面有一段话被勾掉,打字稿上没有打印:"2.至于分工的其余各点,我还没有来得及充分考虑,如果来得及再读一遍并深入考虑,我今天就答复。"——俄文版编者注

认为,把指控和辩护都准确记录下来,过几个星期我们会用得着的。[①]

尼·列宁

口授
译自《列宁全集》俄文第 5 版
第 54 卷第 327 页

603

致列·达·托洛茨基[637]

(12 月 21 日)

好像仅仅调动了一下兵力,就一枪不发地拿下了阵地。我建议不要停顿,要继续进攻,为此要通过一项提案,即向党代表大会提出加强对外贸易和改进对外贸易的措施问题。这件事要向苏维埃代表大会党团宣布。我希望您不会表示异议,也不会拒绝向党团作报告。

尼·列宁

1922 年 12 月 21 日

译自《列宁全集》俄文第 5 版
第 54 卷第 327—328 页

---

① 这里指的是什么,尚未查明。——俄文版编者注

1923 年

604

致列·达·托洛茨基[638]

（3月5日）

绝密

亲收

尊敬的托洛茨基同志：

我请您务必在党中央为格鲁吉亚那件事进行辩护。此事现在正由斯大林和捷尔任斯基进行"调查"，而我不能指望他们会不偏不倚。甚至会完全相反。如果您同意出面为这件事辩护，那我就可以放心了。如果您由于某种原因不同意，那就请把全部案卷退还给我。我将认为这是您表示不同意。[639]

致最崇高的、同志的敬礼！

列　宁①

电话口授

译自《列宁全集》俄文第 5 版
第 54 卷第 329 页

---

① 这封信有一张附页，上面是秘书写的附言："托洛茨基同志：除电话向您转述的信件外，弗拉基米尔·伊里奇还要求补充通知您，加米涅夫同志星期三去格鲁吉亚，他要了解您自己是否想往那里捎什么东西？1923 年 3 月 5 日。"——俄文版编者注

605

☆致斯大林同志

（3月5日）

绝密

亲收

抄送：加米涅夫同志和季诺维也夫同志

尊敬的斯大林同志：

您竟然粗暴地要我妻子接电话并辱骂了她。尽管她向您表示同意忘记您说的话，但季诺维也夫和加米涅夫还是从她那里知道了这件事。我不想这样轻易地忘记反对我的言行，不言而喻，我认为反对我妻子的言行也就是反对我的言行。因此，请您斟酌，您是同意收回您的话并且道歉，还是宁愿断绝我们之间的关系。[640]

顺致敬意！

列　宁

1923年3月5日

译自《列宁全集》俄文第5版
第54卷第329—330页

606

致波·古·姆季瓦尼、
菲·耶·马哈拉泽等同志

（3月6日）

绝密

致姆季瓦尼、马哈拉泽等同志
抄送：托洛茨基同志和**加米涅夫**同志

尊敬的同志们：

我专心致志地关注着你们的事。我对奥尔忠尼启则的粗暴，对斯大林和捷尔任斯基的纵容感到愤慨。我正为你们准备信件和发言稿。**641**

致以敬意！

列　宁

1923年3月6日

译自《列宁全集》俄文第5版
第54卷第330页

附　录

1921 年

1

☆给各省执行委员会的电报⁶⁴²

（11 月 21 日）

抄送：各省土地局

冬季农业机关面临的任务是培养有政治觉悟的乡农业工作人员。这个运动要在各省执行委员会全面、认真地参加下，按农业人民委员部的计划突击进行。现责成各省执行委员会：（1）在 12 月 1 日前审查并批准运动计划；（2）吸收所有地方政权机关参加这项工作，并给予农业机关以切实的协助；（3）全面检查并监督运动的进展情况。

应该特别注意向农民讲明所采取的措施的意义，使他们能够把他们的优秀代表送到训练班来。今后，你们要在经济会议和省执行委员会全会上定期提出省土地局关于运动进展情况的报告，并通过县执行委员会检查结果。运动的成败由省执行委员会主席团全面负责。

劳动国防委员会主席

弗·乌里扬诺夫（列宁）

载于 1961 年《历史文献》杂志
第 2 期　　　　　译自《列宁全集》俄文第 5 版
第 54 卷第 333 页

2

致费·埃·捷尔任斯基[643]

（11 月 28 日）

特急

交通人民委员部　**捷尔任斯基**同志

　　鉴于莫斯科的卡希拉电站工程局和卡希拉电站工地之间不间断的客货运转极为重要，必须继续准许在当地（郊区）客车上加挂卡希拉电站工程局的两节专用保温车，车号是 980848 和 603984。

人民委员会主席　**列宁**

载于 1933 年《列宁文集》俄文版
第 23 卷　　　　　译自《列宁全集》俄文第 5 版
第 54 卷第 334 页

3

给亚·瓦·绍特曼的电报

(11月29日)

顿河畔罗斯托夫　边疆区经济委员会主席绍特曼

在莫斯科开设了一个隶属于中央消费合作总社的中央合作交易所,有其他各类合作社以及国家各经济机关参加。中央消费合作总社还受命组建一个隶属于国家银行的总交易所。这种做法在你们那里也是可行的,因为这样有助于加快建立合作交易所和总交易所。边疆区中央消费合作总社则组建区域合作交易所,并采取措施在罗斯托夫建立隶属于经济会议的总交易所。[644]

劳动国防委员会主席　**列宁**

1921年11月29日

于莫斯科克里姆林宫

译自《列宁全集》俄文第5版
第54卷第334页

4

给对外贸易人民委员部特派员的电报[645]

（11 月 29 日）

致对外贸易人民委员部驻下列各地的特派员：

西伯利亚——新尼古拉耶夫斯克、

东南地区——顿河畔罗斯托夫、

北部地区——阿尔汉格尔斯克、

彼得罗扎沃茨克、

新罗西斯克、

克里木——塞瓦斯托波尔、

白俄罗斯——明斯克、

维捷布斯克、

巴库、

摩尔曼斯克、

塔什干

抄送：各地经济会议

据对外贸易人民委员部报告，对外贸易人民委员部驻各地特派员在**经济会议**的压力下，正在出售出口商品，这些商品是国家控制的外汇储备。阿尔汉格尔斯克、顿河畔罗斯托夫、新罗西斯克、新尼古拉耶夫斯克、塞瓦斯托波尔、明斯克、巴库已经售出了一部分国家储备,而且卖得不合算,换回的外汇不是用来购买工业设备,而是用来购买个人消费品。在我们物资极端缺乏的情况下,这种挥霍国家出口储备的行为是对国家的犯罪。我命令停止这类贸易;今后出售出口商品的业务,只有按照由副人民委员或主管出口工作的**雷库诺夫**同志签署的对外贸易人民委员部的特别许可证和专门指令才能办理。我命令各地经济会议和对外贸易人民委员部特派员对现有的适于出口而尚未移交给对外贸易人民委员部的商品进行彻底清点,把这些商品划归对外贸易人民委员部掌握,并经劳动国防委员会利用委员会正式定下来用于出口之后移交给对外贸易人民委员部。

人民委员会主席　**列宁**

载于1933年《列宁文集》俄文版
第23卷

译自《列宁全集》俄文第5版
第54卷第335—336页

5

致伊·伊·拉德琴柯

(12月2日)

对外贸易人民委员部　伊·伊·拉德琴柯

卡希拉电站工程局已通知您,"弗里达·霍恩"号轮船在彼得格勒附近被冰封住,船上载有供卡希拉—莫斯科输电线路用的110箱绝缘子。请火速报告,您采取了哪些措施从船上卸下这些箱子,并将其转发到卡希拉。此外,据卡希拉电站工程局报告,11月7日罗森塔尔工厂发出的11 900个绝缘子尚未运抵我国国境。鉴于"弗里达·霍恩"号轮船事件的教训,现在有必要考虑改变这批绝缘子的运输路线,而且要采取最可靠的办法,即由专人押运,通过铁路把绝缘子运到莫斯科并交卡希拉电站工程局办事处签收,地址:小切尔卡瑟大街卡利亚津货栈卡希拉电站工程局。请立即将所采取的措施和执行的结果告知**斯莫尔亚尼诺夫**同志。**646**

劳动国防委员会主席　**列宁**

1921年12月2日

于莫斯科克里姆林宫

载于1933年《列宁文集》俄文版
第23卷

译自《列宁全集》俄文第5版
第54卷第336页

6

致恩·奥新斯基^①

(12月17日)

农业人民委员部　奥新斯基同志

请您用一页、最多不超过两页的篇幅,极扼要地回答我几个问题,以便我在苏维埃代表大会上作报告时能更确切地阐述有关部分,并能增补一些最有说服力的数字。

---

① 见本卷第166号文献。——编者注

您能不能为我在苏维埃代表大会上的报告提供两三个总计数字：(1)我们向农民供应 1921 年秋播用种子的任务的完成情况，(2)1921 年已经取得的其他某些显著成果和成绩。是否应该提一下育种站(沙季洛沃的以及其他地方的)或良种场以及其他这一类的设施？

人民委员会主席　列宁

载于 1933 年《列宁文集》俄文版
第 23 卷

译自《列宁全集》俄文第 5 版
第 54 卷第 337 页

7

致尼·彼·哥尔布诺夫、
瓦·亚·斯莫尔亚尼诺夫[①]

（12 月 17 日）

致哥尔布诺夫同志和**斯莫尔亚尼诺夫**同志

请告诉我，《经济生活报》是否刊登莱维论俄国电力供应一文的结尾部分？什么时候刊登？文中是否有关于 1918、1919、1920 和 1921 年(不是全年的也可以)电站数量和发电量增长的综合材料？我需要把这些材料在星期二[②]以前刊登出来。星期一要给我

---

①　见本卷第 166 号文献。——编者注
②　即 12 月 19 日。——编者注

打个电话。**647**

人民委员会主席　**列宁**

1921 年 12 月 17 日

载于 1933 年《列宁文集》俄文版
第 23 卷

译自《列宁全集》俄文第 5 版
第 54 卷第 337 页

8

致阿·瓦·卢那察尔斯基、
米·尼·波克罗夫斯基、
叶·亚·利特肯斯①

（12 月 17 日）

教育人民委员部　卢那察尔斯基、
波克罗夫斯基和利特肯斯同志

　　请你们用一页、最多不超过两页的篇幅，极扼要地回答我几个问题，以便我在苏维埃代表大会上作报告时能更确切地阐述有关部分，并能增补一些最有说服力的数字。

　　请为我在苏维埃代表大会上的报告提供一些简明资料，这些资料要具体说明日益重视教育的情况和 1921 年在这方面所取得的某些成绩（例如：中小学学生人数、农村阅览室的数量、图书馆的

---

　　①　见本卷第 166 号文献。——编者注

数量、大学生的人数、技术学校的数量等等)。

人民委员会主席　**列宁**

载于1933年《列宁文集》俄文版
第23卷　　　　　　　　　　　　　　　　　　　译自《列宁全集》俄文第5版
　　　　　　　　　　　　　　　　　　　　　　第54卷第338页

9

致伊·伊·拉德琴柯[①]

(12月17日)

对外贸易人民委员部　拉德琴柯同志
抄送:**泥炭水力开采管理局　基尔皮奇尼科夫**同志

请您用一页、最多不超过两页的篇幅,极扼要地回答我几个问题,以便我在苏维埃代表大会上作报告时能更确切地阐述有关部分,并能增补一些最有说服力的数字。

请用不超过一页的篇幅,准确地说明一下,究竟为泥炭水力开采管理局从德国订购了些什么。到1922年开春时能否备齐,这将为1922年的整个泥炭开采工作开创什么样的前景。

人民委员会主席　**列宁**

载于1933年《列宁文集》俄文版
第23卷　　　　　　　　　　　　　　　　　　　译自《列宁全集》俄文第5版
　　　　　　　　　　　　　　　　　　　　　　第54卷第338—339页

———————

① 见本卷第166号文献。——编者注

10

☆给各省执行委员会、各省经济会议的电报[648]

（12月19日）

　　我命令在冬季突击月份立即尽最大努力帮助各林业机关完成加紧采伐和运输木柴和木材的任务，为此要加强各乡劳动部门组织居民完成这些部门的木材采伐和运输定额的工作，以此作为他们的劳动和畜力运输义务和劳动和畜力运输税。为使居民完成任务，要在农村大张旗鼓地开展宣传运动，必要时应采取有力措施。要按照燃料总管理局和林业总委员会第811号、812号指示，立即做好组织工作，将一部分采伐费用改由用户负担，而为国家的迫切需要，如为铁路、水运、军事部门、国营大工业采伐和运输木柴和木材，其费用则仍由国家支付。要指出的是，采运经费完全由中央供给是极其困难的。由于储备枯竭，我命令最大限度地挖掘地方上的资金以支付采运经费。中央规定供采伐木材用的款项和物资决不允许挪作他用。请将所采取的措施报告林业总委员会。

劳动国防委员会主席　列宁

1921年12月19日

于莫斯科克里姆林宫

载于1933年《列宁文集》俄文版第23卷

译自《列宁全集》俄文第5版第54卷第339页

11

致弗·亚·安东诺夫-奥弗申柯

(12月26日)

我们认为防止喀琅施塔得发生任何骚乱具有特别重要的意义。要求你们密切注意研究形势,时刻提高警惕。我们责成委员会**649**采取一切必要的措施。

列　宁①

载于1945年《列宁文集》俄文版
第35卷

译自《列宁全集》俄文第5版
第54卷第340页

1922年

12

给伊·伊·斯克沃尔佐夫-
斯捷潘诺夫的答复的记录

1922年1月20日

亲爱的弗拉基米尔·伊里奇:我仍在猛攻电气化②。偏离您而倒向克尔

---

① 签署该电的还有列·波·加米涅夫、费·埃·捷尔任斯基、列·达·托洛茨基、格·叶·季诺维也夫、约·维·斯大林和维·米·莫洛托夫。——俄文版编者注

② 见本卷第383号文献。——编者注

日扎诺夫斯基的倾向已经十分明显:不是写一本属于所谓"生产宣传"之类的小册子,而是写一部比较详尽的著作,既包括"过渡时期经济"问题,又包括"经济政策新方针"等。不过,您将看到一本供苏维埃工作和党务工作学校和我们的报告员使用的真正的教材……　要见您一面,如果您在莫斯科的话,像通常那样用 5 分钟时间,以便给自己加加油。您是个聪明的用人者,很善于提高工作效率。紧握您的手。谢谢您迫使我做这种工作。

伊·斯克沃尔佐夫

答复:

(1)建议今后不要再写库诺,而要问问弗拉基米尔·伊里奇有哪些同实际生活有关的工作要做。

(2)书写成之前,根本谈不上休假。

载于 1929 年《无产阶级革命》杂志
第 10 期

译自《列宁全集》俄文第 5 版
第 54 卷第 340 页

13

俄共(布)中央委员会
致出席共产国际第四次代表大会的
意大利共产党代表团[650]

1922 年 11 月 24 日

致意大利共产党代表团

亲爱的朋友们,鉴于意大利问题在代表大会上的状况如此,我们认为自己有责任开诚布公地、以同志式的态度向你们告知如下:

代表大会大委员会已一致表示原则上赞成意大利共产党与意大利社会党[651]合并。毫无疑问，代表大会同样会一致同意这一决定。这是你们不能不考虑的事情。已经听取了你们的反对意见。但代表大会将要作出的决定不会与你们的意见一致——这是显而易见的。

现在全部问题在于，这一问题将如何在代表大会全体会议上通过，那时你们是否会犯有可能削弱意大利共产党对待最高纲领派动摇分子的立场的错误。要是出现这种情况就太可悲了。

如果你们多数派的发言者也将在代表大会全体会议上极力反对合并的话，那么仅此一点就会加强那些最高纲领派分子的立场，而他们的立场是最不应得到加强的。情况将非常糟糕。执行委员会将难以在合并时和合并后支持意大利共产党。意大利共产党将被完全孤立起来。政治损失会非常大。错误是无法补救的。我们建议：你们可以在代表大会上发表一个简短声明，说你们代表团的多数派反对合并并已阐明理由，但你们同时也要表示，既然委员会已经作出与你们的意见不一致的决定，你们就接受这一决定并将认真执行。

如果你们这么做，就会使我们可以把争论完全集中到反对意大利社会党以前的立场上，从而使前景不会变糟。

我们的责任就是提醒你们不要犯重大的政治错误。

受俄国共产党中央委员会委托：

列　宁①

译自 1999 年《不为人知的列宁文献（1891 — 1922）》俄文版第 575—577 页

---

① 签署该信的还有格·叶·季诺维也夫、列·达·托洛茨基、卡·伯·拉狄克和尼·伊·布哈林。——俄文版编者注

1923 年

14

玛·伊·乌里扬诺娃受列宁委托
写给库济拜·尤努索夫和
卡德尔让·海达罗夫的信

（10 月 23 日）

　　致库济拜·尤努索夫同志和卡德尔让·海达罗夫同志
亲爱的同志们：

　　弗拉基米尔·伊里奇要我转告你们，他衷心感谢你们的问候
和礼物，祝你们工作顺利。

　　我相信，如果伊里奇身体健康，他一定愿意同你们谈谈土耳其
斯坦手工业者的生活情况和工作情况。遗憾的是，这次谈话不得
不推迟到他病愈以后；我想，他不久就会痊愈的。

　　向你们，亲爱的同志们，致衷心的问候。

玛丽亚·乌里扬诺娃

1923 年 10 月 23 日

载于 1923 年 11 月 7 日《土耳其
斯坦报》

译自《列宁全集》俄文第 5 版
第 54 卷第 341 页

注　　释

1　为答复此信,司法人民委员德·伊·库尔斯基于 1921 年 11 月 14 日把司法人民委员部侦查处处理的 1921 年半年内 18 起拖拉作风案件的材料送交列宁。库尔斯基写道,大部分案件的处理结果是对失职人员给予纪律处分,一部分案件被撤销,"只有个别案件作为例外可移送法院(革命法庭和人民法院)"。他还汇报了公开审判的准备情况,并说已提出更换莫斯科人民法院成员的问题。

　　库尔斯基的答复未使列宁满意,因此列宁再次给他写了信(见本卷第 237 号文献)。——2。

2　黄金委员会即劳动国防委员会黄金储备委员会,是根据俄共(布)中央政治局 1921 年 9 月 6 日的决定成立的,由财政人民委员部、对外贸易人民委员部和粮食人民委员部的代表组成。10 月 26 日,劳动国防委员会批准了该委员会的成员。委员会的任务是:预先审查各部门、各机关对黄金和外汇的申请,提出处理意见供劳动国防委员会讨论决定。为科学技术的需要拨付黄金和其他贵金属,也归该委员会管辖。——2。

3　尤·弗·罗蒙诺索夫是人民委员会订购铁路器材的驻外特派员,并在国外领导俄国铁路代表团。他在谈判和业务活动中不同苏俄驻外的商务代表和全权代表配合,结果引起了一些误解,给工作带来了困难,并在生意上吃了亏。为了改变这种状况,人民委员会 1922 年 1 月 4 日批准了《对尤·弗·罗蒙诺索夫同志国外出差期间的指示(对 1920 年 6 月 7 日委任书的补充……)》。指示规定,保留尤·弗·罗蒙诺索夫同俄罗斯联邦各机关直接联系的权利,但他同外国谈判时必须通过全权代表,要把拟议中的重要交易项目向全权代表报告,并"遵循他们在政策方面的指示"。代表团在财政方面由对外贸易人民委员部领导,在技术方面则由交通人民委员部领导,代表团必须向这两个人民委员部报告工作。——2。

4 这个批语写在米·巴·托姆斯基给俄共(布)中央政治局的信上。信中托姆斯基把赦免雅·萨·舍列赫斯的问题提交政治局委员表决。舍列赫斯因盗窃国家珍品被最高法庭军事庭判处枪决。全俄中央执行委员会于1921年11月3日批准了这一判决。

1921年11月4日,俄共(布)中央政治局全体委员一致同意全俄中央执行委员会主席团的决定。——3。

5 此件写在人民委员会造纸工业和印刷业特派员康·马·施韦奇科夫1921年11月5日给列宁的信上。施韦奇科夫请求"为出版事业(国家出版社、造纸工业总管理局、印刷局和中央出版物发行处)规定总额达3190亿卢布的专用拨款";"今年11月15日以前根据各机关的申请按比例预支600亿卢布"。

财政人民委员部预算局的一个特别委员会于11月9日审查了施韦奇科夫提出的问题。委员会指出申请理由不充分,并委托最高国民经济委员会和财政人民委员部的代表共同对申请进行审核并作出结论。

11月9日,康·马·施韦奇科夫又给列宁写了信(见注43)。——4。

6 利用委员会即资源利用委员会,是根据人民委员会1918年11月21日的法令成立的,隶属于最高国民经济委员会。该委员会由最高国民经济委员会、粮食人民委员部、工商业人民委员部等单位的代表组成,主管食品及工业品等项物资的分配,其任务是:查明国内生产制造的以及国外进口的全国商品总储备量;查明和确定用于工业消费、居民分配、出口和建立国家后备这几项专门储备的数量;制定国家商品物资利用计划。

根据人民委员会1921年3月17日的决定,利用委员会改属劳动国防委员会管辖。劳动国防委员会资源利用委员会作为分配物资的最高机关，其决定在作出后的3天内如劳动国防委员会内没有人提出异议或没有被劳动国防委员会撤销，即行生效。各部门必须将有充分根据的物资预算提交资源利用委员会审查。1921年12月被撤销。

参看本卷第102、103号文献。——4。

7　1921年11月21日，最高国民经济委员会将拟同 П. Б.施泰因贝格签订的关于皮革原料的收购和贸易的租让合同提请人民委员会批准。11月29日，人民委员会委托由 В. В.龚巴尔格、安·马·列扎瓦和亚·李·舍印曼组成的委员会重新审查该合同，并继续同订约人谈判。列宁对人民委员会关于这一问题的决定提出下列建议，作为给委员会的指示："(1)关税数额(这一条被删去，没有写入决定。——俄文版编者注)，(2)核对对外贸易人民委员部到目前为止采购皮革的实际数额……(3)检查一下，如拨出一定数量的现款，对外贸易人民委员部和中央消费合作总社本身的收购业务可能有多大发展。"(参看《列宁文稿》人民出版社版第17卷第602页)经过多次讨论，人民委员会于1922年1月10日否决了租让合同，并责成专门成立的一个委员会拟定关于按合股原则组织国内皮革原料采购的条例。1月24日，人民委员会基本上批准了皮革原料国内外贸易股份公司(皮革原料公司)的章程草案。该公司的创办人是：对外贸易人民委员部、最高国民经济委员会、中央消费合作总社以及资本家 П. Б.施泰因贝格和 В. И.托明加斯。人民委员会还责成原委员会在德·伊·库尔斯基参加下对章程草案进行审定。1922年2月1日，劳动国防委员会批准了公司章程及其创办人的协议书。

关于这个问题，可参看本版全集第42卷第287—288、395—397页。——5。

8　这里说的是把矿藏租让给英国工业家和金融家莱·厄克特开采一事。厄克特在十月革命前是俄亚联合公司董事长，俄国一些大型矿业企业(克什特姆、里杰尔、塔纳雷克、埃基巴斯图兹)的业主。同厄克特的谈判，由对外贸易人民委员列·波·克拉辛出面，1921年6月中旬在伦敦开始。1921年8—9月,谈判在莫斯科举行。苏俄政府表示愿意在一定条件下把十月革命前厄克特在俄国拥有的企业租让给他。列宁规定了租让的基本条件,并密切注视谈判的进程(见本卷第209、328、531、544、548、564、565、566号文献,本版全集第43卷第207—213、245—246页,第51卷第85、250、251、357、443、546、553、572号文献)。谈判中拟订了租让合同草案。但是厄克特于1921年10月中断了谈判,企图通过压力和讹诈迫使苏俄政府作出重大让步。

　　劳动国防委员会成立了一个委员会,由伊·康·米哈伊洛夫任主席,其任务是对拟租让给厄克特的企业进行实地调查,以便最终决定是否向厄克特提供承租权。下面两个文献里说的劳动国防委员会克什特姆调查委员会和劳动国防委员会克什特姆调查团就是指的这个委员会。——5。

9　这张便条是就人民委员会将于1921年11月10日开会讨论粮食人民委员部部务委员阿·巴·哈拉托夫同志关于改善学者生活的报告一事而写的。人民委员会听取了哈拉托夫的报告后,把它作为初步报告予以批准,并任命了由米·尼·波克罗夫斯基、雅·伊·金丁、亚·阿·诺维茨基、哈拉托夫、尼·亚·谢马什柯和维·彼·沃尔金组成的一个常设委员会,以便全面调查和改善学者的生活。委员会受命"讨论奖励共和国最需要的科学工作者的办法",并向人民委员会提出相应的建议。——7。

10　这两张便条是在1921年11月5日人民委员会会议上讨论1922年纸币发行计划时写的,其中第一张是在国家计划委员会主席团委员尤·拉林(亚·米·卢里叶)发言时写的。拉林要求与财政人民委员部所拟定的数额相比大大地增加纸币发行额。

　　人民委员会这次会议通过决定,建议拟定两种不同数额的纸币发行方案。这个决定是根据列宁的建议(见本版全集第42卷第264—265页)作出的。——8。

11　此件和下一个文献都和列·波·克拉辛同美国仿德胜建筑公司的谈判有关。这个公司提议承担石蜡分离厂和格罗兹尼—黑海输油管的建筑工程,但要求由该公司的工程师进行勘察。1921年10月28日,俄共(布)中央政治局决定拨款10万美元作为仿德胜公司的勘察费用,条件是必须有苏俄工作人员和专家参加勘察,并要向苏维埃机关提供勘察的一切详细资料(见本版全集第42卷第226页)。

列宁给外交人民委员部办公厅主任帕·彼·哥尔布诺夫的这个批示写在克拉辛1921年11月1日伦敦来电的电文下面。克拉辛在电报里抱怨没有及时拨给同美国仿德胜公司开始谈判所必需的钱款,还说什么苏维埃政府拒绝了莱·厄克特提出的租让申请,是苏维埃机关自己使租让政策陷于"破产"等等。——9。

12 这个批语写在全俄肃反委员会副主席约·斯·温什利赫特向列宁呈送文件时写的附信下面。呈送的文件是按列宁的委托草拟的《与反走私斗争问题有关的保护共和国的经济、政治、军事利益的基本原则和看法》和《关于反走私斗争的简要报告》。

参看本卷第32号文献。——11。

13 这个指示写在1921年11月5日尼·彼·哥尔布诺夫的来信上。哥尔布诺夫在信中请求暂缓执行小人民委员会关于扩大其秘书处编制的决定。他写道,需要的不是扩大编制,而是"要改进工作和挑选合适的工作人员"。

在前一天,即1921年11月4日,大概在劳动国防委员会会议上哥尔布诺夫给列宁写了一张便条,请求撤销小人民委员会的上述决定。列宁在这张便条上批道:"同意不签发。**列宁　11月4日**"。——11。

14 此件写在格·瓦·契切林的来信上。契切林在信中说,英国赈济饥民委员会打算运货物到乌克兰和其他地区换取粮食,再把换得的粮食送往饥荒地区。契切林建议拒绝这个计划,他认为英国人会把旧货送来,而且英国来的办事人员有被匪徒袭击的危险。——12。

15 这是1922年春饥荒省份春播所需种子的数字。必需的种子数是3 300万普特。农业人民委员部应从粮食人民委员部取得其中的1 500万普特;所缺1 800万普特的一半,即900万普特,由人民委员会拨出黄金购买;其余900万普特须由粮食人民委员部从超额征购粮中提供。
——12。

16　格·瓦·契切林当天给列宁写信说:"政治局没有就这个问题作出决
　　定,所以我们没有给予答复。"
　　　　在分送俄共(布)中央政治局委员以进行表决的契切林的信的抄件
　　上,列宁写道:"同意。**列宁**"。写了批语表示同意的还有米·伊·加里
　　宁、列·波·加米涅夫和斯大林。外交人民委员部的建议没有得到
　　列·达·托洛茨基的支持。关于契切林给托洛茨基的答复以及列宁对
　　这个问题的意见,见本卷第18号文献。——13。

17　这张便条和列·波·克拉辛1921年11月1日伦敦来电有关。克拉辛
　　在电报里抱怨没有及时拨给同美国仿德胜公司进行谈判所必需的钱
　　款,并请求准许为此目的花费拨给共和国革命军事委员会登记处的经
　　费的　半。在克拉辛来电的电文上列宁作了以下批注:

注意 ┃┃"有人命令我拨给(?)某一个毫无用处的共和国革命军事委员会
　　　┃┃登记处数千金卢布"。

　　　　列宁在信封上写有:
　　　　"**秘密**。**米哈伊洛夫**同志收(列宁寄)"。
　　　　而在这份电报上面,列宁批了了"**秘密**"二字,而且给外交人民委员部
　　办公厅主任帕·彼·哥尔布诺夫写了批示(见本卷第11号文献)。
　　——14。

18　此件写在外交人民委员格·瓦·契切林对列·达·托洛茨基关于债务
　　问题建议的回信的信文下面。契切林在信中写道:"我们的建议就是要
　　回避过早答复英国关于我们是否偿付战时债务、铁路债务、市政债务和
　　私人债务的问题。我们提议通过适当的合乎逻辑的表达方式把问题交
　　给我们照会中提出的国际代表会议。"契切林反对托洛茨基提出的对债
　　务问题作实质性答复的建议,他认为这样的答复只能是摊牌,使苏维埃
　　国家不能进一步随机应变,并使债务谈判一开始就发生困难而可能无
　　法进行。
　　　　列宁把契切林的信寄给了斯大林并在信封上写明:"**斯大林**同志收

（列宁寄）"。斯大林在复信中写道：他也认为契切林的建议是正确的。

1921 年 11 月 8 日俄共（布）中央政治局批准了契切林的建议。

契切林给列·波·克拉辛关于债务问题的电报于 1921 年 11 月 12 日发出，全文见《苏联对外政策文件汇编》1960 年俄文版第 4 卷第 492—493 页。——14。

19 列宁起草这个通知的缘由是：据劳动国防委员会办公厅主任经济问题助理瓦·亚·斯莫尔亚尼诺夫报告，许多省的经济会议和其他地方机关抱怨收不到中央出版物。——15。

20 列宁在信封上写有"归档。秘密。'加米涅夫谈任命拉维奇的情况'"字样。

1921 年 11 月 8 日俄共（布）中央政治局否决了 1921 年 10 月 31 日组织局关于任命拉维奇为内务人民委员部部务委员的决定。——16。

21 指发表在 1921 年 11 月 1 日《全俄煤仓报》上的一则简讯《顿巴斯的复兴》。简讯报道了康斯坦丁诺夫卡各工厂开始恢复的情况。——16。

22 关于生产福勒式自动犁（一种用固定式发动机牵引的耕犁）的问题，劳动国防委员会曾研究多次。最高国民经济委员会金属局局务委员会 1920 年 5 月承担了这项生产任务。该委员会事先未考虑现有原材料情况就制定了庞大的生产计划，而负责统管这种耕犁生产的以工程师 М. И. 温克索夫为首的三人特别小组只限于编制报告和同各部门进行公文往来，而未将生产的真实情况报告劳动国防委员会和人民委员会。1921 年 10 月 21 日，劳动国防委员会就福勒式犁的问题作出决定（该决定是列宁起草的，见本版全集第 42 卷第 220 页），责成最高国民经济委员会金属局局长路·卡·马尔滕斯亲自贯彻关于福勒式自动犁的决定，要求他在一周内制定出工作计划和具体措施，同时委托司法人民委员部在同一期限内查明自动犁生产中的拖拉作风和管理不善现象，并向劳动国防委员会提出报告。

1921 年 11 月 11 日，劳动国防委员会会议讨论了关于生产福勒式犁的工作计划的报告，还讨论了司法人民委员部关于在执行劳动国防委员会生产自动犁的决定过程中的拖拉现象的调查报告。会议作出了停止生产这种耕犁的决定,但考虑到已花掉的生产费用,责成最高国民经济委员会金属局估计一下,哪一部分工作应该做完。会议批准了司法人民委员部的结论,即认为金属局、三人特别小组、工人供给委员会和对外贸易人民委员部犯了不执行劳动国防委员会关于生产福勒式自动犁的决定的错误,并建议司法人民委员部查明应交法庭审判的人员的个人责任。

关于这个问题,还可参看本卷第155、177号文献。——17。

23 指粮食人民委员部分配管理局特别处下属的各部门清理外国资产联合委员会。见本卷第45号文献。——18。

24 这张便条是对马克思恩格斯研究院院长达·波·梁赞诺夫来信的答复。梁赞诺夫在来信中向列宁汇报了他到国外购买马克思和恩格斯已发表的著作和手稿的结果,并随信给列宁送来了马克思《关于费尔巴哈的提纲》(见《马克思恩格斯文集》第1卷)的照相复制件和拉萨尔书信集第3卷的校样。——19。

25 指达·波·梁赞诺夫关于成立一个委员会以研究有关马克思恩格斯研究院的工作和共产国际的出版工作的一些问题的建议。——19。

26 列宁的建议写在租让合同审议程序问题委员会1921年11月2日的会议记录上。

俄共(布)中央政治局听取了委员会的报告,于1921年11月8日决定将文件提交人民委员会。1921年11月15日,人民委员会研究了将有关租让合同的一切事务集中于一个特别委员会的问题以后,作了一些修改通过了委员会关于租让合同审议程序的建议。——20。

27 这个批示写在由高加索铁路局局长谢·德·马尔柯夫起草的《关于改组交通人民委员部的报告提纲》上。马尔柯夫根据弗拉基高加索铁路工作的成功经验,提议在运输业中改行商业经营原则。

1922年1月16日,人民委员会通过了《关于在运输业中实行经济核算制》的决定(决定公布于 1922 年 1 月 18 日《全俄中央执行委员会消息报》)。——20。

28　1921 年 11 月 25 日,劳动国防委员会研究了关于奖励制成电犁的布良斯克工厂工人的问题。劳动国防委员会决定把这个问题提交五金工会中央委员会,由他们提出意见。由于布良斯克工厂在 11 月 1 日以前没有按计划造出 20 部电犁而只造了 8 部,五金工会中央委员会认为给予专门奖励是不合适的,并指出对成绩卓著的工人可以从制造电犁的拨款中拿出一部分作为奖励。1921 年 12 月 14 日,劳动国防委员会同意了这一意见。——22。

29　这里说的是拉·萨·里夫林。列宁推荐他到对外贸易人民委员部驻外机构工作。——22。

30　对外贸易人民委员部部务委员伊·伊·拉德琴柯于 1921 年 11 月 10 日将副对外贸易人民委员安·马·列扎瓦 10 月 28 日来信以及 1921 年 11 月 9 日列扎瓦柏林来电和同一天列·波·克拉辛伦敦来电的摘要寄给了列宁。列宁的这封信就是为此而写的。在拉德琴柯寄来的信件和电报摘要里,列扎瓦说他在等候去英国的签证,希望在他回莫斯科前“不要解决对外贸易的普遍性问题”。克拉辛则建议拉德琴柯向人民委员会和政治局正式提出意见,反对让中央消费合作总社在国外进行独立的贸易活动。克拉辛写道,如果政治局打算走上取消对外贸易垄断的道路,那么就请“立即任命新的对外贸易人民委员和新的部务委员”。拉德琴柯向列宁报告了他同中央消费合作总社主席列·米·欣丘克的谈话,并寄来欣丘克给列宁的信。欣丘克同意把解决中央消费合作总社参加对外贸易的问题推迟一周,但请求列宁不要把这个问题拖得太久,因为这“对我们计划的实施将产生有害的影响”。

　　11 月 14 日,列宁在看了克拉辛和列扎瓦关于列扎瓦动身时间的报告后在拉德琴柯的信上写了以下批注:“列扎瓦 11 月 10 日离柏林去伦敦,11 月 20 日抵莫斯科。**列宁**　11 月 14 日”。——23。

31　指小人民委员会 1921 年 10 月 21 日通过的关于中央消费合作总社有

权在国外采购货物的决定。安·马·列扎瓦从伦敦回国后,对外贸易人民委员部和中央消费合作总社之间就这个问题达成了协议。1921年12月2日,劳动国防委员会批准了这项协议。——23。

32 1921年11月,在小人民委员会的几次会议上研究了反走私斗争的问题。11月21日,人民委员会批准了《关于奖励缉私人员的法令》草案(该法令载于1921年12月3日《全俄中央执行委员会消息报》)。11月23日,小人民委员会讨论了为反走私斗争而制定的措施,并于1921年11月28日基本上通过了全俄肃反委员会提出的人民委员会关于反走私斗争的决定草案,而且责成一个委员会在5天内"对草案作进一步修改并拟定反走私斗争机构条例"。该委员会提出的决定草案由小人民委员会修改后于12月8日通过(决定载于1921年12月29日《全俄中央执行委员会消息报》)。——24。

33 指《论黄金在目前和在社会主义完全胜利后的作用》(见本版全集第42卷)。参看本卷第35号文献。——25。

34 这个批示写在俄共(布)中央政治局关于购买前德国方面军的铁路资产的决定草案上。1921年11月11日,尼·彼·哥尔布诺夫在政治局会议上就这件事作了报告,会议委托他向劳动国防委员会提出建议。政治局还决定选出一个委员会,通过俄罗斯联邦驻波兰和德国的代表查清是否真有这笔资产以及它的价值。1921年12月14日劳动国防委员会听取了哥尔布诺夫的汇报,决定由对外贸易人民委员部在交通人民委员部以及驻国外的订购铁路器材的特派员尤·弗·罗蒙诺索夫配合下负责进行购买资产的谈判。——25。

35 这里说的是列宁的《论黄金在目前和在社会主义完全胜利后的作用》一文的校样问题。该文于1922年初出版,印数5 000册。——26。

36 这封信是针对格·叶·季诺维也夫的来信而写的。季诺维也夫在信中说,国家纸币印刷厂管理局前局长米·康·列姆克考察了国家纸币印刷厂管理局的工作,认为那里存在着巧妙的怠工,"现任局长"特·捷·

叶努基泽和"他的专家受了骗"。列姆克建议劳动国防委员会成立一个
委员会进行调查。——26。

37 列宁的这个建议全部写进了俄共(布)中央政治局1921年11月17日
关于国家纸币印刷厂管理局问题的决定。全俄中央执行委员会主席团
成立了一个由米·巴·托姆斯基、特·捷·叶努基泽和米·康·列姆
克组成的委员会,从技术、行政和经济方面对国家纸币印刷厂管理局的
工作进行检查。

委员会了解了国家纸币印刷厂管理局和所属工厂的工作情况,听
取了财政人民委员尼·尼·克列斯廷斯基、国家纸币印刷厂管理局局
长叶努基泽等人的报告,得出了如下结论:纸币发行工作的拖延不是由
于国家纸币印刷厂管理局的过错。委员会指出,国家纸币印刷厂管理
局完全能够胜任国家交给的任务。后来,列姆克写信给委员会,表示他
原先的意见是由于误解而引起的。

政治局于1922年1月5日讨论了委员会关于国家纸币印刷厂管
理局的结论,并且表示同意。——27。

38 这里说的是完成电犁订货的问题。早在1920年12月,小人民委员会
受列宁的委托批准了制造电耕农具的计划。由最高国民经济委员会和
农业人民委员部的代表组成的研制电耕农具"电犁"的特别委员会负责
实施这个计划;后来该委员会的职责移交给了最高国民经济委员会农
机制造总管理局。列宁密切关注电犁的制造工作,并要求就订货完成
情况经常提供准确的报告。

1921年7月6日,劳动国防委员会会议通过了一项决定:把电犁
的生产计划限定为20部,并规定必须在1922年3月1日以前制成。
最高国民经济委员会主席团负责向各工厂分配订货和在规定期限内完
成订货。最高国民经济委员会主席团必须在1921年9月1日以前提
出关于生产电犁进展情况的报告。

这一问题后来在劳动国防委员会的会议上多次讨论过(参看本版
全集第50卷第36、68号文献,第51卷第191、412号文献,本卷第29
号文献)。——27。

39 指伊·尼·切博塔廖夫 1921 年 11 月 7 日给人民委员会主席的报告书。切博塔廖夫在十月革命前是国家储蓄银行管理委员会委员。他在报告书中提出论据,证明有必要恢复国家储蓄银行的活动,以吸收居民手中的货币。

　　1922 年 12 月 26 日,人民委员会作出了设立储蓄银行的决定(决定发表于 1922 年 12 月 29 日《全俄中央执行委员会消息报》)。——28。

40 路标转换派是 1921 年在流亡国外的白俄知识分子中间出现的一种社会政治流派,因 1921 年在布拉格出版的《路标转换》文集而得名。这个流派也得到一些没有离开苏俄的资产阶级知识分子的支持。路标转换派在确信靠外国武装干涉来推翻苏维埃政权完全没有希望以后,主张同苏维埃政权合作,而指望苏维埃国家蜕化为资产阶级国家。路标转换派中也有一些人真心愿意促进俄国经济的复兴。

　　《路标转换》杂志是路标转换派主办的周刊,于 1921 年 10 月—1922 年 3 月在巴黎出版。——28。

41 这里说的经济会议是指区域经济会议(区域经济委员会),它们是根据全俄苏维埃第八次代表大会(1920 年 12 月)《关于地方经济管理机构的决议》于 1921 年初成立的,是劳动国防委员会的地方机关。各区域经济会议呈送工作报告的时间是根据全俄中央执行委员会 1921 年 6 月 30 日《关于地方经济会议、关于地方经济会议报告制度和关于贯彻执行人民委员会和劳动国防委员会指令的决定》确定的。决定是列宁起草的(参看本版全集第 41 卷第 257—258 页)。瓦·亚·斯莫尔亚尼诺夫后来回忆道:"弗拉基米尔·伊里奇发出电报之后不久,人民委员会办公厅便开始收到报告了。"列宁认为区域经济会议的这一批工作报告有很重要的意义,因为报告提供的材料阐明了在新经济政策条件下新粮购销的初步经验,可以据以对这方面的法令是否正确进行检查,然后予以修改和补充。——30。

42 这里说的是劳动国防委员会所属运输总委员会委员、工程师雅·莫·沙图诺夫斯基 1921 年 11 月 2 日就运输总委员会的工作情况写给列宁的信。沙图诺夫斯基建议规定一种新的任命运输总委员会委员的办法,即"人员应个别地直接由劳动国防委员会挑选"。他认为,这种任命办法可以使运输总委员会不受各部门本位利益的约束。

　　列宁的这个批示写在沙图诺夫斯基来信的页边上,列宁在来信第一句话的开头部分——"佛敏同志对运输总委员会中长期存在的纠纷提出的意见"——画上了双线,并在上边批了"注意"字样。

　　人民委员会和劳动国防委员会办公厅主任尼·彼·哥尔布诺夫将沙图诺夫斯基的信送给了国家计划委员会主席格·马·克尔日扎诺夫斯基,并在列宁的批示下面写了附言:"格·马·:请今天即退还,并附上您的意见。"

　　克尔日扎诺夫斯基当天就答复了哥尔布诺夫:"我们国家计划委员会得出的结论是,各主管部门派驻基层计划机关的代表在多数情况下是有害的……　我们正在重订各基层计划机关条例,不久即可完成。到时候再提出具体建议。"

　　劳动国防委员会所属运输总委员会成立于 1920 年 5 月 28 日,其任务是对运输业的恢复、进一步发展和完善的进程进行监督,在运输业范围内(运输量、对车辆和备用零件的需要等等)协调最高国民经济委员会和交通人民委员部的工作。——31。

43　这个批示写在康·马·施韦奇科夫 1921 年 11 月 9 日来信的信文下面。施韦奇科夫向列宁汇报了 1917—1921 年的纸张生产情况,提出必须拨给黄金和苏维埃货币以振兴造纸工业(列宁在施韦奇科夫来信的信文中间和页边作的标记,见《列宁文集》俄文版第 23 卷第 49 — 50 页)。

　　阿·奥·阿尔斯基在 1921 年 11 月 14 日的报告中告诉列宁:财政人民委员部预算局特别委员会在 11 月 12 日的会议上认为可以根据对两个月需要额的测算规定出版工作至 1921 年年底的经费为 6 687 200 万卢布。财政人民委员部已将相应的决定草案提交人民委员会。

　　1921 年 11 月 17 日,小人民委员会审议了这个问题,并建议财政人民委员部在年底前为维持出版工作拨款 6 593 600 万卢布。

　　列宁在阿尔斯基的报告上批道:"尼·彼·哥尔布诺夫:关于造纸

工业总管理局,希注意并抓紧办理。**列宁** 11 月 19 日"(见《列宁文集》俄文版第 23 卷第 50 页)。

关于这个问题,可参看本卷第 4、76 号文献。——31。

44 这里说的是国家银行管理委员会主席亚·李·舍印曼写的一个关于在稳定的金本位制基础上向正常的货币流通过渡的报告。——32。

45 这个批示写在俄共(布)中央政治局 1921 年 11 月 8 日会议记录摘要下面。政治局听取了最高国民经济委员会主席彼·阿·波格丹诺夫关于库尔斯克磁力异常区租让谈判的报告后,决定推迟审议这个问题,并责成报告人将材料分发给全体政治局委员。

租让合同未能签订。参看本卷第 418、419、424、475 号文献。——32。

46 约·斯·温什利赫特在 1921 年 11 月 11 日的信中请求列宁仍让他负责监督联合委员会一案的侦查进程。联合委员会是指粮食人民委员部分配管理局特别处下属的各部门清理外国资产联合委员会,该委员会的一些工作人员被控有舞弊行为。

列宁在温什利赫特的信上写道:"秘密。征求库尔斯基同志的意见。**列宁** 11 月 11 日"。——33。

47 这个批语写在印度共产党员阿巴尼·慕克吉的来信上。慕克吉给列宁寄来了一篇他写的关于 1921 年印度马拉巴尔穆斯林农民起义的文章。——34。

48 指阿·瓦·卢那察尔斯基按照列宁的建议(见本版全集第 51 卷第 590 号文献)写的小册子。这本小册子于 1922 年在彼得格勒出版,书名为《扎钦托·塞拉蒂公民,或革命-机会主义两栖动物》。——34。

49 劳动国防委员会于 1921 年 11 月 4 日通过决定,批准 B. И. 萨马林为特派员,其使命是到克里木去杜绝偷酒现象,并整顿酒类的登记工作。

见本卷第 336、500 号文献。——35。

50 这个批语写在教育人民委员阿·瓦·卢那察尔斯基的来信上。卢那察尔斯基在信里说,伊·彼·巴甫洛夫院士拒绝到美国去,而请求允许他去芬兰一个月;虽然有允许巴甫洛夫到美国去并为此发给他旅费的决定,他却得不到去芬兰的出国签证。

约·斯·温什利赫特看到列宁批示后答复列宁,他已于11月15日发出指示,要求不必办任何手续就发给巴甫洛夫到芬兰去的签证。在温什利赫特的便条上有列宁给秘书的指示:"打电话给**谢马什柯**。请检查执行情况。**列宁**"(参看《列宁文稿》人民出版社版第17卷第583页)。——36。

51 这里说的是同以塞·鲁特格尔斯、威·海伍德和赫·卡尔弗特为首的美国工人和工程师小组的协议,协议规定,为了尽快组织生产和提高生产,将纳杰日金工厂和库兹涅茨克煤田的一些企业交给他们经营。

同美国工人小组谈判的问题曾在俄共(布)中央政治局的几次会议上讨论过(参看本版全集第42卷第159—160、177—178、179页,第51卷第385、410、431、432、476、496、516、535、550、552号文献)。

同鲁特格尔斯小组达成的协议于1921年10月20日签订,10月21日和25日先后由劳动国防委员会和人民委员会批准。11月间,苏维埃政府同该小组签订了合同。根据合同,在库兹涅茨克煤田的一部分地区内建立了直属劳动国防委员会的"库兹巴斯自治工业侨民区"。小组的全部企业则由组织委员会领导。

这个批语写在海伍德1921年11月12日给列宁的英文信的信文下面。海伍德在信里说,"库兹巴斯自治工业侨民区"管理委员会全体会议决定任命西蒙·贝尔格为纳杰日金工厂小组的组长。由于有人对贝尔格提出控告,俄共(布)中央对他的任命表示反对,因此海伍德请求尽快予以查清。

1921年11月28日,俄共(布)中央组织局批准了中央书记处于11月26日作出的关于不宜任命贝尔格为纳杰日金工厂小组组长的决定。

另见本卷第80、106、416、513号文献。——37。

52 指美国人罗伯特·B.弗赖伊1921年10月4日给列宁的信。该信由对

外贸易人民委员部驻爱沙尼亚代表处转寄给了列宁,全文如下:

"致尼古拉·列宁总理

亲爱的先生:在这封信里您可以看到我的'植物保护罩'美国专利证的副本。请允许我把这项专利奉献给您和您的人民,以表示我对您的人民的热烈情谊和感谢。在我国1861—1865年国内战争期间,您的人民曾以自己的海军帮助了我们,这是当时占领了纽约港并准备对纽约进行轰击的大不列颠海军完全没有料想到的,因此他们只好启航逃跑了。广大的美国人民并没有忘记这一点。

我,国内战争的一个老战士,曾被当做阵亡者遗弃在战场上,但是我恢复了健康,并且当了9个月的战俘。现在我已经81岁了,我知道什么是战争。我把我的'植物保护罩'专利奉献给您,我把由此带来的一切权利和利益奉献给您的人民。

我所希望得到的报答,就是它能给您的人民带来好处,希望您来信证实您已收到,并请给我寄来您的照片和托洛茨基先生的照片,向威·达·海伍德问好并致以良好的祝愿。

最热诚地祝愿您和您的人民实现您的最崇高的愿望。您的忠实的朋友罗伯特·B.弗赖伊　美国科罗拉多市奥尔曼林荫路2731号。"

列宁在弗赖伊来信的信文下面批道:"送**托洛茨基**和**海伍德**(共产国际)一阅,阅后送还。**列宁**　11月15日"。海伍德阅信后批道:"非常感谢。威·达·海伍德"。——37。

53　指罗·B.弗赖伊的专利证副本。农业人民委员部专家们认为,弗赖伊这个旨在"保护植物免受大气影响和各种机械损伤"的发明,"适用于栽培娇美的花卉和精美的蔬菜",也可用于实验室里的试验和田间育种试验,但是在俄国条件下无法广泛采用。——37。

54　这是列宁写在俄共(布)中央书记处的一封来信上的批语。来信要求就是否派一个工作组到图拉去检查兵工厂并由最高国民经济委员会主席彼·阿·波格丹诺夫参加这次检查进行紧急表决。波格丹诺夫对此提出异议。他建议首先讨论最高国民经济委员会和共和国革命军事委员会联合组成的调查组对图拉工厂进行调查后提出的材料,然后再研究是否派新的工作组前去的问题。

当天,列宁收到列·达·托洛茨基关于这个问题的便条,其中提出图拉制炮厂情况严重,建议"<u>责成波格丹诺夫同工作组一起……去图拉</u>"(着重线是列宁画的)。列宁在便条下面写道:"我建议画线部分作为政治局的决定予以批准。**列宁**　11月16日"。这个建议当天由政治局通过。

11月18日,波格丹诺夫给俄共(布)中央写了一份报告,说明他不去图拉的理由。列宁在波格丹诺夫的附信上写了下面的话:"请**全体**政治局委员阅。**列宁**"。——38。

55　1921年10月28日,劳动国防委员会决定在劳动国防委员会领导下成立一个专门委员会,由德·伊·库尔斯基(主席)、恩·奥新斯基(瓦·瓦·奥博连斯基)和彼·阿·波格丹诺夫组成,负责重新审定工业建设和商品流通方面的法令,使这方面有关新经济政策的法令系统化并得以发展。1921年11月1日,人民委员会根据波格丹诺夫的报告通过了关于组建该委员会,进一步明确其任务和工作进程的决定。

1921年11月16日,人民委员会采纳了列宁的建议,吸收国家计划委员会的代表斯·古·斯特卢米林和弗·米·斯米尔诺夫参加该委员会。——39。

56　这里说的是格·马·克尔日扎诺夫斯基的小册子《俄罗斯联邦的经济问题和国家计划委员会的工作》第1册。这本小册子按列宁的建议作了补充后于1921年12月出版,并分发给全俄苏维埃第九次代表大会的代表。——39。

57　这个批语写在路·卡·马尔藤斯的报告上。报告说,根据同美国药品和化学制剂联合公司的合同,第一艘为俄国运载小麦的轮船于1921年11月17日从纽约启航。

对外贸易人民委员部同这个公司于1921年10月27日在莫斯科签订了关于供应苏维埃俄国100万普特小麦的合同,该合同同于同年11月4日经劳动国防委员会批准(参看本版全集第51卷第488、490、496、515、568、569、580、599号文献)。

1921年11月25日,劳动国防委员会责成对外贸易人民委员部和交通人民委员部就"毫不拖延地接收这批粮食"所必须采取的措施提出报告。

根据1921年10月29日签订的由人民委员会11月1日批准的合同,乌拉尔阿拉帕耶夫斯克地区石棉矿租让给美国药品和化学制剂联合公司进行开采。这是在俄罗斯联邦领土上的第一个租让合同。列宁认为同资本主义国家建立经济联系具有重大意义,因此十分重视这一租让合同(参看本卷第135、417、468、469、470、497、501号文献)。——40。

58 这个批示写在红色工会国际总书记索·阿·洛佐夫斯基的来信上。这封信是从斯德哥尔摩寄给列宁的,信中批评了商务代表处的工作,说苏维埃俄国的外国朋友对对外贸易人民委员部驻外机构脱离工人组织很不满意。洛佐夫斯基建议在对外贸易人民委员部商务代表处之下成立专门的验收委员会(专家委员会),由有关国家的工人组织和工会组织的代表组成。洛佐夫斯基指出,这种委员会对商务代表处采购货物、分配订货、监督生产苏维埃俄国订购的产品等方面所能给予的帮助,无论是在经济方面,还是在政治方面,都是有益的。洛佐夫斯基写道,红色工会国际可以对建立专家委员会这项工作予以协助。——40。

59 伊·伊·拉德琴柯在给列宁的复信中承认商务代表处同各工会的联系不够,并说这是因为怕引起外交上的麻烦。他提议就索·阿·洛佐夫斯基的建议同外交人民委员部进行协商,并表示待负责调查商务代表处在国外的活动的安·马·列扎瓦1921年11月25日回来后再召开会议研究这个问题。——41。

60 见注30。——41。

61 这是列宁对阿塞拜疆社会主义苏维埃共和国人民委员会主席纳·纳·纳里曼诺夫1921年11月14日报告阿塞拜疆国家银行已开业的电报的回电。纳里曼诺夫在来电里写道,为庆祝银行开业"没有像往常那样举行祝贺活动,而是从收益中捐款4000万卢布救济伏尔加河流域和库尔德斯坦兄弟地区的饥民",这是无产阶级团结一致的表现,是高加索和俄罗斯无产阶级联合起来的又一证明。——42。

62　尼·尼·克列斯廷斯基1921年11月12日给列宁的信中谈到了苏俄一些领导干部在德国治病的情形。——42。

63　1921年12月3日,尼·尼·克列斯廷斯基写信给列宁,证实瑙·雅·塔辛"过去是孟什维克,甚至在战前就属于取消派的极右翼"。——42。

64　《基辅思想报》(«Киевская Мысль»)是俄国资产阶级民主派的政治文学报纸(日报),1906—1918年在基辅出版。1915年以前,该报每周出版插图附刊一份;1917年起出晨刊和晚刊。该报的编辑是 A.尼古拉耶夫和 И.塔尔诺夫斯基。参加该报工作的社会民主党人主要是孟什维克,其中有亚·马尔丁诺夫、列·达·托洛茨基等。第一次世界大战期间,该报采取护国主义立场。——43。

65　指在马德里出版的瑙·塔辛的下列书籍:《根据马克思、恩格斯、考茨基、伯恩施坦、阿克雪里罗得、列宁、托洛茨基和鲍威尔的意见论无产阶级专政》、《俄国革命的英雄和蒙难者》和《俄国革命》。——43。

66　同一天,列宁将一封内容相似的信寄给了莫斯科肃反委员会。——43。

67　这里说的是一份题为《我们是集体主义者》的纲领。这是一份匿名文件,在全俄无产阶级文化协会第二次代表大会(1921年11月在莫斯科举行)前夕出现。这个纲领怀疑十月革命的社会主义性质,反对共产党和苏维埃政府的政策,在哲学上为马赫主义的即波格丹诺夫的"理论"辩护,在政治问题上支持工人反对派的观点。无产阶级文化协会第二次代表大会的共产党党团谴责了"集体主义者"的纲领,同他们划清了界限。

列宁的信中说的"萨马拉人"是指萨马拉省党委的部分成员,这些人的立场接近工人反对派。

维·米·莫洛托夫回信说:他是"通过他的秘书斯米尔诺夫同志"弄到这份("集体主义者"的)材料的,"这个纲领是为已开幕的无产阶级文化协会代表大会而写的…… '萨马拉人'在这里扮演什么角色……暂时我还不知道"(着重线是列宁画的)。列宁在信上还写了批语:"'波格丹诺夫派'的纲领"。

1921年12月3日,俄共(布)中央政治局根据列宁的提议通过了关于这个问题的决定(见本版全集第42卷第310页)。——44。

68 指《关于不定期出版物的收费问题》和《关于报纸收费问题》的法令草案。

法令于1921年11月28日经人民委员会通过,同年12月7日和8日在《全俄中央执行委员会消息报》上公布。

根据这些法令,人民委员会责成教育人民委员部在两周内拟定并公布对教育机构网合理分配报纸和不定期出版物以及向劳动群众供应这些读物进行监督的细则。——46。

69 克里姆林宫警卫长 P. A. 彼得松给列宁复信说:约·彼·戈尔登贝格被阻拦一事是由于卫队长和警卫长值班助理的过错造成的,前者没有把戈尔登贝格通过的命令及时传达给哨兵,后者没有对命令的执行进行监督。彼得松还说,他已下达了必要的命令,对有关规定进行了审查并予以重申。——47。

70 这里说的是列·波·克拉辛1921年11月8日给列宁的信。这个批语就写在克拉辛的信上。

克拉辛在信的开头写道:"英国报纸今天引用了您在一次共产党员的会议上的讲话,说您好像在讲话中声明放弃国家资本主义,转而让私人资本主义关系完全自由发展。"(这里和下边的着重线都是列宁画的。列宁在页边对整个这句话画了双线并加了批语:"胡说八道!!")

克拉辛接着叙述了外国资本家作为同苏俄进行经济合作的条件提出来的各项要求:保障工商业活动,"充分保证所有权不受侵犯,包括财产及一切既得权利不受侵犯"。最主要的要求是,对以前运来而没有付款的货物、被没收的银行存款以及被收归国有的企业等等给予赔偿。

克拉辛写道:"确确实实,对某些总的要求,我们不得不予以考虑…… 我们可以在原则上承认这些总的要求,但资本主义国家必须答应我们关于赔偿在武装干涉和封锁中造成的损失的要求。由于格罗曼委员会的夭折,在这里我第一千零一次对您不满。由于一点点可怜的口粮而使这项工作半途而废。哥伊赫巴尔格委员会把一切都搞得乱七八糟,一点有说服力的材料也没有弄到,现在我们参加谈判时两手空空。"(此处列宁也在页边画了双线并加批语:"胡说"。)

克拉辛在信中还写道:"根据一系列征兆,我看到在俄国,无论是合作社还是国民经济委员会都在搞一场争取'对外贸易自由'的激烈运动。

这种自由至少在目前阶段看不出有任何必要。我们的对外贸易垄断具有足够的伸缩性,可以对合作社、各个总管理机构和中央管理机构所需要的全部外国商品——加以满足……"(这一段话列宁在页边画了双线并加了批语:"注意"。)

参看本卷第 67 号文献。

格罗曼委员会即评估战争与协约国封锁对苏维埃俄国国民经济所造成的影响的委员会,是根据国防委员会 1920 年 3 月 24 日的决定成立的,隶属于对外贸易人民委员部。该委员会的主席是弗·古·格罗曼,后来委员会实际上是由亚·格·哥伊赫巴尔格领导的。——48。

71　德·伊·库尔斯基 1921 年 11 月 21 日答复列宁说,查明损失情况的委员会的材料保存在外交人民委员部,由人民委员会 1921 年 11 月 1 日决定成立的一个委员会在进一步整理。库尔斯基建议人民委员会作出决定,指派斯·斯·皮利亚夫斯基负责保管材料,并规定委员会完成这项工作的日期是 1921 年 12 月 1 日。

列宁在库尔斯基的信上作了如下批示:"交哥尔布诺夫。明天(11 月 22 日)提交人民委员会。列宁　11 月 21 日"。

11 月 22 日,人民委员会听取了库尔斯基的报告,通过了他的建议。

就在这次会议上,人民委员会在听取了外交人民委员部部务委员雅·斯·加涅茨基关于材料的保存状况、委员会的计划和工作进展情况的报告后,责成该委员会在 12 月 1 日以前完成这项工作。根据这个决定,人民委员会委派皮利亚夫斯基接替亚·格·哥伊赫巴尔格在委员会的工作,责成皮利亚夫斯基在规定期限内完成这项工作并保管材料。

参看本卷第 77 号文献。——49。

72 列宁的这封信同恩·奥新斯基(瓦·瓦·奥博连斯基)和伊·阿·泰奥多罗维奇在农业人民委员部里的冲突有关。俄共(布)中央政治局曾于1921 年 11 月 18 日讨论了这个问题,并通过如下决定:

"(1)认为,为了对农业人民委员部进行正确领导,必须对主要负责人员作如下安排:奥新斯基同志负责政治行政领导,由在农业中做过实际工作的农民担任农业人民委员,泰奥多罗维奇同志做奥新斯基同志的副手。(2)保留泰奥多罗维奇同志畜牧司司长的职务。"

11 月 21 日,政治局重申了关于泰奥多罗维奇的决定。

11 月 22 日,奥新斯基向政治局提出请求,或者撤销关于泰奥多罗维奇的决定,或者解除他(奥新斯基)的副人民委员的职务。列宁在这封信上批道:"建议对这两项都加以拒绝。**列宁**"。列宁的建议于1921年 11 月 29 日被政治局通过。

参看本卷第 157、158、169、170 号文献。——49。

73 指工农检查人民委员部驻西伯利亚和乌拉尔特派员格·达·克拉辛斯基 1921 年 11 月 16 日给列宁的信。他在信中证明劳动国防委员会 11月 11 日作出的关于把未完工的科利丘吉诺—普罗科皮耶夫斯克矿铁路支线由西伯利亚国家建筑工程委员会移交给交通人民委员部临时使用的决定是不合适的。此信还附有克拉辛斯基同西伯利亚革命委员会副主席谢·叶·丘茨卡耶夫谈话的抄件。在谈话中,丘茨卡耶夫支持所提出的反对意见。遵照列宁的指示,向当时正在彼得格勒的西伯利亚革命委员会主席伊·尼·斯米尔诺夫征求了意见,他也反对移交。列宁在斯米尔诺夫的电报上加了批语:"**哥尔布诺夫**:在劳动国防委员会作决定时不要忘记考虑这一点。**列宁** 11 月 19 日"。

就在 11 月 21 日这天,劳动国防委员会重申了它过去作出的决定,责成尼·彼·哥尔布诺夫"当天就用直达电报通知西伯利亚革命委员会和西伯利亚交通管理区立即执行劳动国防委员会 11 月 11 日的决定"。

参看本卷第71号文献。——50。

74 这个批语写在格·瓦·契切林1921年11月19日给斯大林的信上。契切林写道,苏维埃国家不应局限于在政治上支持东方民族解放运动,还必须在经济发展和干部培养方面给年轻的民族国家以援助。契切林指出,对阿富汗、蒙古、波斯所执行的这条路线已产生良好效果,他认为对土耳其也应当执行这种政策。——51。

75 指1921年11月在莫斯科出版的矿工工会中央委员会主席团成员Ю.列梅科的小册子《俄共第十次代表大会决议、顿巴斯的工会和工人(报告书)》。

应作者的请求,列宁读了他寄来的这本小册子,并在他的附信上写道:"已阅。11月20日。一篇关于纠纷的令人痛心的材料(注意第**13**页)(和第**14**页)。只须看一看第13页和第14页加着重标记的地方就够了。

见第**14**页:'应该了解一下'——通过拉柯夫斯基、丘巴尔、莫洛托夫、矿工工会中央委员会的'谢苗'(施瓦尔茨)等人。"(列宁在Ю.列梅科的小册子第9、13、14页上的批注,参看《列宁文稿》人民出版社版第17卷第588—591页)

列宁还把Ю.列梅科信上"1921年11月15日"这个写信日期加了两条着重线,并在右边画了两条竖线,写了"注意"二字。——52。

76 顿巴斯工作人员间的分歧问题曾在俄共(布)中央政治局几次会议上讨论过。

1921年11月26日,政治局制定了保证顿巴斯领导干部间正常关系和业务工作的一系列措施;11月27日又通过了一项关于顿巴斯的决定:责成格·列·皮达可夫、莫·李·鲁希莫维奇和彼·阿·波格丹诺夫在两周内向政治局提出一份《关于省经济委员会同本省内直属莫斯科中央机关管辖的大企业之间相互关系的计划(或章程,或纲要)》。

1921年12月22日,俄共(布)中央政治局批准乌克兰共产党(布)中央如下的决定:撤销皮达可夫中央煤炭工业管理局局长的职务,任命弗·雅·丘巴尔担任这个职务。政治局的这个决定于1921年12月28日经俄共(布)中央全会批准。

关于顿巴斯发生的分歧,列宁在党的第十一次代表大会上所作的中央委员会的政治报告中谈到过(见本版全集第43卷第107—109页)。——53。

77 这里说的是关于德国公司完成泥炭水力开采设备订货情况的报告。

1921年12月22日,罗·爱·克拉松和瓦·瓦·斯塔尔科夫电告了同一些工厂谈判加快完成泥炭水力开采设备订货的情况,以及为保证在泥炭开采季节到来前将设备运到所采取的措施。

参看本版全集第51卷第275、276、347、400、440、579、581号文献。——53。

78 这份证明材料是按照俄共(布)1921年清党中的规定写的。

材料写在雅·斯·加涅茨基的自传上,上面还有费·埃·捷尔任斯基写的证明材料。——54。

79 莫斯科生产管理局在信中建议莫斯科纺织企业管理局停止签发从纺织厂运出原料、材料和货物的凭单,并在弄清这些工厂出租给承租发起人小组的条件之前,对已发的凭单也停止生效。建议采取这一措施的原因是:上述企业的出租实际上没有受到监督,因而出现肆无忌惮地盗窃国家财产的现象。小人民委员会主席阿·谢·基谢廖夫除给列宁寄去这封信的抄件外,还寄了莫斯科纺织企业管理局兹纳缅卡第115针织纺织厂两份出租清单:建筑物和设备清单以及成品、原料、辅助材料和半成品清单。清单只是简单地开列物品的名称,没有指出材料的质量、价格和设备的磨损程度等等。

参看本卷第79号文献。——54。

80 劳动国防委员会接受了黄金储备委员会关于拨出1200万金卢布从国外购买纸张的建议。俄共(布)中央政治局1921年12月8日在审批劳动国防委员会关于拨出黄金问题的决定时确定暂缓为购买纸张而动用黄金,并建议由彼·阿·波格丹诺夫、康·马·施韦奇科夫和尼·尼·

尼古拉耶夫组成一个委员会,弄清是否可以专门拨出黄金来发展本国的造纸工业,以及造纸工厂的生产在多大程度上、经过多长时期可以减少在国外采购纸张的数量。——55。

81　俄共(布)中央政治局1921年11月24日的会议研究了让阿·谢·基谢廖夫休假的问题。政治局决定:"命令基谢廖夫同志长期休假。休假地点和期限完全按谢马什柯同志和他召集的医生会诊的意见确定。"——57。

82　指莫斯科生产管理局1921年10月15日给莫斯科纺织企业管理局公函的抄件,莫斯科纺织企业管理局兹纳缅卡第115针织纺织厂1921年11月15日的建筑物和设备清单和莫斯科纺织企业管理局兹纳缅卡第115针织纺织厂1921年11月15日的成品、原料、辅助材料和半成品清单。——57。

83　斯大林在当天给列宁写了回信。他认为这种现象带有相当大的普遍性。要根除这种祸害,工农检查院和全俄肃反委员会都无能为力。因此只能偶尔采取行动,并使用极刑,以资震慑。最好的办法是实行出租机关领导人的个人负责制,如出现类似胡作非为的情况,首先枪毙他们,做贼的承租者尚在其次。该信全文载于《列宁文集》俄文版第34卷第427页。——58。

84　这个批示写在彼·阿·波格丹诺夫的来信上。波格丹诺夫把威·海伍德1921年11月5日给俄共(布)中央委员会的信送给了列宁。海伍德在信中请求任命西·贝尔格为"库兹巴斯"自治工业侨民区驻纳杰日金工厂的代表。参看注51。——58。

85　国家计划委员会于1921年12月15日复信说:国家计划委员会主席团听取了伊万诺沃-沃兹涅先斯克省执行委员会的代表关于建设伊万诺沃-沃兹涅先斯克区电站情况的报告,认为没有足够的材料可以证明需要立即建设该电站,而且也不能在预定修建电站的捷伊科沃沼泽地采掘足够的泥炭来保证电站工作的需要。因此国家计划委员会建议中央泥炭工业管理局采取紧急措施加强泥炭的采掘工作,同时建议伊万诺沃-沃兹涅先斯克经济会议从对电力和燃料需求的角度制定一个发展和改造工业和其他经济部门的规划,以便确定电站建成的期限。

参看本卷第 362 号文献。

伊万诺沃-沃兹涅先斯克电站于 1926 年动工兴建。——59。

86 指全俄苏维埃第九次代表大会。这次大会于 1921 年 12 月 23—28 日在莫斯科举行。大会批准了人民委员会关于电气化的法令。——59。

87 1921 年 12 月 2 日,安·马·列扎瓦告诉列宁说,早在 1920 年 12 月他就通知对外贸易人民委员部各驻外代表处,指示它们必须吸收所在国工人组织和合作社参加验收委员会,并作为供货者一方等等。许多代表处执行了这一指示。驻柏林代表处广泛吸收各工厂的工会参加了商品验收活动。

参看本卷第 56 号文献。——60。

88 指阿·伊·奥库洛夫给列宁的一封信。这里收载的两个文献都是写在这封信上的,奥库洛夫在信中说,他已提请国家出版社允许他由个人负责出版一种科学文艺周刊,请求列宁予以推荐。

1921 年 11 月 24 日俄共(布)中央政治局讨论了奥库洛夫的请求,决定转请国家出版社政治处处长尼·列·美舍利亚科夫提出结论性意见。1922 年 1 月 17 日政治局作出决定:"允许奥库洛夫按他最初提出的计划出版周刊。"——60。

89 这张便条是对《往事》杂志编辑部的答复。《往事》杂志编辑部把一本题为《给尼·康·米海洛夫斯基的两封信》的小册子(1894 年版,无出版地点)寄给列宁,请他判断其作者是谁,在何处出版(见 1924 年《往事》杂志第 23 期第 103 页)。——61。

90 关于此信,尼·彼·哥尔布诺夫于 1921 年 11 月 28 日在列宁交办事项登记簿上作了如下记载:"制定出入克里姆林宫的明文规定。"后来又注明:"12 月 14 日已办。"——62。

91　列宁的这张便条是因为全俄中央执行委员会委员格·雅·索柯里尼柯夫找列宁被哨兵阻拦而写的,谈的是改进人民委员会办公厅工作的问题。——63。

92　此件写在国际工人援助会总书记威·明岑贝格的来信上。明岑贝格在信中请求列宁指示有关人员尽快对他提出的在柏林和德国其他城市举办苏维埃俄国展览会的建议以及其他一些问题给予答复。

国际工人援助会是在各国援助苏维埃俄国饥荒地区居民委员会于1921年9月在柏林召开的国际代表会议上成立的,这些委员会是资本主义国家的工人为响应列宁1921年8月2日向世界无产阶级发出的号召(见本版全集第42卷第89—90页)而组织起来的。——64。

93　《真理报》(《Правда》)是俄国布尔什维克的合法报纸(日报),根据俄国社会民主工党第六次(布拉格)全国代表会议的决定创办,1912年4月22日(5月5日)起在彼得堡出版。《真理报》是群众性的工人报纸,依靠工人自愿捐款出版,拥有大批工人通讯员和工人作者(它在两年多时间内就刊载了17 000多篇工人通讯),同时也是布尔什克党的实际上的机关报。《真理报》还担负着党的很大一部分组织工作,如约见基层组织的代表,汇集各工厂党的工作的情况,转发党的指示等。列宁在国外领导《真理报》,他筹建编辑部,确定办报方针,组织撰稿力量,并经常给编辑部以工作指示。1912—1914年,《真理报》刊登了300多篇列宁的文章。《真理报》经常受到沙皇政府的迫害。1914年7月8日(21日),即在第一次世界大战开始前夕,《真理报》被禁止出版。1917年二月革命后,《真理报》于3月5日(18日)复刊,成为俄国社会民主工党中央委员会和彼得堡委员会的机关报。1918年3月16日起,《真理报》改在莫斯科出版。——64。

94　这里说的是1921年11月26日《真理报》第2版登载的《了不起的发现》一文。文章说,哈尔科夫电气工程师И.А.切伊科发现了磁场放射出的一种"新射线",这种射线的热效应可以在一定距离内不用导线而使地雷、军械库等爆炸。据文章作者说,这种射线也可用在采矿工业、化学工业、大地测量、医学等方面。

参看本卷第 89 号文献。——64。

95 指米·亚·邦契-布鲁耶维奇领导的下诺夫哥罗德无线电实验室。
——65。

96 1921 年 11 月 27 日,格·马·克尔日扎诺夫斯基对列宁作了如下的答
复:"依我看,下诺夫哥罗德实验室的方法和莫斯科拉扎列夫(彼得格勒
越飞)的意见是正确的。下诺夫哥罗德人的看法同我们比较接近,我也
赞成他们的看法。"

在克尔日扎诺夫斯基的信上,列宁就此问题写了给尼·彼·哥尔
布诺夫的指示(见本卷第 89、145 号文献)。——65。

97 小人民委员会当天决定拨给外交人民委员部 7 000 万卢布作为在柏林
举办苏俄展览会的费用。——66。

98 这里说的是瓦·卢·帕纽什金给俄共(布)中央委员会的信和声明。帕
纽什金对自己的错误进行了分析和批判,要求让他重新回到党内来。
他写道:"如果中央能满足我的要求,我请求把我的声明中可以发表的
部分连同我所作的解释登在《真理报》上,以便他人引为鉴戒。"

帕纽什金是 1907 年入党的布尔什维克党党员,十月社会主义革命
和国内战争的积极参加者。1919—1920 年他在俄共(布)中央机关任
责任组织员和指导员。他参加过工人反对派,领导过"帕纽什金集团",
曾自称为"工农社会党"。

1921 年帕纽什金因不理解新经济政策而退党,不久又回到党内。

列·谢·索斯诺夫斯基当时任中央鼓动宣传部部长。他支持帕纽
什金提出的重新回到俄国共产党内来的请求。为此他写了《党内生活
片断》一文,发表在 1921 年 12 月 17 日《真理报》第 285 号上。——67。

99 考虑到瓦·卢·帕纽什金以往的功绩,俄共(布)中央组织局和中央政
治局分别于 1921 年 11 月 28 日和 12 月 1 日作出决定,接收他为预备
党员,预备期为 6 个月,以便让他用自己的工作来证明他向中央提出的
声明是真诚的。政治局还决定派帕纽什金到顿巴斯去,让他在顿巴斯

煤炭工业管理局主席格·列·皮达可夫的领导下"做具体的事务工作"。

列宁说的"乌拉尔的米雅斯尼科夫",指的是1921年在彼尔姆省做党的工作的加·伊·米雅斯尼科夫。他在那里组织了一个反党集团,反对党的政策。1921年8月22日,组织局把他从彼尔姆省党组织调回,留在中央听候任用,因此也就有一个关于他的工作问题。12月1日,政治局决定委派他到林业总委员会去工作,而"工作地点则须同中央书记处协商后确定"。

1922年,米雅斯尼科夫因进行反党活动被开除出党。

参看本版全集第42卷第92—98页。——67。

100　列宁的这个建议是针对人民委员会1921年11月28日的一项决定提的,这项决定规定了国营的、合作社经营的和私营的企业的负责人有意不在规定期限内提供中央和地方机关所需材料时应负的责任。

按照列宁的建议,对上述决定的第3条作了修改。——68。

101　这个批语写在彼得格勒几所高等学校校长的报告书上。这几所高等学校校长是矿业学院院长德·伊·穆什凯托夫、民用工程师学院院长普拉夫金和第一工学院院长扎卢茨基。报告书指出彼得格勒高等学校和高等技术学校财务困难、地方当局干涉高等学校内部事务及对大学生进行"政治筛选"等情况,并表示不同意高等学校的新条例。根据这个条例,行政机关的代表不再参加高等学校的管理工作。报告书还提出了如下维持和发展彼得格勒高等学校的办法:改善财务状况,保证由高等学校的科学工作者选出的代表领导高等学校,并把高等技术学校由教育人民委员部划归最高国民经济委员会管理。

就在1921年11月29日这天,职业技术学校和高等学校总管理局局长叶·阿·普列奥布拉任斯基寄来了他对报告书的意见。普列奥布拉任斯基认为关于彼得格勒高等学校财务困难的申诉是有充分根据的,但是他驳斥了教授们关于由科学工作者选举高等学校管理机构的主张,同时也反驳了对大学生进行"政治重新登记"一事提出的申诉。——69。

102 这张便条是对列·波·加米涅夫一封信的答复。苏俄当时正在根据新经济政策制定全俄肃反委员会的新条例。加米涅夫把肃反委员会会务委员会拟定并得到司法人民委员德·伊·库尔斯基同意的基本原则以及提请全俄中央执行委员会主席团审批的全俄肃反委员会条例草案（代替有关全俄肃反委员会及其地方机构现行的决定）等材料寄给列宁，并写信说：

"请阅。

这是捷尔任斯基已同意的、**当然**也是使库尔斯基**感到满意**的最高要求。

我坚持的最高要求是：

1.缩减肃反委员会的任务，仍由它管的是政治犯罪、间谍活动、盗匪活动以及道路和库房的警卫。不能再多。其余工作交司法人民委员部。

2.把肃反委员会的侦查机关并入司法人民委员部，划归革命法庭。"

全俄肃反委员会会务委员会"反对把侦查工作划归不同机关"，并认为"把政治案件同大量盗窃人民财产的案件以及渎职案件分开（分归不同机关处理）为时过早"。

1921年12月1日，列宁把改组全俄肃反委员会、缩小其工作范围的建议提交俄共（布）中央政治局（见本版全集第42卷第304页）。政治局通过了列宁的建议，成立了由加米涅夫、库尔斯基和捷尔任斯基组成的委员会。委员会奉命用五天时间按通过的决定把这个问题讨论清楚。——69。

103 这张便条是看了弗·尼·伊帕季耶夫的小册子《用图鲁汉斯克的石墨为原料组织电子产品生产的必要性》后写的。劳动国防委员会秘书助理Ｅ.Ｂ.阿尔乔缅科为回答列宁提出的问题，编写了一份详细的材料（见1962年《历史文献》杂志第1期第50页）。——70。

104 这个批示写在俄罗斯联邦驻德国商务代表波·斯·斯托莫尼亚科夫1921年11月20日的来电上。斯托莫尼亚科夫报告说，一直敌视苏维

埃俄国的德国最大的金融机构德意志银行的总经理正式宣布,该银行
原则上准备参加农业、林业特别是石油业方面的租让,并准备立即同苏
维埃政府开始谈判。斯托莫尼亚科夫请求寄去同德意志银行进行预备
谈判的材料。——72。

105 这里说的是格·瓦·契切林的一封信。他在谈到同德国进行
　　　 的经济谈判时写道:"我建议对德国可能出现的宏伟前景要　　　No1
　　　 非常谨慎"(此处和以下的着重线及页边批注都是列宁加的)。　　　??
　　　 "从哈特维希的话可以看出,克拉辛在柏林是支持那条为在俄
　　　 国进行工作而同英国一起组成托拉斯的斯汀尼斯路线的,他　　　‖?
　　　 同斯汀尼斯交往甚密,甚至同他谈妥让他去英国。克拉辛在　　　?
　　　 这里同我们谈话时则说自己赞成我们的意见,同意采取一条
　　　 相反的路线,即全力支持德国单独(不要英国参加)在俄国干。　‖??
　　　 然而在国外,他的做法却与此相反!"——72。　　　　　　　　No3

106 1921年12月1日亚·杰·梅捷列夫报告列宁,已在苏维埃1号楼(原纳
　　　 齐奥纳尔大饭店)拨给策·萨·博勃罗夫斯卡娅一个房间。——74。

107 看来,这个文献与准许国营百货公司同外国资本家在进出口贸易方面
　　　 进行协作并为此成立股份公司一事有关。
　　　　　 国营百货公司是根据小人民委员会1921年10月3日关于建立各
　　　 部门联合百货公司的决定成立的。按照小人民委员会同年12月1日
　　　 批准的《国营百货公司条例》,国营百货公司直属最高国民经济委员会,
　　　 它的任务是供应国营企业和国家机关各种材料、产品和制品,同时也向
　　　 居民零售商品。——74。

108 这里说的是劳动国防委员会所属俄罗斯联邦资源利用委员会主席列·
　　　 纳·克里茨曼制定的该委员会的改组计划。列宁对此计划提出的意
　　　 见,见本版全集第42卷第303页。
　　　　　 劳动国防委员会关于撤销资源利用委员会的决定,是由国家计划
　　　 委员会起草的。根据列宁的建议,劳动国防委员会1921年12月2日
　　　 基本上通过了这个决定,并委托国家计划委员会在一周内提出修正

草案。国家计划委员会修订的关于撤销劳动国防委员会所属资源利用委员会的决定草案于1921年12月16日经劳动国防委员会批准。——76。

109 这个批示写在全俄肃反委员会主席团1921年11月29日转报雷宾斯克省肃反委员会1921年11月24日电报的公函上。这份电报报告了雷宾斯克"凤凰"工厂由于工人食品的计划供应遭到破坏而发生冲突一事。——76。

110 列宁把这张便条连同他1921年11月28日给亚·德·瞿鲁巴的信一起寄给了列·波·加米涅夫。信中列宁建议设立劳动国防委员会第二副主席职位，并任命瞿鲁巴担任此职(见本版全集第42卷第291—292页)。就在11月30日这一天，列宁就此问题给政治局委员们发了一封信(同上书，第292页)。——77。

111 见注51。——78。

112 第二天，即1921年12月3日，副交通人民委员瓦·瓦·佛敏把复信寄给劳动国防委员会办公厅主任助理瓦·亚·斯莫尔亚尼诺夫，以便向列宁汇报。佛敏写道：10节车皮中的9节已按时拉到卡希拉工地；第10节车皮在新港(彼得格勒)调车时损坏，车上货物已于12月2日改装上另一节车皮，将于12月3日夜发往莫斯科。

　　卡希拉电站建设工程于1919年2月开工。这一电站要向莫斯科一些最大的工厂供电，是实现全国电气化计划的首批工程之一。

　　列宁认为卡希拉电站具有重大意义，因此对它十分重视。他直接参与解决各种问题，经常检查工程所需的材料、劳力、燃料、设备的供应情况。

　　卡希拉电站第一期工程于1922年6月4日竣工投产。——80。

113 尼·彼·哥尔布诺夫在当天13时30分就列宁在便条中提出的问题作了如下书面答复：

　　"(1)拉姆津已于昨日即12月1日同验收委员会的委员们前往卡

希拉验收电站,应于明日即 12 月 3 日返回。

(2)瞿鲁巴说,如果从国外购买的全部所需设备能运到,通往莫斯科的输电线可于 12 月底完工送电。

今晚 6 时在瞿鲁巴那里召开有卡希拉电站的工程师们参加的会议。瞿鲁巴将把会议结果通知我们。"——80。

114　为答复列宁的快邮代电,最高国民经济委员会燃料总管理局副局长瓦·安·特里丰诺夫第二天报告说,对"公社战士"造纸厂和孔德罗沃造纸厂供应木柴的工作延误,是由于西北铁路和塞兹兰—维亚济马铁路木柴储备极端不足而造成的。特里丰诺夫提到,由于进行了运输木柴的三周突击运动,木柴供应状况已有改善,他保证"今后将按计划不间断地供给工厂木柴"。

参看本卷第 156 号文献。——82。

115　外文图书委员会是根据人民委员会 1921 年 6 月 14 日的决定成立的负责采购和分配外文图书的跨部门委员会,隶属于教育人民委员部。外文图书委员会的任务是"从国外进口俄罗斯联邦所需的各学术领域的各种书刊,首先是 1914 年下半年以来出版的书刊;把全部外文书刊集中到有关的科学机关和图书馆,以及分配和安排各机关和个人合理使用这些外文书刊"。——83。

116　《经济学家》杂志(《The Economist》)是英国的政治和经济问题刊物(周刊),1843 年由詹·威尔逊在伦敦创办,大工业资产阶级的喉舌。——84。

117　指中央消费合作总社的一份材料:《中央消费合作总社同省消费合作总社和区分社之间的流转。1921 年 9—11 月总社各部门商品流转情况(以现行货币百万卢布为单位)》。根据这份材料,中央消费合作总社的贸易额(折合黄金)9 月份为 1 044 577 卢布,10 月份为 3 078 573 卢布,11 月份则达到 5 996 050 卢布。列宁在材料背面写道:"中央消费合作总社同省消费合作总社和区分社之间的流转"(参看《列宁文稿》人民出版社版第 17 卷第 619—620 页)。

列宁的这封信就写在这份材料的打字稿正文下面。

参看本卷第 115 号文献。——85。

118　"统一经济委员会"是"为统一研究全部经济和财政问题"而设立的委员会。1921 年 12 月 1 日俄共(布)中央政治局通过了成立这个委员会的决定。列·波·加米涅夫被任命为该委员会主席。人民委员会于 12 月 6 日通过了相应的决定:"为了统一和加速经济立法的系统化和增补工作,特设立人民委员会经济委员会。"——85。

119　此件写在《中央消费合作总社同省消费合作总社和区分社之间的流转。1921 年 9—11 月总社各部门商品流转情况(以现行货币百万卢布为单位)》这份材料的打字稿上。列宁在"中央消费合作总社"这一名称下面用铅笔画了四道线。

参看本卷第 114、115 号文献。——86。

120　这个批语写在伊·伊·斯克沃尔佐夫-斯捷潘诺夫给俄共(布)中央的信上。斯克沃尔佐夫-斯捷潘诺夫在信中请求把他的休假期延长到 1922 年 2 月 1 日,以便写完《俄罗斯联邦电气化与世界经济的过渡阶段》一书,同时还请求免去他的国家出版社编辑委员会副主席的职务,而由菲·耶·马哈拉泽接替他担任此职。

当天,即 1921 年 12 月 2 日,俄共(布)中央组织局同意将斯克沃尔佐夫-斯捷潘诺夫的休假期延长到 1922 年 2 月 1 日。关于免去他在国家出版社的工作问题,则决定向国家出版社编辑委员会主席尼·列·美舍利亚科夫提出以取得他的同意。

1921 年 12 月 5 日,组织局批准任命马哈拉泽为国家出版社编辑委员会副主席,同时免除斯克沃尔佐夫-斯捷潘诺夫的这个职务,但仍保留他的编辑委员会委员的职务。——87。

121　指俄共(布)中央政治局 1921 年 11 月 27 日通过的关于阿·伊·李可夫去德国治病的决定。——87。

122　指俄共(布)中央政治局 1921 年 12 月 1 日通过的关于解除亚·德·瞿

鲁巴粮食人民委员的职务和批准任命他为劳动国防委员会第二副主席的决定。

　　列宁在1921年11月28日给瞿鲁巴的信中阐述了他对人民委员会和劳动国防委员会副主席工作安排的初步设想(见本版全集第42卷第291—292页)。——88。

123　这里说的是格鲁吉亚社会主义苏维埃共和国驻莫斯科代表米哈·茨哈卡雅的一封信。他在信里请求让菲·耶·马哈拉泽返回格鲁吉亚担任领导工作。

　　马哈拉泽曾是格鲁吉亚革命委员会主席,1921年7月7日被解除此职,改任农业人民委员。遵照1921年11月4日俄共(布)中央组织局的决定他被召到莫斯科听候党中央安排。

　　斯大林对列宁的询问答复道:"菲·马哈拉泽是根据奥尔忠尼启则的要求被调离的(有给中央的电报)。"

　　12月底全俄苏维埃第九次代表大会期间,一些代表向俄共(布)中央提出请求,想让马哈拉泽回格鲁吉亚工作。1921年12月30日中央组织局通过下列决定:"(1)满足大会代表的请求。(2)向马哈拉泽同志指出必须做扎实的业务工作。"1922年1月,马哈拉泽返回格鲁吉亚继续担任农业人民委员。1922年2月在格鲁吉亚苏维埃第一次代表大会上,马哈拉泽当选为格鲁吉亚共和国中央执行委员会主席。——89。

124　应美国女记者贝·贝蒂的请求,列宁于1921年12月3日接见了她。Г. Б. 克拉斯诺晓科娃作为翻译参加了列宁同贝蒂的谈话。

　　克拉斯诺晓科娃回忆说:从送急件的摩托车驾驶员那里接到列宁的信后,"我立即跑到贝蒂那里。她把她的《俄国的红色心脏》一书交给了我……还在书上写了几个字。摩托车驾驶员把书带回克里姆林宫"(见1957年《外国文学》第11期第28—30页)。

　　参看本卷第160号文献。——89。

125　俄共(布)莫斯科省审查委员会于1921年12月5日审查了列·格·沙皮罗的问题。委员会决定恢复沙皮罗的党籍,但因其脱离工人群众而给予警告处分。委员会会议记录有关部分的摘抄件寄给了列宁。
——93。

126　这是列宁对斯大林一项建议的批语。斯大林建议设立一个委员会,来
研究为同波斯、蒙古、中国进行贸易而成立几个俄德贸易公司是否合适
的问题。

　　关于统一经济委员会,见注118。——94。

127　此件写在中央消费合作总社主席列·米·欣丘克1921年12月4日给
列宁的信上。欣丘克在信中写道:中央合作商品交易所的主要任务是
了解商品市场的供求情况并调节合作社和国家机构的贸易业务。欣丘
克不同意成立由最高国民经济委员会组织的第二商品交易所,因为最
高国民经济委员会各总局已经是中央合作商品交易所的成员,他写道:
两个百货商品交易所在莫斯科并存,必然会导致它们工作中的平行重
复现象,必然会产生竞争和投机,只能给国家经济带来损失。——94。

128　这里说的写信者是农业人民委员部工作人员季·伊·谢杰尔尼科夫,
信中说的是一项发明——泥炭胶。谢杰尔尼科夫的信和列宁在上面加
的着重标记,参看《列宁文稿》人民出版社版第17卷第617—618页。

　　自1921年12月6日起,列宁因病休假,住在莫斯科郊区哥尔克
村。——95。

129　信中提到的文件可能是指一些负责干部给列宁的报告。他们由俄共
(布)中央动员去组织运输木柴的三周突击运动。他们的这些报告除了
汇报三周内运输燃料的情况外,也揭露了木材采伐机构工作中的严重
缺点、盗窃手法,提出了与之作斗争的措施。

　　参看本版全集第51卷第424号文献。——95。

130　信中提到的文件没有找到。这里说的是1921年秋成立的共和国革命
军事委员会所属的莫斯科联合企业公司的情况。

　　莫斯科联合企业公司是以军事部门所辖的几个国营农场和农场承
租的附近几个工业企业为基础于1921年秋建立的,"目的是使农业和

工业相结合,组成一个经济整体,负有自下检查各项法令是否正确、合理及分析雇用普通劳动力的条件等项特殊任务"。根据1921年9月14日劳动国防委员会通过的决定精神制定的《莫斯科联合企业公司章程》于9月24日由莫斯科经济会议批准。——96。

131 这个建议写在俄罗斯联邦驻德国全权代表尼·尼·克列斯廷斯基1921年11月29日的来信上。克列斯廷斯基在信中说,他接到了俄共(布)中央政治局1921年11月11日关于由克列斯廷斯基、亚·德·瞿鲁巴和瓦·亚·阿瓦涅索夫组成委员会来检查对外贸易人民委员部的驻外机构、尤·弗·罗蒙诺索夫的铁路代表团以及其他机构的账目的决定,但他不能召集委员会会议,因为瞿鲁巴已经走了,而阿瓦涅索夫还未得到签证。克列斯廷斯基推说他不清楚委员会的任务,要求重新考虑政治局的决定,减少并进一步明确委员会的任务,并且确定委员会的成员。

　　1921年12月7日,政治局通过了列宁的建议,责成按政治局1921年12月5日的决定成立的委员会去完成这项任务(见注147)。——98。

132 J.巴利斯特(罗·迈纳)和约·卡尔(L.卡特尔费尔德)是美国共产党驻共产国际执行委员会的代表,1921年12月3日受到列宁的接见。

　　当天,人民委员会秘书在列宁交办事项的登记卡上记下了他的下列口头询问:"马努恰扬茨同志什么时候能为弗拉基米尔·伊里奇弄到两本弗拉基米尔·伊里奇写的《关于农业中资本主义的新材料(北美合众国)》。"12月5日在同一张卡片上又补充写道:"书已寄来,交给了弗拉基米尔·伊里奇。"——98。

133 这个文件写在加·伊·米雅斯尼科夫给彼得格勒党员工程师波·阿·库尔日涅尔的信的抄件上。鉴于俄共(布)第十一次代表大会即将召开,米雅斯尼科夫在信里提出要加紧进行反对党的路线的秘密破坏活动。列宁在米雅斯尼科夫信中"应该把党内所有不满分子联合在一面旗帜下"这句话的下边画了着重线,并在旁边画了五条竖线,批了"注意"字样。

　　俄共(布)中央政治局在几次会议上讨论了米雅斯尼科夫问题,并于 1922 年 2 月 20 日批准了政治局专门委员会提出的建议:由于米雅斯尼科夫严重违反党纪和进行反党活动,应将其开除出党。——99。

134　H. A. 奥尔洛夫是 1918 年出版的《苏维埃政权的粮食工作》一书的作者,苏维埃俄国驻柏林全权代表处出版的《新世界》杂志经济部主任。奥尔洛夫请求允许他撰写《苏维埃俄国经济史》一书,以笔名在国外用几种外文出版。奥尔洛夫认为最好不用公开的共产主义的观点,而以非党的、客观的、对苏维埃政权抱友好态度的研究者的口气来写这本书,因为带有"明显辩护性"的书籍"是不会收到应有效果的"。

　　列宁的建议于 1921 年 12 月 7 日由俄共(布)中央政治局通过。——100。

135　这里说的是格·李·什克洛夫斯基想去科夫诺(现称考纳斯)苏俄代表处工作一事。

　　参看本卷第 452、453 号文献。——100。

136　这个批语写在俄罗斯联邦驻德国全权代表尼·尼·克列斯廷斯基的信上。克列斯廷斯基报告说,商务代表波·斯·斯托莫尼亚科夫同德国联合航空公司签订了关于建立德俄航空公司和由该公司开辟莫斯科和德国之间航线的合同,克列斯廷斯基同意批准这个合同。

　　人民委员会在 1921 年 12 月 6 日的会议上听取了安·马·列扎瓦关于合同的报告之后决定暂不批准合同,而委托列扎瓦把合同副本分送全体人民委员,要他们在两星期内提出自己的意见。列扎瓦负责收集人民委员们的意见,并将问题于 1921 年 12 月 9 日提交劳动国防委员会或于 12 月 13 日提交人民委员会。

　　12 月 13 日,人民委员会批准了合同的原则,并委托克列斯廷斯基代表俄罗斯联邦政府同德国联合航空公司签署合同,如克列斯廷斯基不在,则委托斯托莫尼亚科夫签署。——101。

137　此电是在收到工人科托夫的来电后写的。科托夫在电报中说他由于给列宁寄控告信而遭到逮捕。——102。

138　这里说的阿·哈默的全权代表是指美国药品和化学制剂联合公司代表 B. O.米歇尔。

　　　　当天，波·И.雷恩施坦给尼·彼·哥尔布诺夫寄来了证明文件草稿。1921 年 12 月 7 日，经哥尔布诺夫签署的证明文件寄给了米歇尔。——103。

139　指 1921 年 12 月 6 日《真理报》发表的一篇简讯：《对外贸易人民委员部在塞瓦斯托波尔的活动》。——104。

140　克里木人民委员会副主席米·哈·波利亚科夫答复列宁说，给阿·安·普列奥布拉任斯基供应了优待口粮，以后将继续给予支援和帮助，现在已把他和他的妻子安置在疗养院里。——105。

141　阿·马·高尔基在 1921 年 12 月 25 日给列宁的复信中说，他已给在美国的赫·威尔斯去信，请他同有关的组织和人士商谈救济饥民问题。高尔基写道："我还没有得到威尔斯的答复，但我确信，他在美国接到了我的信，因为他在他的一篇文章中援引了我信中的话……"（《弗·伊·列宁和阿·马·高尔基。书信，回忆，文件》1961 年俄文第 2 版第 184—186 页）——106。

142　这个批示写在全俄狩猎生产合作社中央委员会打来的电话记录稿上。全俄狩猎生产合作社在电话里要求允许它同一家德国商行签订购买猎具的贸易信贷合同，这个要求已遭到对外贸易人民委员部的拒绝。1921 年 12 月 12 日，小人民委员会研究了这个问题。小人民委员会建议对外贸易人民委员部在一周内同全俄狩猎生产合作社中央委员会签订"关于供给猎人进行狩猎所必需的弹药和日用品的合同"。——106。

143　指俄共（布）第十一次全国代表会议和全俄苏维埃第九次代表大会。——109。

144　这个批示写在副外交人民委员、人民委员会外汇业务全权代表马·马·李维诺夫的来信上。李维诺夫在信中提请注意，某些苏维埃驻外代表继续用个人户头在银行存放大笔款项。他建议务必责成驻外全权代表把所有款项统统转到代表处名下。

1921年12月22日,对外贸易人民委员部受命将上述全部银行存款转到对外贸易人民委员部驻外代表处名下,并规定开支票必须有两人签字方才有效。——111。

145 遵照列宁的指示,И. А. 切伊科的材料寄给了一些学者和科学机关。

参看本卷第88、89号文献。——112。

146 列宁写这封信是由于他收到一些材料,说明苏俄驻波斯全权代表费·阿·罗特施坦同阿塞拜疆领导干部在贯彻执行苏俄对波斯政策问题上存在分歧。——113。

147 1921年11月20日,外交人民委员部部务委员会向俄共(布)中央政治局建议成立一个委员会,以便就地了解驻外的苏维埃代表机关和各部门驻外机关的工作情况,责成该委员会审查这些机关的工作人员,确定固定的编制,规定符合最低生活要求的工作人员工资额,制定国外代表机关最有效的工作方式。外交人民委员部建议该委员会由三人组成:俄共(布)中央、对外贸易人民委员部、外交人民委员部各出一人。列宁于11月21日在由外交人民委员部部务委员帕·彼·哥尔布诺夫签署的、由外交人民委员部呈送中央的报告上批示维·米·莫洛托夫把这个问题提交政治局,并问道,是否委托副工农检查人民委员瓦·亚·阿瓦涅索夫一个人去检查驻外代表机关更好些?1921年12月5日政治局作出决定,批准哥尔布诺夫提出的决定草案,由阿瓦涅索夫、尼·尼·克列斯廷斯基和阿·伊·李可夫三人组成的委员会来完成这项任务。——114。

148 这封信是列宁对南方钢铁托拉斯管理委员会主席伊·伊·梅日劳克1921年11月27日来信的答复。梅日劳克的来信说,拨给托拉斯的流动资金未能按期支付。信中谈到,托拉斯集中了技术熟练的矿工,还谈到矿工的工资问题,谈到南方钢铁托拉斯各企业都在加紧工作。信中又说,如果托拉斯能得到最高国民经济委员会主席团1921年10月27日决定拨给的流动资金,各企业在1922年就能为国家提供1 000万普特钢铁("600 万普特生铁和 400 万普特钢材")。最后梅日劳克对列宁说:"12 月 20 日我来出席代表大会,我将给您带来能够用来捍卫新经济政策的最新材料。"

南方钢铁托拉斯是 1921 年 9 月成立的,隶属于乌克兰国民经济委员会。参加这一托拉斯的有彼得罗夫斯科耶工厂、马克耶夫卡工厂和尤佐沃工厂以及附属于它们的全部矿场,另外还有乌克兰、北高加索和克里木的一系列其他大型冶金企业。托拉斯在恢复苏俄钢铁冶炼业方面起了重大的作用。1929 年被撤销。——114。

149　莉·亚·福季耶娃在列宁给她的一张便条(见本卷第 150 号文献)的背面写了几句话,看来和这封信有关。这几句话是:"梅兰维尔应写一个自传,写上所有的旁证材料和对控告的反驳。要向中央监察委员会提出有根有据的申诉。"——117。

150　指列宁《论法国共产党的土地问题提纲》一文(见本版全集第 42 卷)。——117。

151　俄共(布)中央政治局 1921 年 12 月 21 日研究了列宁的提议后决定:"把高尔基同志划入出国就医的同志之列,并责成克列斯廷斯基同志进行检查,确保他得到必要的医疗费用。"

参看本卷第 332 号文献。——118。

152　指劳动国防委员会 1921 年 11 月 11 日的决定(见注 22)。——119。

153　列宁指的是恩·奥新斯基 1921 年 12 月 14 日写的一封有关农业人民委员部内所发生的冲突(见本卷第 68 号文献)的信。奥新斯基谈到农业人民委员部内的"不正常和组织上的混乱",说他不是官僚,却要他遵守"官僚的纪律",等等。列宁在奥新斯基的信上作了很多批注。列宁对奥新斯基这封信写了如下评语:"没有丝毫根据:'混乱'在哪里?'不正常'在哪里?完全是歇斯底里。""正是**奥新斯基**才**官僚式地**提问题。"针对奥新斯基说的他"失去了工作的兴趣","在整个这段时间里"他"<u>只参加了一次人民委员会会议,一次劳动国防委员会会议</u>"(这里和下面的着重线都是列宁画的)这些话,列宁写道:"这叫抵制,或者叫怠工——应该受到党和苏维埃的惩罚。"奥新斯基断言:"由于想'同奥新斯基对立',并想给有功绩的工作人员和政治上的老朋友泰奥多罗维奇以<u>应有的</u>地位……于是就不顾组织规定"。列宁对"朋友"一词作了如下批注:"而不是共产党员和马克思主义者吗?"

奥新斯基建议成立"<u>四人政治小组</u>"来代替"三人政治小组"(奥新斯基、一个农民、泰奥多罗维奇),即在上述三人之外,把 Π. A. 梅夏采夫也吸收进来,并且在奥新斯基不在的时候由梅夏采夫担任该人民委员部的行政领导并代表该人民委员部出席人民委员会和劳动国防委员会的会议。奥新斯基请求列宁"由政治局通过一项'<u>家规</u>'来了结整个这件事"。——121。

154 恩·奥新斯基向俄共(布)中央委员会全体会议提出了对中央政治局1921 年 11 月 18 日关于农业人民委员部内冲突问题的决定的异议。12 月 28 日,全体会议讨论了这个问题,一致同意政治局的决定(一人弃权)。

在全体会议准备期间,列宁索取了很多有关农业人民委员部情况的材料(见本卷第 169、170 号文献)。——122。

155 列宁的这个批示写在俄罗斯联邦驻德国全权代表尼·尼·克列斯廷斯基 1921 年 12 月 10 日从柏林寄来的一封信上。克列斯廷斯基在信里说,B. H. 李沃夫已与路标转换派决裂,从巴黎来柏林。"他声明他自己无论从政治条件还是社会条件来说都是布尔什维克,尽管仍然是个笃信宗教的人"(从"布尔什维克"一词到这句话的末尾,列宁画了两条着重线,还在"笃信宗教"这几个字上面批了"哈哈"二字)。李沃夫希望回国,其目的是:第一,在还没有像他那样演变过来的"知识分子和居民"中为承认和拥护苏维埃政权而进行宣传(引号里的字列宁都画了着重线);第二,希望"在某个苏维埃工作领域工作,即使是在加强信仰自由和在实行教会同国家完全分离方面工作"(列宁在页边给这句话画了着重线,并打了一个问号)。克列斯廷斯基在信的末尾问道,是否需要让李沃夫回国。——123。

156　指对贝·贝蒂写的关于她同列宁会见的英文报道稿件作的修改。
参看本卷第120号文献。——123。

157　1921年12月21日，俄共(布)中央政治局决定把列宁的假期延长到两周。——124。

158　这里说的是俄共(布)中央1921年12月18日的全体会议。这次全会批准了全俄苏维埃第九次代表大会的议程，并确定由列宁就第一项议程作报告，即代表全俄中央执行委员会和人民委员会作题为《关于共和国的对内和对外政策》的工作报告。——124。

159　指俄共(布)中央政治局1921年12月8日通过的下列决定："为使列宁同志能在苏维埃代表大会上作一个简短的发言(哪怕是半小时也好)，必须保证列宁同志的绝对安静，禁止他的秘书处向他呈送任何文件。"
全俄苏维埃第九次代表大会于1921年12月23—28日举行。12月23日，列宁在大会上作了全俄中央执行委员会和人民委员会的工作报告(见本版全集第42卷第331—365页)。——124。

160　按列宁的指示建立的委员会所制定的提案，写入了劳动国防委员会1922年1月4日的决定。根据这个决定，摄影和电影生产由教育人民委员部转归最高国民经济委员会管辖。
后来，1922年3月8日，劳动国防委员会撤销了1月4日的决定，并批准最高国民经济委员会主席团2月24日的决定。根据这个决定，摄影电影器材的生产划归最高国民经济委员会主管；影片的拍摄和租用、电影院的管理及幻灯工作则仍由教育人民委员部主管。——125。

161　指卡·阿·克鲁格教授的信。他在信中请求列宁帮助莫斯科高等技术学校(现莫斯科鲍曼高等技术学校)电工系和最高国民经济委员会科学技术局所属国立实验电工学研究所解决房舍和从国外购买必需设备的资金问题。——125。

162　列·波·克拉辛从伦敦发来电报说，根据可靠消息，安哥拉条约(即1921年10月签订的法土协定)中有一些秘密条款规定由土耳其占领整个外高加索。克拉辛说,这个计划"得到外高加索过去的各资产阶级政府联盟的支持,这些资产阶级政府的后台是白里安,他劝告法国金融家们不要同高加索的布尔什维克做生意,因为那里即将发生变化"。——126。

163 米·康·纳兹万诺夫是一位工艺工程师,制糖工业专家,国家计划委员会顾问。他同一批教授和工程师一起被控与彼得格勒反革命战斗组织的头子Б.尼·塔甘采夫有联系而被彼得格勒省肃反委员会逮捕,并被判处枪决。

列宁可能是从纳兹万诺夫的父亲1921年6月26日来信中得悉这件事的,信中请求对他的儿子从宽处理。格·马·克尔日扎诺夫斯基在9月18日信中也请求列宁释放纳兹万诺夫。

列宁接到这些材料后,于1921年10月10日给俄共(布)中央政治局全体委员写信建议"撤销彼得格勒省肃反委员会的判决,采纳阿格拉诺夫提出的判决……即两年徒刑,准予*假释*"(见本版全集第51卷第468号文献)。政治局当天通过了列宁的建议,10月14日重申了这个决定。

12月16日,莉·亚·福季耶娃受列宁的委托向约·斯·温什利赫特询问释放纳兹万诺夫的事。温什利赫特回答说,他已于12月14日命令假释纳兹万诺夫。因此列宁写了这张便条。温什利赫特于12月19日回信说,纳兹万诺夫的释放被拖延是因为塔甘采夫案件的侦查没有结束。纳兹万诺夫于12月17日获释。——127。

164 这是列宁拟的一个总的问题单。依据这个问题单,当天用打字机打出了一批分别给有关人员的信件。每封信的开头采用单子里用双线标出的文字,但作一些措辞上的修改(参看本卷《附录》第6—9号文献)。——127。

165 指预定在热那亚(意大利)召开的国际经济财政会议。——128。

166 劳动军委员会是由于1920年和平喘息时期部分红军战斗部队转为劳动军而在各集团军军事委员会的基础上建立起来的。参加劳动军委员会的有粮食人民委员部、交通人民委员部、农业人民委员部、劳动人民委员部和最高国民经济委员会的代表。——129。

167　这里说的是1921年8月9日俄共(布)中央全会的决定。这个决定是按列宁的建议通过的。决定指出,"必须把军队进一步加紧转上经济工作的问题提到日程上来","责成共和国革命军事委员会召开一些会议来专门讨论这个问题,对这项工作进行准备"。

　　　遵照中央全会的委托,劳动国防委员会于1921年8月12日开会讨论军队的劳动任务问题。劳动国防委员会成立了几个委员会,对军队劳动任务问题以及改善指挥人员的生活和军人合作社的问题进行研究。根据劳动国防委员会的决定,这些问题转交人民委员会解决。1921年8月16日,人民委员会听取了这几个委员会的报告,对它们提出的决定草案修改后予以批准。——129。

168　参看注51、57、148、397。

　　　工业企业农场总管理局(共和国工业企业农场总管理局)成立于1919年春,负责领导划归各工业企业的国营农场,向它们供应种子、劳动工具和资金。农场总管理局同时承担发展经济作物(甜菜、烟草等)的任务。到1921年7月1日,农场总管理局所辖国营农场共有1 060个,其中810个分属各个企业和机关(共有土地639 000俄亩),250个是生产工业原料的农场。——130。

169　指工程师B. Л.莱维在1921年12月8日《经济生活报》上发表的《俄国的电力供应(概况)》一文。这篇文章评述了1917年到1921年年中俄国的供电情况。

　　　由于列宁提出这一询问,《经济生活报》编辑加·伊·克鲁敏于1921年12月18日给莱维写了信。信中说,列宁希望能刊登《俄国的电力供应》一文的结尾,即"1918、1919、1920、1921年电站的数量和发电能力增长情况的综合资料,哪怕不完整也可以"。克鲁敏写道:"我已回答说不必等文章的什么结尾了。文章已全文刊登,但我会找您商量,务必赶快把这样一个统计表刊印出来。"

　　　12月19日,莱维给劳动国防委员会秘书寄去了《1917年到1921

年6月30日期间电站增长情况》的统计表。12月20日,统计表以《俄国的电力供应》为题刊登在《经济生活报》上。——130。

170 这里说的是当时正在建设的几个发电站。

卡希拉电站即国营卡希拉区电站,见注112。

乌特金湾电站即彼得格勒附近的红十月电站。它的第一期工程的装机容量为10 000千瓦,于1922年10月8日投产。

沃尔霍夫电站即沃尔霍夫水力发电站。关于建设这个电站的决定,是人民委员会于1918年7月通过的,建设工作是在1921年国内战争结束后开展起来的。电站在1926年底开始发电。——131。

171 指副农业人民委员伊·阿·泰奥多罗维奇的一封信。信中详细介绍了叶尼塞斯克省坎斯克县执行委员会主席瓦·格·雅科温科,并推荐他担任农业人民委员。

参看本卷第175、185、186号文献。——132。

172 为回答列宁的询问,伊·阿·泰奥多罗维奇写了三封信,向列宁详细谈了农业人民委员部和自己工作的情况。他介绍了他所领导的畜牧司及育马和养马业管理总局的情况,援引了一些专家对这两个部门的反映。泰奥多罗维奇写道,对他的控告是没有根据的,是恩·奥新斯基搞的阴谋,因为奥新斯基想甩掉对他不利的工作人员。泰奥多罗维奇请求列宁客观分析这些情况,如果可能的话,让他出席俄共(布)中央讨论农业人民委员部冲突问题的全体会议。

参看本卷第158号文献。——134。

173 娜·谢·阿利卢耶娃恢复了党籍。——135。

174 叶·米·波波娃(卡斯帕罗娃)恢复了党籍。

人民委员会秘书纳·斯·勒柏辛斯卡娅在列宁的这封信上写了如下附言:"弗拉基米尔·伊里奇恳请斯大林、萨法罗夫、季诺维也夫和科尔恩布柳姆等同志迅速提供卡斯帕罗娃同志的情况,同时要他们指出,哪个同志更了解她,对她的看法怎样。"——136。

175 这篇文章介绍了国外使用内燃机车的经验，认为在苏维埃俄国广泛使用内燃机车是可能的和适宜的。——137。

176 人民委员会秘书纳·斯·勒柏辛斯卡娅在列宁的信文上方写道："送国家计划委员会(主席团)、最高国民经济委员会科学技术局、交通人民委员部。附言：列宁同志要求告诉他，科技文献里有没有关于这方面的资料，专家对这件事的看法怎样？"

参看本卷第195、269、272号文献。——138。

177 列·波·克拉辛在1921年12月19日的电报中说，美国救济署的代表沃·布朗向他转达了美国救济署署长赫伯特·胡佛的一项建议：如果苏维埃政府从1922年1月1日起在三个月内为饥荒地区从美国购买1 000万美元的粮食和种子的话，美国政府就同意花费2 000万美元为俄国饥荒省份购买粮食和种子；购买粮食和种子必须通过胡佛委员会(美国救济署)办理。克拉辛说，苏维埃政府对购买粮食和种子一事将无法进行任何实际的监督，"因为派遣我们的代表赴美仍然是不可能的"。这1 000万美元拟用支票或"1914年8月以前属于俄国国库所有的"黄金支付。12月26日以前必须作出答复。

1921年12月22日俄共(布)中央政治局会议研究了这项建议，决定予以接受。当天，马·马·李维诺夫发了一份急电给克拉辛，告知建议已被接受，请"确定尽早交付粮食的期限，因为饥荒日益严重"。——138。

178 这里说的是苏维埃政府驻美国救济署代表亚·弗·埃杜克1921年12月21日的信。埃杜克认为胡佛的建议无论在经济上还是在政治上都是不利的，这会使对苏维埃俄国进行敌对活动的美国救济署的机构扩大，因此他主张予以拒绝。

1921年12月31日，俄共(布)中央政治局讨论了"与美国救济署有关的政治措施"问题，责成由约·斯·温什利赫特、埃杜克和瓦·米·米哈伊洛夫组成的委员会"制定专门的防范措施，防止美国救济署的机构过分扩大和吸收不可靠的分子"。

参看本卷第174号文献。——139。

179 根据俄共(布)中央政治局1921年10月14日的决定,格·雅·索柯里尼柯夫被任命为俄共(布)中央土耳其斯坦局及全俄中央执行委员会和俄罗斯联邦人民委员会土耳其斯坦事务委员会主席。——140。

180 指格·伊·萨法罗夫给列宁的一封信。信中谈了党的民族政策在土耳其斯坦遭到歪曲的问题。1921年12月22日,俄共(布)中央政治局成立了研究土耳其斯坦事务问题的委员会。

参看本卷第183、220号文献以及本版全集第51卷第204、205、297、356号文献。——140。

181 1921年12月24日,格·雅·索柯里尼柯夫把对格·伊·萨法罗夫的指控的性质和他对这件事的看法向列宁作了汇报。索柯里尼柯夫的信连同列宁的批注一起抄送给了各位政治局委员。——140。

182 关于生产福勒式犁中的拖拉作风案件交由莫斯科军事法庭审理。该法庭于1922年1月初宣布:对最高国民经济委员会和农业人民委员部一些工作人员玩忽职守的起诉,证据确凿,但考虑到这些同志在恢复经济工作中的功绩,决定免予惩处。根据法庭的建议,劳动国防委员会对最高国民经济委员会主席团和农业人民委员部部务委员会给予警告。

参看本卷第155号文献。——143。

183 列宁这个建议写在卡希拉电站工程总工程师格·德·瞿鲁巴的信上。瞿鲁巴在信中说,他们力图为卡希拉电站工程弄到拨款,但没有成功,因此电站工程有停工的危险。他请求列宁下指示拨款70亿卢布。

1921年12月26日,小人民委员会决定给卡希拉工程追加拨款70亿卢布,并建议财政人民委员部"速用现金支付上述拨款"。——143。

184 指就阿·别利亚科夫所写的《振兴铁路运输的新途径》一文询问有关情况一事。

参看本卷第173、195、269、272号文献。——144。

185 格·雅·索柯里尼柯夫的小册子《国家资本主义和新财政政策》于1922年出版。索柯里尼柯夫所拟的关于提高间接税的决定草案于

1921年12月28日提交俄共(布)中央全会审议。全会把这个问题转给了俄共(布)中央政治局,政治局于1922年1月5日责成最高经济委员会讨论上述草案。——145。

186　最高经济委员会即统一经济委员会。见注118。——145。

187　列宁的这个建议反映在全俄苏维埃第九次代表大会主席团1921年12月27日提出的大会决定中:"鉴于各地缺乏文件,特别是专门文件数量不足,苏维埃第九次代表大会主席团建议全体代表,包括各县的代表,在代表大会结束后不迟于六周内将大会所发全部文件送给各地图书馆。"(见《全俄工人、农民、红军和哥萨克代表苏维埃第九次代表大会。速记记录》1922年俄文版第259页)——146。

188　这封信是列宁对格·伊·萨法罗夫一些来信的答复。1921年12月20日,萨法罗夫在一封信中告诉列宁,由于中央监查委员会审查有关他在土耳其斯坦工作的材料,他已向中央提出辞去一切领导职务的申请(当时萨法罗夫在共产国际任东方问题顾问)。

　　　参看本卷第176号文献。——147。

189　1921年12月26日,俄共(布)中央组织局根据列宁的建议作出决定,认为必须送扬·埃·鲁祖塔克去德国治疗,建议卫生人民委员尼·亚·谢马什柯确定疗养地点和时间,外交人民委员部要设法让他提前动身。

　　　参看本卷第363号文献。——148。

190　1921年12月26日,俄共(布)中央政治局通过了列宁关于把瓦·格·雅科温科召来的建议。

　　　1922年1月9日,全俄中央执行委员会主席团批准雅科温科任农业人民委员。

　　　参看本卷第168号文献。——150。

191　指全俄苏维埃第九次代表大会关于恢复和发展农业的决定草案。这个草案经这次代表大会俄共(布)党团委员会讨论后送给了列宁。

——150。

192 列宁的这封信是就副对外贸易人民委员安·马·列扎瓦1921年12月19日给俄共（布）中央政治局的信写的。1921年12月16日,《真理报》刊载了列·谢·索斯诺夫斯基的一篇文章《"玩猫逮老鼠游戏"(再谈橡胶工业)》。索斯诺夫斯基在指出各橡胶工厂的情况普遍有改善,劳动生产率有提高之后说,似乎最高国民经济委员会准备把这些工厂租让出去,他对此表示反对。他还批评了对外贸易人民委员部在国外不去采购工厂所必需的原料,却耗费400万金卢布购买成品。列扎瓦在给政治局的信里反驳了索斯诺夫斯基的文章中所列举的一些事实,并请求"通过党的系统"向作者指出"这种言论的全部危害性"。

索斯诺夫斯基读了列扎瓦的信之后,向中央写了详尽的答复,肯定他在文中引用的资料是属实的。

人民委员会秘书于1922年1月2日就列宁的这封信作了下列记录:"索斯诺夫斯基的信已转给列扎瓦,后者没有送来进一步的声明。"——151。

193 这里说的是提交全俄苏维埃第九次代表大会审议的《关于经济工作问题的指令》草案。1921年12月26日,俄共（布）中央政治局基本上批准了这个草案。12月28日,代表大会通过了这个指令(见本版全集第42卷第371—373页)。——152。

194 1922年1月12日,俄共（布）中央政治局讨论了这个问题,通过了最高国民经济委员会的建议:"安排拉德琴柯同志担任制糖工业的领导,并保留他在泥炭总委员会领导机关的职务,解除他在对外贸易人民委员部的工作。"

拉德琴柯休假一事很快得到批准。——153。

195 这里说的是即将举行的俄共（布）中央全会。全会于1921年12月28日举行。在全会的议题中包括对波斯的政策问题。——154。

196 这些便条是在全俄苏维埃第九次代表大会上讨论"关于财政和预算"这

一问题时写的。——154。

197　这里说的是以金卢布计算的1918—1919年和1920年从发行纸币和收集余粮所得到的收入。——154。

198　此件是对亚·伊·古谢夫的一张便条的答复。古谢夫在便条中提出在1922年春召开全俄非党农民代表会议的问题。——155。

199　指格·波·克拉辛工程师受列宁委托对阿·别利亚科夫《振兴铁路运输的新途径》一文所写的意见(参看本卷第173号文献)。克拉辛写道："使用内燃机车很可能效果极好。"——156。

200　鉴于使用内燃机车具有非常重要的意义,劳动国防委员会于1922年1月4日责成热工学研究所吸收交通人民委员部技术委员会和其他机关的人员参加,共同组织对内燃机车设计方案和技术条件的初步研究,并"悬赏征求内燃机车最佳设计"。这项决定还责成国家计划委员会协同热工学研究所、交通人民委员部在10天内制定出"悬赏征求设计的详细办法,以便随后在国内外广泛宣布"。——157。

201　列宁在这里说的是俄罗斯联邦驻波兰全权代表列·米·卡拉汉1921年12月18日从华沙发给格·瓦·契切林的电报,其中说,法国政府有意改善同苏维埃俄国的关系。

　　当天,契切林答复列宁说："帕纳菲厄是法国驻华沙的公使。总的说来,他对我们怀有强烈的敌意,因为他在沙皇政府时代,甚至在战前,就已是法国使馆的参赞,有时任代办。他在法国外交官中地位并不显要,也不能算是那种说话句句算数的领导人物。但是,从另一方面看,不要忘记,他关于法国将改变方针的谈话,是同拉品斯基的熟人所谈的一致的。波兰报刊也这么说,不过它们也是从帕纳菲厄那里得来的消息。马克萨博士是捷克驻华沙代表,1918年初曾在莫斯科任职,那时我们曾委托他去同捷克斯洛伐克叛军谈判。至于他转达帕纳菲厄的话是否准确,现在还没有根据提出怀疑。克列斯廷斯基去柏林后,他将再一次设法同洛兰会谈。以前由于洛兰不在,没有谈成。这次也不知道能不能谈成。

凡尔赛条约第116条包含一个附带条件,即为俄国保留分享德国的赔偿的权利。"——157。

202 这里说的是全俄苏维埃第九次代表大会的决议草案。——158。

203 关于扎·梅·塞拉蒂的专文,列宁没有写出来,但列宁在《政论家札记》一文中对他的立场作了评论(见本版全集第42卷第465—466页)。——159。

204 这里说的是《关于工会在新经济政策条件下的作用和任务的提纲草案》(见本版全集第42卷)。这个文件是受1921年12月28日举行的俄共(布)中央全会的委托起草的,拟提交俄共(布)中央政治局批准。这次中央全会研究了工会问题和由列宁、扬·埃·鲁祖塔克和安·安·安德列耶夫组成委员会的问题。

1922年1月3日,政治局通过了列宁提出的推迟审议提纲的建议。1月4日,列宁写完了提纲草案,并把它交给了委员会。——160。

205 1921年12月30日,劳动国防委员会听取了格·马·克尔日扎诺夫斯基关于内燃机车的报告,并通过了如下决定:"(1)决定草案及修改意见基本通过。(2)委托克尔日扎诺夫斯基同志最终审定此草案,并要他于1922年1月2日(星期一)送瞿鲁巴同志签字。"这项决定于1922年1月4日签署。参看注200。——161。

206 卡·克·达尼舍夫斯基于1921年底被莫斯科哈莫夫尼基区清党委员会根据未经核实的控告开除出党。

俄共(布)中央党员审查委员会否定了对达尼舍夫斯基的毫无根据的控告,恢复了他的党籍。——163。

207 在这封信的上方,有人民委员会和劳动国防委员会秘书莉·亚·福季耶娃写的几行字:"交尼·彼·哥尔布诺夫。尼古拉·彼得罗维奇:弗拉基米尔·伊里奇委托您监督一下,务必使加米涅夫的指示尽快得到执行,也就是说在必要时您可施加压力。**莉·福季耶娃** 1922年1月

1日"。

　　1922年1月3日,《真理报》刊载了《约瑟夫·彼得罗维奇·戈尔登贝格(梅什科夫斯基)》这篇悼念文章。——165。

208　指雅·达·捷文,他是1918年9月20日被英国武装干涉者和社会革命党人枪杀的26名巴库人民委员之一。——166。

209　信上有发给娜·尼·科列斯尼科娃住房证的批示。——166。

210　这里说的是格·瓦·契切林1921年12月2日写给俄共(布)中央政治局的信。契切林在这封信中写道:从在伦敦的列·波·克拉辛那里获悉,最高国民经济委员会主席彼·阿·波格丹诺夫写过一封信给莱·厄克特,提议恢复被后者中断的租让谈判(见注8)。契切林认为波格丹诺夫的这封信有可能被解释成苏维埃政府向私人资本投降,因此要求宣布这封信无效。

　　波格丹诺夫向政治局作了如下解释:1921年11月29日,他写了一封信给厄克特的驻莫斯科代表陶布,询问厄克特是否已通知他中断租让谈判,请陶布予以澄清,如果关于厄克特中断谈判的传闻不属实,就建议继续进行谈判。

　　1922年1月10日,契切林给政治局写信说,外交人民委员部部务委员会并不坚持要求宣布波格丹诺夫的举动无效,但认为波格丹诺夫事先不通知外交人民委员部和克拉辛便直接同陶布打交道是错误的。

　　在1922年1月12日政治局会议上对这个问题进行了研究。政治局根据列宁的建议,责成全俄肃反委员会副主席约·斯·温什利赫特进行调查,转寄给在伦敦的克拉辛那封波格丹诺夫给陶布的信怎么会直接落到厄克特手里。政治局同意外交人民委员部的意见,认为波格丹诺夫不通过对外贸易人民委员部便同陶布打交道是错误的,但同时指出"不事先取得有关的材料就把尖锐指责负责干部(波格丹诺夫同志)的问题提到政治局来,也是不能允许的"。——167。

211　这里列宁说的是格·瓦·契切林1921年12月30日写给俄共(布)中央政治局的信和列·波·克拉辛12月28日由伦敦发来的电报。

克拉辛报告说,戴·劳合-乔治提出了如下一份苏维埃政府宣言的稿子作为各资本主义国家承认俄罗斯联邦并向其提供经济援助的条件:"苏维埃政府在它得到法律上的承认和在恢复俄国工作中得到援助的条件下,同意承担沙皇政府和临时政府所欠的全部债务。其次,在外国政府将赔偿它们给俄国造成的损失的条件下,外国政府和私人的损失,凡属苏维埃政府的行动或疏忽所造成的,应由苏维埃政府赔偿,而有关赔偿损失的所有问题,均应由仲裁法庭根据公认的国际法原则与各文明国家贸易交往中通行的原则来解决。"克拉辛写道,劳合-乔治确信,如果在1922年1月6日协约国最高会议在戛纳开会以前接受这些条件,法国政府就将最终承认苏维埃政府,并同意立即召开有俄罗斯联邦参加的国际会议(指即将召开的热那亚会议)。

契切林给政治局的信中说,外交人民委员部部务委员会认为,"这一建议乃是企图在最高会议开会前再一次对我国进行讹诈",因此应予拒绝,同时要声明,关于私人债务问题,苏维埃政府准备在会议上讨论。外交人民委员部部务委员会认为,仲裁法庭是根本不能接受的,"因为在苏维埃共和国和各资本主义国家之间不可能有公正的仲裁法庭"。

俄共(布)中央政治局于1921年12月31日讨论了克拉辛关于英国建议的电报后作出决定:"同意契切林同志的意见。"——167。

212 这里说的 C. B. 梅德维捷娃-捷尔-彼得罗相是一位医生,她请求把她作为专家派往国外去验收药品。——168。

213 1921年12月31日,俄共(布)中央政治局决定任命亚·米·克拉斯诺晓科夫为第二副财政人民委员。1922年1月10日,人民委员会批准他担任此职。——169。

214 叶·阿·普列奥布拉任斯基对列宁的这张便条答复如下:"您同纳扎尔·乌拉尔斯基的谈话给他留下了相当深刻的印象…… 但梅利尼昌斯基(纳扎尔现住在他家)则说他转变太慢…… 他目前在中央消费合作总社工作,担任一个不重要的职务。他同我谈话时曾表示希望到对外贸易人民委员部工作。"

列宁在1921年11月30日曾接见乌拉尔斯基。——170。

215　尤·弗·罗蒙诺索夫来信说的是瑞典银行建议向苏俄提供2亿克朗贷款一事。

　　1922年2月2日,俄共(布)中央政治局听取了马·马·李维诺夫的报告,认为可以同瑞典签订经济协定,建议加速进行谈判,并把谈判任务交给了由李维诺夫、罗蒙诺索夫和普·米·克尔任采夫组成的三人小组。——171。

216　俄罗斯联邦驻挪威全权代表列·米·米哈伊洛夫来信说,挪威内阁决定将向苏维埃俄国提供购买鲱鱼贷款一事提交议会通过。购买鲱鱼的条件是,在签订合同时先以现金交付货款的50%,余下的50%于1922年10月15日以前和1923年1月1日以前各付一半。米哈伊洛夫请求电示要签订多少金额的合同。

　　经补充谈判和明确条件后,签订了购买鲱鱼的合同。——172。

217　1922年3月,全俄中央执行委员会中央赈济饥民委员会拨给阿拉卡耶夫卡村100普特粮食。阿拉卡耶夫卡村的代表们在1922年3月10日开的收据上写道:"我们作为代表,返回萨马拉省家乡后,一定要使派我们来的乡亲们相信,中央对克服严重饥荒确实关怀备至,我们伟大的领袖列宁同志对受灾农民的一切困苦更是体贴入微。"——172。

218　这里指1921年11月俄共(布)中央向苏维埃俄国驻外使馆发出一封指示信,提出要重新审定苏俄各代表处工作人员的工资额。俄罗斯联邦驻德国全权代表尼·尼·克列斯廷斯基,作为俄共(布)中央政治局解决使馆问题的委员会委员,写信给政治局,建议保留原先规定的苏俄使馆人员的最低生活费数额,并保持最高工资额和最低工资额之间的原先的比例。他还认为,派遣工作组出国检查驻外机构未必合适。

　　1922年1月12日,政治局接受了克列斯廷斯基关于工资额的建议,但认为派遣工作组出国检查驻外机构是必要的。

　　参看注147。——173。

219　1922年1月6日,阿·奥·阿尔斯基请求俄共(布)中央政治局免去他在财政人民委员部的工作以及一切财政工作。

阿尔斯基的请求没有得到满足。——173。

220　《俄共中央给土耳其斯坦共产党的指示信》草稿规定了新经济政策条件下土耳其斯坦共产党人在民族政策方面的任务。通告信由俄共(布)中央政治局批准后,于1922年1月26日在《民族生活报》第3号上发表。

参看本卷第176号文献。——174。

221　列宁的这个建议是由于当时国家财政困难但又必须增加教育和扫盲方面的拨款而提出的。

当天,即1922年1月12日,俄共(布)中央政治局通过一项决定:"建议全俄中央执行委员会主席团撤销人民委员会关于保留大歌舞剧院的决定";随后,1月17日,政治局又决定:建议全俄中央执行委员会"切实审议卢那察尔斯基同志的声明"。1922年2月6日,全俄中央执行委员会主席团就大剧院问题通过如下决定:"将下述情况向俄共(布)中央政治局报告:全俄中央执行委员会主席团党团在审议了卢那察尔斯基的来信并听取了马林诺夫斯卡娅(大剧院经理。——编者注)的说明之后,认为关闭大剧院在经济上并不合算。"鉴于全俄中央执行委员会提出这个意见,政治局委托工农检查人民委员部"精确计算一下大剧院维持现状所需经费和关闭该剧院可能节约的开支,并将计算结果上报"。3月13日,政治局在听取了副工农检查人民委员瓦·亚·阿瓦涅索夫的报告后决定"满足全俄中央执行委员会1922年2月6日的请求"。

1922年秋,党中央重新讨论了莫斯科大剧院和彼得格勒玛丽亚剧院问题。10月26日,政治局作出了关于减少对无产阶级文化协会和各模范剧院的国家津贴的决定。11月16日,政治局根据列宁的建议,批准了"给柯列加耶夫同志的委任书草稿",委托他"贯彻关于将国立剧院的津贴每年减少35 000万的决定,并发给柯列加耶夫同志全俄中央执行委员会主席团的特别委任书,授权他采取一切他认为为完成这一任务所必须采取的措施,直至关闭大剧院和玛丽亚剧院,为节支增收而改组剧院管理,吸收私人资本,等等"。——175。

222　关于这个文献的第1和第2两点,俄共(布)中央组织局同意列宁的建议,于1922年1月13日通过了如下决定:"建议卫生人民委员部指派一两名医生为所有归国同志定期检查身体。要求医生对此负责,并向人民委员会秘书处作简短的汇报。"

第3、4、5点通过电话得到了俄共(布)中央政治局各位委员的赞同,并全部写入了政治局1922年1月18日的决定。

参看本卷第249号文献。——176。

223 1922年1月13日共产国际执行委员会主席团就英国当前的议会选举问题作出决定,"认为建议英国共产党人支持工党是完全必要的"。

不久后,共产国际执行委员会第一次扩大全会(1922年2月21日—3月4日)在关于英国问题的决议中建议共产党"在大选中支持工党"(见《共产国际文献。共产国际代表大会和共产国际执行委员会全体会议的决定、提纲和号召书。1919—1932年》1933年莫斯科版第280页)。

英国这次议会选举,原定于1922年2月举行,后改在同年11月15日举行。——178。

224 1922年1月17日俄共(布)中央政治局会议决定满足列·波·克拉辛的请求,"由他调用拉林同志"。列宁在1922年1月19日给克拉辛的信中对这一决定作了补充(见本卷第246号文献)。——179。

225 伊·克·拉拉扬茨被安排在教育人民委员部工作。

参看本卷第302号文献和本版全集第51卷第324、522号文献。——180。

226 这里说的是画家菲·安·马利亚温建议为赈济饥民在西欧和美国举办他的画展一事。马利亚温请求列宁给予支持,帮助他从国家机关和个人手中收集他的作品并取得出国许可。

阿·瓦·卢那察尔斯基于1922年1月16日写信给列宁说,国家机关和私人手中的画不能由马利亚温出售,而且国外市场对绘画作品的需求也不大。他认为,这个画展由于要由国家出钱举办,不会有大的收益。列宁看过这封信后,用电话口授了给哥尔布诺夫的第二张便条。

——182。

227 这是列宁给列·达·托洛茨基的复信。托洛茨基来信说,费·亚·格季耶医生处境艰难,由他担任主任医生的疗养院管理不善,他的总务助手不称职。托洛茨基建议要么在疗养院里给格季耶创造良好的条件,要么解除他在疗养院的工作。

　　1922年1月17日,俄共(布)中央政治局要卫生人民委员尼·亚·谢马什柯在下次会议上提出"为格季耶医生创造相应条件的意见"。——186。

228 列宁的这封信写在格·瓦·契切林就如何答复协约国最高会议一事所提建议的后面。1922年1月6日,协约国最高会议通过了关于召开全欧经济和财政会议以及它认为是保证会议成功所必需的基本条件的决议。意大利首相伊·博诺米送来了这项决议的副本,并以最高会议的名义邀请俄国代表团于1922年2月或3月初参加会议,请求把苏维埃代表团团员及工作人员的名单告诉他。契切林建议向博诺米作如下答复:苏维埃政府已获悉协约国各国关于恢复欧洲经济的条件的意见,希望了解会议参加国的名单和拟议中的会议日程。关于代表,契切林建议这样答复:代表将由全俄中央执行委员会非常会议任命。至于会议地点,契切林认为应该援引外交人民委员部的前几份电报,建议在伦敦召开。契切林写道:"实际上,在意大利召开对我们来说是无法接受的,因为存在法西斯分子的威胁,他们现在已经扬言要对俄国代表采取某种行动。"——186。

229 1922年1月17日,俄共(布)中央政治局会议研究了就热那亚国际会议一事答复协约国最高会议的问题。政治局决定:"基本同意由列宁同志作过补充的契切林同志的建议和契切林同志所记录的修改意见。"就在这次会议上,根据列宁的意见确定了代表团的成员,以便把成员名单提交全俄中央执行委员会即将举行的一次会议批准。

　　1922年1月27日,全俄中央执行委员会非常会议批准了出席热那亚会议的苏维埃代表团成员。代表团团长为人民委员会主席列宁;副团长为外交人民委员格·瓦·契切林。"如果客观形势不允许列宁同志出席会议,契切林可行使团长的一切权利。"(见《苏联对外政策文件汇编》1961年俄文版第5卷第66—67页)代表团的成员有:列·波·克拉辛、马·马·李维诺夫、纳·纳·纳里曼诺夫、瓦·瓦·沃罗夫斯基、扬·埃·鲁祖塔克、阿·阿·越飞、克·格·拉柯夫斯基、波·古·姆季瓦尼、亚·阿·别克扎江、亚·加·施略普尼柯夫。——187。

230　格·瓦·契切林就建议他休假一事于1922年1月15日给俄共(布)中央政治局写了两封信,说明外交人民委员部的情况。

契切林在信中指出,由于缺乏训练有素的干部,部里工作混乱。他还说,外交人民委员部里没有一个熟悉全盘工作的人,所以他目前不能休假;办理移交并帮助别人熟悉部里的全盘工作将会占去他好几个月的时间,这在准备热那亚会议的紧张时期是根本做不到的。契切林断言:"现在休假对我来说等于完全离职。"——187。

231　关于格·瓦·契切林的休假和治病问题曾在俄共(布)中央政治局的几次会议上研究过。政治局决定让契切林在热那亚会议以后休假。——188。

232　1922年1月26日,俄共(布)中央政治局责成阿·阿·越飞、雅·斯·加涅茨基和帕·彼·哥尔布诺夫"使外交人民委员部的工作在契切林同志和李维诺夫同志动身之前处于有条不紊、准确无误的状态"。政治局的决定接着指出:"应考虑到,在契切林和李维诺夫暂离期间,有可能召回卡拉汉同志,也可能从代表团的外交人员中抽一两个同志轮流留在莫斯科主持工作。"——188。

233　俄共(布)中央政治局于1922年1月18日拒绝了帕·伊·波波夫的建议。——189。

234　此件写在1922年1月14日彼·阿·波格丹诺夫的请假报告上。波格丹诺夫请求给他一个月的病假。——190。

235　1922年1月21日,在俄共(布)中央书记处会议上研究了补助托·Л.阿克雪里罗得的问题。他的要求得到了满足。——191。

236 彼得格勒的一些学者受列宁的亲自委托在1921年着手编制出版世界地图集。这项工作由伊·约·约诺夫所领导的国家出版社彼得格勒分社负责组织。领导地图集出版工作的专门学术委员会隶属于国家出版社彼得格勒分社。

1922年1月20日,国家出版社打电话报告列宁说,已汇给国家银行彼得格勒分行3亿卢布,由它转给国家出版社彼得格勒分社。1月27日,约诺夫向人民委员会办公厅报告说,拨给地图集的3亿卢布已收到。

参看本版全集第50卷第327、442、465、538号文献,第51卷第19、24、238、305、337、361号文献。——196。

237 劳动国防委员会办公厅按照列宁的倡议和指示,采用图表来说明苏维埃俄国1920—1921年和1922年国民经济主要部门的发展情况。图表由中央统计局绘制,一式两份:一份给劳动国防委员会,一份给俄共(布)中央。瓦·亚·斯莫尔亚尼诺夫同中央统计局局长帕·伊·波波夫之间就列宁的这个建议的通信,见《历史文献》杂志1962年第1期第51—52、54—55页和1961年第3期第71页。——197。

238 1922年2月1日,俄共(布)中央书记处决定送玛·瓦·福法诺娃的女儿出国治病,必要时其母亲可同往。——198。

239 1922年1月23日,俄共(布)中央书记处常务局向列宁报告说,尼·萨美尔-科托维奇已被安排在教育人民委员部办的实验示范学校当"寄宿生"。——199。

240 弗·德·邦契-布鲁耶维奇1922年1月17日给列宁写信说,他组织了一个合作出版社(生活和知识出版社),请求准许他出版列宁一些著作的单行本,如《俄国资本主义的发展》、《进一步,退两步》、《唯物主义和经验批判主义》、《关于农业中资本主义发展规律的新材料。第一编。美国的资本主义和农业》、《帝国主义是资本主义的最高阶段》、《国家与革命》、《无产阶级革命和叛徒考茨基》等。邦契-布鲁耶维奇还打算把列宁论述党的策略、文学、民族、土地、反对宗教等问题的文章分别编成文集出版。——200。

241　1922年1月20日,俄共(布)中央政治局认为必须加强从乌克兰调运粮食的工作,因此通过了如下决定:派副粮食人民委员莫·伊·弗鲁姆金去乌克兰,并授予特别权力。该决定还批准了列宁草拟的给列·波·克拉辛的电报稿,但作了部分改动(将"就把您解职并开除出党"一句改为"党将不得不给您最严厉的处分")。——202。

242　副外交人民委员马·马·李维诺夫当时兼任人民委员会外汇业务全权代表。——202。

243　1922年1月17日俄共(布)中央政治局决定满足克拉辛关于调用拉林同志的请求。

　　　　这封信送给了外交人民委员部,信封上有列宁的批语:"**外交人民委员部　帕·彼·哥尔布诺夫:尽快**发出,尽可能保密。信封于**克拉辛签收**后退给我。**列宁**　1922年1月19日"。

　　　　参看本卷第225号文献。——202。

244　交通人民委员部收到列宁的这封信后即指定专人,令其负责把载有卡希拉工程所需物资的所有车皮及时发往卡希拉。

　　　　参看本卷第248号文献。——204。

245　卡希拉电站工程物资运输延误一案,由工农检查人民委员部进行了调查。失职人员被交付革命法庭审判。副工农检查人民委员瓦·亚·阿瓦涅索夫于1922年2月22日写信给瓦·亚·斯莫尔亚尼诺夫,认为卡希拉工程经铁路运输的物资拖延发运确实是交通部门工作不善造成的,同时他也指出,卡希拉电站工程局在卸货方面也有拖拉现象。——205。

246　指给亚·德·瞿鲁巴治病的医生为他规定的作息制度。——205。

247　亚·德·瞿鲁巴当天就给列宁写了回信。他对列宁的关怀表示感谢,并说他的健康情况已经好转,保证遵从一切医嘱。还说,对他来说最好是留在习惯了的家庭环境中,因为家里有条件进行必要的护理。他答应"每周到卡希拉或'海鸥'别墅去住两三天……"

　　1922年1月26日,莉·亚·福季耶娃写信给瓦·亚·斯莫尔亚尼诺夫,转达列宁的一项硬性规定:同瞿鲁巴通电话或面谈公事只允许在为他严格规定的办公时间内,即中午12时到下午2时。——206。

248　这封信是对列·达·托洛茨基一个汇报的答复。托洛茨基汇报说,在一次由他作报告的青年会议上,孟什维克古尔维奇发言援引列宁关于国家资本主义的论述,硬说新经济政策是向资本主义倒退。——206。

249　关于国家资本主义问题,列宁在党的第十一次代表大会上所作的俄共(布)中央委员会政治报告和关于报告的总结发言中,以及在答《曼彻斯特卫报》记者问、在共产国际第四次代表大会所作的报告和《论合作社》一文中都作了阐述(见本版全集第43卷第87—89、118—121、263—264、278—282、369—370页)。——207。

250　格·雅·索柯里尼柯夫在来信中力图证明,必须把俄罗斯联邦国家珍品库改组为外汇管理局,并建议任命一个比国家珍品库主任 H. A. 巴沙级别高的干部来领导外汇管理局。他还谈到了重新编制预算的问题。——207。

251　指俄共(布)中央政治局1922年1月20日就国外购粮工作拖延问题所作的决定。——208。

252　指由外交人民委员格·瓦·契切林签署的俄罗斯联邦政府1921年10月28日向英、法、意、日、美各国政府发出的照会(见《苏联对外政策文件汇编》1960年俄文版第4卷第445—448页)。列宁在照会草案上的批注见本版全集第42卷第222—224页。——211。

253　指1922年1月6日协约国最高会议戛纳会议决议中提出的为使拟议中的国际经济和财政会议获得成功所必需的6项基本条件的第1条。这一条说:"一些国家不能强行规定另一些国家应当根据什么原则建立其所有制、经济生活和管理方式;每个国家有权为自己选择它所喜欢的

制度。"(参看《苏联对外政策文件汇编》1961年俄文版第5卷第58页）
——211。

254 1922年2月，列宁为参加热那亚会议的苏维埃代表团拟定了几个详细的指示(见本版全集第42卷第410—412、416、420—422、423—424、432—433、447—449页)。——211。

255 这里说的是俄共(布)中央政治局1922年1月20日通过的一个决定："对契切林同志提出的吸收苏汉诺夫和约尔丹斯基以'专家'身份参加准备工作的建议没有异议。"——211。

256 这封信是为回答俄罗斯联邦驻德国商务代表波·斯·斯托莫尼亚科夫发给对外贸易人民委员部的请示电报而写的。斯托莫尼亚科夫报告说，汉堡—美洲商船股份公司(HAPAG)已同美国哈里曼采恩谈妥，要把它在俄德运输公司中的股份的一半让给哈里曼，他请示可否同意此事。副对外贸易人民委员安·马·列扎瓦在1922年1月14日写给列宁的信中表示，这样做不仅对汉堡—美洲商船股份公司，而且对苏维埃俄国也是有益的，因为这是"一件非常重要的事，是我们同美国资本家签订的第一个商务协定"。

俄德运输公司是根据俄罗斯联邦商务代表斯托莫尼亚科夫同汉堡—美洲商船股份公司董事兼经理特奥多尔·里特尔1921年5月13日在柏林签订的议定书建立的(见《苏联对外政策文件汇编》1960年俄文版第4卷第114—119页)。——212。

257 这里说的是埃森弗里德里希·克房伯公司提出的承租5万俄亩土地的建议。

参看本卷第385、456号文献。——213。

258 这个批示写在格·瓦·契切林1922年1月20日来信的下方。契切林在给列宁的信中写道："……如果美国人在要求建立代议制机构上纠缠不休的话，您看是否可以为得到相当的补偿而对我国的宪法作些小的改动……?"列宁在"可以"二字下面画了4条线，在页边打了3个问号，并批示:"精神失常!!"——215。

259 这个批示写在列宁私人图书管理员舒·姆·马努恰里扬茨通知列宁已送去《路标转换》杂志第8期和第9期的便条上。——215。

260 1922年2月2日,俄共(布)中央政治局通过如下决定:凡属根本上涉及俄罗斯联邦财政政策的问题或提交政治局决定的问题,均须先由格·雅·索柯里尼柯夫、亚·米·克拉斯诺晓科夫和叶·阿·普列奥布拉任斯基三人小组审查。——216。

261 1922年1月28日,格·雅·索柯里尼柯夫在给列宁的信中报告说,1月27日财政专家会议讨论了他的关于黄金自由流通的建议;国家计划委员会对他提出的有关货币政策的那几点意见还没有讨论完;他已要求叶·阿·普列奥布拉任斯基和亚·米·克拉斯诺晓科夫提出结论性意见。接到索柯里尼柯夫的这个报告后,列宁于1月30日又给他写了一封信(见本卷第274号文献)。——218。

262 1922年1月31日,伊·捷·斯米尔加写信报告了他和波·斯·斯托莫尼亚科夫同德意志银行的代表商谈石油租让的情况,信中说:"……我们已原则上同意就整个格罗兹尼地区和巴库的比比—埃巴特区进行谈判。"斯米尔加请示谈判的条件。为尽快办理此事,斯米尔加建议授权他、尼·尼·克列斯廷斯基、阿·伊·李可夫和斯托莫尼亚科夫四人签订合同,然后将合同提交人民委员会批准。在这封信上签名的还有克列斯廷斯基。——219。

263 这里说的是共产国际执行委员会第一次扩大全会。列宁没有把提纲写出来。

全会于1922年2月21日—3月4日举行。全会批准了共产国际执行委员会于1921年12月通过的提纲:《关于工人统一战线和关于对参加第二国际、第二半国际和阿姆斯特丹工会国际的工人以及对支持无政府工团主义组织的工人的态度》(载于1922年《共产国际》杂志第20期)。——220。

264 这时列宁正因病休假。——221。

265 列宁指的是他为共产国际第三次代表大会所写的《关于俄共策略的报告提纲》(见本版全集第42卷)。——221。

266 指孙中山1921年8月28日给格·瓦·契切林的复信。孙中山在信的最后说:"我非常注意你们的事业,特别是你们苏维埃底组织、你们军队和教育底组织。我希望知道您和其他友人在这些事情方面、特别是在教育方面所能告诉我的一切。象莫斯科一样,我希望在青年一代——明天的劳动者们底头脑中深深地打下中华民国底基础。向您和我的朋友列宁以及所有为了人类自由事业而有许多成就的友人们致敬。"(见《孙中山全集》1985年中华书局版第5卷第593页)

　　1921年11月6日,格·瓦·契切林将此信送交列宁,并问列宁是否认识孙中山。列宁次日答复契切林说,他没有见过孙中山,他们之间一直没有通过信。——222。

267 "二人小组"是指俄共(布)中央政治局中负责拟定政治局会议议程的两名委员。他们事先审阅与会议有关的文件,个别情况下也可先提出结论性意见。——222。

268 1921年12月3日,俄共(布)中央政治局作出决定让列宁休息;列宁是12月6日开始休假的。——223。

269 这个批示写在原第三届国家杜马社会民主党党团成员尼·马·叶戈罗夫的信上。叶戈罗夫请求接见,以交谈采矿工业的情况。他认为采矿工业由不同的机构分散管理是不妥当的。

　　不久后,1922年3月,叶戈罗夫(当时在彼得格勒工作)曾到人民委员会同尼·彼·哥尔布诺夫面谈。谈话作了速记。叶戈罗夫的来信连同这里收载的列宁的批示以及整理好的速记记录,于1922年3月11日送交格·马·克尔日扎诺夫斯基和最高国民经济委员会采矿工业总管理局局长韦·米·斯维尔德洛夫征求意见。

　　克尔日扎诺夫斯基在一份简短的书面意见中说,采矿工业的组织机构确非尽善尽美。他认为，由两个部门分别管理过去是合适的，但在新条件下有必要重新考虑。

斯维尔德洛夫对叶戈罗夫的意见表示同意，并就合并采矿工业这件事所采取的措施作了汇报。他还写道，已在叶戈罗夫推荐的那些专家参与下制定了一份采矿工业管理机构组织系统表。斯维尔德洛夫指出，这些专家现在大都在采矿工业部门的负责岗位上工作。——223。

270　维·阿·卡尔宾斯基当时是《贫苦农民报》的编辑，后来他在回忆录《弗·伊·列宁是领袖、同志、真正的人》中写道："弗拉基米尔·伊里奇对农民写给《贫苦农民报》的信件给予很高的评价。'要知道这才是真正的人的文件！这些意见我在任何一个报告中都是听不到的。'当我，作为《贫苦农民报》的编辑，拿着农民来信到弗拉基米尔·伊里奇那儿去的时候，他就是这样跟我说的。"卡尔宾斯基回忆说，在跨1920—1921年的冬季，列宁有一次同他谈话后要求他摘引农民来信中的话提出一份关于农村情况的详细报告。后来列宁又要求《贫苦农民报》作定期汇报（参看《回忆列宁》1982年人民出版社版第4卷第342—343页）。——224。

271　《贫苦农民报》（《Беднота》）是俄共（布）中央主办的供农民阅读的报纸（日报），1918年3月27日—1931年1月31日在莫斯科出版。该报的前身是在彼得格勒出版的《农村贫民报》、《士兵真理报》和在莫斯科出版的《农村真理报》。国内战争时期，《贫苦农民报》也是红军的报纸，在军内销售的份数占总印数的一半。先后担任该报编辑的有维·阿·卡尔宾斯基、列·谢·索斯诺夫斯基、雅·阿·雅柯夫列夫等。该报编辑部曾为列宁编写名为《贫苦农民晴雨表》的农民来信综述。从1931年2月1日起，《贫苦农民报》与《社会主义农业报》合并。——225。

272　列宁于3月份收到了《贫苦农民报》农民来信综述后，把它送交俄共（布）中央政治局各位委员传阅，并作了如下批示："交莫洛托夫同志并转政治局委员阅。**列宁** 3月23日。阅后请退给我。**列宁**（再转李可夫和瞿鲁巴）"（见1960年《苏共历史问题》杂志第3期第125—126页）。——225。

273　指为了进行热那亚会议前的准备工作，在人民委员会下面设立的债务谈判实际问题研究委员会。斯·斯·皮利亚夫斯基代表外交人民委员部参加了该委员会，并为该委员会的报告人(他以苏俄代表团秘书长的身份参加了热那亚会议)。

　　列宁看过委员会的材料后，指出了论据中的不准确之处，并把材料送去加工。

　　1922年1月起，对由于外国军事干涉所造成的全部损失进行了仔细的核对，核对后全部损失的数额确定为390亿卢布。这一数目作为对协约国的要求由苏俄代表团在热那亚会议上提出。

　　阿·阿·越飞当时是出席热那亚会议的苏俄代表团团员。——225。

274　这是对全俄肃反委员会副主席约·斯·温什利赫特1922年1月26日来信的答复。温什利赫特在来信中为全俄肃反委员会会务委员会拟定的全俄肃反委员会新条例草案辩护，坚决主张全俄肃反委员会仍保留惩办职能。温什利赫特在回忆列宁的文章中摘引了列宁的信。温什利赫特是这样转述信的开头的："列宁不同意我的论据；他复信说，我的建议可以而且应该通过中央成立的专门委员会所提出的草案来实施，而不是用我提出的办法来实施。"接着，温什利赫特写道："列宁在信的末尾指出，按照政治局专门委员会的决定行事，'能够而且应该达到从快从严镇压的目的'。"(见1965年《苏共历史问题》杂志第4期第97页)

　　参看本卷第95号文献。——227。

275　1922年1月28日，尤·弗·罗蒙诺索夫打电话向列宁报告说，他同格·马·克尔日扎诺夫斯基、列·康·拉姆津教授和交通人民委员部技术委员会主任助理 П. С. 雅努舍夫斯基开会研究了制造内燃机车的问题。

　　参看本卷第272号文献。——227。

276　指亚·亚·哥列夫的《法国的电气化》一书的手稿。——228。

277　列宁指的是德国政治经济学教授卡尔·巴洛德的《未来的国家。社会主义国家的生产和消费》一书。该书的俄译本在1920年出版。列宁在《论统一的经济计划》这篇文章中关于巴洛德的这一著作这样写道,"他编制了一个按社会主义原则改造德国整个国民经济的科学计划。这个计划在资本主义德国不免要落空,只是纸上谈兵和单枪匹马的工作。"(见本版全集第40卷第352页)——228。

278 亚·亚·哥列夫的《法国的电气化》一书于1922年初出版。列宁没有给该书写序言。关于法国的电气化,列宁于1921年12月在《论法国共产党的土地问题提纲》中谈到过(见本版全集第42卷第322—323页)。——229。

279 这个批示是列宁看过国营百货公司两个月的工作总结、国营百货公司经理 A. A. 别洛夫关于该公司的近期计划以及申请增加资本的报告之后写的。

　　财政人民委员部部务委员会讨论了国营百货公司管理委员会的申请,决定给该公司增加资本,并采取措施协助该公司开展商业活动。

　　参看本卷第101、299号文献。——229。

280 这个文献写在尤·弗·罗蒙诺索夫1922年1月28日给列宁的电话的记录上。罗蒙诺索夫报告了他1月28日同格·马·克尔日扎诺夫斯基、列·康·拉姆津、工程师 Π. C.雅务舍夫斯基开会研究制造两台内燃机车的情况,对他们认为不能加速完成此项任务的看法表示异议。他写道:"用一年半时间悬赏征求设计,是另一种延搁。我认为必须<u>立即着手</u>制造头两台内燃机车。一台采用舍列斯的设计,另一台采用赫尔曼的构想。"("立即着手"下面两条横线是列宁画的,此外,他还在这几行字的右边画了三条竖线,写了"注意"二字。)

　　1922年2月3日,国家计划委员会主席克尔日扎诺夫斯基写了一份详细的报告,向列宁汇报了劳动国防委员会1922年1月4日关于内燃机车的决定(见注200)的实施情况。

　　克尔日扎诺夫斯基认为,在按照俄国的设计制造内燃机车的同时,还必须在国际上悬赏征求设计。他报告说,现已双管齐下:既拟定在国际上征求设计的悬赏条件,又"制定内燃机车设计草图,以便日后以订货的方式交给工厂生产"。

1922年3月10日,劳动国防委员会批准了国家计划委员会会同热工学研究所和交通人民委员部拟定的为俄罗斯联邦制造内燃机车的悬赏条件,并规定悬赏征求设计的期限为1924年3月1日。

参看本卷第195、269号文献。——230。

281 1922年1月24日,人民委员会机关工作人员延误递送列宁交来的紧急信件。列宁在看过尼·彼·哥尔布诺夫写的关于这一违反工作纪律事件的调查材料后,同意所作的结论,并提出一些修改意见。列宁把"因工作组织得不好、不周密而向福季耶娃同志提出警告"这句话改为"向福季耶娃同志指出,有必要更周密地组织……"——231。

282 1922年1月30日,财政人民委员部部务委员会批准了专家会议通过的有关货币流通的若干条建议的条文,并规定了实施这些建议的一些措施。部务委员会的决定分送给了俄共(布)中央政治局全体委员。

亚·米·克拉斯诺晓科夫和叶·阿·普列奥布拉任斯基在给列宁的意见书中,对格·雅·索柯里尼柯夫关于黄金自由流通的方案提了许多意见,但在总体上对他的方案表示同意。

索柯里尼柯夫送交列宁的还有亚·阿·曼努伊洛夫教授1922年2月3日写的《对所拟的促进预算扩大和苏维埃货币流通的措施的意见》。

《关于黄金、白银、白金、宝石和外币流通的法令》于1922年4月4日经人民委员会批准,1922年4月9日在《全俄中央执行委员会消息报》上公布。

参看本卷第259号文献。——233。

283 1922年1月29日各报刊登了意大利外交部长托雷塔给格·瓦·契切林的两份电报。1月22日的一份答复了契切林关于热那亚会议议事日程的询问;1月27日的一份解释了会议的参加国问题。第二份电报说,根据协约国最高会议戛纳会议的决定,热那亚会议"除最高会议成员国和俄国之外,还邀请所有得到法律上承认的欧洲国家"(见《苏联对外政策文件汇编》1961年俄文版第5卷第59页)。托雷塔的这个"解释"被一些人理解为应邀参加会议的还将有被驱逐的高尔察克和邓尼金的白卫分子政府、格鲁吉亚的孟什维克政府、亚美尼亚的达什纳克党人政府和阿塞拜疆的木沙瓦特党人政府等等(这些政府都曾得到协约国的承认,而且这种承认并没有撤销)。因此,列·达·托洛茨基建议发表坚决声明:如果邀请流亡分子的反革命组织,俄罗斯联邦就不能参加此类会议。——233。

284　指当时孟什维克首领对苏维埃俄国进行的诽谤运动。他们指责它破坏"民主"、破坏"民族自决"、驱逐格鲁吉亚的"合法的"(孟什维克的)政府以及"占领"格鲁吉亚,等等。孟什维克利用即将召开热那亚会议之机,变本加厉地攻击俄罗斯联邦,要求红军从格鲁吉亚撤出、在格鲁吉亚进行全民投票等等。俄国境内的孟什维克得到了流亡国外的孟什维克的支持。

　　列·达·托洛茨基正准备针对孟什维克写一本小册子。这本小册子打算用几种外文出版。

　　俄共(布)中央政治局通过了列宁的这几项建议。

　　1922年2月1日,格·瓦·契切林发电报给俄罗斯联邦驻意大利和英国的代表,指示他们采取必要步骤澄清关于会议参加国的误解,并声明:"如果像邓尼金分子、佩特留拉分子、孟什维克、达什纳克党人、木沙瓦特党人这一类人的反革命流亡组织受到会议的邀请,那我们根本不能参加会议"(见《苏联对外政策文件汇编》1961年俄文版第5卷第74页)。——233。

285　这两个文献是列宁读了格·瓦·契切林1922年1月30日和31日写给维·米·莫洛托夫并转俄共(布)中央政治局的信之后写的。契切林在信中报告说,勒内·马尔尚准备出版一本针对法国彭加勒政府的小册子,而根据俄罗斯联邦驻德国全权代表尼·尼·克列斯廷斯基和驻柏林商务代表处工作人员F.雷迈的意见,立即出版这本小册子在政治上是不适宜的,因为这可能不利于同德国人谈判,他请求把这个问题提交政治局。

　　马尔尚是外交人民委员部的工作人员,"主管公布旧政府具有政治意义的文件的工作"。——234。

286　1922年2月2日,俄共(布)中央政治局通过了列宁的建议。

　　　　1922年在法国出版了勒内·马尔尚的《对政府当局的谴责。从彭加勒先生的"病态虚荣"到"世界大屠杀"》一书。该书根据俄国外交部的档案材料揭露了彭加勒政府当局在发动1914—1918年的帝国主义战争中的作用。——235。

287　信上有有关工作人员写的发给 M. A.斯穆什科娃住房证的批示。——235。

288　1922年1月31日,列宁收到格·叶·季诺维也夫对他1月26日去信(见本卷第261号文献)的回信。季诺维也夫说,共产国际执行委员会不是要列宁作关于统一战线问题的报告,而是希望他就这个问题写一篇文章。至于请列宁作关于新经济政策及其初步总结问题的报告,共产国际执行委员会认为是至关重要的,因为第二国际和第二半国际正在歪曲新经济政策的意义,进行反对共产党人的鼓动。为此,列宁口授了这个电话稿。

　　　　参看本卷第286号文献。——236。

289　关于新经济政策和国内经济形势的专文列宁没有写成。《政论家札记》一文的开头部分阐述了这些问题(见本版全集第42卷第458—462页)。——236。

290　尼·亚·罗日柯夫教授作为孟什维克俄国社会民主工党彼得格勒委员会委员于1921年2月被捕。审讯时他声明,虽然他同意孟什维克关于苏维埃政权必然灭亡的观点,但是他不愿参加政治斗争,打算退出孟什维克党。因此,彼得格勒省肃反委员会提出将其释放的问题。1921年5月31日,俄共(布)中央政治局作出决定:不释放罗日柯夫。

　　　　后来,根据全俄肃反委员会主席团的决定释放了罗日柯夫。

　　　　参看本卷第591号文献。——236。

291　鉴于全俄肃反委员会会务委员会和俄共(布)中央政治局成立的专门委

员会之间发生分歧,约·斯·温什利赫特请列宁在俄共(布)中央政治局1922年2月2日讨论全俄肃反委员会问题时参加会议。

2月2日,政治局批准了关于撤销全俄肃反委员会的决定草案,责成温什利赫特提出国家政治保卫局条例,交政治局预先批准。1922年2月6日,全俄中央执行委员会主席团通过了关于这个问题的决定(见1922年2月8日《全俄中央执行委员会消息报》第30号)。

参看本卷第95、268号文献。——237。

292 此件写在俄共(布)中央中亚局主席扬·埃·鲁祖塔克1922年1月28日的来信的背面。鲁祖塔克在来信中报告说,他一得到签证就马上动身去德国治病。鲁祖塔克写道,他很想参加即将召开的党的第十一次代表大会。

参看本卷第184、363号文献。——238。

293 人民委员会和劳动国防委员会的新的工作制度是列宁制定的,他在给亚·德·瞿鲁巴的几封信中对此作了阐述(见本版全集第42卷第398—406页)。——241。

294 这里说的是 И. А.切伊科。

参看本卷第88、145号文献。——241。

295 列宁的建议于当天即1922年2月2日由俄共(布)中央政治局通过。

由于格·列·皮达可夫要求免除他在共产国际执行委员会全会上作报告的任务,1922年2月9日政治局委托俄共(布)驻共产国际执行委员会的代表提出建议,由列·波·加米涅夫作关于新经济政策的报告。

在共产国际执行委员会全会上,关于这个问题的报告是由格·雅·索柯里尼柯夫作的。——243。

296 列宁说的是他1922年2月1日给尼·伊·布哈林和格·叶·季诺维也夫的信。他在信中说明了共产国际对即将召开的三个国际(第二国际、第二半国际和共产国际)的代表会议的立场(见本版全集第42卷第

413—414 页）。——243。

297　1922 年 2 月 3 日尼·伊·布哈林给列宁回信说,他和格·叶·季诺维也夫同意列宁就三个国际的代表会议所提的建议。布哈林还说,关于西方各派对新经济政策的态度的资料最近即可送交列宁。——244。

298　F. R. 麦克唐纳上校是几家工业企业和金融企业的创办者和参加者,他可能是受戴·劳合-乔治的委托到苏维埃俄国来,并给列宁写了一封信。他对林业、农业方面的租让有兴趣,还想了解取得经营某些区段铁路以及修理机车的承租权的可能性。

　　　　马·马·李维诺夫根据列宁的草稿拟就了给麦克唐纳的回信。按照列宁的指示,该信由秘书莉·亚·福季耶娃署名于 1922 年 2 月 6 日送交麦克唐纳。

　　　　同麦克唐纳的谈判没有取得实际结果。——245。

299　作为对这封信的补充,莉·亚·福季耶娃给格·雅·索柯里尼柯夫写下面这张便条:"弗拉基米尔·伊里奇叫我转告您,第二项数字必须把我国根据所有合同、订货等等承担的债务毫无例外地计算在内。

　　　　如果这些债务是若干年的,就在括号里注明:'期限多少年,每年应付多少'。他再一次指出,如果第二项里漏掉某些债务,整个资料就没有用处了。"——247。

300　1922 年 2 月 7 日,国家出版社编辑委员会主席兼政治部主任尼·列·美舍利亚科夫向列宁报告说,"私营出版社是根据 1921 年 12 月 12 日的法令开业的";为了对它们的工作进行监督,国家出版社设立了政治部;莫斯科和彼得格勒都设有政治部。美舍利亚科夫还送来了有关在地方上建立政治部的通令副本。通令规定,各出版社必须把手稿送交政治部审查;"如果手稿未经政治部批准",印刷厂无权出书。——249。

301　列宁建议发的通电于当天即 1922 年 2 月 6 日就发给了俄共(布)各州委、区域局、省委以及各州和省的国民教育局。2 月 9 日,俄共(布)中央又电告各地,这次会议的召开日期不是 3 月 20 日,而是 2 月 20 日。

全俄各省国民教育局第二次代表大会于1922年2月22—28日在莫斯科举行。

参看本卷第324号文献。——249。

302 1922年2月7日,俄共(布)中央政治局通过了列宁的建议。

参看本版全集第42卷第416页。——250。

303 按照国家计划委员会制定的全国经济区划方案,乌克兰分为两个区域:以基辅为中心的西南区和以哈尔科夫为中心的南部矿业区。乌克兰代表认为这样划分不妥。后来划区时,乌克兰保留为一个统一的经济区。——251。

304 俄美工业公司(俄美工业股份公司)是美国缝纫工人联合工会为援助苏维埃俄国恢复经济而用美国工人的资金创办的。

参看本版全集第51卷第482号文献。——252。

305 1922年2月10日《真理报》刊登了关于英国工党领袖阿·韩德逊呼吁政府将允许格鲁吉亚独立的问题纳入热那亚会议议程的消息。列·达·托洛茨基对这则消息作出了反应,他致信政治局,建议在报刊上发表文章反驳韩德逊的倡议。列宁不同意托洛茨基的建议,并向政治局委员提议,在《全俄中央执行委员会消息报》上发表文章支持韩德逊的"扩大会议纲领的'美好的想法',但是扩大纲领当然不能只涉及格鲁吉亚问题,而要涉及所有民族和殖民地问题"(见《托洛茨基收藏文件集(1917—1922年)》1971年海牙—巴黎版第2卷第680页)。——253。

306 格·瓦·契切林在1922年2月10日给列宁的回信中写道:"格鲁吉亚问题绝不能这样提出:'你们的印度,我们的格鲁吉亚'。应当说:'俄国的工人抛弃了反革命,格鲁吉亚的工人也抛弃了反革命,但是你们已经不敢把反革命强加给俄国了,却敢把它强加给弱小的格鲁吉亚;你们口口声声提到的自决是虚假的,因为印度……'

白痴韩德逊向劳合-乔治呼吁并不等于劳合-乔治向我们呼吁。如果劳合-乔治向我们提格鲁吉亚问题,那我们就以阿姆利则问题作答。

但是如果我们自己先提出阿姆利则问题，那我们就是破坏我们之间的关系。"关于对热那亚会议的态度问题，契切林写道："我不是经济工作者。但是所有的经济工作者都说，我们非常迫切地需要西方的帮助，需要贷款、租让合同、经济协定。我该相信他们的话。如果是这样，要做的就不是彼此吵翻，而是达成协议……　您显然是不对的，因为您认为，如果热那亚会议开不成，如果我们同英国吵翻，我们也能获得贷款。提供贷款的不是提出种种条件的各国政府，而是资本家，是实业界。现在他们认为，我们是俄国目前条件下所能有的最好的政府。但是，如果我们在热那亚大发雷霆，他们就会离我们而去。内容极其广泛的资产阶级和平主义纲领不会使他们离去，反而会加强我们的力量，但是，如果作出幼稚的举动，就会损害我们的声誉。如果热那亚明显出现两个不可调和的阵营，这种分裂就会使任何经济协定都无法签订"（俄罗斯现代史文献保存和研究中心第5全宗，第1目录，第1952卷宗，第38—39张）。——253。

307 列宁指的是泥炭总委员会所属泥炭水力开采管理局负责人罗·爱·克拉松1922年2月9日的请示报告。克拉松报告情况说，泥炭水力开采管理局在1922年开采季节前没有资金购买所需要的物资，他请求批准400万金卢布的预算。他还请求把泥炭水力开采管理局从中央泥炭工业管理局分出去，或者划归燃料总管理局，或者由人民委员会酌情划归其他机构，使该局能得到它所需要的资金。

　　1922年2月28日，人民委员会决定动用人民委员会的后备基金，批给泥炭水力开采管理局120万战前卢布作为预算内的资金，1922年已经拨给该局的资金包括在内。

　　参看本卷第340号文献。

　　克拉松的请示报告和列宁在上面作的批注，发表于1956年《历史文献》杂志第1期。——254。

308 1922年2月12日，格·雅·索柯里尼柯夫报告列宁说，财政人民委员部一定支持А.А.别洛夫。他还对列宁在这封信中提出的所有问题都作了答复。——256。

309 指1921年在柏林出版的 A.马尔戈林《乌克兰和协约国的政策(一个犹太公民的笔记)》一书。在书的封面上方,列宁写道:"列宁的书"。在书名的下边写着:"注意第**120**页:英国和法国在俄国划分势力范围的秘密条约。"

该书第120页写道:"我从最可靠方面<u>获悉,英法两国</u>有关于在欧俄境内<u>划分势力范围的秘密条约</u>。"(此处和下面的着重线是列宁画的)"签订条约的准确日期我不知道,但是这个条约的签订肯定是在布列斯特-里托夫斯克和约签订之前。"(在页边上列宁对这段话画了4条竖线并批了"注意"二字)

书中继续写道:"根据这个条约,把俄国的北方(森林带)、波罗的海、高加索、库班和顿河东部划为英国的势力范围。<u>乌克兰、克里木、波兰和顿河西部则划为法国的势力范围</u>。

后来,不论是在巴黎还是在伦敦,我到处都可以看到证明<u>存在这种秘密条约的事实</u>……"——256。

310 列宁指的是《对外贸易提纲》。这个提纲是列宁为讨论对外贸易垄断问题委托副对外贸易人民委员安·马·列扎瓦起草的。

参看本卷第358号文献。——257。

311 "奥勃洛摩夫"共和国是列宁对存在于当时苏维埃俄国的那种因循守旧、懒散无为的风气的讽刺。奥勃洛摩夫是俄国作家伊·亚·冈察洛夫的长篇小说《奥勃洛摩夫》的主人公,他是一个怠惰成性、害怕变动、终日耽于幻想、对生活抱消极态度的地主。——258。

312 第二天,即1922年2月14日,阿·萨·叶努基泽写信给列宁说,给斯大林的住房已准备好;关于给斯·古·斯特卢米林和列·康·拉姆津拨住房的事,他已再一次向全俄中央执行委员会房屋管理处主任亚·杰·梅捷列夫作了书面指示。伊·克·拉拉扬茨的食宿问题已安排妥当,他准备3月底(党代表大会以后)去接家眷。叶努基泽还请求列宁接见,谈一下全俄中央执行委员会主席团工作的问题。关于给拉拉扬茨准备车厢的问题,叶努基泽后来汇报说,他已经给交通人民委员部的瓦·瓦·佛敏发了公函。

列宁在叶努基泽来信的第 1 页上批示："**交福季耶娃，第 3 页**"，在第 3 页上写有"请检查第 3 条的执行情况"等语，并在这一条中"关于给斯特卢米林和拉姆津的住房"几个字下面画了两条横线。——259。

313 指教育人民委员部对该部前代理人契布拉里奥的起诉。此人把教育人民委员部支给他购买电影器材的款项立私人户头存入英国和美国的银行，然后潜逃了。当时曾在英国法院和美国最高法院对契布拉里奥提起刑事诉讼和民事诉讼。——260。

314 指志愿商船队管理委员会对非法侵占志愿商船队财产（船只、房屋等等）的英、美政府以及个人提起的诉讼。

俄罗斯联邦政府就此问题向各国政府发表的声明，见《苏联对外政策文件汇编》1960 年俄文版第 4 卷第 272—273 页。

志愿商船队是为了发展商业航海事业，于 1878 年由私人认捐集资在俄国创办的。至第一次世界大战爆发，志愿商船队已拥有船只 40 多艘，总载重量达 10 万吨以上，并在国内外拥有不动产。十月革命后，船队的财产大部分被其他国家和在国外非法成立的志愿商船队"管理委员会"所侵占。

根据人民委员会 1922 年 1 月 11 日的指令，志愿商船队恢复了活动。——260。

315 指对外贸易人民委员部代表在立陶宛买了假的新胂凡纳明一事，见本版全集第 50 卷第 343 号文献。——260。

316 这份电报是在收到列·米·欣丘克 1922 年 2 月 7 日的来电后写的。欣丘克在来电中汇报了他以俄国代表身份参加布鲁塞尔国际合作社联盟中央委员会会议（布鲁塞尔会议）的情况。他在讲到会议上对苏维埃合作社的态度有好转时说，会上选出了一个代表团，准备到俄国来考察苏维埃合作社的成就。在电文下面列宁写道："重要！交莫洛托夫同志并转政治局各委员。**列宁　2 月 14 日**"。

参看本卷第 369 号文献。——261。

317 这个文献是在收到格·瓦·契切林的来信之后写的。契切林在信中说,原定在英国《曼彻斯特卫报》附刊上发表的关于苏维埃俄国的材料没有准备出来。随信附有格·雅·索柯里尼柯夫关于财政问题的简要报告和俄国参加国际联合组织情况的简要报告。

俄共(布)中央政治局在1922年2月15日会议上讨论了在《曼彻斯特卫报》发表文章的问题,建议契切林在第1期上只发表国家计划委员会已出版的著作(格·马·克尔日扎诺夫斯基的《俄罗斯联邦东南部地区1921年受灾歉收后如何恢复经济和发展生产力》、《俄罗斯联邦的经济问题和国家计划委员会的工作》)的摘要,同时责成克尔日扎诺夫斯基、索柯里尼柯夫和契切林准备以后各期的材料。

参看本卷第371号文献。——262。

318 这个建议写在格·瓦·契切林1922年2月11日给俄共(布)中央政治局信的信文下面。契切林反对列·达·托洛茨基向军事机关下的一项命令,其中要求军事部门的专家结合筹备国际经济和财政会议(热那亚会议)在报刊上讨论反要求(要求各资本主义国家赔偿苏维埃俄国因外国武装干涉和封锁所蒙受的损失)的具体材料和数额。

俄共(布)中央政治局于1922年2月15日通过了列宁的这个建议。——263。

319 鉴于在新经济政策条件下,必须对工农检查人民委员部监督私营企业的权利作出明确规定,列宁给德·伊·库尔斯基写了这封信。本卷第347、348号文献,以及列宁在全俄中央执行委员会关于工农检查人民委员部的决定草案上作的批注和他就这一问题给斯大林的信(见本版全集第42卷第456—457页)也都涉及这一问题。——263。

320 根据列宁的要求,德·伊·库尔斯基给列宁送了一份由司法人民委员部顾问伊·吉·科布连茨写的材料。列宁认为科布连茨的结论有原则错误,于是又给库尔斯基写了一封信(见本卷第308号文献)。——264。

321 次日,即1922年2月16日,德·伊·库尔斯基给列宁写了回信。他报告列宁说,他已把伊·吉·科布连茨的结论性意见交给司法人民委员部部务委员、法典编纂局局长瓦·伊·雅洪托夫审查,并汇报了已提交人民委员会批准的债务条例草案、刑法典草案等的情况以及农业、劳动、司法人民委员部正在拟定的若干法律的情况。他承认现行法律有互相抵触之处。库尔斯基同意列宁的观点,即"必须保障国家进行全面的检查和监督",并说他"认为由中央在这方面给小人民委员会发一个指示是非常有益的……"(着重线是列宁画的)(见《列宁文集》俄文版第35 卷第 326 页)。——265。

322　1922 年 2 月 21 日农业人民委员瓦·格·雅科温科回信说,他已下令根据阿·亚·别利亚科夫在《全俄中央执行委员会消息报》上发表的文章进行调查,并把有关此案的现有材料送交司法人民委员德·伊·库尔斯基,以便在库尔斯基认为必要时查办造成拖拉的责任者。

　　　　1922 年 5 月 15 日,雅科温科向列宁呈交了一份关于航空发动机用于农业机械化的报告。——268。

323　德·伊·库尔斯基在 1922 年 2 月 16 日给列宁的信中说,债务条例的总则中有几条保障国家权利的条款,其中说明合同在哪些情况下无效;国营企业管理条例草案中有一条规定对国营企业的固定资本不能追偿;此外,刑法典草案中有一条则规定"国营企业经理如对委托给他的企业经营不善,则要受到惩治"。库尔斯基写道:"作为预防性措施,由工农检查院进行监督并在条例中载明工农检查院有对出租企业进行检查的权利是必要的;对此中央已有指示。"

　　　　参看本卷第 307、347、348 号文献。——269。

324　指一位叫布雷舍的人从瑞士寄来的用德文写的信。信中说,他受"食品工业界许多代表"的委托,希望了解一下,怎样才能商定向俄国提供粮食的条件。

　　　　经尼·彼·哥尔布诺夫查询,这封信并不是列·波·克拉辛发的,而是经他转的。信中提出的建议不值得注意。——270。

325　此件写在格·瓦·契切林 1922 年 2 月 15 日来信的信文下面。契切林在信中谈到俄共(布)中央和列宁就苏维埃代表团要在热那亚会议上提出的纲领的性质问题所作的指令和指示(见本版全集第42卷第420—422、423—424页)时写道:"我不知道,我们怎样才能搞出一个'最广泛的纲领'。我毕生都斥责小资产阶级幻想,而现在,到了老年,政治局却硬要我制造小资产阶级幻想。我们谁也不会制造这种东西,甚至不知道应当以什么文献资料为依据。您能否给我们作些更详细的指示?"

参看本版全集第42卷第447—449页。——272。

326 伊丽莎白学院是莫斯科的一所贵族女校,1825年创立,十月革命后停办。——273。

327 指劳动国防委员会为实地调查拟租让给莱·厄克特的企业而成立的委员会。参看本卷第328号文献。——274。

328 指格·瓦·契切林1922年2月16日给列宁的信。契切林在信中写道:"现寄给您法国电台关于《时报》最近一篇文章的报道。"(着重线是列宁画的)《时报》的社论对列·波·克拉辛同法国资产阶级报纸《晨报》驻伦敦记者的谈话进行了评论。克拉辛在谈话中说苏维埃俄国希望同法国达成协议。《时报》以不怀好意的口气就此写道,苏维埃俄国力求同某些国家的政府达成协议,其中包括关于债务问题的协议,力图用这样的办法使资本主义国家在即将召开的热那亚国际经济和财政会议上不能结成统一战线。——274。

329 《时报》(《Le Temps》)是法国资产阶级报纸(日报),1861—1942年在巴黎出版。该报反映法国统治集团的利益,实际上是法国外交部的机关报。——274。

330 指卡·伯·拉狄克对法国《晨报》记者的谈话,拉狄克在谈话中提到了同法国政府的谈判,同时又抨击了英国。这个谈话与列·波·克拉辛的谈话同时被刊登出来。

关于拉狄克的谈话,还可参看本卷第325号文献。

格·瓦·契切林在上面提到的1922年2月16日给列宁的信中写

道:"我觉得拉品斯基对拉狄克有影响,致使我们犯了<u>严重错误</u>"。这句话列宁不仅画了着重线,而且在它旁边还画了两条竖线并写了"注意"二字。——275。

331　这个批语写在娜·康·克鲁普斯卡娅对彼·伊·沃耶沃金的电影脚本《弗拉基米尔·伊里奇·列宁》的评语上。沃耶沃金请求列宁作出结论,同意根据这个脚本摄制一部革命历史艺术片。——279。

332　对负责工作人员的统计是1921年7月进行的,目的是确切了解各省会和县城党的领导层的数量构成和质量构成、负责工作人员的地区分布和对他们的使用是否合理。

参看本卷第350号文献。——280。

333　指德国红十字会中央细菌研究站。——280。

334　看来此事没有谈成。——281。

335　尼·彼·哥尔布诺夫答复列宁说,召开代表大会的日期由1922年3月20日改为2月20日,因此有些代表没来得及把当地国民教育工作人员的材料带来。哥尔布诺夫写道,有26个省以及白俄罗斯、克里木和其他一些地区交来了材料,有16个省将补交。

俄共(布)中央登记分配处研究了收到的材料,并把适于提拔到教育人民委员部领导机关工作的13名地方工作人员的名单上报给列宁。——282。

336　这个批语写在格·瓦·契切林1922年2月18日的来信上。契切林在信中写道,法国资产阶级报纸《晨报》发表了卡·伯·拉狄克同记者的谈话。拉狄克讲到了同法国政府谈判的问题,同时抨击了英国。契切林认为这种做法不合时宜。他写道,拉狄克的这次谈话给苏维埃俄国的外交造成了损害。

信上有俄共(布)中央政治局各位委员签注的意见,他们都表示同意列宁的看法。——282。

337 最高国民经济委员会燃料总管理局局长伊·捷·斯米尔加1922年2月12日自柏林来信说,他曾要求把燃料总管理局的款项汇往德国,但无结果,因此只用"少得可怜的钱"购买了煤炭工业和石油工业的一些设备。他请求尽快把钱汇去。——284。

338 列宁指的是他1921年8月5日写给加·伊·米雅斯尼科夫的信(见本版全集第42卷第92—98页)。列宁的这个建议同俄共(布)中央政治局1922年2月20日关于米雅斯尼科夫的决定有关。政治局在听取了俄共(布)中央组织局为调查米雅斯尼科夫的反党活动于1921年7月29日成立的委员会的报告之后,批准了该委员会关于开除米雅斯尼科夫党籍的建议。——284。

339 根据俄共(布)中央政治局1922年2月20日的决定,格·雅·索柯里尼柯夫被委派为参加"国际共产党代表会议"(共产国际执行委员会第一次扩大全会)的俄共(布)代表团的成员。全会是1922年2月21日—3月4日在莫斯科举行的。——284。

340 这里提到的文章报道了莫斯科高等技术学校教授罢教事件。文章指出,这些教授的活动是受流亡巴黎的白卫分子出版的立宪民主党报纸《最新消息报》指使的。

　　1922年2月24日,《全俄中央执行委员会消息报》刊载了一篇题为《立宪民主党人在行动(论莫斯科高等技术学校教授罢教)》的文章。

　　关于这次教授罢教以及俄共(布)中央和苏维埃政府采取的措施,参看本版全集第43卷第523页。——285。

341 指伊·康·米哈伊洛夫委员会就是否应把企业租让给莱·厄克特的问题所作的结论(见注8)。——285。

342 伊·康·米哈伊洛夫所主持的对拟租让给莱·厄克特的企业进行调查的委员会得出结论说,这些企业受到破坏应由外国资本家负责,委员会反对把企业租让给厄克特。委员会在答复列宁提出的问题时强调,这些企业依靠苏维埃国家的力量能够恢复生产。

1922年3月21日，尼·彼·哥尔布诺夫把委员会的综合材料及其结论的要点送交列宁。

参看本卷第531号文献。——286。

343 这里提到的接见记者时的谈话是1922年2月28日在《经济生活报》上发表的，其标题是《商业、工业和财政（同副财政人民委员格·雅·索柯里尼柯夫的谈话）》。——289。

344 这个批语写在国际工人援助苏俄饥民国外委员会总书记威·明岑贝格给列宁的信的信文下面。明岑贝格在信中说，据了解可以发行国际无产阶级援助苏维埃俄国的公债，请求为商谈这个问题而接见他。

第一次国际无产阶级公债是在1922年秋季发行的；俄罗斯联邦人民委员会对此作了保证。

参看本版全集第43卷第312—313页。——290。

345 列宁的这张便条是为阿·马·高尔基的夫人玛·费·安德列耶娃1922年2月17日的柏林来信写的。安德列耶娃在来信里说，高尔基的健康状况不佳，她请求尽快解决高尔基作品的出版问题。列宁给安德列耶娃来信里下面一段话画了着重线："列昂尼德·波里索维奇（即克拉辛。——编者注）将向您转告出版阿列克谢·马克西莫维奇作品的事。如有必要，请您设法使这个问题尽快得到解决；补助金或贷款阿列克谢是不肯要的，他一分钱也没拿就走了。现在他的钱都已花光，而这里的生活费用，特别是医疗费，却又贵得惊人。"

1922年2月25日，政治局责成教育人民委员部"向马·高尔基购买其著作的版权"，同时责成对外贸易人民委员部驻柏林办事处会同尼·尼·克列斯廷斯基"立即签订合同并立即开始向高尔基付款"。——291。

346 这张便条是对俄国红十字会中央委员会副主席亚·巴·哥卢勃科夫1922年2月21日来信的答复。来信说，为了赈济饥民，俄国红十字会将用俄文和三种外文出版一种带插图的文集，准备在国内外发行，请列宁"惠赐几行手迹"给这个文集。——291。

347 这个批示写在格·瓦·契切林的来信上。契切林在信中坚决反对格·雅·索柯里尼柯夫提出的关于暂缓向土耳其付款的建议。

1922年2月27日,俄共(布)中央政治局通过了列宁关于如数向土耳其偿付款项的建议,同时指出"其他任何的债务俄罗斯联邦概不承担"。——292。

348 列宁指的是什么委托书,尚未查明。——292。

349 阿·瓦·彼舍霍诺夫原为资产阶级临时政府粮食部长,1921年在乌克兰中央统计局工作。1922年1月20日,俄共(布)中央政治局决定解除彼舍霍诺夫在乌克兰中央统计局的职务。列宁所说的"泄密",是指哈尔科夫省委和乌共(布)中央泄露俄共(布)中央政治局上述决定一事。

1922年2月25日,政治局通过了列宁的建议。——293。

350 此事后来交给人民委员会机关工作人员尼·安·日杰列夫查询。日杰列夫在1922年3月中旬呈交人民委员会办公厅的报告中写道,酒类贸易由最高国民经济委员会中央国营酒类贸易管理局和农业人民委员部中央国营葡萄种植业与酿酒业管理局主管;酒卖给国营商业企业以及私人代销商;酒的出厂价格比自由市场价格低得多,不过成本并未查明;售酒所得用来发展葡萄种植业和酿酒业。——293。

351 列宁的这封信同他1922年2月24日给俄共(布)中央政治局委员的便条、2月25日给斯大林和列·波·加米涅夫的便条(见本版全集第42卷第450—451、452—453页),都是就意大利外交部长德·托雷塔1922年2月24日发给格·瓦·契切林的电报写的。托雷塔来电说,意大利政府因内阁危机,不得不延期召开热那亚会议。这份电报载于1922年2月25日《全俄中央执行委员会消息报》第45号。——294。

352 当天,即1922年2月25日,格·瓦·契切林就热那亚会议召开的日期问题给意大利外交部长德·托雷塔和英国外交大臣乔·纳·寇松发了电报。电报发表于1922年2月28日《全俄中央执行委员会消息报》第

47 号(见《苏联对外政策文件汇编》1961 年俄文版第 5 卷第 113—115
页)。——294。

353 社会主义科学院主席团 1922 年 2 月 23 日发出一份通知书,说 1922 年
2 月 5 日列宁被选为该科学院的院士。

列宁的这封辞谢信就写在通知书的下头。该处还有列宁的批示:
"把复信打在公文纸上,交我签字。"——295。

354 这张便条是在收到副粮食人民委员莫·伊·弗鲁姆金 1922 年 2 月 20
日的来信之后写的。弗鲁姆金在信中反对当时已经拟定的食盐贸易方
案,认为它是错误的。他报告说,由于正式取消食盐专卖,最高国民经
济委员会最近将批准已经拟定的建立食盐批发辛迪加的方案;他建议
这个辛迪加由粮食人民委员部和盐业总管理局参加。他写道,同时也
要利用粮食人民委员部的现成机构;这样做,就可以在必要时为了国家
的利益实行实际上的食盐专卖。弗鲁姆金请求把对他的信的答复送交
尼·巴·布留哈诺夫。

3 月 6 日,布留哈诺夫对列宁的批示作了答复,他写道,粮食人民
委员部处理食盐贸易的"方针正是"列宁所提示的方针;布留哈诺夫
汇报了同最高国民经济委员会商订协议的情况以及其他措施。
——296。

355 指人民委员会 1920 年 10 月 30 日通过的《关于加紧用水力方法开采泥
炭的措施的决定》(见《苏维埃政权法令汇编》1983 年俄文版第 11 卷第
357—361 页)。——298。

356 这次会议于 1922 年 2 月 28 日在亚·德·瞿鲁巴主持下举行。会议决
定从人民委员会后备基金中拨给泥炭水力开采管理局 120 万金卢布。
会议通过的这个决定被列入人民委员会同日通过的决定。

参看本卷第 298 号文献。——299。

357 1922 年 2 月 13 日,列宁要求给他送来同外国资本家签订合同情况的
资料。这张便条是列宁在收到资料后写的。资料上说,已同 96 个企业

主和资本家集团的代表进行了谈判。

　　1922年2月24日，人民委员会和劳动国防委员会办公厅主任尼·彼·哥尔布诺夫在把这份根据各部门提供的材料汇编成的资料送交列宁时写道，这里没有包括"伦敦和柏林的材料"，这两地的材料"收到后将立即"送上。——301。

358　这是对国家银行管理委员会主席亚·李·舍印曼1922年2月22日来信的答复。舍印曼在来信中对列宁在给亚·德·瞿鲁巴的信(见本卷第320号文献)里提出的国家银行要参与商业工作的建议，表明了自己的态度。——302。

359　波将金村是指实际上不存在的骗人的东西。据传说，1787年俄国女皇叶卡捷琳娜二世南巡时，当时南方三省总督格·亚·波将金为了显示自己"治理有方"，曾在女皇巡视沿途假造繁荣的村落。——303。

360　这是列宁看了《对国家银行积极参与商业活动问题的意见汇报》之后写的。汇报中列举了对外贸易人民委员部、国家计划委员会、《经济生活报》等单位一些工作人员的意见。这些人援引银行业的原则，罗列种种形式上的理由来反对国家银行参与商业活动。——304。

361　这个批语写在《人民委员会关于向俄罗斯联邦境内自由进口食品的决定草案》正文的下面，草案是格·雅·索柯里尼柯夫拟定和提出的，分送给了俄共(布)中央政治局各委员。草案的最后一条说："允许财政人民委员部在与对外贸易人民委员部商妥后，向国家机关、国营企业和国营工业托拉斯企业以及合作社和私人发放许可证，准许它们将现金、外币和各种贵重物品汇到或运到国外去购买食品，但须提出随后进口食品的充分保证。"列宁在"保证"二字下面画了4条线。

　　参看本版全集第42卷第470—474页。——304。

362　这个批语写在俄罗斯联邦驻德国商务代表波·斯·斯托莫尼亚科夫的来信上。根据列宁的要求，斯托莫尼亚科夫给列宁寄来一份商务代表处经办的租让和出租项目单。斯托莫尼亚科夫写道，资本家们指望苏维埃政府取消对外贸易垄断,这妨碍了各种合同的签订,特别是妨碍了商业租让和合营公司合同的签订。信中谈到了巩固对外贸易垄断的必要性(见《苏联对外政策文件汇编》1961年俄文版第5卷第121—125页)。——305。

363 这里是指列·波·克拉辛签署的《同英国俄英林业有限公司所订合同的基本条款》和《同荷兰阿利齐乌斯股份公司所订合同的基本条款》这两个关于这两家公司同白海北部地区森林工业特别管理局联合成立俄英林业股份公司和俄荷林业股份公司的文件。成立这两个林业股份公司的目的是发展阿尔汉格尔斯克州及其毗邻地区的林业,加强木材出口工作。——306。

364 交给列宁的材料中说,归还给原业主的财产,在俄英林业股份公司中占35%—40%,在俄荷林业股份公司中占20%—30%;同时这部分财产不归原业主私有,而归合营公司支配,在合营公司董事会的人员组成上则保证苏维埃方面享有优势(第13条和第14条)。第15条载明,英方和荷方的原业主已正式具结,不再向俄罗斯联邦提出任何要求。

列宁看过材料之后,认为可以按照这些条件签订合同。

同俄英林业有限公司、阿利齐乌斯股份公司所订合同的基本条款,于1922年4月经人民委员会批准。同这两家公司签订的合同是1923年3月由人民委员会批准的。——306。

365 指俄共(布)中央关于拟定全俄中央执行委员会关于工农检查人民委员部的决定草案的指令草案。

参看本卷第307号文献。——307。

366 1922年2月18日,瓦·伊·雅洪托夫就工农检查院对私人联营企业和私营企业活动的监督问题写了一个结论性意见交到人民委员会,以替代顾问伊·吉·科布连茨所写的材料。列宁的这个建议是在看了雅洪托夫的结论性意见之后写的。

根据列宁的委托,工农检查院拟了一份全俄中央执行委员会关于工农检查人民委员部的决定草案。列宁在这个草案上所加的批语和他就该草案写给斯大林的信,见本版全集第42卷第456—457页。

　　1922年3月16日,全俄中央执行委员会通过了《关于工农检查人民委员部的决定》。全俄中央执行委员会在解释其1922年1月9日批准的关于工农检查人民委员部的条例的第1—3条时,责成工农检查人民委员部"对拨给或贷给所有国家的、社会的、私人的和合营的组织、机构、企业的全部资金和物资,或者为了国家和社会的需要和目的以自愿交纳和捐献形式筹集的全部资金和物资进行事后的和事实上的监督"。决定还责成工农检查人民委员部"从是否符合法律和国家利益的角度,检查上述组织和机构根据国家或国家机关交给的任务、根据同国家机关订立的合同而承担的义务的履行情况……以及检查由国家机关租给的财产是否得到合理使用"。根据这个决定,工农检查人民委员部要执行如下任务:估计经济发展的新形式所造成的结果,"搜集可以作为进一步从立法角度调整共和国经济生活的依据的材料"(见1922年3月24日《全俄中央执行委员会消息报》第67号)。——308。

367　这里说的是俄共(布)中央政治局1922年2月28日批准的《俄共(布)中央关于出席热那亚会议的苏维埃代表团的任务的决定草案》(见本版全集第42卷)。列宁的这个建议也于2月28日由政治局通过。——311。

368　这个批示是列宁看了负责工作人员的统计材料后写的(见注332)。

　　俄共(布)中央登记分配处把关于这次统计的资料连同各种文件(综合材料、登记调查表、填好的工作人员登记表等)送交列宁,资料中提到:"……中央委员会共有县级、省级和省级以上负责工作人员登记表26 000份…… 莫斯科的负责工作人员登记表4 704份。"后面这个数字,列宁在向党的第十一次代表大会所作的俄共(布)中央委员会的政治报告中曾引用(见本版全集第43卷第97—98页)。

　　列宁在装运来的材料的文件袋上批道:"中央登记分配处送(关于负责工作人员的统计材料)。暂放此袋内。2月28日"。在文件袋的背面又批道:"鉴定是谁写的?"登记表末尾的附记栏有对填写该表格的党员的鉴定,列宁的问题大概是针对附记栏提的。

参看本版全集第 42 卷第 430—431 页。——311。

369 这个批示写在亚·德·瞿鲁巴 1922 年 2 月 23 日来信的信文下面。瞿鲁巴就吸收亚·格·哥伊赫巴尔格和德·西·波斯托洛夫斯基参加司法人民委员部一事征求列宁的意见。——312。

370 这是对中央消费合作总社理事会理事弗·亚·吉霍米罗夫来信的答复,吉霍米罗夫在信中谈到了合作社领导层的情绪。

　　1922 年初,消费合作社工作人员在组织建设问题上产生了分歧意见。当时讨论了把工人合作社从一般消费合作社系统划分出来的问题。而这件事在合作社领导层和在中央消费合作总社理事会里几乎已预先决定下来了。——312。

371 根据瓦·亚·斯莫尔亚尼诺夫向列宁提供的资料,中央消费合作总社 12 月份的贸易额是 1 600 万金卢布。斯莫尔亚尼诺夫写道:这是因为 12 月份已到年终,前几个月所有未了业务往来都要最后结算。1922 年 1 月份的贸易额是 520 万金卢布。贸易额下降的原因是 1 月份的贸易一般来说比较少,仓库盘点期间暂停出库。2 月份中央消费合作总社的贸易额达到 700 万金卢布。——313。

372 这张便条是对原全俄肃反委员会会务委员雅·克·彼得斯来信的答复。鉴于铁路部门、商业部门、合作社机构和苏维埃机关存在混乱现象和贿赂行为,彼得斯认为撤销全俄肃反委员会是不妥的。——313。

373 这个批示写在克里姆林宫警卫长 P. A. 彼得松的一份报告上。报告中宣布对一位哨兵因没有遵守警卫条例和规定以及列宁的关于准许来见他的人打电话的指示而给予警告处分。

　　彼得松还要求列宁接见他,以便确切了解准许打电话的命令的具体内容。

　　参看本卷第 85、360 号文献。——315。

374 此件写在格·雅·索柯里尼柯夫 1922 年 3 月 2 日来信的信文下面。索柯里尼柯夫在引证国内战争时期革命军事委员会里的共产党员向军事专家学习作战一事时写道:"能否借助于合营公司使共产党员有机会向商业专家学习贸易和其他<u>业务</u>工作"(此处和下面的着重线都是列宁画的)。"我们大伙会受到欺骗,但是我们<u>能够</u>认识清楚,受到教育,最后也许能弥补损失。战时共产主义——革命委员会;新经济政策——合营公司董事会。对不对?"

　　在"业务"一词的旁边列宁写道:"哼,哼?",并画了一条线以强调他的这个意见。在"能够"一词上面他打了3个问号。列宁在"对不对?"几个字旁边标了符号♯,并在他的这封信的第二段开头处也标了同样的符号,以表明信的这一段是就这一点写的。——316。

375　列宁所以写这封信和下一封信是因为格·雅·索柯里尼柯夫在他为财政人民委员部草拟的提纲《财政纲领的基本原则》中建议(第12条)取消"对外贸易的绝对垄断"而代之以贸易租让制。

　　参看本版全集第42卷第468—469页。——316。

376　1922年3月4日,俄共(布)中央政治局对对外贸易人民委员部草拟的《对外贸易提纲》作了某些修改后予以通过。提纲的最后文本是3月10日批准的。提纲以必须保留对外贸易垄断为出发点,并规定了商品进出口的条件。

　　参看本卷第344号文献。——317。

377　俄共(布)中央政治局在1922年3月9日和13日的会议上讨论了工业拨款问题。政治局决定要求财政人民委员部供给最高国民经济委员会必要的资金,以满足工业方面的需要。——318。

378　在列宁交办事项登记簿中有如下记述:"3月7日已办。"

　　参看本卷第355号文献。——320。

379　指1922年在莫斯科出版的尼·亚·别尔嘉耶夫、Я. M.布克什潘、Ф. A.斯捷蓬和谢·路·弗兰克的论文集《奥斯渥特·施本格勒和欧洲的没落》。——320。

380　俄共(布)中央政治局当天就通过了列宁的提议。政治局把为扬·埃·

鲁祖塔克治病和加强营养的工作委托给了沃伊齐克同志。——322。

381 这封信于1922年3月6日发往新尼古拉耶夫斯克(现称新西伯利亚)。3月13日西伯利亚革命委员会主席谢·叶·丘茨卡耶夫用直达电报答复列宁说,已决定对新尼古拉耶夫斯克省征收粮食税中营私舞弊的情况进行调查。调查结果另行汇报。

后来丘茨卡耶夫向人民委员会报告说,米·亚·巴加耶夫信中指出的情况属实,一些粮食代办员已送交法院惩办。

1922年3月6日,还给巴加耶夫发了一份由人民委员会办公厅主任尼·彼·哥尔布诺夫签署的电报:"您1月24日的来信列宁已收到。将采取措施。"——323。

382 指1921年伦敦霍德和斯托顿出版公司出版的黑登·莱·格斯特的《1917—1921年欧洲的夺权斗争。中欧各国和俄国经济政治状况概述》一书。——324。

383 这里说的是整理列宁1922年3月6日在全俄五金工人第五次代表大会共产党党团会议上的讲话的速记稿以便付印一事。这篇讲话的题目是《论苏维埃共和国所处的国际和国内形势》,见本版全集第43卷。

这个批示的开头部分写在玛·伊·格利亚谢尔给列宁的便条的下面,便条报告了整理速记稿的情况。——326。

384 这封信是列宁对中央消费合作总社理事会主席列·米·欣丘克1922年3月7日来信的答复。欣丘克在信中说,由国际合作社联盟代表、英国批发采购公司成员、法国和捷克斯洛伐克合作社代表组成的合作社代表团,应中央消费合作总社邀请已来到苏维埃俄国,请求列宁接见。欣丘克还说,已经同在国外的旧俄合作社工作者达成协议,他们已把自己在西欧、美洲的财物和机构移交给了中央消费合作总社,并声明他们不再是俄国合作社驻国外的代表。欣丘克写道:"这实际上是国外承认我们的开始。"信中附有移交财物的清单。——327。

385 叶·萨·瓦尔加请列宁为共产国际出版的《经济、政治和工人运动年鉴》写一篇文章。列宁的这封信是给他的答复。——328。

386　叶·萨·瓦尔加按照列宁的建议,以《新经济政策》为题编了一份列宁
　　　著作摘录,署名"尼·列宁",用德文刊载于汉堡出版的《经济、政治和工
　　　人运动年鉴(1922—1923 年)》第 328—344 页。瓦尔加在前言中说,他
　　　编这份摘录是以列宁在给他的信中所作的指示为依据的。摘录节选了
　　　下述文章、小册子和讲话:《大难临头,出路何在?》、《当前的主要任务》、
　　　《论"左派"幼稚性和小资产阶级性》、《共产主义运动中的"左派"幼稚
　　　病》、《论粮食税(新政策的意义及其条件)》、在党的第十次代表大会上
　　　所作的《关于以实物税代替余粮收集制的报告(3 月 15 日)》、在党的第
　　　十一次代表大会上所作的《俄共(布)中央委员会政治报告(3 月 27
　　　日)》和《俄共(布)第十一次代表大会闭幕词(4 月 2 日)》(见本版全集
　　　第 32、34、39、41、43 卷)。

　　　　　参看本卷第 428、450 号文献。——329。

387　《曼彻斯特卫报》(«The Manchester Guardian»)是英国一家资产阶级报
　　　纸,1821 年在曼彻斯特创刊。19 世纪中叶起为自由党的机关报。起初
　　　是周报,从 1855 年起改为日报。——330。

388　这封信是列宁对格·瓦·契切林请他为英国《曼彻斯特卫报》附刊第
　　　5 期写一篇文章的来信的答复。《曼彻斯特卫报》的这期附刊是俄国
　　　专刊。

　　　　　俄共(布)中央政治局于 1922 年 3 月 8 日作出决定,委托契切林和
　　　卡·伯·拉狄克负责审定为《曼彻斯特卫报》提供的文章。

　　　　　参看本卷第 305 号文献。——330。

389　这封信是列宁用电话口授给莉·亚·福季耶娃的。信上有斯大林写的
　　　关于他不同意列宁建议的字句,还有费·埃·捷尔任斯基、列·波·加
　　　米涅夫、维·米·莫洛托夫、列·达·托洛茨基看过文件后的签名。
　　　——331。

390　列宁在 1922 年 3 月 27 日向党的第十一次代表大会所作的《俄共(布)

中央委员会政治报告》中谈到了这封信中提到的问题(见本版全集第
43卷第93页)。——333。

391　这里说的是为赈济饥民而没收教会珍宝一事。

　　　由于没收教会珍宝的工作受到教会上层人士的顽固抵制而进展缓
慢,全俄中央执行委员会主席团于1922年2月16日作出决定:立即开
始没收各种宗教教堂的珍宝,用来购买食品赈济饥民。全俄中央执行
委员会委托司法人民委员部尽快制定实施这项决定的细则。

　　　有关这一事件,还可参看列宁给维·米·莫洛托夫的信(本版全集
第43卷第55—59页)。——333。

392　这个批示写在卡·伯·拉狄克1922年3月11日的报告上。报告反映
了外国科学技术局经费开支混乱和工作安排不当的情况。

　　　最高国民经济委员会科学技术局外国科学技术局及其出版社是根
据人民委员会1921年3月29日的决定成立的,隶属于俄罗斯联邦驻
德商务代表处。

　　　参看本卷第450、451号文献。——334。

393　给莉·亚·福季耶娃的指示写在职业教育总局局长瓦·尼·雅柯夫列
娃的来信上。这封来信报告了高等学校财政严重困难的情况。

　　　1922年3月16日,俄共(布)中央政治局讨论了职业教育总局的
预算问题,并责成教育人民委员部同财政人民委员部商定"支付拖欠高
等学校教师的款项"并提出"今后9个月"的高等学校预算。——334。

394　1922年3月14日,阿·萨·叶努基泽通知人民委员会办公厅主任
尼·彼·哥尔布诺夫说,由于住房情况十分紧张,只能给斯·古·斯特
卢米林增加一个房间。

　　　参看本卷第302号文献。——335。

395　这个批语写在伊·伊·拉德琴柯来信的背面。拉德琴柯在信中请求
批准泥炭水力开采管理局的工作人员叶·斯·缅施科夫教授去德国
治病,并从该局订货的余款中拨2 000金卢布作为他的医疗费。

——335。

396 以亚·德·瞿鲁巴和列·波·克拉辛为一方同以格·雅·索柯里尼柯夫为另一方之间的分歧,是在对外贸易人民委员部的流动基金问题上发生的。索柯里尼柯夫建议开设一个对外贸易银行来向对外贸易人民委员部提供其日常业务所需的资金,而反对把流动基金从1 000万金卢布增加到5 000万金卢布。

1922年3月14日,人民委员会决定从销售全部出口商品所得的外汇中调拨款项,把对外贸易人民委员部的流动基金增加到5 000万金卢布(这次会议列宁没有出席),一些在表决时处于少数的人民委员会成员对此提出异议。列宁的这封信是针对这件事写的。

1922年3月15日,俄共(布)中央政治局讨论了这个问题,认为人民委员会的上述决定必须撤销。3月21日,人民委员会根据政治局的建议,撤销了3月14日的决定,而通过了另一决定,即"从对外贸易人民委员部销售出口商品所得的、本应归入全国外汇基金的外汇中提取50%"为对外贸易人民委员部增加4 000万金卢布的流动基金(见1922年《工农政府法令汇编》第25号第289条)。——336。

397 工业企业农场总管理局局长吉·亚·鲁诺夫在打给列宁的电话中请求紧急拨款115 000战前卢布,以便修理7台用于土壤改良的机器,这些机器是在列宁协助下从远东共和国得到的。

列宁提到的工业企业农场总管理局展览会有73个邻近莫斯科的国营农场参加,它们分别属于莫斯科省、梁赞省、图拉省、斯摩棱斯克省和卡卢加省,拥有15 000多俄亩耕地。会上展出了谷物和蔬菜、牲畜、家禽、农具、电动脱粒机等等。展览会很成功,一周内有10万多人参观(参看本版全集第51卷第420号文献)。——337。

398 1922年3月20日,尼·彼·哥尔布诺夫收到工业企业农场总管理局财会处处长马伊斯基的报告,其中说,给工业企业农场总管理局拨款的问题将于3月21日由国家银行管理委员会进行研究。

格·雅·索柯里尼柯夫的复信没有找到。——337。

399　劳动国防委员会副主席亚·德·瞿鲁巴在这封信里通知司法人民委员德·伊·库尔斯基说,劳动国防委员会1922年2月3日决定批准糖业托拉斯的申请,允许它在售价不低于市场价格的条件下,在自由市场上出售100多万普特食糖。然而,据他掌握的情况,糖业托拉斯出售食糖的价格却比市场批发价格低一半,而且只出售了56 000普特。瞿鲁巴请司法人民委员部调查此事。——337。

400　1921年9月7日,人民委员会决定派泥炭水力开采管理局局长罗·爱·克拉松出国订购机器。当时拟赴柏林的小组里有克拉松的儿子——泥炭水力开采管理局主任技术员伊·罗·克拉松。根据列宁1921年10月19日的指示,没有批准伊·罗·克拉松出国。——338。

401　指伊·伊·斯克沃尔佐夫-斯捷潘诺夫受列宁委托编写的《俄罗斯联邦电气化与世界经济的过渡阶段》一书的手稿。

　　该书于1922年3月问世,序言是列宁写的(见本版全集第43卷第50—51页)。——339。

402　指1920年柏林出版的格·雷斯庞德克博士的《世界经济状况和电力工业的任务》一书内的一张说明美国某些生产部门电气化程度的表,伊·伊·斯克沃尔佐夫-斯捷潘诺夫在他的著作的第97页加以引用。在这张表的"动力需要量"(单位:马力)项下,棉纺织工业、电机工业、铸造厂和机器制造厂各栏里填的数字相同,都是1 585 953,因而引起了列宁的怀疑。

　　关于这些数字斯克沃尔佐夫-斯捷潘诺夫在该表说明中写道:"这几个数字完全一样,使人产生怀疑。图表引自雷斯庞德克的著作的第3页。雷斯庞德克本人是一位十分细心的作者。这些数字想必是他从美国资料中转引来的,后者并不总是十分精确的。"——340。

403　这个批语写在俄罗斯联邦国家计划委员会主席格·马·克尔日扎诺夫斯基1922年3月19日给列宁的信上。克尔日扎诺夫斯基在信中请求批准他提出的国家计划委员会主席团的9名成员,并请求任命一个三人"领导小组"。

1922年3月23日,俄共(布)中央政治局批准了克尔日扎诺夫斯基提出的国家计划委员会的人选,并指定克尔日扎诺夫斯基、格·列·皮达可夫和彼·谢·奥萨德奇为三人"领导小组"成员,同时建议皮达可夫在最高国民经济委员会燃料总管理局局长伊·捷·斯米尔加治病归国以前继续担任他在最高国民经济委员会主席团里的职务。1922年4月4日,国家计划委员会成员名单经人民委员会批准。——340。

404　格·马·克尔日扎诺夫斯基在1922年3月19日给列宁的信里讲了他同交通人民委员费·埃·捷尔任斯基几次谈话的情况,对铁路运输领导工作提出了一系列改进措施,如:改组交通人民委员部部务委员会,吸收必要的专家参加,精简臃肿的中央机关,把精简下来的人员派到地方上去;免去中央机关力难胜任的管理业务的职能,把这些职能交给各铁路管理局,并吸收有关地区最重要的经济组织的代表参加铁路管理局的工作,等等。克尔日扎诺夫斯基最后写道:"我在电话里把这封信读给费利克斯·埃德蒙多维奇听了,他表示同意上述所有意见。"——340。

405　1922年3月23日,俄罗斯联邦政府同埃森弗里德里希·克虏伯公司签订了一项为期24年的租让合同,把顿河州萨利斯克专区的5万俄亩土地交给该公司"进行合理的农业生产"。根据这个合同,承租人应向农场提供农具、材料、必要的建筑物,每年将总收成的20%交给苏维埃政府作为租金。该合同虽经公司代表签字,但公司经理没有加以批准。参看本卷第254、456号文献。——341。

406　这里说的是伊·伊·斯克沃尔佐夫-斯捷潘诺夫的《俄罗斯联邦电气化与世界经济的过渡阶段》一书的手稿。参看本卷第383号文献。——342。

407　1922年3月21日,格·雅·索柯里尼柯夫给列宁寄来了回信。回信全文和列宁在回信上作的标记和批语如下:
　　"尊敬的弗拉基米尔·伊里奇:

　　1.别洛夫的报告我看过了。据我看,报告毫无可取之处,搞错的地方倒不少。农村的收购工作应<u>在</u>新的收获<u>之后</u>展开,而不应在这之前。　　应该把别洛夫的报告再看一遍。

　　2.我们对征收现金税的监督工作<u>糟透了</u>……大部分税刚刚公布——煤油和食盐的税拖了两个多　　问题就在这里。

月,食糖的税现在也在<u>拖</u>……　主要困难是税款被<u>‘地方’挪用</u>以修补窟窿……　　#这可危险!　　应尽全力催促!　　注意

　　3.国家银行正在研究(此事安排得很好)那些申请贷款的托拉斯的业务……已调查了<u>两个托拉斯</u>……;已指示吸收<u>高级会计师</u>充当‘<u>资产负债表</u>的稽核员’。　　应当了解一下他们的姓名,从中“挑选”一些<u>优秀者备用</u>。

　　致同志的敬礼!

格·索柯里尼柯夫”

　　列宁还在索柯里尼柯夫来信的上方批示秘书:“交瞿鲁巴同志和李可夫同志一阅,阅后退还我。**列宁**　3月28日”。——343。

408　这封信是为答复对外贸易人民委员列·波·克拉辛1922年3月18日来信而写的。克拉辛在信里反对俄共(布)中央政治局拟的对外贸易人民委员部的新部务委员人选,认为由这些人组成的部务委员会连日常工作都对付不了。克拉辛认为,吸收不懂对外贸易而且据他看是对对外贸易垄断有反感的人参加部务委员会,无论在业务上还是在政治上都是不妥当的。克拉辛断言,副人民委员安·马·列扎瓦是在贸易、运输、商务等方面的第一流行家,一直在最困难的部门忘我地工作,但现在却不受器重。他坚持保留列扎瓦的职务,配备“两三个有朝气的工作人员协助他**并向他学习**”。克拉辛写道,如果把列扎瓦调离部务委员会,那么他认为自己势必也要离开对外贸易人民委员部。信中附有克拉辛提出的部务委员名单。

　　1922年3月20日,政治局讨论了对外贸易人民委员部部务委员会人选问题,认为“无论从对外贸易事业本身的利益着眼,还是出于国际政治的考虑,无疑都有必要保留克拉辛同志的对外贸易人民委员职

务",同时任命莫·伊·弗鲁姆金为副人民委员。3月27日,人民委员会批准对外贸易人民委员部部务委员会由下列人员组成:人民委员克拉辛,副人民委员列扎瓦和弗鲁姆金;部务委员——伊·伊·拉德琴柯,彼·谢·索罗金,A. B.巴尔斯基和卡·米·别格。——343。

409 指亚·彼·斯蓬德1921年12月27日的来信,该信谈的是西伯利亚的粮食政策问题。

俄共(布)中央政治局曾在1922年3月15日的会议上听取了全俄肃反委员会驻西伯利亚全权代表 И. П. 巴甫卢诺夫斯基关于西伯利亚粮食税的报告,决定把巴甫卢诺夫斯基的报告送亚·德·瞿鲁巴和尼·巴·布留哈诺夫,让他们提出结论性意见并拟定开展下次播种运动的措施。此外,责成布留哈诺夫在即将召开的俄共(布)第十一次代表大会上召集西伯利亚代表开会,以便拟定缓和西伯利亚农民困难状况的措施。——344。

410 这封信是在俄共(布)领导层中就对外贸易垄断问题发生争论的情况下写的。有些领导人坚持取消或放宽对外贸易垄断。参看本卷第479号文献。——345。

411 指俄共(布)中央政治局1922年3月10日批准的《对外贸易提纲》。——346。

412 莫·伊·弗鲁姆金在来信中陈述了他对对外贸易人民委员部情况的看法。他认为俄共(布)中央政治局决定让他参加对外贸易人民委员部部务委员会并任命他为副对外贸易人民委员由于种种原因是不合适的,首先是因为他"同克拉辛在对外贸易垄断的性质这个基本问题上有原则分歧"。弗鲁姆金请求把他留在粮食人民委员部。——347。

413 指在党的第十一次代表大会上作俄共(布)中央委员会政治报告要用的材料。——348。

414 1922年3月25日,俄共(布)中央全会研究了党的第十一次代表大会的筹备工作,批准了列宁提出的他在代表大会上的报告的提纲(见本版全集第43卷第66—68页）。全会指定列·波·加米涅夫为俄共（布）中央委员会政治报告的补充报告人（后来补充报告在代表大会上没有作）。——348。

415　列宁给尼·彼·哥尔布诺夫的这个指示以及前面给列·波·加米涅夫的便条，都与同法国商人茹·魏勒的谈判有关。魏勒建议俄方购买他的食品。1922年2月11日，俄共（布）中央政治局讨论了加米涅夫提出的关于魏勒的建议问题之后，要求对外贸易人民委员部注意，从国外进口食品是可取的。谈判是由对外贸易人民委员部部务委员 Б. И. 普拉夫尼克和莫斯科消费合作社副主席 C. Д. 武尔弗松主持的。——350。

416　人民委员会办公厅主任助理伊·伊·米罗什尼科夫1922年3月25日写的调查材料中说，C. Д. 武尔弗松是1902年入党的党员，Б. И. 普拉夫尼克也是俄共（布）党员。米罗什尼科夫对第二个问题的回答是：根据样品看，货的质量很好，现存放在利巴瓦（现称利耶帕亚），莫斯科消费合作社的工作人员已动身去那里；肉类罐头项目下已付给茹·魏勒400亿卢布，是从莫斯科消费合作社和莫斯科苏维埃的流动基金中拨出的。米罗什尼科夫对第三个问题的回答是：购买魏勒的食品是合算的。调查材料中说："罐头的买价是每公斤2法郎20生丁，即每俄磅75 000卢布……2月份的市场价格是每俄磅125 000—150 000卢布。现在（3月份）市场上罐头无货，肉是200 000—225 000卢布一俄磅。"——351。

417　指出席中央消费合作总社第五次会议的俄共（布）党团对劳动国防委员会1922年3月22日关于中央消费合作总社如何履行同粮食人民委员部所订合同的决定表示异议一事。这项决定把中央消费合作总社应交付粮食人民委员部的粮食减少到1 000万普特。

　　　列宁的这封信的抄件曾分发给俄共（布）中央政治局全体委员以备查考。

　　　俄共（布）中央政治局于1922年3月23日讨论了该党团提出的异议，建议粮食人民委员部同中央消费合作总社达成一项关于中央消费合作总社必须向粮食人民委员部交付900万普特粮食的协议，并将协议交由劳动国防委员会批准。3月24日,劳动国防委员会按照政治局的建议修改了委员会原来的决定。——351。

418 《工人报》的编辑康·斯·叶列梅耶夫上书俄共(布)中央政治局,对俄共(布)中央组织局1922年3月6日要求该报缩小篇幅,改变性质、内容等等的指示表示异议,为此列宁写了这封信。

　　1922年3月23日,政治局确认了组织局关于《工人报》的决定,并建议中央鼓动宣传部召开会议,邀请前来出席党的第十一次代表大会的同志参加,讨论为工人创办一种通俗报纸的问题。

　　俄共(布)中央出版的《工人报》于1922年3月1日创刊;1932年1月停刊。——352。

419 1922年3月31日,俄罗斯联邦驻德全权代表处报告说,德国外交部同意立即发给瓦·亚·阿瓦涅索夫签证,条件是他此行的目的只是就医。

　　参看本卷第443号文献。——353。

420 这里说的是俄共(布)莫斯科市委书记伊·阿·捷连斯基给伊·伊·斯克沃尔佐夫-斯捷潘诺夫的便条,便条中说斯克沃尔佐夫-斯捷潘诺夫已被动员去参加没收教会珍宝的宣传运动,并说这项任务"必须坚决完成"。

　　列宁在便条左上方批示:"让他**休息**。"

　　1922年3月30日,俄共(布)中央书记处建议莫斯科市委立即让斯克沃尔佐夫-斯捷潘诺夫休假,休假期间不要给他任何工作。——354。

421 最高国民经济委员会主席团委员弗·尼·伊帕季耶夫教授于1921—1922年期间在比利时和法国出差。

　　根据格·马·克尔日扎诺夫斯基1922年3月31日写给列宁的信判断,伊帕季耶夫的报告谈的是他在法国工作的结果。克尔日扎诺夫斯基在指出伊帕季耶夫政治上天真的同时,肯定了他在法国活动的收获:"(1)在租让问题上提出了一系列具体建议;(2)波兰立场有某些变动;(3)最顽固的法国比利时阵营出现了某种裂痕;(4)取得了关于有实际影响的大人物和某些个人的情报,并弄清了某些集团的期求……"

——355。

422　远东共和国是 1920 年 4 月 6 日在东西伯利亚和远东地区成立的民主共和国,首都在上乌金斯克(现称乌兰乌德),后迁到赤塔。政府领导人是布尔什维克亚·米·克拉斯诺晓科夫、彼·米·尼基福罗夫等。苏维埃俄国政府于 1920 年 5 月 14 日正式承认远东共和国,并提供财政、外交、经济和军事援助。远东共和国是适应当时极为复杂的政治形势而成立的,目的是防止苏维埃俄国同日本发生军事冲突,并为在远东地区消除外国武装干涉和白卫叛乱创造条件。为了领导远东地区党的工作,成立了俄共(布)远东局(后改为俄共(布)中央远东局)。这个特别党组织的任务之一就是保证俄共(布)中央和俄罗斯联邦人民委员会对远东共和国的对内对外政策起决定性作用。在远东大部分地区肃清了武装干涉者和白卫军后,远东共和国国民议会于 1922 年 11 月 14 日作出加入俄罗斯联邦的决定。1922 年 11 月 15 日,全俄中央执行委员会宣布远东共和国为俄罗斯联邦的一部分。——355。

423　1922 年 3 月 22 日,俄共(布)中央政治局通过如下决定:"建议库尔斯基同志在实施民法典和法律关系的固定规范的条例制定出来以前,向人民委员会,然后向全俄中央执行委员会提出一项经俄罗斯联邦承认的、受法律保障和受法院保护的基本财产权利的宣言。"——359。

424　《关于经俄罗斯联邦承认的、受俄罗斯联邦法律保障和受俄罗斯联邦法院保护的基本私人财产权利的法令》由司法人民委员部起草,1922 年 5 月 22 日经第九届全俄中央执行委员会第三次常会批准,1922 年 6 月 18 日在《全俄中央执行委员会消息报》上公布。——359。

425　这个批示写在格·马·克尔日扎诺夫斯基向列宁转送弗·尼·伊帕季耶夫教授和Л. Ф.福金出访法国等国的汇报时所附的便条上。——360。

426　指著名的美国电工学家查理·普罗蒂尤斯·施泰因梅茨 1922 年 2 月 16 日写给列宁的信。施泰因梅茨在信中赞扬了俄国在社会重整和工业再建方面的巨大工作,表示愿意在技术问题上特别是在电气建设上提供援助。——360。

427 当天,格·马·克尔日扎诺夫斯基就给列宁写了回信,肯定了他原先对查·普·施泰因梅茨的评价,说他是一位在技术界享有很高声望的大学者。——361。

428 格·马·克尔日扎诺夫斯基对给查·普·施泰因梅茨的回信稿的最后一段另拟了一个方案,列宁采用了一部分。

　　在这张便条上有列宁的如下附言:"第二份给马尔滕斯同志!"后来把同样内容的便条寄给了路·卡·马尔滕斯。

　　施泰因梅茨的来信和列宁的回信于 1922 年 4 月 19 日发表在《真理报》和《全俄中央执行委员会消息报》上(见本版全集第 43 卷第 146—147 页)。——361。

429 这份电报是给最高国民经济委员会副主席兼燃料总管理局局长伊·捷·斯米尔加提出的问题的答复。斯米尔加当时在德国治病,他询问他是否应回莫斯科或是去参加热那亚会议。俄共(布)中央政治局作出决定,要斯米尔加回国。——362。

430 可能指批准美国苏俄之友协会所组织的美国拖拉机队进入俄罗斯联邦一事。——362。

431 指最高国民经济委员会国家仓库管理局局长伊·卡·叶若夫 1922 年 4 月 3 日给莉·亚·福季耶娃的信。叶若夫请求同列宁商谈,还请求在人民委员会会议上通过他遵照列宁的建议上报的一项关于按一定清单把地方当局经管的仓库划归最高国民经济委员会国家仓库管理局管理的决定草案。

　　参看本版全集第 51 卷第 409、491、540 号文献。——363。

432 这个批示写在亚·米·克拉斯诺晓科夫 1922 年 4 月 3 日给俄共(布)中央政治局和列宁的信的信文下面。克拉斯诺晓科夫在信里谈了他同副财政人民委员格·雅·索柯里柯夫在一些问题上的分歧,但是,他并不认为这些分歧已经严重到不能在财政人民委员部共事的地步。克拉斯诺晓科夫请求尽快解决他的工作问题,如果不能留在财政人民委员部,则请任命他为最高国民经济委员会主席团委员。——364。

433 格·雅·索柯里尼柯夫当天就答复了列宁。索柯里尼柯夫认为亚·米·克拉斯诺晓科夫"无疑是出色的"干部,但建议在克拉斯诺晓科夫"适应苏维埃制度的'特点'以前",派他做"情况比较容易看清楚和容许由个人直接领导的"工作。索柯里尼柯夫对阿尔斯基作了肯定的评价,并提出了加强财政人民委员部部务委员会的问题。

　　1922年4月6日,俄共(布)中央政治局通过了如下决定:"(1)责成中央书记处通知克拉斯诺晓科夫同志,决定派他到财政人民委员部或最高国民经济委员会去工作,并给他两周假期,用来彻底恢复健康。

　　(2)把加强财政人民委员部部务委员会的问题以及克拉斯诺晓科夫同志的使用问题交给组织局处理。"

　　1922年4月13日政治局决定克拉斯诺晓科夫任最高国民经济委员会主席团委员。在这次会上还确定了财政人民委员部部务委员会的人选。——364。

434 1922年4月5日,俄共(布)莫斯科委员会同国家政治保卫局达成了把哥尔克疗养院办到1923年5月1日的协议。——365。

435 据亚·德·瞿鲁巴后来回忆,列宁有一次曾问到他的几个大孩子的情况。他谈到他的一个在克里姆林宫指挥训练班学习的孩子时曾说:"他抱怨吃不饱饭。"为此,列宁写了这封信。

　　参看本卷第422号文献。——366。

436 见注51。——367。

437 这封信以及下面收载的一些文献都是有关库尔斯克磁力异常区的勘察问题的。

　　库尔斯克磁力异常区的勘探工作早在十月革命前就开始了,但是当时并未进行广泛的考察工作。库尔斯克磁力异常区的勘探作业是在

1919年开始进行的。

1920年8月24日,劳动国防委员会通过了《关于勘探库尔斯克磁力异常区的决定》。决定指出,劳动国防委员会认为,"同库尔斯克磁力异常区勘探工作有关的一切工作都对国家具有特别重要的意义",因此要求各有关苏维埃当局,民事以及军事领导部门都对这项工作予以协助。库尔斯克磁力异常区更广泛的勘察工作,是在国内战争结束以后展开的。

列宁对库尔斯克磁力异常区勘察工作给予极大的关注和支持。

1923年4月,在库尔斯克磁力异常区取得了第一批铁矿石英岩的岩心。经过多年勘察之后,30年代初在库尔斯克磁力异常区发现了一些高品位的矿床。——369。

438　关于这次出差,路·卡·马尔滕斯后来在他的回忆列宁的文章中写道:"弗拉基米尔·伊里奇十分关心库尔斯克的地磁异常现象,他看到这里面包含着振兴我们的五金工业的巨大可能性。1922年初他委托我去库尔斯克,要我尽力查明这一异常现象是怎么一回事,有什么意义……　弗拉基米尔·伊里奇了解这个问题上的争论,他想尽可能充分地获得有关库尔斯克地磁异常的情报。"(见《回忆列宁》1982年人民出版社版第4卷第369页)——369。

439　这部书稿是该书作者美国作家约翰·肯尼思·特纳交给路·卡·马尔滕斯的,目的是让列宁酌情加以利用,因为美国出版商拒绝出版这部作品。书稿里有关于美国参加第一次世界大战的珍贵资料。

这本书于1922年在纽约出版,标题是《这还能重演吗?》。——371。

440　弗·维·阿多拉茨基早在1920年秋就受列宁的委托开始筹划出版马克思恩格斯书信选集。

列宁认为出版科学共产主义的两位奠基人的通信集具有极大的意义,因此一直很关心阿多拉茨基的工作,并予以大力协助。例如,他把自己1913年阅读德文版《马克思和恩格斯通信集(1844—1883年)》四卷本时所作的摘录和评语(见列宁《〈马克思和恩格斯通信集(1844—1883年)〉提要》,收入本版全集第58卷)交给了阿多拉茨基。列宁在

1921年8月2日和1922年4月10日给阿多拉茨基的两封信中,以及在阿多拉茨基来信的批注中,都对出版马克思恩格斯通信选集一事作了具体指示(见本版全集第51卷第172、398号文献和本卷第431、432、433号文献)。

关于列宁对出版马克思恩格斯书信选集一事的关心、他的多次指示和帮助,阿多拉茨基后来在自己的文章《十八年来》(见《回忆列宁》1982年人民出版社版第2卷第216—219页)中讲到过。

阿多拉茨基所编的《书信集。马克思和恩格斯通信中的理论和政治》一书于1922年底问世。——372。

441　列宁指的是列·达·托洛茨基对他4月4日的信(见本卷第415号文献)的答复。托洛茨基在回信中说:我"时常"询问军事学校学员的伙食情况,而他们回答说他们"没有挨饿";托洛茨基证实了警卫任务繁重,讲到为减轻警卫任务所采取的措施,并指出搞机械化是很难实现的,他还谈到小人民委员会拨了"150万战前卢布"用于扩建军事学校学员的住房。但是,副财政人民委员格·雅·索柯里尼柯夫打算就这个决定向政治局提出控告。

在托洛茨基的信中列宁作了许多批注:对"没有挨饿"一语画了两条线,对"没有"一词又画了个圆弧,并在上方打了三个问号。在"我时常询问军事学校学员"一语中对"我"字写了批注——"他们不会对托洛茨基讲全部真实情况",并在这一句话上画了一条线。对"150万战前卢布"这几个字列宁画了着重线,并在页边写了:"? 太多!",在最后一条意见上他画了两条线。——373。

442　1922年春,医生建议列宁长期休养,呼吸山区空气。列宁打算到高加索或其他适宜的地方去。因此,他同格·康·奥尔忠尼启则等同志进行了洽商和通信。

但列宁最终未能成行。——373。

443　这里说的是阿·伊·李可夫为答复列宁1922年4月5日的信(见本卷第418号文献)而打来的电话的记录。李可夫提出,早在革命前德国教授莱斯特就对库尔斯克磁力异常区进行过勘察,勘察材料在国外已广为人知。因此,他建议把这方面的勘察工作以租让方式交给外国人去做。——375。

444 卡莫(西·阿·捷尔-彼得罗相)从列·波·克拉辛和玛·伊·乌里扬诺娃处得知列宁打算到高加索去疗养后,便给列宁写信,请求把他带去,让他做保卫工作并在各方面照顾列宁。参看本卷第 423 号文献。——376。

445 《经济生活报》(《Экономическая Жизнь》)是苏维埃俄国的报纸(日报),1918 年 11 月—1937 年 11 月在莫斯科出版。该报最初是最高国民经济委员会和经济系统各人民委员部的机关报,1921 年 7 月 24 日起是劳动国防委员会机关报,后来是苏联财政人民委员部、国家银行及其他金融机关和银行工会中央委员会的机关报。1937 年 11 月 16 日,《经济生活报》改为《财政报》。——377。

446 从瓦·亚·斯莫尔亚尼诺夫的笔记中可以看出,研究地方经济会议工作报告的工作交给了国家计划委员会和中央统计局的负责干部。列宁对此表示同意,但指出此事一定要严肃认真地去做,并要求立即把负责研究工作报告的人员名单报送给他。——378。

447 弗·维·阿多拉茨基所著《马克思主义基本问题提纲》一书于 1922 年出版。——379。

448 这是列宁写在弗·维·阿多拉茨基自传下方的一段批语。阿多拉茨基向中央监察委员会申请从 1904 年开始计算他的党龄。他的申请获得批准。——380。

449 这是列宁应弗·维·阿多拉茨基的请求给他写的介绍信(参看本卷第 433 号文献)。——380。

450 1922 年 4 月 21 日,劳动国防委员会作出决定,认为"为了保证莫斯科的电力供应,必须尽快将卡希拉电站并入莫斯科市总的供电网",因而责成最高运输委员会和交通人民委员部立即供给卡希拉电站燃料,以保证正常发电。

参看本卷第109号文献。——385。

451 指列宁在第一次世界大战爆发后前往瑞士时留在克拉科夫和波罗宁两地的文稿和图书。列宁提到的关于德国1907年的土地统计这部手稿,大概是指《现代农业的资本主义制度》。1914年7月25日(8月7日)搜查列宁的住宅时,宪兵从列宁那里没收了这部著作。

早些时候,在1921年3月20日,列宁也曾写信给雅·斯·加涅茨基,谈寻找他的书籍和手稿的问题(见本版全集第50卷第210号文献)。

只是到了1924年,列宁逝世以后,被苏联政府派往波兰寻找列宁文稿的加涅茨基才查明列宁的大部分文稿落入宪兵之手,并于1921年4月转给了华沙总参谋部。当时,加涅茨基能弄到手带回来的只是列宁的个别文献以及他的一些私人物品。1933年,加涅茨基再次被派往波兰。但是,波兰当局仅归还了少量的列宁文献。

列宁留在克拉科夫和波罗宁的大部分文稿是1954年在波兰发现的。波兰统一工人党中央把找到的全部材料都交给了苏共中央。这些文献后来收藏在苏共中央马克思列宁主义研究院中央党务档案馆。——386。

452 库恩·贝拉的瑞典之行因瑞典政府拒绝发给他入境签证而没有实现。——387。

453 列宁的弟弟德·伊·乌里扬诺夫1921年曾任卫生人民委员部驻克里木疗养地的特派员。——389。

454 瓦·亚·阿瓦涅索夫为答复这封信给列宁写道:"我正在移交工作,大概一周后能动身。"在这张便条上写有列宁的下列指示:"对执行情况进行监督。**列宁**"。——389。

455 在列宁的这张便条上有卫生人民委员尼·亚·谢马什柯的批语:"我建议送他到国营农场去(到我兄弟那里,去年捷尔任斯基去过),基谢廖夫对此建议表示满意。尼·谢马什柯"。——389。

456　1922年4月20日,俄共(布)中央政治局听取了外交人民委员部关于《1910—1914年法俄关系史料》一书出版情况的报告之后,根据列宁的建议通过以下决定:"1.该书暂停发行,立即补印封面和序言,在其中说明出版单位和负责人姓名。2.索引于工作准备就绪后出单行本,而不妨碍该书先开始发行。在序言里说明索引将另行出版。"——391。

457　这里说的是1922年3月南非金矿工人的起义。这次起义是矿业主加重剥削引起的。随着世界市场上黄金价格下跌,矿业主为保持自己的利润而采取了降低欧洲工人的工资和大批解雇欧洲工人的措施。因此,1922年1月9日金矿工人宣布罢工。3月,罢工转变为起义。工人控制了伯诺尼和布拉克潘两城、约翰内斯堡的工人区福特斯堡和杰比。年轻的南非共产党积极参加了起义。许多共产党人,其中包括罢工的领导者费舍和斯潘迪夫都在武装斗争中英勇牺牲。3月10日简·克·史末资将军的反动政府宣布上述地区戒严,并调动军队、动用飞机大炮镇压起义者。3月14日起义被镇压下去。政府残酷迫害起义的参加者,有一万多人被逮捕,数千名工人被送交军事法庭审判。——393。

458　参看本卷第426号文献。——394。

459　俄共(布)中央书记处于1922年4月28日决定发给格·马·克尔日扎诺夫斯基和他的妻子出国治疗的费用。

当天,人民委员会秘书纳·斯·勒柏辛斯卡娅在列宁这封信的抄件上写道:据俄共(布)中央书记助理А.М.纳扎列江通知,克尔日扎诺夫斯基夫妇的签证已收到。——395。

460　1922年4月23日列宁在索尔达坚科夫医院(现波特金医院)做手术,取出了1918年遇刺时留在体内的一颗子弹。手术后住院期间,列宁了解到护士叶·阿·涅奇金娜和医士克·马·格列什诺娃需要休养和治疗(关于格列什诺娃,列宁也给尼·亚·谢马什柯写了便条,见本卷第

494号文献）。

　　几天后,涅奇金娜应邀到卫生人民委员部见谢马什柯,商定她去疗养院最适宜的时间。涅奇金娜回忆说,"当年秋天,我同也受到列宁关怀的克拉弗季娅·马克西莫夫娜·格列什诺娃医士一起到了克里木。我们俩休息得很好,并得到了治疗。"（见1960年3月11日索契《红旗报》）——396。

461　这是对叶·萨·瓦尔加1922年4月8日来信的答复。来信反映,外国科学技术局组织不善,认为必须加以改组。

　　最高国民经济委员会科学技术局外国科学技术局及其出版社是根据人民委员会1921年3月29日的决定成立的,隶属于俄罗斯联邦驻德商务代表处。决定规定,该局的任务是"同德国的（以及西欧的）科学家建立联系,以便在俄国和西欧之间持久地、经常地进行科学新成就的交流。"

　　参看本卷第451号文献。——397。

462　列宁在1922年4月2日俄共（布）第十一次代表大会闭幕式上的讲话（见本版全集第43卷第136—137页）,发表于4月4日《真理报》,印刷有错误;1922年4月9日《真理报》作了更正。

　　参看本卷第370号文献。——397。

463　调查驻柏林外国科学技术局活动的委员会由下列人员组成:叶·布·帕舒坎尼斯、叶·萨·瓦尔加（全权代表处）、弗·尼·伊帕季耶夫、М.Я.拉皮罗夫-斯科布洛、波·埃·斯琼克尔（最高国民经济委员会）和瓦·瓦·斯塔尔科夫（商务代表处）。

　　委员会在结论中概述了外国科学技术局的现状,对它提出了一系列批评意见,主张该组织应予保留,但人员要大量裁减。委员会建议,外国科学技术局应由情报处、几名有威望的科学家和秘书组组成,人员减少$^2/_3$—$^3/_4$,即不超过15—20人。——398。

464　第二天,即1922年4月28日,人民委员会秘书纳·斯·勒柏辛斯卡娅在列宁信文的下面写道:"由斯大林签署的信已寄给什克洛夫斯基同志,信中征求他对工作的意见,并告诉他中央将随时满足他这方面的要求。"

在列宁的发文登记簿的"执行情况"栏中有秘书的下列记载:"1922年5月17日收到回信。什克洛夫斯基对斯大林的建议感到满意。"——400。

465 指农业人民委员瓦·格·雅科温科关于拨款救济叶尼塞斯克省坎斯克县北部居民的请求(雅科温科被任命为人民委员之前,是坎斯克县执行委员会主席)。副财政人民委员格·雅·索柯里尼柯夫1922年5月10日报告列宁说,相应的款项已列入农业人民委员部预算。——401。

466 这份电报是在接到阿塞拜疆中央石油管理局局长亚·巴·谢列布罗夫斯基的报告后拍发的。谢列布罗夫斯基在报告中谈到敌人在巴库几个采油场放火,工人和工程师在扑灭大火中发扬英勇果敢精神。1922年4月25日,俄共(布)中央组织局讨论了谢列布罗夫斯基的报告之后,委托瓦·弗·古比雪夫和雅·阿·雅柯夫列夫起草给苏拉汉内油田工人和工程师的电报并作出决定,"请列宁同志签署电报"。4月28日,古比雪夫将电文草稿(附全部材料)呈送列宁签署。——401。

467 这是列宁在俄罗斯联邦驻德国商务代表波·斯·斯托莫尼亚科夫1922年4月22日给俄共(布)中央政治局来信的信文下面写的批语。斯托莫尼亚科夫在信里报告说,埃森弗里德里希·克虏伯公司的经理们拒绝批准该公司代表1922年3月23日在莫斯科签订的顿河州萨利斯克专区农业租让合同(见注405)。鉴于该公司的工厂正在制造苏维埃俄国铁路代表团所订的机车,斯托莫尼亚科夫请求向代表团团长尤·弗·罗蒙诺索夫发出指示,让他同商务代表处一起寻求"对克虏伯施加影响的办法,并着手执行"。

政治局当天即决定把这个电文发给斯托莫尼亚科夫。

经与埃森弗里德里希·克虏伯公司再次谈判并明确了协定的条件以后,人民委员会于1923年1月16日批准了租让总委员会提出的准备与克虏伯签订的合同。同年3月17日克虏伯签署合同。克虏伯的农业租让合同实行到1934年10月。——402。

468　根据劳动国防委员会1921年10月21日的决定,全部铁路线按获得供应的情况分为三类。考虑到物资不足,不可能充分供应整个铁路网,所以把最重要的干线列入第一类,这类干线必须有良好的供应,保证列车能以正常速度运行。划归第二类的是往第一类线路运送货物的重要线路。其余线路则划入第三类。

为答复列宁的询问,交通人民委员费·埃·捷尔任斯基于1922年5月4日交给列宁一份由交通人民委员部编写的详细材料和一封汇报劳动国防委员会的决定执行情况的信。捷尔任斯基的信见1962年《历史文献》杂志第1期第58—59页。——403。

469　这个批语写在娜·康·克鲁普斯卡娅的信上。克鲁普斯卡娅以教育人民委员部部务委员的身份,在信中对俄共(布)中央政治局预算会议作出的关于大量缩减教育人民委员部预算的决定提出了反对意见,并且强调了保证国民学校经费的必要性。

1922年6月22日,人民委员会原则上批准了教育人民委员部的预算。——404。

470　这张便条谈的是关于成立国内商业委员会的方案问题。

劳动国防委员会1922年5月3日讨论了这个问题,认为必须成立一个国内商业专门委员会,其活动限于贯彻人民委员会和劳动国防委员会的一般性决定以及拟定调整商业的法律草案。5月5日劳动国防委员会决定:"为了调整国内商业的各种问题,建立一个直属劳动国防委员会的三人委员会,委员会成员由劳动国防委员会任命。"1922年5月9日,人民委员会批准了这个决定(见1922年《工农政府法令汇编》第34号第400条)。

1924年5月19日,根据苏联中央执行委员会主席团的决定,该委员会改组为国内商业人民委员部。——404。

471　这个批示写在医疗假体研究所所长 H. M.普里奥罗夫医生给莫斯科卫生局的报告上。报告揭露了在该研究所接受治疗的几个残废者殴打和侮辱医生和职员的流氓行为。

调查的任务交给了司法人民委员部要案侦查员。侦查员的结论经司法人民委员德·伊·库尔斯基和司法人民委员部部务委员、侦查处处长彼·阿·克拉西科夫批准后送交法院。莫斯科人民法院专门开庭审理了这一案件。——405。

472 这封信是列宁对瓦·亚·斯莫尔亚尼诺夫寄给他的材料的答复。材料中包括人民委员会办公厅主任助理阿·阿·季维尔科夫斯基对俄共(布)莫斯科委员会常务委员会和莫斯科苏维埃主席团否定对中央房产局检查结论的抗议书。

列宁曾就此案作过批示,见本版全集第43卷第52—53页。

俄共(布)中央组织局收到斯莫尔亚尼诺夫转来的材料后,于5月12日决定把材料交中央监察委员会审查。1922年5月30日,中央监察委员会审查后认为季维尔科夫斯基的抗议根据不足。——405。

473 这里说的是分发给俄共(布)中央政治局各委员的一份电报稿。为谈判签订贸易和租让合同,在热那亚的格·瓦·契切林和列·波·克拉辛就燃料和废金属的装运和转运能力问题向国内提出询问。这份电报是为答复他们而拟的。

复电由人民委员会副主席阿·伊·李可夫签字后于1922年5月8日发出。——406。

474 根据列宁的要求,弗·米·斯米尔诺夫于1922年5月22日给列宁送来了关于预算的报告。列宁看完报告之后,在第1页上写了一段批语:"弗·米·斯米尔诺夫(国家计划委员会)关于**预算**的报告。**重要!! 紧急!**"还写了给秘书的指示:"弗·米·斯米尔诺夫(国家计划委员会)关于预算的报告。**速送李可夫、瞿鲁巴**两同志和**斯大林**同志(用电话和他们商定好阅读时间)。5月23日"。——408。

475 这个批语写在分发给俄共(布)中央政治局各委员以便进行表决的小人民委员会成员名单方案下面。这个名单是亚·德·瞿鲁巴亲手写的,阿·伊·李可夫也签了字。瞿鲁巴在小人民委员会成员名字的下面写道:小人民委员会主席阿·谢·基谢廖夫和副主席格·莫·列普列夫斯基需要治疗两三个月,在他们缺席期间,主席的职务建议由亚·格·

哥伊赫巴尔格代理。由于政治局委员间意见不一致,这个问题转交给俄共(布)中央组织局作初步研究。

1922年5月18日政治局批准了小人民委员会的成员名单,同意哥伊赫巴尔格为小人民委员会委员,并在小人民委员会主席基谢廖夫和副主席列普列夫斯基治病期间代理主席职务。——408。

476 这里说的是关于发给彼·阿·克鲁泡特金的遗孀 C. Γ.克鲁泡特金娜赴柏林的许可证,以便她去国外出版她丈夫的文集一事。在便条上有政治局委员支持列宁的建议的签字和斯大林的如下批语:"克鲁泡特金的遗孀我不认识,因此我**弃权**。"

结果发给了她许可证。——409。

477 这个批语写在美国药品和化学制剂联合公司代表阿·哈默的信上。哈默通知说,他和公司经理 B. O.米歇尔准备去彼得格勒,请求给他开一封介绍信。

参看本卷第470号文献。——411。

478 电话稿是根据阿·哈默1922年5月11日提出的请求写的。列宁在电话稿上方写了如下指示:"记下,是**谁**在**彼得格勒**接的。"电话稿上还有秘书的记载:"电话是季诺维也夫亲自接的。"——412。

479 1922年5月13日,俄罗斯联邦驻德国商务代表波·斯·斯托莫尼亚科夫把为工业企业农场总管理局订购兰茨发动机一事所采取的措施电告列宁,同时提出,泥炭水力开采管理局已经得到了两台这样的发动机,可以暂时让给工业企业农场总管理局一台。

参看本卷第380号文献。——414。

480 这个批语写在斯大林的建议下面。由于同美国救济署签订的合同到1922年8月31日期满,斯大林建议把期限延长到1922年12月31日。

1922年5月17日,俄共(布)中央政治局通过了关于将美国救济署在苏俄的活动时间延长到1922年12月31日的决定。——414。

481 邮电人民委员瓦·萨·多夫加列夫斯基当天就写信给列宁说,"邦契-

布鲁耶维奇教授的无线电话将于 6 月初在莫斯科开始使用"，他认为"表扬下诺夫哥罗德无线电实验室、邦契-布鲁耶维奇教授和沃洛格金教授的工作，支持下诺夫哥罗德苏维埃的申请是适宜的和理所当然的"。

多夫加列夫斯基还答应送来关于"邦契-布鲁耶维奇电话的大致价值"的说明。因此列宁给斯莫尔亚尼诺夫写了如下指示："斯莫尔亚尼诺夫同志：多夫加列夫斯基把他答应的补充材料送来时，请打电话告诉我。**列宁**　5 月 11 日。"

关于奖励下诺夫哥罗德无线电实验室的问题是在稍晚一些时候决定的。1922 年 9 月 19 日全俄中央执行委员会秘书处决定："授予下诺夫哥罗德无线电实验室劳动红旗勋章，并特别表扬沃洛格金教授、邦契-布鲁耶维奇教授和主任机械师绍林的功绩，以全俄中央执行委员会的名义向他们表示感谢。"——416。

482　第二天，即 1922 年 5 月 12 日，邮电人民委员瓦·萨·多夫加列夫斯基详细说明了免除阿·马·尼古拉耶夫技术管理局局长职务的情况，并介绍了新担任这个职务的 K. B. 特罗菲莫夫的工作能力。多夫加列夫斯基报告说，已委托尼古拉耶夫领导行政工作，负责财务和组织工作。——416。

483　1922 年 5 月 13 日，列宁同 B. A. 巴甫洛夫工程师通了电话。通话时列宁记下了他感兴趣的材料（参看《列宁文稿》人民出版社版第 17 卷第 748—749 页）。——417。

484　可能是指全俄中央执行委员会主席团讨论关于检察机关的条例草案的一次会议。条例草案是司法人民委员部提交第九届全俄中央执行委员会第三次常会（1922 年 5 月 12—26 日）审议的。这个问题在全俄中央执行委员会内意见不一致。多数人赞成地方检察长受省执行委员会和中央机关（通过共和国检察长）的"双重"领导。列宁坚决反对"双重"领导（见《论"双重"领导和法制》，本版全集第 43 卷）。——417。

485　当时为在国外购买供勘察库尔斯克磁力异常现象的设备，已拨出了必要的经费。彼·彼·拉扎列夫院士后来报告说,这项事业的拨款令人满意。

关于库尔斯克磁力异常问题,参看本卷第 418、419、424 号文献。——418。

486 俄罗斯联邦国家政治保卫局关于把进行反革命恐怖活动反对苏维埃政权的社会革命党中央委员会委员及积极分子交付最高革命法庭审判的决定于 1922 年 2 月 28 日公布。这一审判于 1922 年 6 月 8 日—8 月 7 日在莫斯科举行。

为了准备对社会革命党人的审判,全俄中央执行委员会最高革命法庭请列宁告知,1918 年 8 月 30 日,他在原米歇尔逊工厂集会上讲演以前,是否还在粮食交易所(巴斯曼区)举行的群众大会上作过讲演。列宁的这封信是对这个请求的答复。——418。

487 经查明,1918 年 8 月 30 日,列宁在两个集会上发表了主题为"两个政权(无产阶级专政和资产阶级专政)"的讲演,先在巴斯曼区(粮食交易所),后在莫斯科河南岸区(原米歇尔逊工厂),在那里他遭到了社会革命党恐怖分子范·卡普兰的枪击而受了重伤。——419。

488 这份电报是对阿·伊·李可夫签发的电报的补充,冠有《列宁的意见》的标题。李可夫的电报说,由于车皮和机车不足,铁路状况不好,顿巴斯煤炭的外运有许多困难,因此请求他们采取措施同意大利公司签订按优惠价格向意大利人出售煤炭的合同。——419。

489 列宁写这封信和拟定俄共(布)中央政治局关于确认对外贸易垄断的决定草案(见本版全集第 43 卷第 189 页)都与他 1922 年 5 月 15 日收到俄罗斯联邦驻德国全权代表尼·尼·克列斯廷斯基报来的一些材料有关,这些材料证明,在对外贸易垄断问题上党内的分歧已对同外国资本家的业务谈判产生了消极影响。

副对外贸易人民委员莫·伊·弗鲁姆金在 1922 年 5 月 10 日的信中,建议只把 4—5 种商品的批发贸易继续在牢固的垄断制基础上掌握在国家(对外贸易人民委员部)手中,而其他产品则让那些把部分利润交给国家而不用国家花费资金的合营公司自由进口。弗鲁姆金在说明他的建议的理由时指出，国营商业出现亏损，在自由竞争中会被私营商业击败。

列宁这封信的信文下方有斯大林1922年5月17日的答复。斯大林同意国营商业在"**自由**竞争市场上**不**应当被击败"，但是，他认为在"**非**自由竞争市场上"国营商业得不到发展，会变成温室里的植物。斯大林不反对"在**现阶段**"正式禁止旨在削弱对外贸易垄断的步骤，但他写道，"**削弱**仍是不可避免的"。

5月22日，俄共（布）中央政治局通过了列宁提出的关于确认对外贸易垄断的决定草案。——422。

490　这张便条是针对最高国民经济委员会主席彼·阿·波格丹诺夫的一项建议写的。波格丹诺夫认为对商业和工业的领导应由一个人民委员部统一起来，因此提出把国内商业委员会、对外贸易人民委员部和最高国民经济委员会合并成为工商业人民委员部。——423。

491　这个批示写在副财政人民委员格·雅·索柯里尼柯夫关于1922年1—4月纸币发行情况的报告上。

参看本卷第464号文献。——423。

492　列宁的这封信是针对下述情况写的。

1922年5月6日，农业人民委员部和农林工会中央委员会的报纸《农业生活报》第34号刊登了几篇文章，对全俄中央执行委员会和人民委员会1922年3月17日《关于1922—1923年农产品统一实物税的法令》提出批评。社论《再论粮食税》说，党的第十一次代表大会似已撤销了已颁布的统一税法令，统一税法令将重新审议并从根本上加以修改。对于这种认为全俄中央执行委员会和人民委员会的法令必须重新审议的观点，阿·李·瓦因施泰因的《论实物税的重担》和尼·彼·奥加诺夫斯基的《左手和右手（实物税制）》这两篇文章作了冗长的发挥。

《农业生活报》的立场引起粮食人民委员部的抗议。副粮食人民委员阿·伊·斯维杰尔斯基写信给俄共（布）中央委员会书记斯大林指出，该报的言论会破坏粮食人民委员部编制地方税收表这项极为重要的工作,他请求对此采取措施。

俄共(布)中央政治局1922年5月11日讨论了俄共(布)中央书记处就农业人民委员部鼓动减少粮食税一事所提出的声明,对农业人民委员部部务委员会表示谴责;同时责成俄共(布)中央组织局审议该报编辑部组成问题,并"采取措施,使《农业生活报》这种不能允许的行为今后不再发生"。

《农业生活报》(《Сельскохозяйственная Жизнь》)于1921年7月18日—1922年6月1日在莫斯科出版,共出了86号。——424。

493 这个批示写在列·波·克拉辛从意大利发来的电报上。克拉辛正在同意大利公司进行向意方出售煤炭的谈判,他建议向意大利发运一至两船顿涅茨煤,以引起意大利企业主的兴趣。

劳动国防委员会1922年5月17日作出决定,责成最高国民经济委员会燃料总管理局拨出优质煤运往意大利。

同意大利公司关于出售煤炭的初步协议由对外贸易人民委员克拉辛于5月签署。劳动国防委员会于6月2日会议上讨论了这个初步协议,并转给租让委员会作紧急审查。合同于1922年6月21日签署。

参看本卷第485号文献。——425。

494 关于书籍降价问题,俄共(布)中央和苏维埃机关都进行过讨论。

俄共(布)中央鼓动宣传部草拟了下列建议:把所需的最低数量的印刷厂移交给各大出版机关(国家出版社、政治教育总委员会等等);出版政治书籍使用的进口纸张免除关税;对国家出版社、政治教育总委员会和各报社给予补贴以降低政治出版物的价格,上述单位使用补贴必须受中央委员会的特别监督。1922年5月12日,俄共(布)中央书记处审议了这几项建议,补充了一项:供应党组织的书籍按批发价格打折扣,然后把这些建议作为给各有关苏维埃机关的指示提交政治局审批。

列宁写了这封信以后,国家出版社社长奥·尤·施米特向教育人民委员阿·瓦·卢那察尔斯基报告说(施米特的报告转交给了人民委员会办公厅),已经作过从人民委员会基金中拨给国家出版社补贴的决定,因此,书籍将"按半价出售"。米·尼·波克罗夫斯基建议为降低书价而动用政治教育总委员会的尚未使用的基金以及各博物馆保存的宝石和黄金等珍品,哪怕只是1%也好。格·雅·索柯里尼柯夫指出,国家出版社已经得到补贴,至于从地方税中抽出款项建立基金一事实际上是办不到的。亚·德·瞿鲁巴指出,地方税尚"不敷"地方使用,能抽出的款项是微不足道的。他写道,俄共(布)中央政治局已成立一个委员会,负责研究从中央消费合作总社流动资金中抽出款项拨给教育人民委员部的问题。——426。

495 国防委员会特派员即国防委员会红军和红海军供给特派员,是根据全俄中央执行委员会1919年7月9日《关于改变组织红军供给事宜的法令》任命的,其任务是统筹红军全部供给工作,提高国防工厂生产效率,保证迅速合理地分配前后方的供应物品。全俄中央执行委员会1921年8月16日决定撤销国防委员会特派员这一职务及所属机构,其人员和财产移交给最高国民经济委员会的有关机关。1919—1921年,阿·伊·李可夫任国防委员会特派员。——427。

496 这里说的是给米·亚·邦契-布鲁耶维奇领导的下诺夫哥罗德无线电实验室拨款的问题。

　　1922年5月19日邦契-布鲁耶维奇报告说,保证无线电实验室正常工作的最低固定预算可以定为每月7 500战前卢布。保证无线电实验室今后发展的最高预算,邦契-布鲁耶维奇认为每月需要20 000战前卢布。

　　1922年5月22日俄共(布)中央政治局根据列宁的建议通过了关于给无线电实验室拨款的决定。

　　参看本版全集第43卷第195—197页。——428。

497 这个批示写在伊·伊·斯克沃尔佐夫-斯捷潘诺夫给俄共(布)中央的信上。由于健康受损,斯克沃尔佐夫-斯捷潘诺夫在信中请求允许他彻底休息。根据俄共(布)中央书记处的决定,斯克沃尔佐夫-斯捷潘诺夫被准许休假。——428。

498 《新俄罗斯》杂志(《Новая Россия》)是路标转换派的社会文学和科学刊

物(月刊),1922—1926年出版,由伊·格·列日涅夫编辑。最初两期于1922年3月和6月在彼得格勒出版。后来,自1922年8月起该刊改名为《俄罗斯》杂志,在莫斯科出版。——430。

499 1922年5月26日,俄共(布)中央政治局根据列宁的建议研究了《新俄罗斯》杂志的问题,责成出版总署"作为上级机关准许《新俄罗斯》杂志继续出版,撤销彼得格勒执行委员会关于查封该刊的决定"。

　　由于彼得格勒省执行委员会请求政治局撤销5月26日的决定,政治局责成国家出版社政治部主任尼·列·美舍利亚科夫研究这个问题并提出结论性意见。美舍利亚科夫建议不要撤销彼得格勒省执行委员会关于查封《新俄罗斯》杂志的决定,而准许《新俄罗斯》杂志主办人出版新的杂志。1922年6月1日政治局驳回了彼得格勒省执行委员会关于撤销5月26日决定的申请报告,并将原决定交全俄中央执行委员会主席团执行。1922年6月8日全俄中央执行委员会主席团听取了美舍利亚科夫的说明,对他的说明表示满意,并作出决定,认为《新俄罗斯》杂志的问题已经解决。

　　《日报》(《День》)是俄国自由派资产阶级的报纸(日报),1912年在彼得堡创刊,第一次世界大战期间持护国主义立场。从1917年5月30日起成为孟什维克的机关报。1917年10月26日(11月8日)被查封。——431。

500 《经济学家》杂志(《Экономист》)是俄国技术协会第十一部即工业经济部主办的刊物,1921年12月—1922年6月在彼得格勒出版(第1期封面上印的是1922年)。——431。

501 费·埃·捷尔任斯基在这张便条上写了下述结论性意见:"我认为在这方面进行缩减是不能允许的。车库有6辆车,总共12个人。工资一般。汽车保养良好,不随便动用。"在这个结论性意见下签字的还有亚·德·瞿鲁巴和阿·伊·李可夫。——432。

502 这个批示写在副劳动人民委员阿·莫·阿尼克斯特1922年5月18日来信的背面。阿尼克斯特请求列宁"依照"他们两人的谈话,设法把因为要动员他到地方上去工作而正式免去他在劳动人民委员部部务委员会中的职务的问题,留待他治病回来之后再行决定。阿尼克斯特还请求催促一下尽快让他去治疗。

1922 年 5 月 27 日,俄共(布)中央书记处重申原来的决定:批准阿尼克斯特和他的妻子去高加索治疗一个半月。——432。

503 《朝寒》是 1922 年在彼得格勒出版的一本文艺性文集。这本文集列宁收到后曾阅读过,并在书中作了一些批注。——433。

504 《文学家之家年鉴》(《Летопись Дома Литераторов》)是文学研究兼书报评介的杂志,文学家之家的机关刊物。1921—1922 年在彼得格勒出版。1922 年 5 月起改出《文学论丛》杂志。——433。

505 俄共(布)中央书记处 1922 年 5 月 23 日作出决定,满足列宁提出的让外科医生弗·尼·罗扎诺夫带儿子去里加休养的请求。这件事后来罗扎诺夫在回忆列宁的文章中写到过(见《回忆列宁》1982 年人民出版社版第 3 卷第 377—378 页)。——434。

506 1922 年 5 月 26 日,卫生人民委员尼·亚·谢马什柯向列宁报告说,克·马·格列什诺娃医士将于 7 月份带着小女孩去克里木休养(参看注 460 和《列宁文稿》人民出版社版第 17 卷第 753—754 页)。——435。

507 《前夜报》(《Накануне》)是有路标转换派参加的报纸,在柏林出版。——437。

508 《俄国思想》杂志(《Русская Мысль》)是俄国科学、文学和政治刊物(月刊),1880—1918 年在莫斯科出版。起初是同情民粹主义的温和自由派的刊物。90 年代有时也刊登马克思主义者的文章。1905 年革命后成为立宪民主党右翼的刊物,由彼·伯·司徒卢威和亚·亚·基泽韦捷尔编辑。十月革命后于 1918 年被查封。后由司徒卢威在国外复刊,成为白俄杂志,1921—1924 年、1927 年先后在索菲亚、布拉格和巴黎出版。——437。

509　这个批示写在卫生人民委员尼·亚·谢马什柯给俄共(布)中央政治局各位委员的报告上。报告谈到在全俄医疗卫生工作者工会中央委员会医务部第二次全国代表大会上(1922年5月10—14日在莫斯科举行)表现出来的医务界的"<u>严重而危险的</u>(这里的着重线是列宁画的)倾向"。谢马什柯写道,这些倾向正被立宪民主党人、孟什维克和社会革命党人成功地加以利用,其实质如下:(1)攻击"苏维埃的医疗制度而吹捧地方自治局的医疗制度";(2)要求社会革命党和孟什维克所理解的那种完全的民主;(3)力求"站在总的职工运动之外";(4)力求"在这个基础上,并且是通过自己的机关刊物组织起来"。谢马什柯在讲到医生中的"上层分子"即孟什维克和社会革命党人在代表大会上的反苏维埃言行时认为,必须对他们采取坚决的措施。

俄共(布)中央政治局1922年5月24日通过了列宁的建议,责成费·埃·捷尔任斯基在谢马什柯的参加下"制定对策,并于一周内报政治局"。——438。

510　1922年5月24日,列宁收到格·叶·季诺维也夫答复这封信的电话,稍后又收到了对外贸易人民委员部驻彼得格勒特派员卡·米·别格的书面解释,其中说 B. O. 米歇尔的不满是出于误会,并说即将采取必要的措施。——439。

511　指1922年5月20日《真理报》发表的列·米·欣丘克的《国际合作社代表团了解苏维埃俄国消费合作社情况的结果》一文。——439。

512　指在米兰举行的国际合作社会议就国际合作社联盟派赴俄国考察苏维埃合作社状况的代表团的报告所通过的决议。代表团得出一致结论,认为苏维埃俄国的合作社就其影响、力量和业务范围来说都占有特殊地位,各国合作社支援苏维埃合作社是极其必要的。

1922年5月24日,列·米·欣丘克给列宁寄去了国际合作社联盟代表团所作的结论的法文本。欣丘克报告说,借款问题还没有谈妥,苏维埃合作社同西欧的业务往来刚刚开始,他写道:"瑞典的一个康采恩(很可靠的)愿意向我们提供5 000万克朗(2 000余万金卢布)贷款。"稍后欣丘克报告列宁说,已与英国合作社(批量采购公司)签订了一项由该社向苏维埃合作社提供贷款的协定。——439。

513 还在1921年7月,当时担任鞑靼苏维埃社会主义自治共和国中央执行委员会主席的赛德-加利耶夫就给列宁写过信。他在信中(第4点)说:"在所有自治共和国中,而在这里是说鞑靼自治共和国,在当地的共产党员(鞑靼人)中存在着截然不同的两个派别(集团):其中一派持阶级斗争的观点,渴望进一步按阶级划分当地居民阶层,而另一派则带有小资产阶级民族主义的色彩……

我认为,前者应该受到俄国共产党全党及其最高机关的全力支持,而对后者只应当(根据他们的忠诚程度和他们希望做有利于无产阶级革命工作的强烈程度,以及他们做的工作的有益程度)加以利用,同时对他们进行彻底的国际主义的教育,但是决不能认为他们比前者好(近来不单单在鞑靼一地有这种情况),以上看法是否正确?"

对这个问题,列宁的答复是:"(4)请准确、扼要、清楚地指出存在'两个派别'的事实。"(见本版全集第51卷第96号文献)——440。

514 这个指示是就副农业人民委员伊·阿·泰奥多罗维奇的一份书面报告写的。泰奥多罗维奇认为葡萄的种植、葡萄酒的酿造和销售分别由农业人民委员部和最高国民经济委员会这两个部门主管,这种状况是非常不正常的。为了发展这一极其重要的、收益很高的农业部门,他建议由一个机关即共和国国营葡萄种植和葡萄酒酿造辛迪加集中领导这一农业部门。

泰奥多罗维奇的报告转给了亚·德·瞿鲁巴。人民委员会秘书纳·斯·勒柏辛斯卡娅在报告上写了批注:"交瞿鲁巴同志。根据列宁同志的指示将意见报来。"5月27日瞿鲁巴在回文中写道:"想法基本正确。不知道这个想法在农业人民委员部提交给人民委员会的法令稿中是怎样表达的。我将促进此事。"

1922年6月2日,劳动国防委员会讨论了泰奥多罗维奇提出的全俄中央执行委员会关于在联邦范围内将葡萄种植业和葡萄酒酿造业组织起来的决定草案。劳动国防委员会没有采纳这个草案,而把关于发展葡萄种植业和葡萄酒酿造业的措施的问题以及关于组织葡萄酒贸易和酿造的问题转交国家计划委员会研究,并建议遵循劳动国防委员会批准的指示处理。国营葡萄种植和葡萄酒酿造辛迪加是根据全俄中央执行委员会1922年7月27日的法令成立的。——440。

515 这里说的是波·И.雷恩施坦的书面报告,报告中介绍了朱·哈默博士和他儿子阿·哈默以及他们父子经营的美国药品和化学制剂联合公司的详细情况。

参看本卷第55、417号文献。——441。

516 列宁关于支持阿·哈默和В.О.米歇尔事业的建议,于1922年6月2日由俄共(布)中央政治局通过。——441。

517 指对1921年6月30日全俄中央执行委员会主席团批准的《关于地方经济会议、关于地方经济会议报告制度和关于贯彻执行人民委员会和劳动国防委员会指令的决定》的修改意见。

修改这个决定的问题是1922年春提出的。党的第十一次代表大会成立了一个委员会,其成员有亚·德·瞿鲁巴、费·埃·捷尔任斯基和国家计划委员会的一些代表,使命是拟定关于省和区域经济会议的权限的决定草案,并向全俄中央执行委员会最近一次会议提出。1922年4月,劳动国防委员会会议三次审议了关于扩大省和区域经济会议的权限的决定草案。5月,全俄中央执行委员会和党中央委员会讨论了该草案。

1922年5月24日,瓦·亚·斯莫尔亚尼诺夫把《全俄中央执行委员会关于经济会议的决定》草案连同1922年5月21日全俄中央执行委员会的一个委员会提出的修改意见以及1922年5月16日在人民委员会会议上审议过的同一个文件的草案送交列宁。由于全俄中央执行委员会所作的修改大大扩大了经济会议的权限,使它有可能在某种程度上取代地方权力机关并使它由协调机构变成行政机构,所以列宁不同意这些修改意见,并就此事写了这张便条。

考虑了列宁的意见,1922年8月全俄中央执行委员会和劳动国防委员会决定略为扩大省和区域经济会议的权限。决定强调,经济会议的全部活动必须遵从《指令》。比如,经济会议有权在各部门之间再分配国家调拨的物资,但每次再分配的情况须通知劳动国防委员会(参看本版全集第41卷第259—285页)。——442。

518 给阿·朱·哈默的介绍信稿是共产国际和红色工会国际的工作人员波·И.雷恩施坦起草的。列宁给秘书的指示写在介绍信稿的页边。

类似内容的介绍信也开给了В.О.米歇尔。

参看本卷第501号文献。——442。

519 这封信谈的是制定和实施苏维埃最高领导层关于把政治上反对苏维埃政权并被视为资产阶级思想传播者的知识分子代表驱逐出境的决定的问题。1922年5月,俄共(布)中央全会以及中央政治局和组织局会议讨论了关于驱逐的问题。1922年5月19日列宁告诫费·埃·捷尔任斯基说,必须最周密地为驱逐一事作准备,把已收集到的关于教授们和作家们政治经历、工作和写作活动的材料作为依据。政治局委员、某些共产党员著作家应分析某些作品、刊物的政治倾向并对之提出书面意见(见本卷第489号文献)。例如,列宁关于《新俄罗斯》杂志、《经济学家》杂志的评价是众所周知的(见本版全集第43卷第29—30页,本卷第489号文献)。1922年6月8日,政治局听取了约·斯·温什利赫特《关于知识分子中的反苏维埃集团》的报告,成立了分管各专家联合会、第二次全俄医生代表大会的代表等的几个工作委员会。这些工作委员会应提出驱逐出境人员的具体名单。7月31日,由列·波·加米涅夫、德·伊·库尔斯基和温什利赫特组成的政治局工作委员会汇总了提出的建议。8月,政治局讨论了这些名单。国家政治保卫局还成立了由捷尔任斯基任主席的一个工作委员会,其任务是审查国家机关和企业关于把国家需要的专家留在国内的请求。例如,可以打发医生到俄国边远地区去防治传染病。被驱逐出境者得到了旅途和找到工作前生活安置所需的外汇补助。

1922年7月16日列宁写了这封信并于次日寄给斯大林。А.М.科热夫尼科夫在他7月17日的日志中写到:"他为头一天写给斯大林的信写了信封"(俄罗斯现代史文献保存和研究中心第16全宗,第2目录,第13卷宗,第47张)。——444。

520　人民社会党人是 1906 年从俄国社会革命党右翼分裂出来的小资产阶级政党人民社会党的成员。人民社会党的领导人有尼·费·安年斯基、韦·亚·米雅柯金、阿·瓦·彼舍霍诺夫、弗·格·博哥拉兹、谢·雅·叶尔帕季耶夫斯基、瓦·伊·谢美夫斯基等。人民社会党提出"全部国家政权应归人民"，即归从无产者到资产阶级知识分子的全体劳动者，主张对地主土地进行赎买和实行土地国有化，但不触动份地和经营"劳动经济"的私有土地。在俄国 1905—1907 年革命趋于低潮时，该党赞同立宪民主党的路线，六三政变后，因没有群众基础，实际上处于瓦解状态。第一次世界大战期间，持社会沙文主义立场。二月革命后，该党开始恢复组织。1917 年 6 月，同劳动派合并为劳动人民社会党。这个党代表富农利益，积极支持资产阶级临时政府，十月革命后参加反革命阴谋活动和武装叛乱，1918 年后不复存在。——444。

521　指谢·路·弗兰克的书《社会科学方法论概论》1922 年莫斯科"岸"出版社版。列宁在克里姆林宫的图书馆中有这本书。——445。

522　1922 年 6 月 8 日—8 月 7 日在莫斯科进行了对社会革命人的审判。最高革命法庭判处 12 名主要被告极刑，判处其余的被告刑期不等的剥夺自由和严格隔离。全俄中央执行委员会主席团批准了这一判决，决定只要社会革命党不放弃针对苏维埃政权进行的武装斗争和恐怖活动，就执行极刑。——445。

523　指彼得格勒文学家之家。领导文学家之家的是出版文学研究和书评杂志《文学家之家年鉴》的委员会。参看注 504。——445。

524　《思想》杂志（«Мысль»）是彼得堡哲学协会的刊物。列宁在克里姆林宫的藏书中有这份杂志的第 1—3 期。——445。

525　指什么事情，尚未查明。——446。

526　这里说的是给莉·伊·博罗兹季奇（阿纳尼因娜）以物质帮助的事。博罗兹季奇（阿纳尼因娜）曾因 1887 年谋刺沙皇亚历山大三世一案被流放西伯利亚。——446。

527 1922年8月17日,副财政人民委员米·康·弗拉基米罗夫受到了列宁的接见。列宁同他谈了半小时,话题是关于财政人民委员部的工作和该部对耐普曼所采取的政策。8月19日,列宁同最高国民经济委员会副主席伊·捷·斯米尔加谈了话。

　　8月21日,列宁在对外贸易人民委员列·波·克拉辛将去柏林同英国工业家莱·厄克特进行租让谈判前,同他谈了半小时。

　　8月22日,列宁接见了人民委员会和劳动国防委员会副主席阿·伊·李可夫,同他谈了半小时。——447。

528 1922年4月25日,人民委员会任命人民委员会和劳动国防委员会副主席亚·德·瞿鲁巴兼任工农检查人民委员,5月6日全俄中央执行委员会主席团批准了这一任命,但当时他因病并没有参加工农检查人民委员部的工作。——449。

529 工农检查人民委员部部务委员尼·亚·列斯克在答复列宁的这封信时报告了他就改组工农检查人民委员部问题和其他部务委员共同研究的一些设想。报告的附件有中央的、特设的和地方的检查机关的编制标准、各自治共和国和各州的编制标准,以及"关于工农检查人民委员部在缩减编制和提高工作人员业务水平的情况下需要的工资拨款的说明"。

　　副工农检查人民委员瓦·亚·阿瓦涅索夫当时在柏林调查苏维埃代表机构的活动情况,同时了解德国国家机关的工作情况。阿瓦涅索夫1922年10月24日写信给工农检查人民委员部部务委员们说,他认为改组人民委员部是合适的,但建议不要急于调整,要保留有经验的干部,等他和亚·德·瞿鲁巴回国之后再解决这个问题。

　　参看本卷第512、516号文献。——449。

530 这张便条是为伊·捷·斯米尔加请求解除他的最高国民经济委员会副主席和最高国民经济委员会燃料总管理局局长的职务而写的。斯米尔加提出这个请求的理由是他与阿·伊·李可夫不能协调地工作。——450。

531　指工农检查人民委员部根据列宁1922年8月21日信中提出的要求送来的材料。——450。

532　大概指当时在沃罗涅日东南铁路管理局工作的叶·尼·福斯。列宁是在喀山大学时认识他的。——451。

533　1922年8月25日,《全俄中央执行委员会消息报》刊载了《"苏俄之友"的实际援助》一文。文章报道了美国苏俄之友协会会员组织的拖拉机队在彼尔姆省奥汉斯克县"托伊基诺"国营农场工作的情况(参看本卷第549号文献)。领导拖拉机队的是美国共产党员哈罗德·韦尔。列宁在这份剪报的文章标题下面画了一条线,并在左边写了"注意"二字。——451。

534　瓦·亚·斯莫尔亚尼诺夫向列宁报告说,已经给彼尔姆省执行委员会主席发去电报,请他了解美国拖拉机队的工作情况,要他谈谈对此事的看法并协助该队工作。

在谈到塞·尤·鲁特格尔斯时,斯莫尔亚尼诺夫写道,关于修改同他那个小组所订合同的谈判,将在鲁特格尔斯从库兹巴斯回来之后举行。

列宁在收到彼尔姆省寄来的关于美国拖拉机队工作情况的材料之后,发出了以下信件:《致苏俄之友协会(美国)》《致技术援助苏俄协会》、《致彼尔姆省执行委员会主席》和《致全俄中央执行委员会主席团》(见本版全集第43卷)。——452。

535　《复兴》文集即《复兴。东欧政治经济生活问题文集》(«Aufbau. Zeitschrift für wirtschafts-politische Fragen Ost-Europas»),从1921年6月起在慕尼黑出版,用俄德两种文字刊印。

早在1922年春,列宁就对《复兴》文集发生了兴趣。列宁曾托人写信给约·斯·温什利赫特,问他有没有这个文集。温什利赫特回信说,他没有,但"可以按您的要求订购"。这句话下面的两条着重线是列宁画的。列宁还在上方写了"恳请办到"几个字。——453。

536　指《俄罗斯人民君主派同盟(立宪君主派)成立大会(1922年3月25日—4月5日)文件汇编》。——453。

537　指1922年国家出版社出版的奥·阿·叶尔曼斯基的《科学组织劳动和生产与泰罗制》一书。列宁在《白璧微瑕》一文(见本版全集第43卷)中对该书作了评价。——454。

538　劳动和畜力运输税是苏维埃俄国为动员群众参加社会劳动和征调民间畜力车辆参加物资运输而实行的制度。劳动和畜力运输税的前身是根据国防委员会1919年11月19日的决定实施的劳动和畜力运输义务制,其做法是:所有未应征入伍的30—50岁的男性公民和18—40岁的女性公民都有义务参加采伐木柴和装卸燃料,所有拥有畜力运输工具的人都有义务运送燃料、粮食和军用物资;这些劳动按固定标准付酬。人民委员会1920年2月的法令把劳动和畜力运输义务制的运用范围扩大到某些建筑和道路工程以及救灾工作。由于这种制度常使居民负担过重或不均,不利于居民特别是农村居民发挥经营主动性,人民委员会于1921年11月30日通过法令,用劳动和畜力运输税代替了它。按照这个法令,居民均须负担劳动和畜力运输税,即参加运输燃料和粮食,参加国家重要工程的建设以及为军队需要支差等。这些劳动是无偿的,但每年不多于6天,并且参加了这种劳动后其他义务劳动一概免除。城市居民可以交纳货币顶替劳动。在1923年,劳动和畜力运输税除救灾工作外均以货币交纳。1923年底,由于实行了统一的农业税,调整了所得税和财产税,劳动和畜力运输税被取消。——456。

539　指瓦·亚·斯莫尔亚尼诺夫就列宁写给阿·伊·李可夫的信(见本卷第515号文献)于1922年9月1日给列宁的答复。——456。

540　瓦·亚·斯莫尔亚尼诺夫完成了列宁的委托:报告了尼·安·日杰列夫的地址,送来了书以及国家技术出版社关于出版伊·莫·别斯普罗兹万内写的一本书的记录摘抄。——457。

541　《社会主义通报》杂志(《Социалистический Вестник》)是侨居国外的孟

什维克的刊物，1921年2月由尔·马尔托夫创办。1933年3月以前在柏林出版，1933年5月—1940年6月在巴黎出版，以后在纽约出版。——457。

542　指阿·马·高尔基1922年7月3日就社会革命党人因从事反革命活动而受法庭审判一事（见注486）写给阿纳托尔·法朗士的一封信。高尔基没有弄清案件的实质，把审判说成是准备"杀害那些曾经真诚为俄国人民解放事业服务的人"，并请求法朗士向苏维埃政府"指出这种罪行是不能容忍的"。高尔基写道："您的有分量的言语也许能保全那些社会主义者的宝贵生命。"

高尔基还把他就这个问题写给人民委员会副主席阿·伊·李可夫的信的抄件寄给了法朗士，他在信中警告说，判处被告死刑定会引起"欧洲社会主义运动对俄国实行道义上的封锁"。——457。

543　全俄工会中央理事会主席团主席米·巴·托姆斯基请列宁给即将召开的全俄工会第五次代表大会写一封信。——459。

544　列·米·欣丘克的《新经济政策条件下的中央消费合作总社》一书是根据列宁的建议写的，1922年底由全俄中央消费合作总社出版。作者考虑了列宁的指示。

关于这本书，作者后来在《列宁与合作社》一文中回忆说，列宁对合作社表现出极大的兴趣，"当一个名叫 A. C. 奥尔洛夫的侨民在国外出版了一本反对中央消费合作总社的小册子时，弗拉基米尔·伊里奇召见了我，坚持要我（限两个星期）编写一本关于中央消费合作总社的小册子。当时他不仅提出了自己的建议，而且还要校样……"（1924年《消费者团体》杂志第1—2期合刊第5页）

参看本卷第532号文献。——460。

545　指给全俄工会第五次代表大会的信的草稿。信上有俄共（布）中央政治局委员们表示同意该信的记号和米·巴·托姆斯基的意见："最好能把工人说得再突出些，就大工业是社会主义的基础这个问题再加上两句"。看来，列宁接受了这个意见，在信中第三句里加了："然而正是这

个工业,所谓'重工业',是社会主义的主要基础。"(见本版全集第43卷第215页)

列宁的信是1922年9月17日在代表大会第1次会议上宣读的。——461。

546 1922年9月27日阿·伊·李可夫报告列宁说,劳动国防委员会决定拨款14万亿卢布以解决几个最重要燃料产区(巴库、格罗兹尼和顿巴斯)的需要,准备从10月份起把计划供应的燃料价格提高近一倍,还将采取其他一些措施。——462。

547 为答复这些问题,财政人民委员米·康·弗拉基米罗夫给列宁送来了关于黄金储备和从1922年初至9月17日的税收情况的材料。在汇报了第三季度的预算赤字之后,弗拉基米罗夫写道,9月份由于交通人民委员部和工业方面花钱多,赤字特别庞大,仅多发钞票就达250万亿卢布;第四季度还可能出现赤字。弗拉基米罗夫汇报了正在采取的紧缩开支的措施。——463。

548 指写给已在克里木治病的人民委员会的工作人员尼·安·日杰列夫的信,信中请求他对去克里木休养和治疗的因·亚·阿尔曼德和莉·亚·福季耶娃予以照顾。——464。

549 这里说的是尤·弗·罗蒙诺索夫的工作安排问题。他所领导的俄国驻外铁路代表团已决定撤销。

费·埃·捷尔任斯基答复列宁说:他已请求俄共(布)中央任命罗蒙诺索夫为交通人民委员部部务委员,并已获得原则上的同意。捷尔任斯基认为,最好是委派罗蒙诺索夫领导最高技术委员会(他曾任该委员会主席)并兼任检查员,因为这些职位使他能有最大的独立性,并使他能充分了解运输部门和交通人民委员部的情况。捷尔任斯基报告说,关于罗蒙诺索夫的任命将在他从国外回来后决定。

参看本卷第530、570号文献。——465。

550 列宁于1922年10月2日从哥尔克回到莫斯科。——465。

551 尤·弗·罗蒙诺索夫后来留在国外,没有返回。——466。

552 9月19日瓦·亚·斯莫尔亚尼诺夫写信给列宁说,给尤·弗·罗蒙诺索夫的信已交阿·伊·李可夫和费·埃·捷尔任斯基看过,将于9月22日航空邮寄柏林。

列宁于10月8日以后收到了罗蒙诺索夫的回信。信中表示不愿意担任行政职务,请求允许他继续从事科学研究,以便完成他1911—1916年进行的机车试验和其他工作。

关于这个问题,李可夫报告说,他已同捷尔任斯基商妥,罗蒙诺索夫回国后,将安排在交通人民委员部工作,细节待他到达后再定。

参看本卷第570号文献。——466。

553 这里说的是列宁在即将召开的共产国际第四次代表大会上讲话的问题。

1922年11月13日,列宁在代表大会上午会议上作了题为《俄国革命的五年和世界革命的前途》的报告(见本版全集第43卷)。——466。

554 1922年同莱·厄克特恢复了1921年10月被他中断了的谈判(见注8)。1922年9月9日列·波·克拉辛签署了同厄克特的初步合同。列宁研究了合同之后,认为这个合同对苏维埃国家明显不利,并在9月12日写信给俄共(布)中央政治局委员反对批准这个合同(见本版全集第43卷第208—209页)。列宁写给格·叶·季诺维也夫的这张便条讲的也是这件事。

列宁所说的专门委员会是政治局1922年8月24日为了对该合同草案进行文字加工和定稿而设立的。

列宁所说的“美方的建议”,大概是指克拉辛同美国石油公司巴恩斯道尔国际公司的代表之间进行的谈判。1922年9月20日同这个公司签订了两项合同——开采巴库巴拉哈内的油井和钻凿新油井。

参看本卷第544、564、565、566号文献。——467。

555 遵照列宁的建议,列·米·欣丘克在他的《新经济政策条件下的中央消费合作总社》一书中编入了《中央消费合作总社机构的改组》和《劳动规范化》两章。欣丘克在这两章里谈到了精简机构的工作,介绍了中央消费合作总社经与中央劳动研究所商议并在苏维埃工作人员工会中央委员会参加下设立专门试验站即规范局的情况,以及这个局的工作总结。欣丘克还考虑了列宁的其他意见。

欣丘克的这本书于1922年出版,列宁在书上作了许多批注(见《克里姆林宫的列宁图书馆。书目》1961年俄文版第338页)。——468。

556 见注554。——468。

557 列宁的这张便条是在看了外交人民委员部办公厅主任帕·彼·哥尔布诺夫的报告之后写的。报告中说,俄罗斯联邦驻德国商务代表波·斯·斯托莫尼亚科夫在答复1922年9月18日关于要采取措施立即将尤·弗·罗蒙诺索夫调回莫斯科的那份电报时,请求向他解释调回罗蒙诺索夫的原因。——469。

558 列宁于1922年10月2日从哥尔克回到莫斯科。10月3日他主持了人民委员会会议。在这次会议上通过了列宁提出的关于人民委员会工作安排的决定。

参看本卷第536、537号文献。——469。

559 指1922年9月21—23日在莫斯科举行的俄国第一次管理机构规范化代表会议。会议是根据工农检查人民委员部规范局、苏维埃工作人员工会中央委员会、中央劳动研究所和中央消费合作总社试验站(见注555)的倡议召开的。参加会议的有各行政机关、经济组织和工会组织的120多名代表。会议决议指出现行的管理技术和组织(办文制度、行政管理、核算制度、仓库管理等等)是不能令人满意的,会议赞同用试点的办法研究管理问题,同时认为有必要"逐步扩大地方上根据科学原则建立的试验站网和隶属于各人民委员部和各大经济组织的规范局网,这些试验站和规范局要同研究管理和劳动问题的各中央研究单位紧密联系"。——470。

560　亚·德·瞿鲁巴当时在国外治病。——471。

561　1922年10月2日,格·列·皮达可夫通知人民委员会秘书玛·伊·格利亚谢尔说,他没有给列宁回信,因为格·马·克尔日扎诺夫斯基尚未回到莫斯科。

在列宁的发文登记簿“执行情况”一栏中,有秘书的如下记载:“此事已由弗拉基米尔·伊里奇同皮达可夫面谈解决。”——472。

562　1922年9月26日尼·瓦·克雷连柯给列宁写了一封详细的回信。他报告说:提交给全俄中央执行委员会10月份常会审议的“有法院组织法汇编和民事物权法典,这些法律是对已经通过的刑法典和刑事诉讼法典的补充。这样一来,再加上律师法、检察法、公证法,司法制度方面的法律就可编纂齐全了。”克雷连柯接着说,各人民委员部还将提出许多法典(土地法、劳动法、省执行委员会和苏维埃代表大会条例),而以前已经颁布了家庭权利法典、铁路章程等等。“在这种情况下,想把五年来颁布的法律全部编纂起来是不行的,只要把不同时间发布的法典,随出随收,系统地整理成统一的汇编就可以了,为此,将采取一些措施。”——473。

563　1922年9月29日,劳动国防委员会批准了对莫斯科市的苏维埃职员、辛迪加职员、托拉斯职员和其他国家机关和工会的职员在同一天进行调查的提纲,这个提纲是工农检查人民委员部、中央统计局和国家计划委员会的代表9月27日开会拟定的。10月3日,人民委员会批准了调查的提纲和办法,把这项任务交给俄罗斯联邦中央统计局去执行。调查是在1922年10月中旬进行的。调查统计的结果列宁在1922年10月31日第九届全俄中央执行委员会第四次常会上的讲话中引用过(见本版全集第43卷第251页)。列宁的《在全俄苏维埃第十次代表大会上的讲话提纲》也提到了这次调查统计(同上书,第229页)。——475。

564　这里说的是无产阶级文化协会主席瓦·费·普列特涅夫在1922年9月27日《真理报》上发表的《在意识形态战线上》一文。列宁在文章标题的上方写了“保存”二字,在报纸的空白处作了许多批注和标记(见本版全集第60卷第457—470页）。

　　根据俄共（布）中央政治局1922年8月31日的决定，《真理报》就无产阶级文化协会和无产阶级文化问题展开了辩论，发表了不同作者就这个问题所写的多篇文章。10月24日和25日《真理报》刊载了俄共（布）中央鼓动宣传部副部长雅·阿·雅柯夫列夫的长篇文章《论"无产阶级文化"和无产阶级文化协会》。这篇文章是根据列宁的指示和列宁在普列特涅夫的文章上所作的批注写成的。列宁十分关注这场辩论，收集了许多剪报。——475。

565 回电说，10月份的详细申请报告已寄给燃料总管理局。——476。

566 当天，即1922年10月4日，列·波·克拉辛答复列宁说，他不反对送弗·斯·叶尔马柯夫出国，不过希望他去意大利，在那里他可以治病，同时也可以熟悉各港口的工作情况、装卸机械的使用情况等等。10月16日，列宁委托秘书检查给叶尔马柯夫的钱发了没有。列宁从秘书那里得知，叶尔马柯夫需要的一切都已办妥。——479。

567 俄共（布）中央全会和人民委员会分别于1922年10月5日和6日通过决定，不批准同莱·厄克特签订的初步合同（见1922年10月7日《全俄中央执行委员会消息报》第226号）。

　　但是列宁、党中央和苏维埃政府并不排除重新考虑同厄克特签订租让合同问题的可能性。因而，列宁认为有必要再次仔细审查租让合同的所有条款。其中，列宁建议缩小租让的地区，降低厄克特应得的款项（见本版全集第43卷第210—212页）。——479。

568 顿巴斯国营煤炭工业管理局局长弗·雅·丘巴尔1922年10月9日去了列宁那里。

　　列宁认为顿巴斯煤矿的恢复具有很大意义，因此经常关心该矿的工作，千方百计帮助该矿振兴和发展。1922年10月6日，瓦·亚·斯莫尔亚尼诺夫寄给丘巴尔如下一封信："弗拉基米尔·伊里奇请您立即简要地回答下面的问题：是否应该从顿巴斯目前正在开采的矿井中划出**少量**最大、最好的矿井作为重点，为这些矿井提供**充足的**开采人员，并为此拨给一部分黄金(如果需要的话,订购割煤机及其他设备)。这样划分会不会遇到障碍,是些什么障碍。重点矿井的一部分工人得到优惠供应会不会遭到全俄工会中央理事会和劳动人民委员部的反对。

请马上把您的想法简单地写一下寄给我——寄到人民委员会办公厅(装在机要袋里)。

列宁同志知道,您打算到莫斯科来弄清楚向顿巴斯提供资金的许多问题(到燃料总管理局、财政人民委员部以及其他部门)。请把您交涉的结果告诉我们。你们请求多少? 答应给你们多少? ……"

信稿上附有斯莫尔亚尼诺夫给列宁的便条:"弗拉基米尔·伊里奇:给丘巴尔的信已发出。是否应该抄送加米涅夫和李可夫? 10月6日"。下面有列宁写的:"应该。"——480。

569 俄共(布)中央全会于1922年10月5—7日举行。列宁出席了10月5日的会议,其他几次会议因身体不适,没有参加。10月7日,他收到了列·波·加米涅夫的回信。——480。

570 这张便条是列宁看了劳动国防委员会负责新粮购销工作的特派员亚·李·舍印曼的报告、他的工作汇报和对汇报的总说明等材料后写的。这些材料是1922年9月20日为通报情况分送给俄共(布)中央政治局各位委员的。

材料上附有人民委员会秘书莉·亚·福季耶娃给人民委员会和劳动国防委员会办公厅主任尼·彼·哥尔布诺夫的便条:"尼古拉·彼得罗维奇:弗拉基米尔·伊里奇要您仔细阅读这些材料,如果需要,给他拟一个电话稿……"——481。

571 这封信写在莫斯科鲍曼区共青团报编辑部给列宁的致敬信上。致敬信如下:"敬爱的导师:我们向您问好并希望您回封信。**编辑部** 1922年10月3日"。——481。

572 马·马·李维诺夫在1922年10月12日给格·瓦·契切林的信(抄送政治局)中说,照他的意见,没有任何理由担心英国政府在当前对它不利的国内外形势下会公开采取敌视苏维埃俄国的行动,会宣布没收属于俄罗斯联邦的财产和资金。李维诺夫写道："因此,我决定不采取任何'挽救财产'的措施。"——483。

573 在讨论关于建设梯弗利斯附近的泽莫-阿夫恰拉水电站的拨款问题时,俄罗斯联邦财政人民委员部和外高加索联邦财政人民委员部这两个单位的全权代表亚·谢·斯瓦尼泽宣称,梯弗利斯苏维埃拥有足够的资财建设发电站,而无需莫斯科的财政援助。这个观点得到了斯大林和格·雅·索柯里柯夫的支持。由于在这个问题上存在意见分歧,1922年10月12日俄共(布)中央政治局委托财政人民委员部主任监察员尼·加·图曼诺夫去格鲁吉亚人民委员会了解情况,以查明是否可以只用地方资金,一共需要多少,贷款在多大程度上能以格鲁吉亚的茶叶来担保。

这个问题过了一些时候才得到彻底解决。1923年3月1日,政治局考虑到格鲁吉亚人民委员会、梯弗利斯苏维埃和电站建设委员会对拒拨资金提出抗议,又考虑到格·康·奥尔忠尼启则的建议,决定批给梯弗利斯市执行委员会75万金卢布贷款,供建设电站之用。——486。

574 这封信是列宁在同卡累利阿劳动公社代表亚·瓦·绍特曼就卡累利阿经济建设问题进行谈话之后写的。

1922年11月15日,小人民委员会审议了卡累利阿公社关于建设纸浆厂和开采云母矿的贷款申请,认为有必要批给卡累利阿长期贷款用于这些项目,并责成财政人民委员部同国家计划委员会在绍特曼参加下共同确定准确的贷款额和偿还条件。——487。

575 这份电报是针对格·康·奥尔忠尼启则领导的俄共(布)外高加索边疆区委员会同格鲁吉亚共产党中央委员会领导人波·古·姆季瓦尼等的冲突而发的。

外高加索边疆区委员会执行的路线原则上是正确的,它力求使外高加索各共和国结成外高加索联邦,坚决支持把所有苏维埃共和国联合为统一国家的主张。但是奥尔忠尼启则在执行民族政策方面没有始终表现出应有的灵活性和谨慎,在采取某些措施时犯了命令主义过错和急性病,没有始终尊重格鲁吉亚共产党(布)中央委员会的意见和权利。

在格鲁吉亚共产党(布)中央委员会中占有多数的姆季瓦尼及其追随者实际上是在阻挠外高加索各共和国经济和政治上的统一,力求保持格鲁吉亚的隔绝状态。他们先是反对建立苏维埃社会主义共和国联盟,而当1922年俄共(布)中央委员会十月全会通过了建立苏维埃社会主义共和国联盟的决定时,他们又力争使格鲁吉亚不通过外高加索联邦而直接加入苏维埃社会主义共和国联盟。

科·马·钦察泽和姆季瓦尼的其他追随者向俄共(布)中央委员会提交了一份直达电话报告。列宁的电报就是对这个报告的答复。——487。

576 列宁指的是1922年10月6日俄共(布)中央全会通过的关于俄罗斯联邦和各独立共和国之间相互关系的决议。——488。

577 列宁在这封信中回答了格·瓦·契切林1922年10月24日来信中提出的问题:"借此机会跟您谈一件极为重要的事。在热那亚会议之前您给我写信说:'会议破裂对我们有利,但破裂不应由我们引起。'为什么?? 我一直没有得到回答。光有关于各个细节的指示是不够的,我需要知道政府的总体想法。我只得一直采取模棱两可的政策。

现在——我每天都同各国大使、新闻记者谈话,致函各国全权代表——我应当知道政府的总体想法。

索柯里尼柯夫认为现在还不需要贷款;我们应当先壮大起来,才能消化贷款。但是,如果这样的话,我们干吗还要做出一副想要贷款的姿态呢? 近来的一系列决定好像都表明了这样一种想法。然而是这样吗?? 我无法开展自己的工作,因为我不清楚这一点。

出于宣传的目的,我们大家(包括我)都说,已经要求我们在热那亚会议上恢复私有财产。我们自己都知道不是这么回事:顶多是印一些15年之后偿付的债券,其实永远都不会偿付。这样也许就能同各国政府达成协议。贷款不是来自国库,而是来自私人的钱袋子;在与政府达成协议、建立起'信任'之后,足够多的钱袋子就会打开。

印一些不用偿还的债券又能达成协议有什么不好呢?('滑向克拉

辛一边’)我至今都不知道您的真实想法……　由于不知道我们的基本想法，我在各方面都难以开展工作。"(俄罗斯现代史文献保存和研究中心第5全宗，第1目录，第2061卷宗，第17—19张)

契切林收到列宁的回信后，在信封上注明："22时15分收到。格奥尔吉·契切林"。并当即再次致信列宁："1922年10月24日23时尊敬的弗拉基米尔·伊里奇：我当然非常乐意和您更详细地谈谈。(列宁作了着重标记。)即使‘他们’正在衰败，那也是个对您不利的论据，因为15年之后我们将非常强大，而‘他们’则大大衰败，到那时谁也别想强迫我们偿付。发行债券有这么一层意思，即15年后再争论，到那时力量对比将是另一种情况。不过，我不会说‘他们’正在衰败：‘他们’只是越来越虚弱。危机就要过去。印度自治——并不比爱尔兰自治强。15年之后我们将足够强大；现在我们要比15年之后更需要‘他们’……

如果我们要等待‘关键时机’，我们还会付出更大的代价。‘抓住时机！’在热那亚会议上能做到的，在海牙会议上就不可能做到了。时机错过就很久不会再来了。而在别的时候人家向我们要价会更高。

关于阿拉洛夫一事，我已写信对以您的名义在电话里向我提出的问题作了答复。"(俄罗斯现代史文献保存和研究中心第2全宗，第1目录，第23377卷宗，第3张)——489。

578　1922年10月25日，人民委员会秘书莉·亚·福季耶娃根据列宁这个指示写了一封信给人民委员会成员和全体人民委员，要求"务必立即向各部务委员会所有委员传达"。福季耶娃传达了列宁的话，说"他绝对不能忍受开会时有人私下交谈和来回走动，就由于这一点，他有可能重新病倒……"福季耶娃提请大家注意，开会时务必绝对遵守秩序。——490。

579　指沙季洛沃燕麦托拉斯。

沙季洛沃燕麦托拉斯(国家种子改良局)是在列宁支持下，以图拉省新西利县1896年创立的沙季洛沃农业试验站为基础建立起来的，后称奥廖尔国营农业试验站。

　　恩·奥新斯基1922年10月14日写信给列宁,对各部联席会议以沙季洛沃托拉斯是实行经济核算的单位为理由拒绝将其预算列入农业人民委员部的预算一事表示反对。奥新斯基说,当初成立托拉斯时曾确认有必要在3—5年内给予补助,现在如果拒绝给托拉斯以物质援助,已投入的资金便会丧失掉,因此他请列宁"亲自施加影响,使沙季洛沃托拉斯的经费能得到充分保证"。奥新斯基还提到了整个事业的领导人育种家彼·伊·利西岑,说他"为了看到自己培育的燕麦得到大规模推广……"放弃了纯粹的科学工作(见1962年《历史文献》杂志第1期第60—61页)。

　　参看本版全集第42卷第434页。——490。

580　遵照列宁的委托,恩·奥新斯基的信还转给了副农业人民委员伊·阿·泰奥多罗维奇,并请他立即告知10—12月份需要补助托拉斯多少钱,农业人民委员部申请了多少,是哪一级部门作了削减,削减了多少,最后给了多少,以便向列宁报告。列宁收到泰奥多罗维奇的答复后,就此问题给人民委员会的财政委员会写了一封信(见本卷第571号文献)。——491。

581　这个通告登在1922年10月25日《真理报》第241号第6版。——491。

582　指中央泥炭工业管理局局长伊·伊·拉德琴柯1922年10月26日的来信。信中说,为了实现泥炭生产机械化,需要在国外购买施特雷尔股份公司的改良的泥炭采掘机,他请求列宁给予协助,批给他购买机器和派遣人员去当地试验机器所需的经费。——492。

583　1922年10月27日,劳动国防委员会决定从劳动国防委员会的后备基金中拨款7 000金卢布在国外购买改良的泥炭采掘机。——493。

584　指1922年10月26日俄共(布)中央政治局关于缩减给无产阶级文化协会和各模范剧院的国家补贴的决定。——493。

585　指格·列·皮达可夫以国家计划委员会副主席的身份签署的军事预

算,这个预算比财政人民委员部提出的数字高出 26 万亿卢布(1922 年的纸币)。1922 年 10 月 28 日人民委员会批准了这个预算。

参看本卷第 567、568 号文献。——494。

586 这里列宁说的是 1922 年 10 月 27 日劳动国防委员会关于为发展植棉业而向亚美尼亚拨款的决定。

这个文献上附有不知什么人写的如下答复:"钱尚未汇出,因为阿尔斯基没有找到捷尔-加布里耶良,而没有他的指示不知道究竟应当往什么地方汇,用哪种货币……"萨·米·捷尔-加布里耶良是亚美尼亚共和国驻俄罗斯联邦的常任代表。——494。

587 指列·波·克拉辛 1922 年 10 月 26 日的电报,他在电报里汇报了同莱·厄克特达成协议的两种可能的途径。电报说,如果不以英国政府承认苏维埃俄国为条件而立即批准合同,厄克特大概会同意把埃基巴斯图兹的$\frac{1}{3}$交给俄罗斯联邦采煤。克拉辛写道:"第二种可能是合同立即按我签订的那样原封不动地加以批准",并在苏维埃俄国得到承认之后立即生效,而承认苏维埃俄国的手续应在 8 个月之内完成。克拉辛认为,后一种方案较为有利。

参看本卷第 565 号文献。——495。

588 指的大概是俄共(布)中央政治局 1922 年 10 月 26 日的决定,这个决定是针对出版有关厄克特合同的通俗小册子这一提案作出的。政治局决定成立由格·列·皮达可夫和波·斯·斯托莫尼亚科夫组成的工作组"以便审阅并尽快写出讨论厄克特合同问题的文章……",政治局批准了这个委员会的工作细则,在细则里规定了文章的内容。

根据列宁的这封信,人民委员会秘书还给皮达可夫和莫·伊·弗鲁姆金写了下面的便条:"弗拉基米尔·伊里奇要我告诉你们,讨论厄克特合同问题的文章(两篇赞成的,两篇反对的)必须尽快写出来,一天也不要拖延。"

这些辩论文章以《关于被人民委员会否决的厄克特租让合同问题》为总标题相继刊登在几号《真理报》上(1922 年 10 月 31 日、11 月 1—3 日)。——496。

589　这份电报稿于当日即 1922 年 10 月 30 日由俄共(布)中央政治局批准。
　　　　——496。

590　列宁在答复《观察家报》和《曼彻斯特卫报》记者 M. 法尔布曼提出的有
　　　　关拒绝批准同莱·厄克特的协议的问题时说,苏维埃政府已决定就这
　　　　个问题在报刊上展开辩论(见本版全集第 43 卷第 245 页)。——496。

591　洛桑会议是一次讨论近东问题的国际会议,于 1922 年 11 月 20 日—
　　　　1923 年 7 月 24 日举行。——496。

592　这个批语写在列·波·加米涅夫 1922 年 10 月 30 日给列宁的信上。
　　　　加米涅夫在信里建议,如果列宁同意的话,“(1)请政治局撤销人民委员
　　　　会的决定,恢复财政人民委员部提出的数字,即 599 万亿减去 26 万亿
　　　　等于 573 万亿;(2)建议政治局选出专门委员会重新审定各人民委员部
　　　　之间分配预算拨款的方案,以便减少造船及其他方面的开支”。在这个
　　　　建议下面列宁写道:“我完全同意。**列宁**　1922 年 10 月 30 日”。格·
　　　　叶·季诺维也夫、斯大林、维·米·莫洛托夫在此处也作了批注表示同
　　　　意,列·达·托洛茨基表示弃权。——498。

593　1922 年 11 月 2 日,费·埃·捷尔任斯基从苏呼姆发来回电。捷尔任
　　　　斯基认为,吸收尤·弗·罗蒙诺索夫参加交通人民委员部的领导工作
　　　　是很合适的,但是在自己不在时,任命罗蒙诺索夫担任临时代理副人民
　　　　委员则不够恰当。他提议让罗蒙诺索夫同意他先前的建议——当一段
　　　　时间的部务委员。关于如何使用罗蒙诺索夫,捷尔任斯基请求等他回
　　　　来之后再作最后决定。——500。

594　参看注 579、580。
　　　　　1922 年 11 月 18 日人民委员会财政委员会根据列宁的建议审查
　　　　了国家种子改良局的预算,确定 1922 年第四季度的预算总额为 25 000
　　　　亿卢布。——501。

595　指劳动国防委员会 1922 年 10 月 13 日关于规定供给计划内用户的燃
　　　　料价格的决定。

　　顿巴斯国营煤炭工业管理局局长弗·雅·丘巴尔在他的两封来信里指出,给煤炭规定的固定价格与不断跌落的卢布币值不相适应,国家计划委员会的核算落后于现实,这使顿巴斯煤炭工业陷入绝境。他请求解决这个问题。——503。

596 遵照列宁的委托,国家计划委员会向劳动国防委员会提交了一份关于拨给顿巴斯经费的报告。这个问题在劳动国防委员会1922年11月15日和17日的会议上以及在人民委员会11月24日的会议上进行了讨论。人民委员会指出,煤炭和石油工业的正常生产对国家经济生活具有特殊重要意义,因此必须"确保充分提供这些燃料工业部门为完成生产计划所需的实际资金,并为此目的破例规定对煤炭和石油的特殊偿付条件"(见1922年《工农政府法令汇编》第79号第993条)。——504。

597 列宁是由于以下情况而写这封信的。1922年11月1日,一群法西斯党徒持手枪、炸弹,袭击了俄罗斯联邦驻意大利代表处商务处。法西斯党徒闯入对外贸易人民委员部全权代表办公室,用手枪威胁全权代表和商务处工作人员,抓走一名工作人员,把他带到楼梯上枪杀了。——505。

598 1922年11月1日俄罗斯联邦驻意大利代表处就法西斯党徒袭击俄罗斯联邦驻意大利代表处商务处一事,向意大利外交部递交了抗议照会(见《苏联对外政策文件汇编》1961年俄文版第5卷第648—649页)。——505。

599 指发表在1922年10月28日《真理报》上的伊·伊·斯克沃尔佐夫-斯捷潘诺夫的文章《什么是专家和如何造就专家》。——505。

600 伊·伊·斯克沃尔佐夫-斯捷潘诺夫文章中的这句话是:"第一,无产阶级专政不能支配各种门类的优秀的专家"。——506。

601 伊·伊·斯克沃尔佐夫-斯捷潘诺夫文章中的这段话是:"就是在这方面也应当开展**阶级斗争**:社会主义之间的斗争和'资本主义手工业'或

毋宁说是'手工业资本主义'之间的斗争。在读了前面所述的一切之后,读者是不会对这种不像样的词组感到惊奇的。这种词组并不比它所表现的真实关系更不像样。"这里说的"资本主义手工业"或"手工业资本主义"是斯克沃尔佐夫-斯捷潘诺夫用来表述当时大学实验室里教授和学生关系的用语。——506。

602　叶·费·即叶列娜·费多罗夫娜·罗兹米罗维奇-特罗雅诺夫斯卡娅,尼·瓦·克雷连柯的夫人。——507。

603　这张便条大概是列宁在人民委员会1922年11月21日的会议上写的。这次会议讨论了关于整治马里州被烧毁的林区的问题,该林区由于1921年的天然火灾和林业总委员会对森林的管理不善而变成一片焦土。

　　由于各部门多次讨论过这个问题,又由于人民委员会关于必须拨款清理被烧林区及保护该州森林的决定被拖延执行,所以列宁写了这张便条。人民委员会决定:"指定"农业人民委员部下属的一个专门管理委员会为整治马里州火烧迹地的"唯一主管者"。关于对这件事的必要拨款,则建议农业人民委员部"按规定向人民委员会提出"。

　　为了执行人民委员会1922年11月21日、12月12日的决定以及劳动国防委员会1922年12月15日的决定,劳动国防委员会于1922年12月20日作出决定:"为了采取措施保护马里州的火烧迹地,从国家资金中拨款2亿卢布(1922年的纸币)给农业人民委员部是适宜的。由于考虑到工作的季节性,这笔款项的50%于1923年1月拨出,下余的50%则于1923年第二季度初及第三季度初分别拨出。"——508。

604　这封信也抄送给了格·瓦·契切林。当天,契切林就作了答复,他写道:给赫·克·胡佛的信应当按列宁原稿的精神写,不过要由外交人民委员署署名发出。给胡佛的信是1922年11月28日由副外交人民委员马·马·李维诺夫署名发出的。

　　参看本卷第586号文献。——509。

605　这封信是列宁看了送给他的共产国际第四次代表大会决议草案——

《土地行动纲领草案》之后写的。格·叶·季诺维也夫在向列宁送决议草案时所附的信中写道,在没有听取列宁的意见之前,他拿不定主意是否把这个草案提交代表大会讨论。——510。

606 共产国际第四次代表大会关于土地问题的决议草案遵照列宁的指示作了修改。叶·萨·瓦尔加1922年11月30日向代表大会作报告时介绍了这封信的内容,并说选出来的草案修改委员会"在工作中首先依据的就是列宁同志的这封信"。《土地行动纲领草案》作了一些修改,其中最重要的是增加了副标题:《共产国际第二次代表大会土地问题提纲实施细则》,这个副标题明确了这个决议的性质(见1922年《共产国际第四次代表大会公报》第27期第11—12页)。——511。

607 共产国际第四次代表大会讨论了意大利共产党和意大利社会党合并的问题。意大利共产党的领导权当时掌握在博尔迪加宗派集团手里,他们反对合并。

俄共(布)中央致函意大利共产党代表团,建议不要投票反对处理并党问题委员会起草的关于合并的决议。意大利共产党代表团同意了俄共(布)中央的建议。

代表大会一致通过了关于意大利共产党和意大利社会党合并的决议,并为执行这一决议成立了专门的组织委员会。

参看本卷第594号文献。——511。

608 全俄中央执行委员会听取双方意见后,支持交通人民委员部,解决了争议。——513。

609 这里收载的两个文献是列宁在1922年12月2日同亚速海渔业科学考察队队长尼·米·克尼波维奇教授谈话之后写的。克尼波维奇请求协助把"无畏"号轮船交给粮食人民委员部渔业和鱼品工业总管理局(渔业总管理局),供亚速海渔业科学考察队使用。克尼波维奇申请租用"无畏"号轮船的报告连同头一个文献由人民委员会办公厅送交小人民委员会研究。1922年12月15日小人民委员会认为,"将'无畏'号轮船免费拨归渔业总管理局,供亚速海渔业科学考察队使用在原则上是

必要的”，并责成财政人民委员部预算委员会重新研究为此目的给渔业
总管理局拨款的问题。——513。

610　约·伊·霍多罗夫斯基很快就给列宁写了回信。他在信中指出,城市
支部帮助乡村支部的工作只在新尼古拉耶夫斯克省和新尼古拉耶夫斯
克县(现新西伯利亚州)进行过试点,并没有提出过乡村支部帮助城市
支部的问题。霍多罗夫斯基介绍了城市党支部帮助乡村党支部的工作
方式,指出有支部之间通信,相互访问,“特别是城市支部的同志访问农
村”以解答有关党和苏维埃工作的问题,向乡村支部提供宣讲员、鼓动
员以及提供(在可能范围内)书籍和办公用品。

　　列宁在全俄苏维埃第十次代表大会的发言提纲中(他因病未能发
言)以及《日记摘录》一文中使用了从霍多罗夫斯基那里得到的材料(见
本版全集第43卷第329、363—364页)。——514。

611　指马·马·李维诺夫发往伦敦的给威·哈斯克尔的电报。内容是通知
哈斯克尔,列宁同意他不把列宁的信(见本卷第580号文献)转交给
赫·克·胡佛,如果他认为“不方便或不合时宜”的话。——515。

612　指驻外铁路代表团团长尤·弗·罗蒙诺索夫向该团工作人员发奖金
一事。

　　人民委员会于1922年12月22日讨论了这个问题,宣布对罗蒙诺
索夫非法发奖金给予警告处分并在报刊上公布。

　　瓦·亚·阿瓦涅索夫是人民委员会俄罗斯联邦驻外代表处及铁路
代表团调查委员会的成员。铁路代表团于1923年4月1日撤销。
——517。

613　列宁给查理·普·施泰因梅茨的这封信是由美国共产党员哈·韦尔带
往美国的,1922年韦尔率领一个拖拉机队在彼尔姆省“托伊基诺”国营
农场工作。

　　参看本卷第409号文献。——518。

614　指驱逐尼·亚·罗日柯夫一事。罗日柯夫的问题不止一次在俄共(布)

中央政治局会议上讨论过。1922年10月26日,政治局通过决定:"驱逐罗日柯夫"。12月7日政治局改变了10月26日的决定,又决定暂缓驱逐罗日柯夫,而在《全俄中央执行委员会消息报》上刊登他关于孟什维克活动的文章和退出孟什维克党的声明,并加上该报编辑尤·米·斯切克洛夫写的按语。罗日柯夫曾是布尔什维克,后来成为孟什维克取消派,当过孟什维克党的中央委员。

参看本卷第592号文献。——519。

615 1922年12月14日俄共(布)中央政治局撤销了12月7日的决定,并决定把尼·亚·罗日柯夫驱逐到普斯科夫,同时向他提出警告,如果再发表反苏维埃言论,就马上把他驱逐出苏维埃俄国。——520。

616 1922年11月30日俄共(布)中央政治局责成中央组织局于一周内为共产国际抽调十来名工作人员。——520。

617 《新时代》杂志(«Die Neue Zeit»)是德国社会民主党的理论刊物,1883—1923年在斯图加特出版。

列宁所说的"老的"《新时代》杂志是指19世纪90年代中期以前的《新时代》杂志,当时恩格斯协助该杂志工作。——520。

618 关于为红色工会国际输送工作人员的问题,俄共(布)中央政治局1922年12月19日通过了列宁在这封信中提出的建议。——521。

619 给莫·伊·弗鲁姆金的这张便条以及下面发表的其他一些书信和便条(见本卷第595、596、597、599、600、601、603号文献)都是有关对外贸易垄断的。列宁写这些书信和便条,是因为即将举行的俄共(布)中央全会要讨论这个问题。

对外贸易垄断制根据1918年4月22日人民委员会的法令确立,并为苏维埃政府的决定一再肯定。由于向新经济政策过渡和同国外贸易往来的扩大,不少党和苏维埃的工作人员赞成取消垄断制。反对对外贸易垄断或赞成加以削弱的有尼·伊·布哈林、格·列·皮达可夫、格·雅·索柯里尼柯夫、格·叶·季诺维也夫、列·波·加米涅夫、斯大林、弗鲁姆金等人。副对外贸易人民委员安·马·列扎瓦受列宁委托草拟的《对外贸易提纲》于1922年3月得到俄共（布）中央政治局的批准，其中强调必须加强垄断，并在此基础上确定新条件下的商品进出口原则。5月22日政治局根据列宁的建议再一次确认了对外贸易垄断制。

10月6日，在俄共（布）中央全会的一次会议上（列宁因病未出席），根据财政人民委员索柯里尼柯夫的报告通过了一个关于削弱对外贸易垄断的决定，规定暂时准许"某几类商品或某几处边境进出口"。列宁不同意这个决定，认为这样做会破坏对外贸易垄断。

10月13日，列宁在写给斯大林转俄共（布）中央委员会委员的信中指出，全会关于对外贸易制度的决定是错误的，建议延期两个月，即延至下一次全会解决这个问题（见本版全集第43卷第224—227页）。中央委员会通过了列宁的建议。对外贸易垄断问题本应在12月15日（后改为12月18日）举行的俄共（布）中央全会上再一次讨论。

全会前列宁做了大量的工作：组织收集关于外贸状况的材料并成立研究这些材料的委员会；根据他的建议对俄罗斯联邦各驻外商务代表处的活动进行了调查；同中央委员，同党、苏维埃和经济部门的负责人分别谈了话；写了许多信和便条，要那些还在犹豫的同志们相信保持对外贸易垄断的必要性；同支持他的观点的人商量由他们在全会上发言。

但是由于健康原因列宁未能参加全会的工作。

中央十二月全会一致通过决议撤销了上次全会的决定。

关于对外贸易垄断问题，还可参看本版全集第43卷第189、332—336、337—338页。——521。

620 指瓦·亚·阿瓦涅索夫提出的《人民委员会俄罗斯联邦驻外代表处调查委员会关于对外贸易组织工作问题的结论》。《结论》的第11节第15条是："巴统自由港应予关闭并置于总的监督之下。不再开放任何其他自由港。"——521。

621 莫·伊·弗鲁姆金在星期一，即1922年12月11日报告列宁说，他还没有收到瓦·亚·阿瓦涅索夫的提纲的定稿(人民委员会俄罗斯联邦驻外代表处调查委员会关于对外贸易组织工作问题的提纲的定稿),并写道,他不同意关于把采购进口商品的业务集中在各经济组织手中的建议。弗鲁姆金反对把建立代售商行网的任务交给国家进出口贸易公司,他指出阿瓦涅索夫没有考虑到合营公司的任务。他还认为在中央全会讨论的时候,把对外贸易垄断问题与阿瓦涅索夫提出的组织措施联系起来是"绝对有害的"。——521。

622 这里说的是共产国际第四次代表大会(1922年11月5日—12月5日)关于意大利问题的决定,决定规定意大利共产党和意大利社会党合并(见《共产国际文献。共产国际代表大会和共产国际执行委员会全体会议的决定、提纲和号召书。1919—1932年》1933年莫斯科版第356—360页)。

合并当时没有实现。1924年,被意大利社会党开除出党的"第三国际派"(约4 500人)加入了意大利共产党。——522。

623 1923年1月2日,康·拉查理复信列宁。拉查理感谢列宁的信任并答应在力所能及的范围内竭尽全力执行共产国际第四次代表大会的决定,但是他反对拟定的两党合并方式。他指出了意大利社会党的功绩,建议两党合并后仍保留原来的名称——意大利社会党。——522。

624 指俄罗斯联邦驻德国全权代表尼·尼·克列斯廷斯基1922年12月3日的信。克列斯廷斯基对驻柏林商务代表处的活动给予肯定的评价,报告了同一些德国公司达成的协议、正在进行的谈判和这方面的广阔前景,然后他写道,一旦废除对外贸易垄断,这一切都将付诸东流。克列斯廷斯基指出,很说明问题的是"到过国外的许多同志都成了垄断的拥护者(瞿鲁巴、弗拉基米罗夫、李可夫、阿瓦涅索夫)"。克列斯廷斯基根据在国外工作的经验,表示坚决支持对外贸易垄断。

参看本卷第597号文献。

12月13日托洛茨基告诉列宁说,在对外贸易垄断问题上他同意列宁的意见。——523。

625 这封信是列宁就对外贸易垄断问题通过电话向秘书莉·亚·福季耶娃口授的。——524。

626 指列·达·托洛茨基1922年12月12日的信。托洛茨基在信中写道，必须根据总的经济需要灵活地调节对外贸易。他认为，这个任务应由国家计划委员会来担负。——524。

627 列宁给列·达·托洛茨基的信写于1922年12月13日（见本卷第597号文献）。——524。

628 列宁所说的"阿瓦涅索夫的提纲"是指"人民委员会俄罗斯联邦驻外代表处调查委员会关于对外贸易国家垄断问题的建议"。该委员会的基本结论是：无论是从经济上考虑还是从政治上考虑，都不能"完全地、即使部分地"取消对外贸易垄断。阿瓦涅索夫赞同保留和加强对外贸易垄断，他认为这一垄断不应直接由对外贸易人民委员部实施，而应由那些在对外贸易人民委员部监督下的大型经济单位（如辛迪加、康采恩）来实施。——524。

629 1922年12月13日，列宁通过电话口授了《关于对外贸易垄断》这封致斯大林同志并转中央全会的信（见本版全集第43卷）。——525。

630 列宁指的是列·达·托洛茨基1922年12月12日的信。
　　关于"阿瓦涅索夫的提纲"，参看注628。
　　尼·尼·克列斯廷斯基和瓦·亚·阿瓦涅索夫虽然都主张保留和加强对外贸易垄断，但在实际方法上并不一致。阿瓦涅索夫认为，对外贸易垄断不应由对外贸易人民委员部直接执行，而应当在对外贸易人民委员部的监督下由最大的经济单位（辛迪加、康采恩）执行。克列斯廷斯基则认为主要应由商务代表处实施，并且允许最重要的经济单位在一定的地点设立自己的常驻代表机构作为商务代表处的下属单位。——526。

631 列·达·托洛茨基在他的信中说，必须根据总的经济需要灵活地调节对外贸易，他认为这个任务应由国家计划委员会来担负。——526。

632 指全俄苏维埃第十次代表大会。——526。

633 1922年12月14日俄共（布）中央政治局会议决定："把罗日柯夫放逐到普斯科夫，对他进行极其严密的监视，一旦发现他从事敌视苏维埃政权的社会政治活动，就把他驱逐出境"（俄罗斯现代史文献保存和研究中心第17全宗，第3目录，第326卷宗，第3张）。

　　尼·亚·罗日柯夫被放逐到普斯科夫后从事学术教学工作，写了一系列关于俄国史的著作。——528。

634 指反对破坏对外贸易垄断的斗争。——528。

635 莫·伊·弗鲁姆金的这封信没有找到。这里说的是对外贸易垄断问题。——530。

636 这是列宁就人民委员会和劳动国防委员会副主席的分工问题以及如何最合理地安排人民委员会机关工作的问题写的几封信中的一封。这方面的其余几封信，见本版全集第43卷第60—61、151—159、319、324—326页。——531。

637 1922年12月18日，俄共（布）中央全会撤销了十月全会的决定，重申"保留和从组织上加强对外贸易垄断的绝对必要性"。1923年4月17—25日在莫斯科举行的党的第十二次代表大会也重申了对外贸易垄断的不可动摇性。

　　列宁这封信的信文上方有娜·康·克鲁普斯卡娅的附言："列夫·达维多维奇：费尔斯特教授今天允许弗拉基米尔·伊里奇口授信件，因此他向我口授了下面这封信给您。"信的下面还有她的补充："弗拉基米尔·伊里奇还请您给他回电话。**娜·康·乌里扬诺娃**"。——532。

638 列宁的这封信是就所谓格鲁吉亚问题写的。

　　1922年俄共（布）中央十月全会通过了包括俄罗斯联邦在内的各民族共和国根据平等原则联合成苏维埃社会主义共和国联盟的决议。该决议规定，格鲁吉亚、阿塞拜疆和亚美尼亚三国通过外高加索联邦而不是直接加入即将成立的苏联。这一点受到以波·古·姆季瓦尼为首的格鲁吉亚共产党中央领导人的坚决反对，他们要求直接加入苏联。然而以格·康·奥尔忠尼启则为首的俄共（布）外高加索边疆区委员会对这一要求采取了高压政策。10月20日，外高加索边疆区委员会召开全会，给格共中央领导人奥库查瓦、科·马·钦察泽和菲·耶·马哈拉泽以党内警告，解除奥库查瓦的格共中央书记和主席团委员职务。在10月22日召开的格共中央全会上，奥尔忠尼启则又指责格共领导人有"孟什维主义倾向"，搞"沙文主义"，表示对格共中央委员会"不信任"。22日格共中央委员会提出辞职。外高加索边疆区委员会接受了格共中央委员会的辞职，成立了以维·维·罗米那兹为首的新的中央委员会，接着又在政府部门撤换大批干部，马哈拉泽被撤去格鲁吉亚共和国中央执行委员会主席职务，谢·伊·卡夫塔拉泽被撤去人民委员会主席职务，钦察泽被撤去肃反委员会主席职务，等等。1922年11月25日俄共（布）中央政治局决定派以费·埃·捷尔任斯基为首的委员会前往格鲁吉亚，紧急审议已辞职的格鲁吉亚共产党（布）中央委员提出的申诉，并为在格鲁吉亚共产党内实现持久的和解制定必要的措施。

　　列宁对格鲁吉亚问题感到十分不安。12月12日捷尔任斯基向列宁汇报了格鲁吉亚之行的结果。列宁对委员会的工作不满意，认为委员会在调查格鲁吉亚冲突时偏袒一方，没有指出奥尔忠尼启则所犯的严重错误。特别使列宁感到愤慨的是，奥尔忠尼启则作为中央苏维埃政权和俄共（布）中央在高加索的代表，竟然动手打了格鲁吉亚的一位领导人卡巴希泽。列宁把格鲁吉亚问题同建立苏维埃社会主义共和国联盟这一总的问题联系起来，对各共和国联合时能否彻底贯彻无产阶级国际主义原则感到担心。在《关于民族或"自治化"问题》（见本版全集第43卷）这封信中，列宁批评了奥尔忠尼启则的行为，并指出应使斯大林和捷尔任斯基对这一真正大俄罗斯民族主义的运动负政治上的责任。

　　列宁在已经病重的时候获悉，1923年1月25日俄共（布）中央政治局批准了捷尔任斯基委员会的结论。尽管医生禁止列宁处理事务，他仍然要求把捷尔任斯基委员会的材料给他送来。收到这些材料以后，列宁委托尼·彼·哥尔布诺夫、莉·亚·福季耶娃和玛·伊·格利亚谢尔仔细研究这些材料,并将得出的结论告诉他。列宁说,在即将召开的党代表大会上他要用,他打算就这个问题写一封信。研究捷尔任斯基委员会的材料时要注意什么问题,列宁对福季耶娃作了详尽的指示(见本版全集第43卷注323)。

姆季瓦尼及其追随者在外高加索联邦和建立苏维埃社会主义共和国联盟问题上的立场原则上是错误的,列宁不仅不予以支持,而且给予了批评(见本卷第555号文献)。但是列宁看到当时的主要危险是大国沙文主义,认为反对大国沙文主义的任务首先落在过去的统治民族的共产党员身上,因此,列宁把注意力集中在斯大林、捷尔任斯基和奥尔忠尼启则在格鲁吉亚问题中所犯的错误上。列宁指出,在这个问题上,特别在当时,由于各共和国正在联合,必须采取"非常谨慎、非常客气和让步的态度","在这种情况下,在对少数民族让步和宽容这方面做得过些比做得不够要好"(见本版全集第43卷第357页)。

列宁给列·达·托洛茨基写这封信,是因为俄共(布)中央全会即将讨论格鲁吉亚问题。——533。

639 劳动国防委员会和人民委员会的助理秘书玛·阿·沃洛季切娃当天用电话向列·达·托洛茨基传达了这封信。托洛茨基推说他有病,不能承担这个义务。——533。

640 列宁指的是下面这件事。1922年12月18日中央全会决定由斯大林亲自负责监督执行医生给列宁规定的作息制度。12月21日列宁经医生许可就对外贸易垄断问题口授了一封信给列·达·托洛茨基(见本卷第603号文献)。斯大林因为娜·康·克鲁普斯卡娅记录了这封口授的信而骂了她,并以投诉监察委员会相威胁。为此,克鲁普斯卡娅于1922年12月23日给列·波·加米涅夫写了如下一封信:"列夫·波里索维奇:由于我记录了弗拉基米尔·伊里奇经医生许可口授的一封短信,斯大林昨天竟然对我极其粗暴无礼。我入党不是一天了。30年来从未听见任何一位同志对我说过一句粗话,我珍视党和伊里奇的利益并不亚于斯大林。现在我需要最大限度地克制自己。什么可以同伊里奇讲,什么不可以讲,我比任何医生都清楚,因为我知道什么事会使

他不安,什么不会,至少比斯大林清楚。"克鲁普斯卡娅请求保护她,不
让人"粗暴地干涉私人生活,无端辱骂和威胁"。克鲁普斯卡娅接着写
道:"斯大林竟然以监察委员会威胁我,我并不怀疑监察委员会会作出
一致的决定,但是我既没有精力也没有时间闹这种愚蠢的纠纷。我也
是一个活人,我的神经已经紧张到了极点。**娜·克鲁普斯卡娅**。"

从整个情况判断,克鲁普斯卡娅是 1923 年 3 月初把这件事告诉列
宁的。列宁了解了所发生的事情之后便口授了这封信。

斯大林道了歉,这是后来 1926 年玛·伊·乌里扬诺娃在给俄共
(布)中央委员会和中央监察委员会七月联席全会主席团写的一封信中
说的,在这次会议上格·叶·季诺维也夫提出了这个问题。——534。

641　参看注 638。

关于"格鲁吉亚问题"的信件和发言稿列宁未能准备好。1923 年 3
月 10 日列宁的健康状况急剧恶化。

这封信是列宁口授的最后一个文献。——535。

642　电报稿可能是由农业人民委员部草拟的。在电报上签字的还有副农
业人民委员恩·奥新斯基和职业教育总局局长叶·阿·普列奥布拉
任斯基。后者还附了如下意见:"职业教育总局不反对组织短训班。"
——537。

643　电话稿是卡希拉电站工程局草拟的。——538。

644　这份电报是对边疆区经济委员会主席亚·瓦·绍特曼 1921 年 11 月 19
日请示的答复。绍特曼在请示报告中说,边疆区的和州的国民经济委
员会各机关与合作社已商定在合作社和国家经济机关参加下开设边疆
区交易所,为此请求就交易所和交易所委员会的法律地位问题给予指
示。——539。

645　这份电报稿是对外贸易人民委员部草拟的。——540。

646　1921 年 12 月 7 日,对外贸易人民委员部用电话通知瓦·亚·斯莫尔
亚尼诺夫说,运载卡希拉电站工程局所需绝缘子的"弗里达·霍恩"号

轮船已到达彼得格勒,已指派专人把绝缘子押运到莫斯科。电话中还说,"已命令莫斯科海关,待货物到达后立即通知卡希拉电站工程局,该局接到通知后应即派人验收"。——542。

647 见注169。——544。

648 电报稿是最高国民经济委员会林业总委员会草拟的。文件上有莉·亚·福季耶娃的批注:"1921年12月19日晚9时45分接到电话通知,同意签发。"——546。

649 指根据俄共(布)中央政治局1921年12月25日的决定建立的全权委员会。委员会受权了解喀琅施塔得的局势,并采取措施防止局势复杂化。

12月31日,政治局批准了该委员会提出的建议并作了补充。——547。

650 1922年11月24日,列·达·托洛茨基致信格·叶·季诺维也夫(并抄送列宁、尼·伊·布哈林和卡·伯·拉狄克),建议"以我党中央委员会的名义致信意大利代表团,建议他们根本改变在代表大会上的策略"(见《托洛茨基收藏文件集(1917—1922年)》1971年海牙—巴黎版第2卷第768—770页)。看来托洛茨基同时还寄去了给出席共产国际第四次代表大会的意大利代表团的信的初稿。信中谈的是代表大会处理意大利共产党和意大利社会党合并问题委员会就该问题作出的决定,以阿·博尔迪加为首的意大利共产党代表团大多数成员曾反对这一决定。列宁赞同托洛茨基的建议并在11月25日写的回信中指出:"否则他们的行动在今后整个时期里对意大利共产党人将是极其有害的"(见本卷第582号文献)。——548。

651 意大利社会党于1892年8月在热那亚代表大会上成立,最初叫意大利劳动党,1893年改称意大利劳动社会党,1895年开始称意大利社会党。从该党成立起,党内的革命派就同机会主义派进行着尖锐的思想斗争。1912年在艾米利亚雷焦代表大会上,改良主义分子伊·博诺米、莱·

比索拉蒂等被开除出党。从第一次世界大战爆发到 1915 年 5 月意大利参战,意大利社会党一直反对战争,提出"反对战争,赞成中立!"的口号。1914 年 12 月,拥护资产阶级帝国主义政策、主张战争的叛徒集团(贝·墨索里尼等)被开除出党。意大利社会党人曾于 1914 年同瑞士社会党人一起在卢加诺召开联合代表会议,并积极参加齐美尔瓦尔德(1915 年)和昆塔尔(1916 年)国际社会党代表会议。但是,意大利社会党基本上采取中派立场。1916 年底意大利社会党在党内改良派的影响下走上了社会和平主义的道路。俄国十月社会主义革命胜利后,意大利社会党内的左翼力量增强。1919 年 10 月 5—8 日在波伦亚举行的意大利社会党第十六次代表大会通过了加入第三国际的决议,该党代表参加了共产国际第二次代表大会的工作。1921 年 1 月 15—21 日在里窝那举行的第十七次代表大会上,处于多数地位的中派拒绝同改良派决裂,拒绝完全承认加入共产国际的 21 项条件;该党左翼代表于21 日退出代表大会并建立了意大利共产党。——549。

人 名 索 引

A

安德列耶夫，安德列·安德列耶维奇（Андреев，Андрей Андреевич 1895 — 1971）——1914 年加入俄国布尔什维克党。1920—1922 年任全俄工会中央理事会书记；1921 年 5—10 月任全俄工会中央理事会驻劳动国防委员会代表。在党的第九次和第十一至第二十次代表大会上当选为中央委员。——160、467。

安东诺夫-奥弗申柯，弗拉基米尔·亚历山德罗维奇（Антонов-Овсеенко，Владимир Александрович 1883 — 1939）——1901 年参加俄国革命运动，1903 年加入俄国社会民主工党。1910 年流亡巴黎，加入孟什维克。1914 年底与孟什维克决裂。第一次世界大战期间是国际主义者。1917 年 5 月回国，6 月加入布尔什维克党。十月革命后参加第一届人民委员会，任陆海军事务委员会委员，彼得格勒军区司令。1917 年底—1918 年初指挥同卡列金匪帮和反革命乌克兰中央拉达部队作战的苏维埃军队。1918 年 3—5 月任南俄苏维埃部队最高总司令，1919 年 1—6 月任乌克兰方面军司令。1921 年 2—8 月任全俄中央执行委员会肃清坦波夫省境内匪帮特设委员会主席。1921 年 12 月为了解喀琅施塔得局势的委员会成员。曾任俄罗斯联邦小人民委员会副主席。——547。

奥布赫，弗拉基米尔·亚历山德罗维奇（Обух，Владимир Александрович 1870—1934）——1894 年参加俄国社会民主主义运动；职业是医生。苏联卫生事业的组织者之一。十月革命的积极参加者。1919—1929 年任莫斯科卫生局局长、莫斯科苏维埃主席团委员。给列宁治过病。——158。

奥尔洛夫，Н. А.（Орлов，Н. А.）——1918—1919 年任《粮食人民委员部通报》杂志秘书，1920—1921 年任该杂志出版部助理编辑和编辑。后任苏联驻柏林全权代表处出版的《新世界》杂志经济部主任。——99—100。

奥尔忠尼启则，格里戈里·康斯坦丁诺维奇（谢尔戈）（Орджоникидзе，Григорий Константинович（Серго）1886—1937）——1903 年加入俄国社会民主工党，布尔什维克。1912 年在党的第六次（布拉格）全国代表会议上当选为中央委员和中央委员会俄国局成员。十月革命后任乌克兰地区临时特派员和南俄临时特派员。国内战争时期任第 16、第 14 集团军和高加索方面军革命军事委员会委员。1920 年起是俄共（布）中央委员会高加索局成员。1921 年在党的第十次代表大会上当选为中央委员。1922—1926

年任党的外高加索边疆区委第一书记和北高加索边疆区委第一书记。
——113、126、154、373——374、375——377、391——392、486、487——488、
499、535。

奥加诺夫斯基, 尼古拉·彼得罗维奇 (Огановский, Николай Петрович 生于
1874 年)——俄国经济学家和统计学家。1921—1924 年任俄罗斯联邦农
业人民委员部统计局局长。写过一些土地问题著作。——424。

奥库洛夫, 阿列克谢·伊万诺维奇 (Окулов, Алексей Иванович 1880—1939)
——1903 年加入俄国社会民主工党。国内战争时期任南方面军、西方面
军和第 10 集团军革命军事委员会委员。1919 年 1—7 月任共和国革命军
事委员会委员。1920—1921 年任东西伯利亚部队司令。后从事苏维埃工
作和写作。——60。

奥拉赫拉什维利, 马米亚·德米特里耶维奇 (Орахелашвили, Мамия Дмитриевич
1881—1937)——1903 年加入俄国社会民主工党。1917 年二月革命后任
布尔什维克弗拉基高加索委员会主席和工人代表苏维埃主席。1918 年被
格鲁吉亚孟什维克政府关进监狱, 获释后曾从事地下工作, 任格鲁吉亚共
产党(布)中央委员会主席和俄共(布)中央委员会高加索局成员。1921 年
2 月起先后任格鲁吉亚革命委员会主席、人民委员会主席、格鲁吉亚共产
党(布)中央委员会书记、俄共(布)外高加索边疆区委书记。1922 年 12 月
起任外高加索联邦人民委员会主席。1923—1925 年任苏联人民委员会副
主席。1923 年起为候补中央委员, 1926—1934 年为中央委员。——487。

奥里明斯基, 米哈伊尔·斯捷潘诺维奇 (Ольминский, Михаил Степанович
1863—1933)——19 世纪 80 年代初参加革命运动, 曾为民意党人。1898
年加入俄国社会民主工党, 1903 年起为布尔什维克。1904 年起先后任布
尔什维克的《前进报》和《无产者报》编委。1905—1907 年为布尔什维克的
《新生活报》、《浪潮报》、《我们的思想》杂志、《生活通报》杂志等撰稿, 领导
党的前进出版社编辑部。斯托雷平反动时期在巴库做党的工作。1911—
1914 年积极参加布尔什维克的《明星报》、《真理报》和《启蒙》杂志的工作。
1915—1917 年先后在萨拉托夫、莫斯科和彼得格勒做党的工作。1917 年
二月革命后进入俄国社会民主工党(布)中央委员会俄国局, 积极参加十月
革命。十月革命后历任《真理报》编委、俄共(布)中央党史委员会领导人、

老布尔什维克协会主席、《无产阶级革命》杂志编辑、列宁研究院院委会委员等职。——430。

奥萨德奇，彼得·谢苗诺维奇（Осадчий，Петр Семенович 1866—1943）——苏联电工技术专家。1890年在彼得堡电工技术学院毕业后，在该校先后任教员、教授、院长。1921—1930年任俄罗斯联邦和苏联国家计划委员会副主席；主管对外贸易。——180、287。

奥斯特里亚科夫，彼得·阿列克谢耶维奇（Остряков，Петр Алексеевич 1887—1952）——苏联无线电技术专家。1918—1927年在下诺夫哥罗德无线电实验室工作。1921年在其领导下开始建设莫斯科共产国际广播电台。——416—417。

奥新斯基，恩·（**奥博连斯基，瓦列里安·瓦列里安诺维奇**）（Осинский，Н.（Оболенский，Валериан Валерианович）1887—1938）——1907年加入俄国社会民主工党。曾在莫斯科、特维尔、哈尔科夫等地做党的工作，屡遭沙皇政府迫害。斯托雷平反动时期是召回派分子，新的革命高涨年代参加布尔什维克的《明星报》、《真理报》和《启蒙》杂志的工作。十月革命后任俄罗斯联邦国家银行总委员、最高国民经济委员会主席。1918年初曾参加顿涅茨煤矿国有化的工作。1919—1920年初先后任全俄中央执行委员会驻奔萨省、图拉省和维亚特卡省的特派员。1920年任图拉省执行委员会主席。1921—1923年任副农业人民委员、最高国民经济委员会副主席。在党的第十次代表大会上当选为候补中央委员。——3、29、49、119、121、122、129、141、155—156、384—385、424、490、491、500—501、542—543。

奥泽罗夫，伊万·克里斯托福罗维奇（Озеров，Иван Христофорович 1869—1942）——俄国经济学家，教授。1901—1902年积极支持祖巴托夫的"警察社会主义"，并在莫斯科祖巴托夫的机械工人互助协会大会上作过讲演。在自己的著作中力图证明，政府必须给工人一些起码的政治自由，把工人联合到包括企业主在内的工会里，实施阶级合作政策，并设法控制工人组织的活动。因此备受沙皇政府赏识，于1909年作为科学院和大学的代表被选为国务会议成员。1917年二月革命后被临时政府解除莫斯科大学的教学职务。——445。

B

巴甫洛夫，В. А.（Павлов，В. А. 1890—1942）——苏联无线电技术工程师。1921—1924 年任邮电人民委员部无线电局局长。——416—417、428。

巴加耶夫，米哈伊尔·亚历山德罗维奇（Багаев，Михаил Александрович 1874—1949）——1892 年参加俄国社会民主主义运动。北方工人协会的组织者和领导人之一。1917 年 6 月—1921 年任新尼古拉耶夫斯克（现新西伯利亚）消费合作社理事会副主席，1921—1923 年任中央消费合作总社西伯利亚分社仓库管理处处长。——323。

巴克，Б. А.（Бак，Б. А. 1897—1939）——1917 年加入俄国社会民主工党（布）。1921 年任伊尔库茨克省肃反委员会副主席。——102。

巴利斯特，J.——见迈纳，罗伯特。

巴洛德，卡尔（Ballod，Karl 1864—1931）——德国经济学家。1905 年起任柏林大学教授，1919—1931 年任拉脱维亚大学教授。写有一些关于经济问题的著作，其中包括《未来的国家。社会主义国家的生产和消费》。——228。

巴沙，Н. А.（Баша，Н. А. 1883—1957）——1917 年加入俄国社会民主工党（布）。1921—1923 年任财政人民委员部部务委员和国家珍品库主任。——207、208。

邦契-布鲁耶维奇，弗拉基米尔·德米特里耶维奇（Бонч-Бруевич，Владимир Дмитриевич 1873—1955）——19 世纪 80 年代末参加俄国革命运动，1896 年侨居瑞士。在国外参加劳动解放社的活动，为《火星报》撰稿。俄国社会民主工党第二次代表大会后是布尔什维克。1903—1905 年在日内瓦领导俄国社会民主工党中央委员会发行部，组织出版布尔什维克的书刊（邦契-布鲁耶维奇和列宁出版社）。以后几年从事布尔什维克报刊和党的出版社的组织工作。积极参加彼得格勒十月武装起义，是斯莫尔尼—塔夫利达宫区的警卫长。十月革命后任人民委员会办公厅主任（至 1920 年 10 月，其间曾兼任反破坏、抢劫和反革命行动委员会主席）、生活和知识出版社总编辑，后任莫斯科卫生局所属林中旷地国营农场场长，同时从事科学研究和著述活动。——199、200。

邦契-布鲁耶维奇，米哈伊尔·亚历山德罗维奇（Бонч-Бруевич, Михаил
　　Александрович 1888—1940）——苏联无线电工程师，无线电技术的奠基
　　人之一。1916—1919年从事电子管的研究。1918年起主持下诺夫哥罗
　　德无线电实验室。遵照列宁的指示，实验室设计了莫斯科广播电台的建设
　　方案；电台于1922年建成，命名为"共产国际广播电台"。1922年起先后
　　任莫斯科高等技术学校和列宁格勒通讯工程学院教授。——65、111、415、
　　416、428。

贝蒂，贝西（Beatty, Bessie 1886—1947）——美国女作家，记者。1917年到俄
　　国，亲眼目睹了十月革命事件。1918年和1921年会见过列宁。写有《俄
　　国的红色心脏》一书，表现了对革命群众的友好态度。1921年曾随"十月
　　革命"号宣传列车前往闹饥荒的伏尔加河流域。晚年在美国担任广播评论
　　员。——89、123。

贝尔格，西蒙·А.（Берг, Симон А.）——58。

彼得里谢夫，А.Б.（Петрищев, А.Б. 生于1872年）——著作家，政论家，劳动
　　人民社会党（人民社会党）中央委员。1922年被驱逐出俄国。——444。

彼得斯，雅柯夫·克里斯托福罗维奇（Петерс, Яков Христофорович 1886—
　　1938）——1904年加入俄国社会民主工党。1917年当选为拉脱维亚边疆
　　区社会民主党中央委员。十月革命期间任彼得格勒军事革命委员会委员。
　　1917年12月起任革命法庭庭长、全俄肃反委员会会务委员和副主席；是
　　镇压莫斯科左派社会革命党人叛乱的领导人之一。1918年7月—1919年
　　3月任全俄肃反委员会临时代理主席和副主席。1919—1920年先后任驻
　　彼得格勒特派员、彼得格勒和基辅两地筑垒地域司令以及图拉筑垒地域军
　　事委员会委员。1920—1922年为俄共（布）中央委员会土耳其斯坦局成
　　员，全俄肃反委员会驻土耳其斯坦全权代表。1922年起任国家政治保卫
　　局—国家政治保卫总局局务委员会委员。——313—314。

彼得松，Р.А.（Петерсон, Р.А. 1897—1940）——1919年加入俄共（布）。
　　1920—1935年任克里姆林宫警卫长。——47、62、315、319—320。

彼舍霍诺夫，阿列克谢·瓦西里耶维奇（Пешехонов, Алексей Васильевич
　　1867—1933）——俄国社会活动家和政论家。19世纪90年代为自由主义
　　民粹派分子。《俄国财富》杂志的撰稿人，1904年起为该杂志编委；曾为自

由派资产阶级的《解放》杂志和社会革命党的《革命俄国报》撰稿。1903—1905年为解放社成员。1906年起是人民社会党领袖之一。1917年5—8月任临时政府粮食部长。十月革命后反对苏维埃政权，1921年在乌克兰中央统计局工作。因参加反革命组织"俄罗斯复兴会"于1922年被驱逐出境，成为白俄流亡分子。——293、444。

别格，卡尔·米克列维奇（Бегге，Карл Миккелевич 1884—1938）——1902年加入俄国社会民主工党。1918年以前是拉脱维亚社会民主工党党员。1922年任对外贸易人民委员部部务委员和该部驻彼得格勒特派员。——438、439。

别利亚科夫，阿列克谢·亚历山德罗维奇（Беляков，Алексей Александрович 1870—1927）——1903年加入俄国社会民主工党。1920年起在莫斯科纺织工业、国家出版社、扫盲出版社等部门工作。是《全俄中央执行委员会消息报》撰稿人。——137—138、267—268。

别连基，阿布拉姆·雅柯夫列维奇（Беленький，Абрам Яковлевич 1883—1942）——1902年加入俄国社会民主工党。十月革命后在全俄肃反委员会—国家政治保卫总局机关工作；1919—1924年任列宁的警卫队队长。——373。

别洛夫，А. А.（Белов，А. А.）——苏俄国营百货公司经理。1922年4—11月任最高国民经济委员会中央商业局管理委员会委员。——74—75、229、255、266、343。

别斯普罗兹万内，伊兹拉伊尔·莫伊谢耶维奇（Беспрозванный，Израил Моисеевич 1884—1952）——苏联机械工程师。写有一些有关美国工厂科学地组织劳动的文章。1920—1925年在中央劳动研究所工作。后从事科研和教学工作。——457。

波波夫，帕维尔·伊里奇（Попов，Павел Ильич 1872—1950）——苏联统计学家，1924年加入俄共（布）。1918年起任中央统计局局长、苏联国家计划委员会主席团委员。——238、293、340、377—378、531。

波波夫，И. К.（Попов，И. К. 1887—1918）——1918年2月被全俄中央执行委员会和俄罗斯联邦人民委员会派往符拉迪沃斯托克担任港口卸货工作的特派员，被日本武装干涉者枪杀。——136。

波波娃（**卡斯帕罗娃**），叶夫根尼娅·米纳索夫娜（Попова（Каспарова），Евгения Минасовна 1888—1963）——1903年参加俄国革命运动，1919年加入俄共（布）。1918—1922年任全俄中央执行委员会房管局局长，后任外高加索联邦驻苏联人民委员会代表处办公室主任助理和责任秘书、苏联国家计划委员会主席团责任秘书等职。——135—136。

波格丹诺夫，彼得·阿列克谢耶维奇（Богданов, Петр Алексеевич 1882—1939）——1905年加入俄国社会民主工党。1921—1925年任俄罗斯联邦最高国民经济委员会主席和人民委员会委员。——4—5、6—7、38、78、94、101、119、124—125、130、140—143、153、166—167、213、369、512—513。

波克罗夫斯基，米哈伊尔·尼古拉耶维奇（Покровский, Михаил Николаевич 1868—1932）——1905年加入俄国社会民主工党，历史学家。曾积极参加1905—1907年革命。1907年在党的第五次（伦敦）代表大会上当选为候补中央委员。1908—1917年侨居国外。斯托雷平反动时期参加召回派和最后通牒派，后加入"前进"集团，1911年与之决裂。第一次世界大战期间持国际主义立场，从事布尔什维克书刊的出版工作，曾编辑出版列宁的《帝国主义是资本主义的最高阶段》一书。1917年8月回国，参加了莫斯科武装起义。十月革命后任莫斯科苏维埃主席，俄罗斯联邦副教育人民委员以及共产主义科学院、红色教授学院和中央国家档案馆等单位的领导人。——7、109—110、131、275、390、391、426、544—545。

波利亚科夫，米哈伊尔·哈里东诺维奇（Поляков, Михаил Харитонович 1884—1938）——1904—1918年是俄国社会革命党人，1918年加入俄共（布）。1921年任克里木革命委员会主席。1922年任内务人民委员部部务委员。——105、464。

波斯托洛夫斯基，德米特里·西蒙诺维奇（Постоловский, Дмитрий Симонович 1876—1948）——俄国社会民主党人。1895年参加社会民主主义运动，曾在彼得堡、维尔纽斯和梯弗利斯做党的工作。1904年起是党中央代办员，调和派分子。1905年3月被任命为俄国社会民主工党中央委员会驻党总委员会的代表。在党的第三次代表大会上是西北委员会的代表，当选为中央委员。曾任俄国社会民主工党中央委员会驻彼得堡工人代表苏维埃执行委员会的正式代表。斯托雷平反动时期脱离政治活动。1917 年二月革命后在彼得格勒苏维埃法律委员会工作。十月革命后在人民委员会国家立法提案委员会工作。——312。

波特列索夫,亚历山大·尼古拉耶维奇(Потресов, Александр Николаевич 1869—1934)——俄国孟什维克领袖之一。19 世纪 90 年代初参加马克思主义小组。1896 年加入彼得堡工人阶级解放斗争协会,后被捕,1898 年流放维亚特卡省。1900 年出国,参与创办《火星报》和《曙光》杂志。在俄国社会民主工党第二次代表大会上是《火星报》编辑部有发言权的代表,属火星派少数派,会后是孟什维克刊物的主要撰稿人和领导人。斯托雷平反动时期和新的革命高涨年代是取消派思想家,在《复兴》杂志和《我们的曙光》杂志以及孟什维克取消派的其他报刊中起领导作用。第一次世界大战期间是社会沙文主义者。十月革命后侨居国外,为克伦斯基的《白日》周刊撰稿,攻击苏维埃政权。——445。

博勃罗夫斯卡娅(捷利克桑),策齐利娅·萨莫伊洛夫娜(Бобровская(Зеликсон), Цецилия Самойловна 1876—1960)——1894 年开始革命活动,1898 年加入俄国社会民主工党。1900 年在哈尔科夫被捕,监禁一年后流亡瑞士,在该地同《火星报》组织建立了联系,以《火星报》代办员身份在俄国社会民主工党北方协会地区工作。俄国社会民主工党第二次代表大会后为布尔什维克。1903 年是党的特维尔委员会委员,后出国到日内瓦,在此结识了列宁。以后在一些城市做地下工作,多次被捕和流放。在莫斯科参加 1905 年和 1917 年革命。十月革命后在莫斯科和列宁格勒做党的工作并从事写作。1920 年起在党中央机关、共产国际、马克思列宁主义研究院工作。——73—74。

博尔迪加,阿马德奥(Bordiga, Amadeo 1889—1970)——意大利政治活动家。1921 年参与创建意大利共产党,1926 年以前为该党领导机关成员;实行左倾宗派主义政策,反对共产国际关于建立反法西斯统一战线的策略。——511。

博诺米,伊万诺埃(Bonomi, Ivanoe 1873—1951)——意大利国务活动家,意大利社会党右翼改良派领袖之一。1921—1922 年领导由各资产阶级政党代表和改良社会党人组成的联合政府。——211。

布哈林，尼古拉·伊万诺维奇（Бухарин，Николай Иванович 1888 — 1938）
——1906年加入俄国社会民主工党，1908年起任党的莫斯科委员会委员。
1909—1910年几度被捕，1911年从流放地逃往欧洲。在国外开始著述活
动，参加欧洲工人运动，1915年为《共产党人》杂志撰稿。1917年二月革命
后回国。十月革命后任《真理报》主编。1918年初反对签订布列斯特和
约，是"左派共产主义者"集团的领袖。1919年起先后当选为党中央政治
局候补委员和政治局委员，共产国际执行委员会委员和主席团委员。
1920—1921年工会问题争论期间领导"缓冲"派。——34、118、165、207、
221、243、244、250、430、457、458、475、488、510—511。

布拉科娃，玛丽亚·尼古拉耶夫娜（Буракова，Мария Николаевна 生于1892
年）——1918年加入俄共（布）。1920—1925年是党中央政治局事务秘
书。——223。

布留哈诺夫，尼古拉·巴甫洛维奇（Брюханов，Николай Павлович 1878 —
1942）——1902年加入俄国社会民主工党。1918年2月起任粮食人民委
员部部务委员，6月起任副粮食人民委员；1919年8月起兼任东方面军粮
食特设委员会主席。1921年起任粮食人民委员。—— 131 — 132、201、
296、502—503。

C

策豪（Zehhau）——德国克虏伯公司的代表。——341。

茨哈卡雅，米哈伊尔·格里戈里耶维奇（米哈）（Цхакая，Михаил Григорьевич
（Миха）1865—1950）——1898年加入俄国社会民主工党。党的高加索联
合会委员会领导人之一。参加了党的第二次代表大会的筹备工作；是高加
索联合会出席党的第三次代表大会的代表。积极参加1905—1907年革
命。屡遭沙皇政府迫害。1907—1917年流亡国外。1917年二月革命后
随列宁回国。1917—1920年任俄国社会民主工党（布）梯弗利斯委员会委
员。1920年起为格鲁吉亚共产党（布）中央委员。1921—1922年任格鲁
吉亚苏维埃社会主义共和国驻俄罗斯联邦人民委员会代表，1923—1930
年任外高加索联邦中央执行委员会主席、苏联中央执行委员会主席团委
员、格鲁吉亚中央执行委员会主席。1920年起为共产国际执行委员会委

员。——110。

D

达尼舍夫斯基，卡尔·尤利·克里斯蒂安诺维奇（Данишевский，Карл Юлий
Христианович 1884—1938）——1900 年加入俄国社会民主工党。十月革
命后任东方面军革命军事委员会委员、共和国革命军事委员会委员和共和
国革命军事法庭庭长。1919 年 7 月起先后被任命为共和国革命军事委员
会野战司令部副政治委员和政治委员。1920 年是出席在明斯克举行的以
俄罗斯联邦和乌克兰为一方，以波兰为另一方的关于停止战争、建立和平
友好关系的和平会议的苏俄代表团团长。在党的第八次代表大会上当选
为候补中央委员。1921 年起任党中央委员会西伯利亚局书记、林业总委
员会主席、苏联对外贸易银行和全苏木材出口联合公司管理委员会主席等
职。——163。

邓尼金，安东·伊万诺维奇（Деникин，Антон Иванович 1872—1947）——沙
俄将军。国内战争时期任白卫军"南俄武装力量"总司令。1919 年夏秋进
犯莫斯科，被击溃后于 1920 年 4 月逃亡国外。——316。

杜姆巴泽，В. Э.（Думбадзе，В. Э.）——俄国职业革命家。梯弗利斯市苏维埃
执行委员会主席、格鲁吉亚共产党（布）中央委员。——168。

多夫加列夫斯基，瓦列里安·萨韦利耶维奇（Довгалевский，Валериан Савельевич
1885—1934）——1908 年加入俄国社会民主工党；职业是电气工程师。十
月革命后在红军中当政委。1919—1921 年任劳动国防委员会西伯利亚和
乌拉尔道路修复委员会委员、交通人民委员部通讯和电工技术管理局政
委。1921 年起任俄罗斯联邦邮电人民委员，1923 年起任苏联副邮电人民
委员。1924 年起从事外交工作，历任驻瑞典、日本和法国全权代表。——
101、415—416。

E

厄克特，约翰·莱斯利（Urquhart，John Leslie 1874—1933）——英国金融家
和工业家，矿业工程师。1922 年任英国出席热那亚会议和海牙会议代表
团顾问。1921—1929 年同苏联政府就其原有产业的租让权问题进行多次

谈判，但没有成功。——5、10、166、286、450、467、479、480、483、488、495。

恩格斯，弗里德里希（Engels，Friedrich 1820—1895）——科学共产主义创始人之一，世界无产阶级的领袖和导师，马克思的亲密战友。——19。

F

法尔布曼，М.С.（Фарбман，М.С. 1880—1933）——1920年起先后任《芝加哥每日新闻报》、《曼彻斯特卫报》和《观察家报》驻莫斯科记者。——496。

费多谢耶夫，尼古拉·叶夫格拉福维奇（Федоссев，Николай Евграфович 1871—1898）——俄国最早的马克思主义宣传家之一，马克思主义小组的组织者和领导人。1889年7月被捕。此后一生都在狱中和流放地度过，但始终与各城市的马克思主义者保持联系。写有一些马克思主义著作。在俄国马克思主义者中最先同自由主义民粹派思想家尼·康·米海洛夫斯基展开论战；由此开始和列宁通信，直至1898年自杀。——61。

费尔斯特，奥特弗里德（Förster，Otfried）　德国神经病理学教授。——455。

佛敏，瓦西里·瓦西里耶维奇（Фомин，Василий Васильевич 1884—1938）——1910年加入俄国社会民主工党。1918—1920年任全俄肃反委员会会务委员、交通总管理局委员和交通人民委员部部务委员。1921年1月起任最高运输委员会主席、副交通人民委员。——6、31、79—80、81—82、128—129、183—185、203—204、227、239、259、275、512—513。

弗拉基米尔斯基，米哈伊尔·费多罗维奇（Владимирский，Михаил Федорович 1874—1951）——1895年参加俄国社会民主主义运动，布尔什维克。1905年积极参加莫斯科十二月武装起义。1906年侨居国外，在布尔什维克巴黎小组工作。十月革命后在莫斯科苏维埃主席团工作。1919—1921年任全俄中央执行委员会主席团委员、俄罗斯联邦副内务人民委员。1922—1925年任乌克兰苏维埃社会主义共和国人民委员会副主席，乌克兰共产党（布）中央委员会书记、中央监察委员会主席，乌克兰工农检查人民委员。在党的第七次代表大会上当选为中央委员，第八次代表大会上当选为候补中央委员。——400。

弗拉基米罗夫（舍印芬克尔），米龙·康斯坦丁诺维奇（Владимиров（Шейнфинкель），Мирон Константинович 1879—1925）——1903 年加入俄国社会民主工党，布尔什维克。曾在彼得堡、戈梅利、敖德萨、卢甘斯克和叶卡捷琳诺斯拉夫做党的工作。参加 1905—1907 年革命，后被捕和终身流放西伯利亚，1908 年从流放地逃往国外。1911 年脱离布尔什维克，后加入出版《护党报》的普列汉诺夫派巴黎小组。第一次世界大战期间参加托洛茨基的《我们的言论报》的工作。1917 年二月革命后回国，参加区联派，在俄国社会民主工党（布）第六次代表大会上随区联派集体加入布尔什维克党。十月革命后在彼得格勒市粮食局和粮食人民委员部工作。1919 年任南方面军铁路军事特派员和粮食特设委员会主席。1921 年先后任乌克兰粮食人民委员和农业人民委员。1922—1924 年任俄罗斯联邦财政人民委员和苏联副财政人民委员。——447、448、463。

弗赖伊，罗伯特·B.（Frye，Robert B. 生于 1840 年）——美国公民。——37。

弗兰克，谢苗·路德维霍维奇（Франк，Семен Людвигович 1877—1950）——俄国唯心主义哲学家和资产阶级经济学家。曾撰文批评马克思的价值理论。1906 年主编立宪民主党右翼的《自由和文化》杂志。1909 年参加《路标》文集的工作。1912 年起任彼得堡大学讲师，1917 年起在其他高等院校任教。1922 年被驱逐出境。——445。

弗鲁姆金，莫伊塞·伊里奇（Фрумкин，Моисей Ильич 1878—1938）——1898 年加入俄国社会民主工党。1918 年—1922 年 3 月先后任粮食人民委员部部务委员和副粮食人民委员、西伯利亚革命委员会副主席、粮食人民委员部驻北高加索特派员。1922 年 4 月起任副对外贸易人民委员。—— 29、201、343、345—346、347、422、425、495—496、521、524—526、530。

弗罗洛夫，库兹马·谢尔盖耶维奇（Фролов，Кузьма Сергеевич）——俄国萨马拉省阿拉卡耶夫卡村的农民。——172。

福法诺娃，玛格丽塔·瓦西里耶夫娜（Фофанова，Маргарита Васильевна 1883—1976）——1902 年参加俄国革命运动，1917 年 4 月加入俄国社会民主工党（布）。1917 年二月革命后是彼得格勒苏维埃代表，执行维堡区党委会委派的任务。列宁最后一次转入地下期间，曾秘密地住在她家里（彼得格勒维堡区谢尔多博尔街 1/92 号第 20 号住宅）。十月革命后至 1925 年在农业人民委员部工作。后任莫斯科畜牧学院院长。——

198—199。

福季耶娃,莉迪娅·亚历山德罗夫娜(Фотиева,Лидия Александровна 1881—1975)——1904年加入俄国社会民主工党。1904—1905年在日内瓦和巴黎的布尔什维克支部工作,协助娜·康·克鲁普斯卡娅同国内地下党组织进行通信联系。1905—1907年革命和十月革命的参加者。1918—1930年任人民委员会和劳动国防委员会秘书,1918—1924年兼任列宁的秘书。——113、115、117—118、133、134、145、158、159、180、206、222、246、276、279、325、334、388、410、411、420、421、433、436、441、443—444、452—453、517、523。

福金,Л. Ф.(Фокин,Л. Ф.)——1922年任彼得格勒工学院化学实验室主任,最高国民经济委员会化学处成员。——360。

福斯,叶夫根尼·尼古拉耶维奇(Фосс,Евгений Николаевич 1867—1940)——早年是俄国喀山大学学生,因参加1887年12月4日大学生集会,同列宁一起被捕,后在警察监视下被逐往乌法。十月革命后在苏维埃机关工作。——451。

富尔特(Fulte)——德国克虏伯公司的代表。——341。

G

高尔察克,亚历山大·瓦西里耶维奇(Колчак,Александр Васильевич 1873—1920)——沙俄海军上将,君主派分子。1918年11月在外国武装干涉者支持下发动政变,在西伯利亚、乌拉尔和远东建立军事专政,自封为"俄国最高执政"和陆海军最高统帅。叛乱被平定后,1919年11月率残部逃往伊尔库茨克,后被俘。1920年2月7日根据伊尔库茨克军事革命委员会的决定被枪决。——316。

高尔基,马克西姆(**彼什科夫,阿列克谢·马克西莫维奇**)(Горький,Максим(Пешков,Алексей Максимович)1868—1936)——苏联作家和社会活动家,社会主义现实主义文学的奠基人,苏联文学的创始人。——105—106、118、290、457—458、459。

戈尔登贝格,约瑟夫(奥西普)·彼得罗维奇(Гольденберг,Иосиф(Осип)Петрович 1873—1922)——俄国社会民主党人。俄国社会民主工党第二

电站和水力枢纽勘测设计院顾问。——228。

哥伊赫巴尔格，亚历山大·格里戈里耶维奇（Гойхбарг，Александр Григорьевич 1883—1962）——1904—1917年为孟什维克，1919—1924年为俄共（布）党员。1919年在东方战线参加国内战争。1920年任西伯利亚革命委员会委员，在审判鄂木斯克高尔察克的部长们时曾作为公诉人出庭。1920年10月—1924年任司法人民委员部部务委员、小人民委员会委员，后任小人民委员会副主席和主席。——48、408。

格尔松，В. Л.（Герсон，В. Л. 1891—1941）——1917年加入俄国社会民主工党（布）。1918年8月起在全俄肃反委员会工作。1922年任国家政治保卫局主席费·埃·捷尔任斯基的秘书和国家政治保卫局办公厅主任助理。后在内务人民委员部机关工作。——365。

格季耶，费多尔·亚历山德罗维奇（Гетье，Федор Александрович 1863—1938）——苏联医生，内科专家。克里姆林宫医疗卫生局成立后，应聘到该局工作。1919年起是列宁的医生。——115—116、185—186、452。

格利亚谢尔，玛丽亚·伊格纳季耶夫娜（Гляссер，Мария Игнатьевна 1890—1951）——1917年加入俄国社会民主工党（布）。1918—1924年在人民委员会秘书处工作。——26、113、117—118、222—223、276、326、470—471。

格列勃·马克西米利安内奇——见克尔日扎诺夫斯基，格列勃·马克西米利安诺维奇。

格列什诺娃，克拉弗季娅·马克西莫夫娜（Грешнова，Клавдия Максимовна 生于1876年）——苏联医士。1913—1952年在波特金医院工作。列宁做完取子弹手术后，曾为列宁包扎伤口并护理过列宁。——435。

格罗曼，弗拉基米尔·古斯塔沃维奇（Громан，Владимир Густавович 1874—1940）——俄国社会民主党人，孟什维克。斯托雷平反动时期是取消派分子。1917年二月革命起在彼得格勒工兵代表苏维埃工作，任粮食委员会主席。1918年任北方粮食管理局主席。1920年任帝国主义战争和国内战争对俄国国民经济造成的损失考察委员会主席。1921年起任国家计划委员会委员。——48。

古比雪夫，瓦列里安·弗拉基米罗维奇（Куйбышев，Валериан Владимирович 1888—1935）——1904年加入俄国社会民主工党。积极参加十月革命，是萨马拉武装起义的组织者。1918 年起任萨马拉省执行委员会主席。1919
年 10 月起任全俄中央执行委员会和俄罗斯联邦人民委员会土耳其斯坦事
务委员会副主席。1921 年 5 月起任最高国民经济委员会主席团委员和电
机工业总管理局局长。1921—1922 年为候补中央委员，1922—1923 年为
中央委员。1922 年 4 月起任党中央委员会书记。——78、379。

古德里奇，詹姆斯·普特南（Goodrich, James Putnam 生于 1864 年）——美
国共和党全国执行委员会委员。1917—1921 年任印第安纳州州长。
——29—30。

古谢夫，谢尔盖·伊万诺维奇（**德拉布金，雅柯夫·达维多维奇**）（Гусев,
Сергей Иванович（Драбкин, Яков Давидович）1874—1933）——1896 年在
彼得堡开始革命活动。是 1902 年罗斯托夫罢工和 1903 年三月示威游行
的领导人之一。1903 年在俄国社会民主工党第二次代表大会上是顿河区
委员会的代表，属火星派多数派。1904 年 8 月参加了在日内瓦举行的 22
个布尔什维克的会议。1904 年 12 月—1905 年 5 月任多数派委员会常务
局书记和党的彼得堡委员会书记，后为敖德萨布尔什维克组织的领导人之
一。1906 年起任党的莫斯科委员会委员。斯托雷平反动时期反对取消派
和召回派。十月革命期间领导彼得格勒军事革命委员会秘书处。十月革
命后历任一些集团军和方面军革命军事委员会委员、共和国革命军事委员
会野战司令部政委、工农红军政治部主任、共和国革命军事委员会委员等
职。——174。

古谢夫，亚历山大·伊里奇（Гусев, Александр Ильич）——俄国特维尔省的
农民。——155—156。

H

哈拉托夫，阿尔塔舍斯·巴格拉托维奇（Халатов, Арташес Багратович
1896—1938）——1917 年加入俄国社会民主工党（布）。1918—1923 年历
任莫斯科苏维埃粮食局领导成员、莫斯科区域粮食委员会委员、俄罗斯联
邦粮食人民委员部部务委员、人民委员会工人供给委员会主席。——
7、21。

哈里曼，威廉·阿韦雷尔（Harriman, William Averell 生于 1891 年）——美国

金融资本巨头,外交家。——212。

哈默,阿曼德(Hammer,Armand 1898—1990)——美国石油公司主管、企业
家和艺术品收藏家。美国药品和化学制剂联合公司的代表,该公司于
1921 年从苏维埃政府方面取得了开采乌拉尔石棉矿的承租权。1925—
1930 年主持该公司在苏联生产和销售办公用品的承租企业。—— 103、
130、368、410——411、412——413、438、441、442。

哈默,朱利叶斯(Hammer,Julius 生于 1874 年)——美国百万富翁。对苏维
埃俄国持友好态度。1921—1927 年是美国开采乌拉尔阿拉帕耶夫斯克石
棉矿的承租企业"阿拉麦里科公司"的董事长。——413。

哈斯克尔,威廉·内菲尤(Haskell,William Nafew 生于 1878 年)——美国上
校。1921—1922 年为美国救济署驻苏俄全权代表。—— 508—509、
514——515。

哈特维希(Hartwig)——73。

海达罗夫,卡德尔让(Хайдаров,Кадыржан 生于 1899 年)　　苏联细木工兼
木刻家。参加过 1923 年莫斯科民间艺术展览会。——550。

海伍德,威廉(比尔)(Haywood,William(Bill)1869—1928)——美国工人运
动活动家;职业是矿工。1901 年加入美国社会党,后为该党左翼领导人之
一。世界产业工人联合会的创建人和领导人之一。第一次世界大战一开
始即谴责军国主义和帝国主义战争。欢迎俄国十月革命。美国共产党成
立(1919)后不久加入该党。因从事革命活动遭受迫害而离开美国。1921
年起住在俄国,积极参加库兹巴斯自治工业侨民区的组织工作。后在国际
支援革命战士协会工作,并从事新闻活动。——58。

韩德逊,阿瑟(Henderson,Arthur 1863—1935)——英国工党和工会运动领
袖之一。1911—1934 年任工党书记。第一次世界大战期间是社会沙文主
义者。1919 年参与组织伯尔尼国际。1923 年起任社会主义工人国际执行
委员会主席。多次参加英国资产阶级政府。——253。

胡佛,赫伯特·克拉克(Hoover,Herbert Clark 1874—1964)——美国政治活
动家,大企业家。1919—1923 年是美国救济署署长。1921—1928 年任商
业部长,1929—1933 年任美国总统。—— 508—509、515。

霍多罗夫斯基,约瑟夫·伊萨耶维奇(Ходоровский,Иосиф Исаевич 1885—

1940)——1903 年加入俄国社会民主工党。1918—1919 年任南方面军政治部主任和革命军事委员会委员。1919—1920 年任喀山省和图拉省执行委员会主席。1921—1922 年任俄共（布）中央委员会西伯利亚局书记。1922—1928 年任教育人民委员部部务委员和副教育人民委员。——514。

J

基尔皮奇尼科夫，В. Д.（Кирпичников，В. Д. 1881—1940）——苏联工艺工程师。1920—1924 年任最高国民经济委员会泥炭水力开采管理局副局长。与罗·爱·克拉松一起发明了泥炭水力开采法，写有关于这方面问题的著作。——545。

基洛夫（科斯特里科夫），谢尔盖·米龙诺维奇（Киров（Костриков），Сергей Миронович 1886—1934）——1904 年加入俄国社会民主工党。1919—1920 年任阿斯特拉罕边疆区临时军事革命委员会主席、第 11 集团军革命军事委员会委员，率领第 11 集团军参加了粉碎邓尼金的战斗，是阿斯特拉罕防御战的组织者和领导人之一。1921—1925 年任阿塞拜疆共产党（布）中央委员会书记。在俄共（布）第十次和第十一次代表大会上当选为候补中央委员，1923 年起为中央委员。——376。

基谢廖夫，阿列克谢·谢苗诺维奇（Киселев，Алексей Семенович 1879—1937）——1898 年加入俄国社会民主工党。1917 年二月革命后任伊万诺沃-沃兹涅先斯克市苏维埃主席和党的市委委员。在全俄苏维埃第一次代表大会上当选为全俄中央执行委员会委员。1919 年曾任国防委员会派赴粮食人民委员部的调查委员会主席。1920 年 4 月起任矿工工会主席。1921—1923 年任小人民委员会主席。在党的第十次和第十一次代表大会上当选为候补中央委员。——56、57、71、74、101、143、229、389。

吉霍米罗夫，弗拉基米尔·亚历山德罗维奇（Тихомиров，Владимир Александрович 1895—1955）——1919 年加入俄共（布）。1921—1924 年为中央消费合作总社理事会理事。——312—313、328。

季米里亚捷夫，克利缅特·阿尔卡季耶维奇（Тимирязев，Климент Аркадьевич 1843—1920）——俄国达尔文主义自然科学家，植物生理学家，彼得堡科学院通讯院士。拥护十月革命。——490。

季诺维也夫（拉多梅斯尔斯基），格里戈里·叶夫谢耶维奇（Зиновьев（Радо-
мысльский），Григорий Евсеевич 1883—1936）——1901年加入俄国社会民
主工党，党的第二次代表大会后是布尔什维克。1908—1917年侨居国外，
参加布尔什维克《无产者报》编辑部和党的中央机关报《社会民主党人报》
编辑部。斯托雷平反动时期对取消派、召回派和托洛茨基分子采取调和主
义态度。1912年后列宁一起领导中央委员会俄国局。第一次世界大战
期间持国际主义立场。1917年4月回国，进入《真理报》编辑部。十月革
命后任彼得格勒苏维埃主席。1919年共产国际成立后任共产国际执行委
员会主席。1919年当选为党中央政治局候补委员，1921年当选为中央政
治局委员。——27、34、122、135、158、178、215、220—221、236、242—243、
290、322、392—393、399、400、410、412—413、433、438—439、441、461、
466—467、497、510—512、518—519、527、534。

季维尔科夫斯基，阿纳托利·阿夫杰耶维奇（Дивильковский，Анатолий Авде-
евич 1873—1932）——1898年加入俄国社会民主工党。1906年侨居瑞
士；曾追随孟什维克普列汉诺夫派。第一次世界大战爆发后是国际主义
者。1918年11月回国，在莫斯科做宣传鼓动工作。1922年任人民委员会
办公厅主任助理。后从事写作。——405。

加里宁，米哈伊尔·伊万诺维奇（Калинин，Михаил Иванович 1875—1946）
——1898年加入俄国社会民主工党。十月革命后任彼得格勒市长，后任
市政委员。1919年3月起任全俄中央执行委员会主席，1922年起任苏联
中央执行委员会主席。从党的第八次代表大会起为中央委员。1919年起
为中央政治局候补委员。——3、64、146、155、455。

加米涅夫（罗森费尔德），列夫·波里索维奇（Каменев（Розенфельд），Лев
Борисович 1883—1936）——1901年加入俄国社会民主工党，党的第二次
代表大会后是布尔什维克。曾在梯弗利斯、莫斯科、彼得堡从事宣传工作。
1908年底出国，任布尔什维克的《无产者报》编委。斯托雷平反动时期对
取消派、召回派和托洛茨基分子采取调和主义态度。1914年初回国，在
《真理报》编辑部工作，曾领导第四届国家杜马布尔什维克党团。1914年
11月被捕，在沙皇法庭上宣布放弃使沙皇政府在帝国主义战争中失败的
布尔什维克口号。1917年二月革命后反对列宁的《四月提纲》。十月革命

后历任全俄中央执行委员会主席、莫斯科苏维埃主席、国防委员会驻南方面军特派员、人民委员会副主席、劳动国防委员会主席等重要职务。1919—1925 年为党中央政治局委员。——12、15—16、28、64、69、77、85、93—94、122、132、138、144、145、158、163、165、172、175、182、199—200、201、206、216—217、218、221、232—233、236、239、247—248、251、257、259、266、280、283—285、290、292—293、304、305、322、330、331、336、348、349—350、372、376、381、382—383、390、409、417、447、456、461、466、479、480、485、487、491、492、494、495、497、508、509、511、531、534、535。

加涅茨基(**菲尔斯滕贝格**)，雅柯夫·斯坦尼斯拉沃维奇(Ганецкий(Фюр-стенберг)，Яков Станиславович 1879—1937)——波兰和俄国革命运动活动家。1896 年加入社会民主党。1903—1909 年为波兰王国和立陶宛社会民主党总执行委员会委员。1907 年在俄国社会民主工党第五次(伦敦)代表大会上缺席当选为中央委员。1912 年波兰王国和立陶宛社会民主党分裂后，是最接近布尔什维克的所谓分裂派的领导人之一。第一次世界大战期间参加齐美尔瓦尔德左派。1917 年是俄国社会民主工党(布)中央委员会国外局成员。十月革命后历任俄罗斯联邦财政人民委员部部务委员、人民银行委员和行长。1920 年 5 月起兼任中央消费合作总社理事会理事，6 月起任对外贸易人民委员部部务委员。1920—1921 年任俄罗斯联邦驻拉脱维亚全权代表和商务代表。1921—1923 年任外交人民委员部部务委员。——54、354—355、371—372、386、391。

捷尔-彼得罗相，西蒙·阿尔沙科维奇(卡莫)(Тер-Петросян，Симон Арша-кович(Камо)1882—1922)——1901 年加入俄国社会民主工党，职业革命家。1917—1920 年是高加索和南俄游击部队和党的地下工作的组织者。1921 年秋起在俄罗斯联邦对外贸易人民委员部系统工作，1922 年在格鲁吉亚财政人民委员部工作。——376。

捷尔-约翰尼相，沃斯基·阿塔涅索夫娜(Тер-Иоанннисян，Воски Атанесовна)——亚美尼亚著名作家格·穆拉灿的妻子。1890 年起住在德国。1912 年初在柏林经斯·斯潘达良介绍认识了列宁，并受列宁委托，同在高加索活动的布尔什维克保持联系。——429。

捷尔绵，Л. С.(Термен，Л. С.)——当时是彼得格勒 X 射线物理技术研究所电波实验室的领导人。——366。

捷尔任斯基，费利克斯·埃德蒙多维奇（Дзержинский, Феликс Эдмундович 1877—1926）——波兰和俄国革命运动活动家，1895年加入社会民主党。是波兰王国和立陶宛社会民主党的组织者和领导人之一。1907年在俄国社会民主工党第五次（伦敦）代表大会上被缺席选入中央委员会。十月革命后任全俄肃反委员会主席。1919—1923年兼任内务人民委员。1921—1924年兼任交通人民委员。1924年起兼任最高国民经济委员会主席。1920年起先后任党中央组织局候补委员、委员，中央政治局候补委员。——69、331、365、394、403、414、430—432、437、455—456、465、466、499—500、533、535、538。

K

卡尔，约翰（**卡特尔费尔德**，L.）（Carr, John（Katterfeld, L.）生于1880年）——1921年是美国共产党驻共产国际执行委员会的代表。曾受到列宁的接见。——98。

卡尔宾斯基，维亚切斯拉夫·阿列克谢耶维奇（Карпинский, Вячеслав Алексеевич 1880—1965）——1898年加入俄国社会民主工党，布尔什维克；屡遭沙皇政府迫害。1904年侨居国外，在日内瓦结识了列宁。从此一直在党的国外组织中工作，参加布尔什维克《前进报》和《无产者报》工作，主管设在日内瓦的俄国社会民主工党中央委员会图书馆和档案库。1914—1917年为党的中央机关报《社会民主党人报》撰稿，并从事出版和推销布尔什维克书刊的工作。1917年12月回国，担任苏维埃和党的负责工作；是全俄中央执行委员会委员。1918—1922年（有间断）任《贫苦农民报》编辑。——224—225。

卡尔宁，安斯·埃内斯托维奇（Калнин, Анс Эрнестович 1883—1950）——1904年加入拉脱维亚社会民主工党，被选为拉脱维亚边疆区社会民主党中央委员。1912—1917年侨居澳大利亚，加入澳大利亚社会党。回国后，1917年5月加入俄国社会民主工党（布）。1920—1921年任矿工工会南方局主席，1921—1924年任矿工工会中央委员会组织部部长。——52、520。

卡夫塔拉泽，谢尔盖·伊万诺维奇（Кавтарадзе, Сергей Иванович 1885—

1971)——1903 年加入俄国社会民主工党（1927 — 1940 年中断党籍）。1917 年起是梯弗利斯布尔什维克领导人之一，俄国社会民主工党（布）高加索边疆区委员会委员。1921 年格鲁吉亚建立苏维埃政权后任司法人民委员。1922—1923 年任格鲁吉亚苏维埃社会主义共和国人民委员会主席。后从事苏维埃和外交工作。——487—488。

卡拉汉（**卡拉汉尼扬**），列夫·米哈伊洛维奇（Карахан（Караханян），Лев Михайлович 1889—1937）——1904 年参加俄国革命运动，1913 年在彼得堡加入俄国社会民主工党区联组织。1917 年在俄国社会民主工党（布）第六次代表大会上随区联派集体加入布尔什维克党。1917 年 11 月—1918 年初任苏俄布列斯特和谈代表团秘书。1918—1920 年任外交人民委员部部务委员、副外交人民委员。1921—1922 年任驻波兰全权代表。——157、386—387、388、391、399、409。

卡莫——见捷尔-彼得罗相，西蒙·阿尔沙科维奇。

卡斯帕罗夫，弗拉基斯拉夫（斯拉瓦）·米纳索维奇（Каспаров，Владислав（Слава）Минасович 1884 — 1917）——1904 年加入俄国社会民主工党。1907—1911 年任巴库委员会委员。1913—1914 年住在柏林，俄国社会民主工党中央委员会曾通过他同国内党组织进行秘密通信联系。第一次世界大战期间移居伯尔尼，参加了俄国社会民主工党国外支部代表会议，在会上当选为国外组织委员会委员。——136。

卡斯帕罗娃-波波娃——见波波娃，叶夫根尼娅·米纳索夫娜。

康德，伊曼努尔（Kant，Immanuel 1724 — 1804）——德国哲学家，德国古典唯心主义哲学奠基人。康德哲学的基本特点是调和唯物主义和唯心主义。它承认在意识之外独立存在的物，即"自在之物"，认为"自在之物"是感觉的源泉，但又认为"自在之物"是不可知的，是超乎经验之外的，是人的认识能力所不可能达到的"彼岸的"东西，人只能认识他头脑里固有的先验的东西。——339。

柯列加耶夫，安德列·卢基奇（Колегаев，Андрей Лукич 1887 — 1937）——俄国左派社会革命党组织者之一。1917 年 12 月代表左派社会革命党进入人民委员会，任农业人民委员。1918 年 3 月因反对签订布列斯特和约退出人民委员会。1918 年 7 月左派社会革命党人叛乱被平定后同该党断绝关系,并于同年11月加入俄共(布)。1918—1920年任南方面军供给部长和革命军事委员会委员。1920—1921年任交通人民委员部部务委员和劳动国防委员会所属运输总委员会主席。——96。

科布连茨,伊兹拉伊尔·吉尔舍维奇(Кобленц, Израил Гиршевич 1882—1935)——1922年是苏联司法人民委员部的法律顾问。——264—265。

科列斯尼科娃(**德罗宾斯卡娅**),娜捷施达·尼古拉耶夫娜(Колесникова (Дробинская),Надежда Николаевна 1882—1964)——1904年加入俄国社会民主工党。1918年任巴库公社教育人民委员。1919年1月初至同年夏任俄共(布)阿斯特拉罕省委员会主席。1920年5月起任阿塞拜疆苏维埃社会主义共和国副教育人民委员、阿塞拜疆共产党(布)中央委员。1921—1923年在政治教育总委员会工作,是委员会成员和群众工作处处长。——166、429。

科托夫(Котов)——俄国工人。——102。

科托维奇-萨美尔,尼娜·伊万诺夫娜(Котович-Саммер,Нина Ивановна 生于1907年)——伊·阿·萨美尔的女儿。1932年加入联共(布)。——199。

克德罗夫,С. Н.(Кедров,С. Н. 生于1863年)——1919—1922年任苏俄工农检查人民委员部工业技术和燃料检查局财务科科长。——192。

克尔任采夫(**列别捷夫**),普拉东·米哈伊洛维奇(Керженцев(Лебедев),Платон Михайлович 1881—1940)——1904年加入俄国社会民主工党。1918年起任《全俄中央执行委员会消息报》副编辑,1919—1920年是罗斯塔社的领导人。1921—1923年任俄罗斯联邦驻瑞典全权代表。——44—45、387、388。

克尔日扎诺夫斯基,格列勃·马克西米利安诺维奇(Кржижановский,Глеб Максимилианович 1872—1959)——1893年参加俄国革命运动,协助列宁组织彼得堡工人阶级解放斗争协会。1895年12月被捕,1897年流放西伯利亚,为期三年。1901年流放期满后住在萨马拉,领导当地的火星派中心。1902年秋参加了筹备召开俄国社会民主工党第二次代表大会的组织委员会;在1903年代表大会上缺席当选为中央委员。积极参加1905—1907年革命。十月革命后致力于恢复和发展莫斯科的动力事业,历任最高国民经济委员会电机工业总管理局局长、俄罗斯国家电气化委员会主席、国家计划委员会主席等职。写有许多动力学方面的著作。——20、31、39、64—65、75—76、95、153、156—157、170、218、224、228—229、230、239、251、258、262、274、287—288、360—361、369、370—371、375、377—378、395、472、492—493、494、497、498、502、503—504。

克尔日扎诺夫斯卡娅-涅夫佐罗娃,季娜伊达·巴甫洛夫娜(Кржижановская-Невзорова,Зинаида Павловна 1869—1948)——格·马·克尔日扎诺夫斯基的妻子。1895 年加入彼得堡工人阶级解放斗争协会,次年被捕,随丈夫一起流放叶尼塞斯克省米努辛斯克专区捷辛斯克村,后转到米努辛斯克。1898 年加入俄国社会民主工党,1899 年 8 月在列宁起草的反对经济派《信条》的《俄国社会民主党人抗议书》上签了名。俄国社会民主工党第二次代表大会后是布尔什维克。曾参加火星派组织的工作;主持设在基辅的布尔什维克党中央委员会书记处,因此于 1904 年被捕。1905 年在布尔什维克一些定期报刊编辑部工作。十月革命后任教育人民委员部社会教育司副司长、共和国政治教育总委员会副主席等职。——395。

克拉梅尔,瓦西里·瓦西里耶维奇(Крамер,Василий Васильевич 1876—1935)——俄国神经病理学教授。——455。

克拉斯诺晓科夫,亚历山大·米哈伊洛维奇(Краснощеков,Александр Михайлович 1880—1937)——1917 年加入俄国社会民主工党(布)。1920—1921 年为党中央委员会远东局成员、远东共和国政府主席兼外交部长。1921—1922 年任俄罗斯联邦副财政人民委员,1922 年起任苏联工商银行管理委员会主席和最高国民经济委员会主席团委员。——168—169、208、209、216、218、233、355、364。

克拉斯诺晓科娃,Г. Б.——见托宾松-克拉斯诺晓科娃,Г. Б.。

克拉松,罗伯特·爱德华多维奇(Классон,Роберт Эдуардович 1868—1926)——俄国动力工程专家。19 世纪 90 年代为俄国合法马克思主义者,参加过彼得堡马克思主义小组。后脱离政治活动,投身动力学研究。根据他的设计并在他的领导下,在俄国建成了许多发电站,其中包括世界上第一座泥炭发电站。泥炭水力开采法的发明者之一;十月革命后,这一方法在列宁的积极支持下得到了实际应用。积极参与制定俄罗斯国家电气化计划,曾任莫斯科第一发电站站长。——338。

克拉西科夫，彼得·阿纳尼耶维奇（Красиков，Петр Ананьевич 1870—1939）
——1892年在俄国彼得堡开始革命活动。1893年被捕，次年流放西伯利
亚，在流放地结识了列宁。1900年到普斯科夫，成为《火星报》代办员。
1902年被选入筹备召开俄国社会民主工党第二次代表大会的组织委员
会。在代表大会上是基辅委员会的代表，属火星派多数派；和列宁、普列汉
诺夫一起进入大会常务委员会。会后积极参加同孟什维克的斗争。1904
年8月参加了在日内瓦举行的22个布尔什维克的会议。代表国外组织出
席了俄国社会民主工党第三次代表大会。1905—1907年革命期间任彼得
堡工人代表苏维埃执行委员会委员。屡遭沙皇政府迫害。1917年二月革
命后任彼得格勒工兵代表苏维埃执行委员会委员。十月革命后任彼得格
勒军事革命委员会所属肃反侦查委员会主席、司法人民委员部部务委员、
副司法人民委员、小人民委员会委员、苏联最高法院检察长等职。——
164、174、192。

克拉辛，格尔曼·波里索维奇（Красин，Герман Борисович 1871—1947）——
俄国发明家和设计师，列·波·克拉辛的弟弟。1893年加入彼得堡马克
思主义者小组。1920—1922年任泥炭水力开采管理局办公会议主席。
——156。

克拉辛，列昂尼德·波里索维奇（Красин，Леонид Борисович 1870—1926）
——1890年参加俄国社会民主主义运动。1900—1904年在巴库当工程
师，与弗·扎·克茨霍韦利一起建立《火星报》秘密印刷所。俄国社会民主
工党第二次代表大会后加入布尔什维克党，被增补进中央委员会。参加了
党的第三次代表大会，在会上当选为中央委员。俄国第一次革命的积极参
加者。1905年是布尔什维克第一份合法报纸《新生活报》的创办人之一。
1905—1907年革命期间作为中央代表参加彼得堡工人代表苏维埃，领导
党中央战斗技术组。在党的第四次（统一）代表大会上当选为中央委员，第
五次（伦敦）代表大会上当选为候补中央委员。曾主管党的财务和技术工
作。1908年侨居国外。一度参加反布尔什维克的"前进"集团，后脱离政
治活动。1918年参加了同德国缔结经济协定的谈判，后任红军供给非常
委员会主席、最高国民经济委员会主席团委员、工商业人民委员、交通人民
委员。1919年起从事外交工作。1920年起任对外贸易人民委员，先后兼

任驻伦敦的苏俄贸易代表团团长、驻英国全权代表和商务代表。——9、
10、23、41、44、48、73、101、126、138、167、177、179、187、201—203、208、210、
211、245、253、261、270、290、306、316—317、332—333、336、343—344、
345、346、350、419、447、467、476—479、480、483、495、496。

克拉辛斯基,格奥尔吉·达维多维奇(Красинский, Георгий Давыдович
1890—1955)——1921年任苏俄工农检查人民委员部驻西伯利亚和乌拉
尔特派员,后多次参加北极考察团,曾担任北方海运总管理局的领导工作。
——50。

克莱特(Klette)——德国克虏伯公司的代表。——341。

克雷连柯,尼古拉·瓦西里耶维奇(Крыленко, Николай Васильевич 1885—
1938)——1904年加入俄国社会民主党。1907年脱党。1911年又回到
布尔什维克组织中工作,先后为《明星报》和《真理报》撰稿;曾被中央委员
会派到社会民主党杜马党团中工作。1913年12月被捕。1914—1915年
侨居国外,后在军队服役。积极参加十月革命。十月革命后参加第一届人
民委员会,任陆海军事务委员会委员,1917年11月被任命为最高总司令。
1918年3月起在司法部门工作。1922—1931年任全俄中央执行委员会最
高革命法庭庭长、俄罗斯联邦副司法人民委员、检察长。——357、417、
473、507。

克雷什科,尼古拉·克利缅季耶维奇(Клышко, Николай Климентьевич
1880—1937)——1904年加入俄国社会民主工党。1921—1922年任苏俄
驻伦敦贸易代表团秘书。——201。

克里茨曼,列夫·纳坦诺维奇(Крицман, Лев Натанович 1890—1938)——
1918年加入俄共(布)。1921年任国家计划委员会主席团委员和劳动国防
委员会俄罗斯联邦资源利用委员会主席。——75、76。

克列斯廷斯基,尼古拉·尼古拉耶维奇(Крестинский, Николай Николаевич
1883—1938)——1903年加入俄国社会民主工党。1918—1921年任俄罗
斯联邦财政人民委员。1921—1930年任苏联驻德国全权代表。在党的第
六至第九次代表大会上当选为中央委员。1919—1921年任党中央政治局
委员和中央书记处书记。——42—43、100、118、123、157、173、174、176、
210、234、353、354、395、398、400、402、407、409—410、454、458—459、496、

523、525。

克虏伯·冯·博伦和哈尔巴赫,古斯塔夫(Krupp von Bohlen und Halbach, Gustav 1870—1950)——德国大垄断资本巨头,1906—1943 年领导德国主要军火库之一的军火钢铁康采恩。——213,341、402。

克鲁格,卡尔·阿道福维奇(Круг, Карл Адольфович 1873—1952)——苏联电工学家,苏联科学院通讯院士。1920 年曾参与制定俄罗斯国家电气化计划。1921—1930 年任全苏电工研究所所长。——273。

克鲁敏,加拉尔德·伊万诺维奇(Крумин, Гаральд Иванович 1894—1943)——1908 年加入俄国社会民主工党。1918 年任《国民经济》杂志编辑,1919—1928 年任《经济生活报》责任编辑。——377—378。

克鲁普斯卡娅,娜捷施达·康斯坦丁诺夫娜(娜·康·;娜捷施达·康斯坦丁诺夫娜;乌里扬诺娃,娜·)(Крупская, Надежда Константиновна(Н. К., Надежда Константиновна, Ульянова, Н.)1869—1939)——列宁的妻子和战友。1890 年在彼得堡大学生马克思主义小组中开始革命活动。1895 年参与组织彼得堡工人阶级解放斗争协会。1896 年 8 月被捕,后被判处流放三年,先和列宁一起在舒申斯克服刑,后来一人在乌法服刑。1901 年起侨居国外,任《火星报》编辑部秘书。曾参加俄国社会民主工党第二次代表大会的筹备工作,作为有发言权的代表出席了大会。1904 年起先后任布尔什维克的《前进报》和《无产者报》编辑部秘书。曾参加党的第三次代表大会的筹备工作。1905—1907 年革命期间在国内担任党中央委员会秘书。斯托雷平反动时期和新的革命高涨年代积极参加反对取消派和召回派的斗争。1911 年在隆瑞莫党校工作。1912 年党的布拉格代表会议后协助列宁同国内党组织保持联系。第一次世界大战期间参加国际妇女运动和布尔什维克国外支部的活动。1917 年二月革命后和列宁一起回国,在党中央书记处工作,参加了十月武装起义。十月革命后任教育人民委员部部务委员,领导政治教育总委员会。——46—47、90、92、275、279、376、392、501、534。

克伦斯基,亚历山大·费多罗维奇(Керенский, Александр Федорович 1881—1970)——俄国政治活动家,资产阶级临时政府首脑。1917 年 3 月起为社会革命党人。第四届国家杜马代表,劳动派党团领袖。第一次世界大战期间是护国派分子。1917 年二月革命后任彼得格勒工兵代表苏维埃副主席、国家杜马临时委员会委员。在临时政府中任司法部长(3—5 月)、陆海军部长(5—9 月)、总理(7 月 21 日起)兼最高总司令(9 月 12 日起)。1917 年 11 月 7 日彼得格勒爆发武装起义时,从首都逃往前线,纠集部队向彼得格勒进犯,失败后逃亡巴黎,在国外参加白俄流亡分子的反革命活动。——135、253。

克尼波维奇,尼古拉·米哈伊洛维奇(Книпович, Николай Михайлович 1862—1939)——苏联动物学家和社会活动家。1887 年和 1896 年因参加革命活动先后两次被捕。1893 年被聘为彼得堡大学讲师,1899 年作为"思想危险分子"被解聘。1911—1930 年任彼得堡女子医学院(列宁格勒第一医学院)动物学和普通生物学教授。苏联科学院名誉院士(1935 年起)。科学捕捞事业和苏联欧洲部分海洋考察工作的组织者,一系列渔业科学考察队的组织者和领导者。——513。

克维林,埃马努伊尔·约诺维奇(Квиринг, Эммануил Ионович 1888—1937)——1912 年加入俄国布尔什维克党。1917 年二月革命后是布尔什维克叶卡捷琳诺斯拉夫组织的领导人之一。1919 年先后任乌克兰国民经济委员会主席和第 12 集团军政治部副主任。1920—1921 年为驻波兰和谈代表团成员。1921 年任乌克兰共产党(布)顿涅茨克省委书记。1923—1925 年任乌克兰共产党(布)中央委员会书记。——67。

库恩·贝拉(Kun Béla 1886—1939)——匈牙利共产党创建人和领导人之一。1919 年是匈牙利苏维埃政权的实际领导人,任外交人民委员和陆军人民委员。苏维埃政权被颠覆后流亡奥地利,1920 年到苏俄,先后任南方面军革命军事委员会委员、克里木革命委员会主席。1921 年起在乌拉尔担任党的领导工作,曾任全俄中央执行委员会主席团委员、俄共(布)中央驻俄国共产主义青年团中央委员会全权代表、共产国际执行委员会主席团委员。——159、386、387—388。

库尔日涅尔,波里斯·阿布拉莫维奇(Куржнер, Борис Абрамович 生于 1896 年)——1916 年加入俄国布尔什维克党。1921—1922 年在彼得格勒任波罗的海造船和机械厂技术委员会主席。后从事教学和行政工作。——99。

库尔斯基，德米特里·伊万诺维奇（Курский，Дмитрий Иванович 1874—
　　1932）——1904年加入俄国社会民主工党。1918—1928年任俄罗斯联邦
　　司法人民委员、苏联第一任总检察长。1919—1920年兼任工农红军总参
　　谋部政委和野战司令部政委，共和国革命军事委员会委员。1921年起任
　　全俄中央执行委员会主席团委员。——1—2、3、19、33、38—39、46、48—
　　49、119、142、191—192、260—261、263—265、269、307、337—338、357—
　　358、359、405、473。

库诺，亨利希（Cunow，Heinrich 1862—1936）——德国社会民主党的理论家，
　　历史学家、社会学家和民族志学家。早期倾向马克思主义，后成为修正主
　　义者。1917—1923年任德国社会民主党理论刊物《新时代》杂志编辑。
　　——339。

库什涅尔，波里斯·阿尼西莫维奇（Кушнер，Борис Анисимович 1888—
　　1937）——苏联新闻工作者，作家。1917年加入俄国社会民主工党（布）。
　　1920　1921年从事写作活动，同时在最高国民经济委员会电力工业托拉
　　斯任副处长。后来在国内商业和对外贸易人民委员部系统担任领导工作。
　　——99。

库图佐夫，伊万·伊万诺维奇（Кутузов，Иван Иванович 1885—1943）——
　　1917年加入俄国社会民主工党（布）。1920年起为全俄中央执行委员会主
　　席团委员。——3。

库西宁，奥托·威廉莫维奇（Куусинен，Отто Вильгельмович 1881—1964）——
　　芬兰和国际工人运动活动家，芬兰共产党创建人之一，苏联共产党和国家
　　的活动家。在共产国际第三次代表大会上当选为执行委员会委员。
　　1921—1939年任共产国际执行委员会书记。——78。

库兹涅佐夫，Н.Г.（Кузнецов，Н.Г.）——俄国交通工程师。与 А.И.奥京措
　　夫合写了一些世界上最早出版的关于制造电力传动和单用牵引电动机内
　　燃机车的著作。——137。

L

拉查理，康斯坦丁诺（Lazzari，Costantino 1857—1927）——意大利工人运动
　　活动家，意大利社会党创建人之一，该党中央委员。俄国十月革命后支持

苏维埃俄国,曾参加共产国际第二次和第三次代表大会的工作。——35、522。

拉德琴柯,柳博芙·尼古拉耶夫娜(Радченко, Любовь Николаевна 1871—1962)——19 世纪 80 年代末参加俄国民粹派小组,90 年代初参加社会民主主义小组;是彼得堡工人阶级解放斗争协会会员。1896 年被捕,1898 年流放普斯科夫三年。1900 年 8 月加入波尔塔瓦《火星报》协助小组,是《火星报》代办员。俄国社会民主工党第二次代表大会后成为孟什维克,在莫斯科、顿河畔罗斯托夫和敖德萨工作。1918 年起脱离政治活动,在一些机关当统计员。——445。

拉德琴柯,伊万·伊万诺维奇(Радченко, Иван Иванович 1874—1942)——1898 年加入俄国社会民主工党,彼得堡工人阶级解放斗争协会会员。1901—1902 年是《火星报》代办员,对在俄国散发《火星报》起过重要作用。1902 年参加筹备召开党的第二次代表大会的组织委员会。十月革命后是苏联泥炭工业的组织者和领导人之一。1918 年起任泥炭总委员会主席和林业总委员会副主席。1921—1922 年兼任对外贸易人民委员部部务委员。——4—5、22、23、40—41、59—60、115—116、131、153、254、335、343、345—346、347、493、541—542、545。

拉狄克,卡尔·伯恩哈多维奇(Радек, Карл Бернгардович 1885—1939)——20 世纪初参加加利西亚、波兰和德国的社会民主主义运动。1904—1908 年在波兰王国和立陶宛社会民主党内工作。1908 年到柏林,为德国左派社会民主党人的报刊撰稿。第一次世界大战期间持国际主义立场。1917 年加入俄国社会民主工党(布)。十月革命后在外交人民委员部工作。1918 年是"左派共产主义者"。1920—1924 年任共产国际执行委员会书记,委员和主席团委员。在党的第八至第十二次代表大会上当选为中央委员。——114、117、127、210、211、233、275、282、284、484、498—499、510、511—512。

拉吉舍夫,亚历山大·尼古拉耶维奇(Радищев, Александр Николаевич 1749—1802)——俄国作家,革命的启蒙思想家。——273。

拉柯夫斯基,克里斯蒂安·格奥尔吉耶维奇(Раковский, Христиан Георгиевич 1873—1941)——生于保加利亚。从 19 世纪 90 年代初起参加保加利亚、罗马尼亚、瑞士、法国的社会民主主义运动。第一次世界大战期间是中派分子。1917年二月革命后到彼得格勒,加入俄国社会民主工党(布)。十月革命后从事党和苏维埃的工作。1918年起任乌克兰人民委员会主席,1923年派驻英国和法国从事外交工作。在党的第八至第十四次代表大会上当选为中央委员。——52、210、211。

拉科西·马蒂亚斯(Rákosi Mátyás 1892—1971)——1918年加入匈牙利共产党。1921—1924年是共产国际执行委员会书记之一。——117。

拉拉扬茨,伊萨克·克里斯托福罗维奇(Лалаянц, Исаак Христофорович 1870—1933)——俄国社会民主主义运动的积极参加者。1888—1889年是喀山费多谢耶夫马克思主义小组成员。1893年在萨马拉参加列宁领导的马克思主义者小组。1895年参与创建叶卡捷琳诺斯拉夫工人阶级解放斗争协会。1900年春参加了第一份秘密的社会民主党报纸《南方工人报》的创刊和编辑工作。1900年4月被捕,1902年3月流放东西伯利亚,两个月后从流放地逃往国外,加入俄国革命社会民主党人国外同盟,在日内瓦主管《火星报》印刷所。俄国社会民主工党第二次代表大会后任中央驻国内代办员,1904年参与组织党中央委员会南方局。1905年代表布尔什维克进入统一的中央委员会。不久再次被捕,1913年底被终身流放伊尔库茨克省,后来脱离政治活动。1922年起在俄罗斯联邦教育人民委员部政治教育总委员会工作。——179—180、259。

拉林,尤·(卢里叶,米哈伊尔·亚历山德罗维奇)(Ларин, Ю. (Лурье, Михаил Александрович)1882—1932)——1900年参加俄国社会民主主义运动。1904年起为孟什维克。斯托雷平反动时期和新的革命高涨年代是取消派领袖之一,参加了"八月联盟"。第一次世界大战期间是中派分子。1917年二月革命后领导出版《国际》杂志的孟什维克国际主义派。1917年8月加入布尔什维克党。十月革命后在最高国民经济委员会、国家计划委员会任职。——179、202、209、259。

拉莫诺夫(Рамонов)——俄国医生。——388。

拉姆津,列昂尼德·康斯坦丁诺维奇(Рамзин, Леонид Константинович 1887—1948)——苏联热工学家。1920年起任莫斯科高等技术学校教授。1921—1922年任国家计划委员会委员。莫斯科全苏热工研究所创建人之一和第一任所长(1921—1930)。——80、161、227、258、259。

拉皮罗夫-斯科布洛,М. Я.(Лапиров-Скобло, М. Я. 1888—1947)——苏联电工技术专家。1918—1921 年任灯泡厂管理委员会主席。1922 年受最高国民经济委员会和对外贸易人民委员部的委派在国外工作。1923—1929 年领导最高国民经济委员会和邮电人民委员部的电工技术研究所和无线电技术研究所;是全苏电工技术研究所的创建人之一。——413—414。

拉品斯基,帕维尔·路德维霍维奇(**列文松,Я.**)(Lapinski, P. L.(Лапинский, Павел Людвигович(Левинсон, Я.))1879—1937)——波兰共产党员,1919年起为俄共(布)党员,经济学家和政论家。1920—1928 年是俄罗斯联邦(苏联)驻德国全权代表处的工作人员。——275、284、484。

拉萨尔,斐迪南(Lassalle, Ferdinand 1825—1864)——德国工人运动活动家,小资产阶级社会主义者,德国工人运动中的机会主义——拉萨尔主义的代表人物。——19。

拉维奇,索菲娅·瑠莫夫娜(Равич, София Наумовна 1879—1957)——1903年加入俄国社会民主工党,曾在哈尔科夫、彼得堡和国外做党的工作。十月革命后从事党和苏维埃工作。1921 年任内务人民委员部部务委员。——16。

拉扎列夫,彼得·彼得罗维奇(Лазарев, Петр Петрович 1878—1942)——苏联物理学家,生物物理学家和地球物理学家。1917 年起为科学院院士。1921—1925 年任莫斯科高等技术学校教授,1920—1931 年任由他倡议建立的国家生物物理研究所所长。1918 年起领导对库尔斯克磁力异常区的调查工作,他的关于库尔斯克磁力异常区的研究著作在地球物理学中有着非常重要的意义。——66、111、418。

莱维,В. Л.(Леви, В. Л. 1880—1948)——苏联电气工程师。1918 年起在最高国民经济委员会任职,后任电机工业总管理局局长助理。积极参加俄罗斯国家电气化委员会的工作。——130、543。

劳合-乔治,戴维(Lloyd George, David 1863—1945)——英国国务活动家和外交家,自由党领袖。1890 年起为议员。1905—1908 年任商业大臣,1908—1915 年任财政大臣。对英国政府策划第一次世界大战的政策有很大影响。曾提倡实行社会保险等措施,企图利用谎言和许诺来阻止工人阶级建立革命政党。1916—1922年任首相,残酷镇压殖民地和附属国的民族解放运动;是武装干涉和封锁苏维埃俄国的鼓吹者和策划者之一。曾参加1919年巴黎和会,是凡尔赛和约的炮制者之一。——167。

勒柏辛斯基,潘捷莱蒙·尼古拉耶维奇(Лепешинский,Пантелеймон Николаевич 1868—1944)——1898年加入俄国社会民主工党。1895年被捕,后流放西伯利亚,在流放地结识列宁。1900年流放期满后为《火星报》驻普斯科夫代办员。1902年再次被捕和流放西伯利亚。1903年底逃往国外,在瑞士参加了俄国社会民主工党第三次代表大会的筹备工作。1905—1907年革命期间在叶卡捷琳诺斯拉夫和彼得堡进行革命工作。积极参加1917年二月革命和十月革命。1918年起任俄罗斯联邦教育人民委员部部务委员、土耳其斯坦副教育人民委员。党史委员会创建人和领导人之一。——168。

勒柏辛斯卡娅,纳塔莉娅·斯捷潘诺夫娜(Лепешинская,Наталья Степановна 1890—1923)——1918—1923年在列宁的秘书处工作。——117、118、300、417、428、433、436、441。

雷恩施坦,波里斯·И.(Рейнштейн,Борис И. 1866—1947)——1884年参加俄国革命运动。侨居美国后,在美国社会主义工人党中工作,任该党驻第二国际代表。1917年回国后,加入孟什维克国际主义派。1918年4月加入布尔什维克党。主要在共产国际和红色工会国际工作。——67、103、368、438、441。

雷库诺夫,米哈伊尔·瓦西里耶维奇(Рыкунов,Михаил Васильевич 1884—1937)——1903年加入俄国社会民主工党。1921—1922年任对外贸易人民委员部部务委员。——541。

雷迈,F.(Remär,F.)——苏俄驻柏林商务代表处工作人员。——234。

雷斯庞德克,格奥尔格(Respondek,Georg)——德国电气工程师。——340。

李可夫,阿列克谢·伊万诺维奇(Рыков,Алексей Иванович 1881—1938)——1899年加入俄国社会民主工党。曾在萨拉托夫、莫斯科、彼得堡等地做党的工作。斯托雷平反动时期对取消派、召回派和托洛茨基分子采取调和主义态度。十月革命后任内务人民委员、最高国民经济委员会主席(曾兼任国防委员会军需特派员)、人民委员会和劳动国防委员会副主席、人民委员会主席等职。1923—1930 年为党中央政治局委员。——87—88、241、340、345、351、360、362、363、367、368、369—370、371、375、384—385、398、403、404、423、424、425、426—427、432、436、444、447、448、451—452、453、461、462、466、473、474—475、531。

李维诺夫,马克西姆·马克西莫维奇(Литвинов, Максим Максимович 1876—1951)——1898 年加入俄国社会民主工党。1900 年任党的基辅委员会委员。1901 年被捕,在狱中参加火星派,1902 年 8 月越狱逃往国外。作为《火星报》代办员,曾担任向国内运送《火星报》的工作。是俄国革命社会民主党人国外同盟的领导成员,出席了同盟第二次代表大会。1903 年俄国社会民主工党第二次代表大会后是布尔什维克。1905 年参加了布尔什维克第一份合法报纸《新生活报》的出版工作。1908 年起任布尔什维克伦敦小组书记。1914 年 6 月起为俄国社会民主工党中央委员会驻社会党国际局的代表。十月革命后在外交部门担任负责工作。——44—45、111、127、128、157、171—172、188、202、208、211、245、253、254、260—261、276、294、324、354、371、483、514—515。

利特肯斯,叶夫格拉弗·亚历山德罗维奇(Литкенс, Евграф Александрович 1888—1922)——1919 年加入俄共(布)。1920 年任政治教育总委员会副主席,1921 年起任俄罗斯联邦副教育人民委员。——124—125、131、249、273、275、544—545。

利西岑,彼得·伊万诺维奇(Лисицын, Петр Иванович 1877—1948)——苏联育种专家。1908—1929 年在沙季洛沃试验站(现奥廖尔州沙季洛沃国家育种站)工作。写有生物学和育种学方面的著作。——490。

莉迪娅·亚历山德罗夫娜——见福季耶娃,莉迪娅·亚历山德罗夫娜。

梁赞诺夫(**戈尔登达赫**),达维德·波里索维奇(Рязанов(Гольдендах), Давид Борисович 1870—1938)——1889 年参加俄国革命运动。曾在敖德萨和基什尼奥夫开展工作。1900 年出国,是著作家团体斗争社的组织者之一。1903 年俄国社会民主工党第二次代表大会后是孟什维克。1909 年是"前进"集团的卡普里党校的讲课人。第一次世界大战期间是中派分子,为孟什维克的《呼声报》和《我们的言论报》撰稿。1917 年二月革命后参加区联派,在俄国社会民主工党(布)第六次代表大会上随区联派集体加入布尔什维克党。十月革命后从事工会工作。1921年参与创建马克思恩格斯研究院,担任院长直到1931年。——19。

列梅科(**吉霍米罗夫**),亚历山大·格奥尔吉耶维奇(Ремейко(Тихомиров), Александр Георгиевич 1894—1938)——1914年加入俄国布尔什维克党。1920—1923年任全苏工会中央理事会组织部部长、全俄矿工工会中央委员会主席团委员、库尔斯克和敖德萨省工会理事会主席等职。——52。

列姆克,米哈伊尔·康斯坦丁诺维奇(Лемке,Михаил Константинович 1872—1923)——俄国文学史和革命运动史学家(主要研究19世纪60年代的历史)。1917年3月—1918年8月在彼得格勒任国家有价证券印刷厂厂长。1920—1921年为《图书与革命》杂志编辑部成员。1922年1月加入俄共(布)。1922年9月起任彼得格勒出版托拉斯管理委员会副主席,1923年1月起任主席。——27。

列普列夫斯基,格里戈里·莫伊谢耶维奇(Лепшевский,Григорий Моисеевич 1889—1939)——1917年加入俄国社会民主工党(布)。1921—1923年先后任小人民委员会委员和主席。——101。

列日涅夫,伊赛·格里戈里耶维奇(Лежнев,Исай Григорьевич 1891—1955)——苏联新闻工作者和作家。1906年加入俄国社会民主工党,靠近布尔什维克。斯托雷平反动时期脱党。1918—1921年编辑过多种杂志,同时主持《全俄中央执行委员会消息报》的通讯报道栏。1922年初创办和编辑路标转换派的《新俄罗斯》杂志,该杂志先后在彼得格勒和莫斯科出版。1933年加入联共(布)。——430—431、445。

列斯克,尼古拉·亚历山德罗维奇(Реске,Николай Александрович 1887—1956)——1921年任劳动国防委员会、全俄中央执行委员会和工农检查人民委员部驻北高加索特派员。1921—1922年任工农检查人民委员部部务委员。——449。

列文,列夫·格里戈里耶维奇(Левин,Лев Григорьевич 1870—1938)——苏联内科医师。1920年4月起任克里姆林宫医院住院医师和内科主任。——271。

列文,М.Л.(Левин,М.Л.)——1921—1922年是全俄中央执行委员会中央赈济饥民委员会工作人员。——64。

列扎瓦，安德列·马特维耶维奇（Лежава, Андрей Матвеевич 1870—1937）
　　——1904 年加入俄国社会民主工党。1919—1920 年任中央消费合作总
　　社主席，1920—1922 年任副对外贸易人民委员。——23、41、60、97、101、
　　104、111、124—125、128、151、152、153、168、171、203、212、213、217、245、
　　257、260—261、316、317、343—344。

卢那察尔斯基，阿纳托利·瓦西里耶维奇（Луначарский, Анатолий Василь-
　　евич 1875—1933）——19 世纪 90 年代初参加俄国社会民主主义运动。俄
　　国社会民主工党第二次代表大会后是布尔什维克。曾先后参加布尔什维
　　克的《前进报》、《无产者报》和《新生活报》编辑部。斯托雷平反动时期脱离
　　布尔什维克，参加"前进"集团；在哲学上宣扬造神说和马赫主义。第一次
　　世界大战期间持国际主义立场。1917 年二月革命后参加区联派，在俄国
　　社会民主工党（布）第六次代表大会上随区联派集体加入布尔什维克党。
　　十月革命后任教育人民委员、苏联中央执行委员会学术委员会主席等职。
　　——34—35、131、175、182、425—426、544—545。

卢托维诺夫，尤里·赫里桑福维奇（Лутовинов, Юрий Хрисанфович 1887—
　　1924）——1904 年加入俄国社会民主工党。十月革命后在顿河流域和乌
　　克兰积极参加国内战争。1920 年起任五金工会中央委员会委员和全俄中
　　央执行委员会主席团委员；是全俄工会中央理事会主席团委员。1920—
　　1921 年工会问题争论期间是工人反对派的骨干分子。1921 年被撤销工会
　　负责职务，任命为俄罗斯联邦驻德国副商务代表。——44—45。

卢泽尔，列昂尼德·伊萨科维奇（Рузер, Леонид Иссакович 1881—1959）——
　　1899 年加入俄国社会民主工党。1917 年 12 月任罗马尼亚战线、黑海舰队
　　和敖德萨地区苏维埃中央执行委员会副主席。1918 年 1 月是敖德萨武装
　　起义领导人之一。1918—1919 年任粮食人民委员部产品分配总管理局局
　　务委员会主席。1921—1923 年任工农检查人民委员部部务委员和副人民
　　委员、小人民委员会委员。——449。

鲁诺夫，吉洪·亚历山德罗维奇（Рунов, Тихон Александрович 1886—
　　1941）——苏联农学家。1919 年起任共和国工业企业农场总管理局局长。
　　1921 年是第一届莫斯科全俄农业展览会组织者之一，在莫斯科近郊从事

土壤改良工作。——337。

鲁特格尔斯，塞巴尔德·尤斯图斯（Rutgers, Sebald Justus 1879—1961）——荷兰工程师，共产党员。1918—1938年（有间断）在苏联工作；1921—1926年是负责恢复库兹巴斯煤炭和化学工业的自治工业（国际）侨民区的领导人。——78、130、367、452。

鲁希莫维奇，莫伊塞·李沃维奇（Рухимович, Моисей Львович 1889—1938）——1913年加入俄国布尔什维克党。1921—1925年先后任顿涅茨克省和巴赫姆特省执行委员会主席、国营顿涅茨煤炭工业托拉斯和南方煤炭化学托拉斯经理。——52—53、67。

鲁祖塔克，扬·埃内斯托维奇（Рудзутак, Ян Эрнестович 1887—1938）——1905年加入俄国社会民主工党。十月革命后担任工会领导工作，后任最高国民经济委员会主席团委员、水运总管理局局长、中央纺织工业委员会主席、运输工会中央委员会主席、全俄工会中央理事会总书记、全俄中央执行委员会和俄罗斯联邦人民委员会土耳其斯坦事务委员会主席、俄共（布）中央委员会土耳其斯坦局主席。1922—1924年任俄共（布）中央委员会中亚局主席。1920年起为俄共（布）中央委员。——3、115、148、160、237—238、322、407、455、520。

罗蒙诺索夫，尤里·弗拉基米罗维奇（Ломоносов, Юрий Владимирович 生于1876年）——俄国铁路运输方面的专家，教授。1919年任最高国民经济委员会主席团委员、交通人民委员部部务委员；是人民委员会负责向国外订购铁路器材的全权代表。1920—1922年曾率领铁路代表团赴瑞典和德国订购机车、铁路设备及其他技术设备。没有回国。——2、44—45、171、217、227、230、352—353、402、465—466、499—500。

罗日柯夫，尼古拉·亚历山德罗维奇（Рожков, Николай Александрович 1868—1927）——俄国历史学家和政论家。1905年初加入俄国社会民主工党，布尔什维克。1905—1907年革命失败后成为取消派的思想领袖之一，为《我们的曙光》杂志撰稿，编辑孟什维克取消派的《新西伯利亚报》。1917年二月革命后加入孟什维克党，当选为该党中央委员。敌视十月革命，在外国武装干涉和国内战争时期反对苏维埃政权。20年代初因与孟什维克的反苏维埃活动有关而两次被捕。1922年同孟什维克决裂。后来在一些高等院校和科研机关工作。——236、445、518—519、527—528。

罗森霍尔茨，阿尔卡季·巴甫洛维奇（Розенгольц，Аркадий Павлович 1889—1938）——1905 年加入俄国社会民主工党。国内战争时期担任一些集团军和方面军的革命军事委员会委员。1920—1921 年工会问题争论期间支持托洛茨基的纲领。1921—1922 年任财政人民委员部部务委员。——448。

罗特施坦，费多尔·阿罗诺维奇（Ротштейн，Федор Аронович 1871—1953）——1901 年加入俄国社会民主工党。1890 年侨居英国，积极参加英国工人运动，加入英国社会民主联盟。1911 年英国社会党成立后，是该党左翼领袖之一。英国社会党机关报《号召报》(1916—1920)的创办人和撰稿人之一。1920 年参与创建英国共产党，同年回到俄国，是苏维埃俄国同英国进行和平谈判的代表团成员。1921—1922 年为俄罗斯联邦驻波斯全权代表。——112、113、484、520。

罗伊兹曼，帕维尔·伊萨科维奇（Ройзман，Павел Исаакович 生于 1887 年）——苏联法学家。1922 年为司法人民委员部侦查员，后为邮电人民委员部法律顾问。——192。

罗扎诺夫，弗拉基米尔·尼古拉耶维奇（Розанов，Владимир Николаевич 1872—1934）——苏联临床医生。1910 年起是索尔达坚科夫医院（现波特金医院）外科主任。给列宁治过病。——434、435。

罗扎诺夫，弗拉基米尔·尼古拉耶维奇（Розанов，Владимир Николаевич 1876—1939）——俄国社会民主党人，孟什维克。19 世纪 90 年代中期在莫斯科参加社会民主主义运动，1899 年被逐往斯摩棱斯克。1900 年加入南方工人社。是筹备召开俄国社会民主工党第二次代表大会的组织委员会委员，并代表南方工人社出席了代表大会，在会上持中派立场，会后成为孟什维克骨干分子。第一次世界大战期间持国际主义立场。1917 年二月革命后是彼得格勒工兵代表苏维埃孟什维克党团成员，护国派分子。敌视十月革命，积极参加反革命组织的活动，因"战术中心"案被判刑。大赦后脱离政治活动，在卫生部门工作。——445。

罗兹米罗维奇，叶列娜·费多罗夫娜（**特罗雅诺夫斯卡娅**；叶·费·）（Розми-рович，Елена Федоровна（Трояновская，Е. Ф.）1886—1953）——尼·瓦·克

雷连柯的妻子。1904年加入俄国社会民主工党。因从事革命活动屡遭沙皇政府迫害。1909年被捕，1910年被驱逐出境。流亡国外期间执行党中央国外局交给的各项任务。曾参加1913年召开的有党的工作者参加的俄国社会民主工党中央委员会克拉科夫会议和波罗宁会议，会后被派回国，担任第四届国家杜马布尔什维克党团秘书和党中央委员会俄国局秘书。《真理报》编辑部成员，为《启蒙》、《女工》等杂志撰稿。1918—1922年任全俄中央执行委员会最高法庭侦查委员会主席，1922年春起任工农检查人民委员部部务委员并领导该部法律司。——418—419、449、507。

罗佐夫斯基，С.З.(Розовский，С.З. 1879—1924)——1901年加入俄国社会民主工党。十月革命后任粮食人民委员部部务委员、中央消费合作总社理事会理事。1921年任国际工会理事会秘书处主任，曾担任召开红色工会国际第一次代表大会的工作。1922年建立了中央消费合作总社柏林分社。1923—1924年在对外贸易人民委员部工作。——116。

洛巴切夫，伊万·斯捷潘诺维奇(Лобачев，Иван Степанович 1879—1933)——1917年加入俄国社会民主工党(布)。1920年起任俄罗斯联邦粮食人民委员部部务委员，1922年2月起任乌克兰粮食人民委员。——6—7。

洛莫夫，М.А.(Ломов，М.А. 生于1886年)——苏联工程师。1918—1921年在最高国民经济委员会金属局工作。——142。

洛佐夫斯基(德里佐)，索洛蒙·阿布拉莫维奇(Лозовский(Дридзо)，Соломон Абрамович 1878—1952)——1901年加入俄国社会民主工党。积极参加俄国第一次革命，曾经被捕和流放。1909—1917年流亡日内瓦和巴黎，1912年参加布尔什维克调和派。1920年任莫斯科省工会理事会主席。1921—1937年任红色工会国际总书记。——520。

M

马尔尚，勒内(Marchan，René)——苏俄外交人民委员部工作人员。——234。

马尔滕斯，路德维希·卡尔洛维奇(Мартенс，Людвиг Карлович 1875—1948)——1893年参加俄国革命运动。1919年1月起任苏维埃俄国驻美国代表，组织技术援助苏俄协会。1921年奉召回国。担任最高国民经济委员会主席团委员、金属工业总管理局局长等职。——17、40、361、362、367、368、369、370、371、375。

马菲，法布里齐奥（Maffi，Fabrizio 1868—1955）——意大利工人运动活动家；医学教授。1888 年加入意大利社会党，属党内革命派。1921 年在社会党内创立和领导第三国际派，该派后来与共产党合并。是共产国际第三次代表大会意大利社会党的代表。1922 年加入意大利共产党，1924 年起为该党中央委员。——522。

马哈拉泽，菲力浦·耶谢耶维奇（Махарадзе，Филипп Иесеевич 1868—1941）——1903 年加入俄国社会民主工党。1921 年 3 月—1922 年 2 月任格鲁吉亚革命委员会主席、农业人民委员。1922 年起任格鲁吉亚苏维埃社会主义共和国中央执行委员会主席。——87、110、535。

马克萨，普罗科普（Maxa，Prokop 1883—1961）——捷克斯洛伐克社会活动家和外交家。1921—1923 年任捷克斯洛伐克驻华沙大使。——157。

马克思，卡尔（Marx，Karl 1818—1883）——科学共产主义的创始人，世界无产阶级的领袖和导师。——19、372、381。

马克西莫夫斯基，弗拉基米尔·尼古拉耶维奇（Максимовский，Владимир Николаевич 1887—1941）——1903 年加入俄国社会民主工党。1922 年任教育人民委员部部务委员、副教育人民委员。——493。

马库拉（米古洛）（Макула（Мигуло））——医生，孟什维克。——445。

马努恰里扬茨，舒莎尼卡·姆克尔特切夫娜（Манучарьянц，Шушаника Мкртычевна 1889—1969）——1918 年加入俄共（布）。1920—1924 年是列宁的私人图书管理员。——215—216。

玛丽亚·伊里尼奇娜——见乌里扬诺娃，玛丽亚·伊里尼奇娜。

迈纳，罗伯特（巴利斯特，J.）（Minor，Robert（Ballister，J.）1884—1952）——美国社会主义者，新闻工作者和画家。拥护俄国十月革命，到过莫斯科。曾参加在莫斯科出版的在英美武装干涉军中散发的《呼声报》编辑工作。1920 年返回美国，加入美国共产党，为该党领导人之一。曾任美共中央机关报《工人日报》编辑。——98。

麦克唐纳，F. R.（Macdonald，F. R.）——英国一家大银行的襄理，上校。——245。

曼采夫,瓦西里·尼古拉耶维奇(Манцев,Василий Николаевич 1889—1939)
——1906年加入俄国社会民主工党。1918—1919年任莫斯科肃反委员
会副主席和主席。1919年底起任乌克兰肃反委员会中央管理局局长。
1920年7月起任全俄肃反委员会会务委员,8月起兼任西南方面军和南方
面军(克里木)特别部主任、后勤主任。1922年任乌克兰肃反委员会主席。
——430、445。

梅德维捷娃——见梅德维捷娃-捷尔-彼得罗相,С. В.。

梅德维捷娃-捷尔-彼得罗相,С. В.(Медведева-Тер-Петросян,С.В.)——俄国
医生。——168。

梅捷列夫,亚历山大·杰尼索维奇(Метелев,Александр Денисович 1893—
1937)——1912年加入俄国布尔什维克党。1918年6月—8月初任阿尔
汉格尔斯克省执行委员会委员,后为第6集团军政治工作人员、奔萨省执
行委员会委员。1921年为全俄中央执行委员会房屋管理处主任。——
73—74。

梅兰维尔,Л. А.(Меранвиль,Л. А. 1885—1938)——1904—1917年为孟什
维克,1917年加入俄国社会民主工党(布)。1921—1922年任工农检查人
民委员部办公厅主任、小人民委员会委员。——116—117。

梅日劳克,伊万·伊万诺维奇(Межлаук,Иван Иванович 1891—1938)——
1918年加入俄共(布)。1921—1923年任顿巴斯叶纳基耶沃冶金工厂厂
长、南方钢铁托拉斯管理委员会主席。——114。

梅夏采夫,П. А.(Месяцев,П. А. 1889—1938)——1906年加入俄国社会
民主工党。1921—1924年任俄罗斯联邦农业人民委员部部务委员。
——121。

梅辛,斯坦尼斯拉夫·阿达莫维奇(Мессинг,Станислав Адамович 1890—
1946)——1908年加入俄国社会民主工党。1920年起为全俄肃反委员会
会务委员。——430、445、527。

美舍利亚科娃,安娜·伊万诺夫娜(Мещерякова,Анна Ивановна 1866—
1948)——19世纪90年代参加革命运动,曾在彼得堡涅瓦关卡外的星期
日夜校当教员。1901年侨居比利时期间做过运送《火星报》的工作。1917
年3月加入俄国社会民主工党(布)。1917年二月革命后是俄国社会民主

工党(布)尼古拉耶夫卡(克拉斯诺亚尔斯克工人区)委员会委员、市杜马布尔什维克议员。十月革命后在教育人民委员部和政治教育总委员会图书馆司工作,曾主管克里姆林宫中央俱乐部图书馆。——92。

米古洛——见马库拉。

米哈——见茨哈卡雅,米哈伊尔·格里戈里耶维奇。

米哈伊洛夫(叶林松),列夫·米哈伊洛维奇(Михайлов(Елинсон),Лев Михайлович 1872—1928)——1900 年加入俄国社会民主工党。1917—1921 年任彼得格勒省执行委员会主席团委员、彼得格勒委员会监察委员会委员、彼得格勒省执行委员会公用事业局局长。1922 年任俄罗斯联邦驻挪威全权代表。——171。

米哈伊洛夫,瓦西里·米哈伊洛维奇(Михайлов,Василий Михайлович 1894—1937)——1915 年加入俄国布尔什维克党。1921—1922 年任党中央委员会书记。在党的第十次代表大会上当选为中央委员,第十一次代表大会上当选为候补中央委员。——14、20、21、25、26—27。

米哈伊洛夫,伊万·康斯坦丁诺维奇(Михайлов,Иван Константинович 1881—1950)——1897 年参加俄国社会民主主义运动。1921—1922 年任劳动国防委员会负责调查原属厄克特的阿尔泰和乌拉尔企业的特设委员会主席。——5、285、479。

米海洛夫斯基,尼古拉·康斯坦丁诺维奇(Михайловский,Николай Константинович 1842—1904)——俄国自由主义民粹派理论家,政论家,文艺批评家,实证论哲学家,社会学主观学派代表人物。1892 年起任《俄国财富》杂志编辑,在该杂志上与俄国马克思主义者进行激烈论战。——61。

米留可夫,帕维尔·尼古拉耶维奇(Милюков,Павел Николаевич 1859—1943)——俄国立宪民主党领袖,俄国自由派资产阶级思想家,历史学家和政论家。1905 年 10 月参与创建立宪民主党,后任该党中央委员会主席和中央机关报《言语报》编辑。第三届和第四届国家杜马代表。第一次世界大战期间为沙皇政府的掠夺政策辩护。1917 年二月革命后任第一届临时政府外交部长。十月革命后同白卫分子和武装干涉者合作。1920 年起为白俄流亡分子,在巴黎出版《最新消息报》。——284。

米柳亭,尼古拉·亚历山德罗维奇(Милютин,Николай Александрович

1889—1942)——1908年加入俄国社会民主工党。1922—1924年任俄罗斯联邦副社会保障人民委员。——276。

米罗什尼科夫，伊万·伊万诺维奇（Мирошников, Иван Иванович 1894—1939)——1917年加入俄国社会民主工党（布）。外国武装干涉和国内战争时期参加红军作战。1921—1937年先后任人民委员会和劳动国防委员会办公厅主任助理和主任。——270—271、293、350、351。

米诺尔，拉扎尔·索洛蒙诺维奇（Минор, Лазарь Соломонович 1855—1942)——苏联神经病理学家。——56。

米歇尔，B. O.(Mishell, B. O.)——美国药品和化学制剂联合公司的代表，美国在苏俄的承租企业"阿拉麦里科公司"总经理。——103、413、438、441。

米雅柯金，韦涅季克特·亚历山德罗维奇（Мякотин, Венедикт Александрович 1867—1937)——俄国人民社会党领袖之一，历史学家和政论家。1893年为《俄国财富》杂志撰稿人，1904年起为杂志编委。1905—1906年是资产阶级知识分子组织"协会联合会"的领导人之一。敌视十月革命，反对苏维埃政权。1918年是反革命组织"俄罗斯复兴会"的创建人之一，同年流亡国外。——444。

米雅斯尼科夫，加甫里尔·伊里奇（Мясников, Гавриил Ильич 1889—1946)——1906年加入俄国社会民主工党。1921年先后在彼尔姆省和彼得格勒做党的工作。1922年因从事反党活动被开除出党。——67、99、284。

缅施科夫，叶夫根尼·斯捷潘诺维奇（Меньшиков, Евгений Степанович 1883—1926)——苏联工艺工程师，泥炭业专家。1921年起创建和领导泥炭实验站。1922年起为季米里亚捷夫农学院教授和该校泥炭专业的负责人。——254。

明岑贝格，威廉（Münzenberg, Wilhelm 1889—1940)——瑞士和德国工人运动活动家；职业是制鞋工人。1910年从德国移居瑞士。1914—1917年是瑞士社会民主主义青年组织的领导人和该组织刊物《自由青年》的编辑，1915—1919年任社会主义青年国际书记及其刊物《青年国际》的编辑。第一次世界大战期间持国际主义立场。1916年起为瑞士社会民主党执行委员会委员。回到德国后，加入德国共产党，被选入中央委员会。1919—1921年任青年共产国际书记。共产国际第二、第三、第四和第六次代表大

员。——488、535。

穆拉洛夫，尼古拉·伊万诺维奇（Муралов, Николай Иванович 1877—1937）
——1903年加入俄国社会民主工党。十月革命期间是莫斯科军事革命委
员会委员和革命司令部成员。1919—1920年任东方面军、第3和第12集
团军革命军事委员会委员。1920年8月起任农业人民委员部部务委员。
1921年3月起任莫斯科军区司令。——121、122。

穆什凯托夫，德米特里·伊万诺维奇（Мушкетов, Дмитрий Иванович 1882—
1938）——苏联地质学家。1919—1936年任彼得格勒矿业学院院长。
——69。

N

纳科里亚科夫，尼古拉·尼坎德罗维奇（乌拉尔斯基，纳扎尔）（Накоряков,
Николай Никандрович（Уральский, Назар）1881—1970）——1901年加入
俄国社会民主工党，党的第二次代表大会后是布尔什维克。曾在喀山、萨
马拉和乌拉尔等地做党的工作，为秘密的和合法的报刊撰稿；多次被捕和
流放。1911年侨居美国，编辑俄国侨民出版的《新世界报》。1916年转到
护国派立场。1917年二月革命后回国，在临时政府的军队中任副政委。
1919—1920年在邓尼金白卫军中服役。后转向苏维埃政权，在哈尔科夫、
西伯利亚和莫斯科的出版社工作，1922年起领导国家美术书籍出版社。
——170。

纳里曼诺夫，纳里曼·克尔巴拉伊·纳贾夫（Нариманов, Нариман Кербалай
Наджаф оглы 1870—1925）——1905年加入俄国社会民主工党。1917年
是建立阿塞拜疆苏维埃政权斗争的领导人之一。1919年起任俄罗斯联邦
外交人民委员部近东司司长、副民族事务人民委员。1920年起任阿塞拜
疆革命委员会主席、阿塞拜疆苏维埃社会主义共和国人民委员会主席。
1922年起任外高加索联邦联盟院主席。——42。

纳兹万诺夫，米哈伊尔·康德拉季耶维奇（Названов, Михаил Кондратьевич
1872—1934）——苏联制糖工业工艺工程师。1919—1921年先后在最高
国民经济委员会生产局和国家计划委员会担任顾问。1922年起在对外贸
易人民委员部担任国营白海北部地区森林工业联合公司营业经理。——

126、224。

娜·康·;娜捷施达·康斯坦丁诺夫娜——见克鲁普斯卡娅,娜捷施达·康斯坦丁诺夫娜。

尼古拉耶夫,阿基姆·马克西莫维奇(Николаев, Аким Максимович 1887—1938)——1904 年加入俄国社会民主工党。1918—1924 年任邮电人民委员部部务委员和无线电委员会主席。——416。

涅奥皮哈诺夫,亚历山大·亚历山德罗维奇(Неопиханов, Александр Александрович 生于 1884 年)——苏联经济工程师。1909 年起在铁路工作。1919—1921 年任铁路转运职工工会中央委员会副主席,后为国家计划委员会主席团委员。——170。

涅奇金娜,叶卡捷琳娜·阿列克谢耶夫娜(Нечкина, Екатерина Алексеевна 生于 1892 年)——苏联护士。1911—1957 年在索尔达坚科夫医院(现波特金医院)工作。1922 年列宁住院动手术后曾护理过列宁。——396。

涅斯捷罗夫,波里斯·巴甫洛维奇(Нестеров, Борис Павлович 1894—1937)——1918 年加入俄共(布)。1922 年起在俄罗斯联邦人民委员会办公厅工作。——229、306。

纽博尔德,约翰·特纳·沃尔顿(Newbold, John Turner Walton 1888—1943)——英国政治活动家,著作家,经济学家。原为独立工党党员,1921 年加入英国共产党。1922 年被选入议会,是英国第一个共产党议员。1923 年出席了共产国际第四次代表大会,被选入共产国际执行委员会。1924 年退出共产党。——484。

诺维茨基,亚历山大·阿道福维奇(Новицкий, Александр Адольфович 生于 1894 年)——苏联财政工作者,1918 年加入俄共(布)。1921 年起任俄罗斯联邦预算局局长、金本位制委员会秘书、小人民委员会委员、财政人民委员部驻劳动国防委员会代表。1922 年任财政人民委员部驻乌克兰特派员和乌克兰人民委员会委员,后任全乌克兰中央执行委员会委员。1923 年起任苏联财政人民委员部财务监督管理局局长。——7、248。

P

帕纳菲厄——1921 年为法国驻华沙公使。——157。

帕纽什金，瓦西里·卢基奇（Панюшкин，Василий Лукич 1888—1960）——
1907年加入俄国社会民主工党。1918年4月被派往图拉省担任镇压反革
命的军事特派员，指挥武装工人和水兵部队，曾在东方战线工作，后被任命
为驻伏尔加河流域和乌拉尔镇压反革命的军事特派员。1919—1920年在
党中央机关任责任组织员和指导员。1921年因不理解新经济政策而退
党，不久又回到党内。后在顿巴斯和最高国民经济委员会做经济工作。
——67。

皮达可夫，格奥尔吉·列昂尼多维奇（Пятаков，Георгий Леонидович 1890—
1937）——1910年加入俄国社会民主工党。1914—1917年先后侨居瑞士
和瑞典；曾参加伯尔尼代表会议，为《共产党人》杂志撰稿。1917年二月革
命后任党的基辅委员会主席和基辅工人代表苏维埃执行委员会委员。十
月革命后任国家银行总委员。1918年12月任乌克兰临时工农政府主席。
1919年任第13集团军革命军事委员会委员，1920年曾在乌拉尔任第1劳
动军革命军事委员会委员。1920年起历任顿巴斯中央煤炭工业管理局局
长、国家计划委员会和最高国民经济委员会副主席、驻法国商务代表、苏联
国家银行管理委员会主席、副重工业人民委员、租让总委员会主席等职。
1920—1921年工会问题争论期间支持托洛茨基的纲领。——52—53、67、
82—84、130、190、221、236、242、243、287、297、298、300、318、321、340、395、
472、492、494、495—496、497、498。

皮利亚夫斯基，斯坦尼斯拉夫·斯坦尼斯拉沃维奇（Пилявский，Станислав
Станиславович 1882—1937）——1903年加入俄国社会民主工党。1921年
10月起在外交人民委员部担任人民委员会债务谈判实际问题研究委员会
委员和报告人。1922年春以苏俄代表团秘书长的身份出席热那亚会议。
——55—56、225—226。

普拉夫尼克，Б.И.（Плавник，Б.И. 1886—1955）——1918年加入俄共（布）。
1922—1926年任对外贸易人民委员部部务委员、进口管理局和财政局局
长、俄罗斯联邦国家进出口贸易公司管理委员会委员。——350。

普列奥布拉任斯基，阿列克谢·安德列耶维奇（Преображенский，Алексей
Андреевич 1863—1938）——俄国民粹派分子，后参加社会民主主义运动。
1889—1893年列宁与家人在阿拉卡耶夫卡度夏时经常同列宁见面，并就

农民问题进行过争论。1902 年起在萨马拉—兹拉托乌斯特铁路工作。
1904 年加入俄国社会民主工党。1905 年在萨马拉工作。十月革命后任萨
马拉—兹拉托乌斯特铁路局办公室主任、总务主任和行政处处长等职。
1922 年根据列宁的提议被任命为哥尔克国营农场场长。——105。

普列奥布拉任斯基，叶夫根尼·阿列克谢耶维奇（Преображенский，Евгений
　　Алексеевич 1886—1937）——1903 年加入俄国社会民主工党。国内战争
　　期间任第 3 集团军政治部主任。1920 年初任俄共（布）乌法省委主席。同
　　年，在党的第九次代表大会上当选为中央委员、中央委员会书记。1921 年
　　3 月起先后任财政人民委员部部务委员和教育人民委员部职业教育总局
　　局长、《真理报》编辑等职。1920—1921 年工会问题争论期间支持托洛茨
　　基的纲领。——8、32、68—69、154—155、168—169、170、209、216、218、
　　233、404。

普列汉诺夫，格奥尔吉·瓦连廷诺维奇（Плеханов，Георгий Валентинович
　　1856—1918）——俄国早期的马克思主义理论家，后来成为孟什维克和第
　　二国际机会主义领袖之一。1883 年在日内瓦创建俄国第一个马克思主义
　　团体——劳动解放社。翻译和介绍了马克思和恩格斯的许多著作，对马克
　　思主义在俄国的传播起了重要作用；写过不少优秀的马克思主义著作，批
　　判民粹主义、合法马克思主义、经济主义、伯恩施坦主义、马赫主义。20 世
　　纪初是《火星报》和《曙光》杂志编辑部成员。曾参与制定俄国社会民主工
　　党纲领草案和参加党的第二次代表大会的筹备工作。在代表大会上是劳
　　动解放社的代表，属火星派多数派，参加了大会常务委员会，会后逐渐转向
　　孟什维克，1905—1907 年革命时期反对列宁的民主革命的策略，后来在孟
　　什维克和布尔什维克之间摇摆。斯托雷平反动时期和新的革命高涨年代
　　反对取消主义，领导孟什维克护党派。第一次世界大战期间持社会沙文主
　　义立场。1917 年二月革命后支持资产阶级临时政府。对十月革命持否定
　　态度，但拒绝支持反革命。——513。

普列特涅夫，瓦列里安·费多罗维奇（Плетнев，Валериан Федорович 1886—
　　1942）——1920 年加入俄共（布），作家。1921—1932 年任无产阶级文化
　　协会中央委员会主席。——475。

Q

契布拉里奥(Чибрарио)——260。

契尔金,瓦西里·加甫里洛维奇(Чиркин, Василий Гаврилович 1877 —
1954)——俄国工人,1903 年参加革命运动。1904 年底参加孟什维克。斯
托雷平反动时期是取消派分子。第一次世界大战期间是社会沙文主义者。
1917 年二月革命后是全俄苏维埃第一次和第二次代表大会代表。1918 年
脱离孟什维克,1920 年加入布尔什维克党。1920 — 1922 年任全俄工会中
央理事会南方局主席团委员、全乌克兰中央执行委员会委员等职。后在铁
路运输部门担任领导工作。——90 — 91。

契切林,格奥尔吉·瓦西里耶维奇(Чичерин, Георгий Васильевич 1872 —
1936)——1904 年参加俄国革命运动,1905 年在柏林加入俄国社会民主工
党。长期在国外从事革命活动。斯托雷平反动时期是孟什维主义的拥护
者,第一次世界大战期间是国际主义者,1917 年底转向布尔什维主义立
场,1918 年加入俄共(布)。1918 年初回国,先后任副外交人民委员、外交
人民委员,是出席热那亚国际会议和洛桑国际会议的苏俄代表团团长。
——12、13、14、29 — 30、51、72、113、126、127、128、157、166、167、186 —
188、211、214、215、222、234、245、252 — 253、256 — 257、272、274 — 275、
282、292、294、310、324、330、354、356、407、419、483、488—489、505、508。

乔姆金(Temkin)——43。

切博塔廖夫,伊万·尼古拉耶维奇(Чеботарев, Иван Николаевич 1861 —
1934)——俄国民意党人,1886 年参加革命运动;曾因亚·伊·乌里扬诺
夫案被捕。早在辛比尔斯克时就是乌里扬诺夫一家的好友。在彼得堡时,
列宁曾利用他的住址同家里人通信和转寄秘密书刊。1906 — 1922 年在波
波夫卡车站一所学校工作。——28。

切伊科,И. А.(切伊卡)(Чейко, И. А.(Чейка))——苏联电气工程师。——
64 — 65、111。

钦察泽,科捷·马克西莫维奇(Цинцадзе, Коте Максимович 1887 — 1930)
——1904 年加入俄国社会民主工党。1921 年格鲁吉亚建立苏维埃政权后
任格鲁吉亚苏维埃社会主义共和国肃反委员会主席、格鲁吉亚共产党(布)

中央委员、格鲁吉亚中央执行委员会委员。——487—488。

丘巴尔，弗拉斯·雅柯夫列维奇（Чубарь，Влас Яковлевич 1891—1939）——
1907 年加入俄国社会民主工党。1918—1923 年任国营机械制造厂联合
公司管理委员会主席、俄罗斯联邦最高国民经济委员会主席团委员、恢复
乌克兰工业组织局主席、乌克兰最高国民经济委员会主席团主席、顿巴斯
中央煤炭工业管理局局长。在党的第十次代表大会上当选为候补中央委
员，第十一次代表大会上当选为中央委员。1920—1934 年为乌克兰共产
党（布）中央政治局委员。——65、66、476、480、503。

丘茨卡耶夫，谢尔盖·叶戈罗维奇（Чуцкаев，Сергей Егорович 1876—1946）
——1903 年加入俄国社会民主工党。1918—1921 年任财政人民委员部
部务委员、副财政人民委员、小人民委员会委员、取消货币税工作委员会主
席。1921—1922 年先后任西伯利亚革命委员会副主席和主席，俄共（布）
中央委员会西伯利亚局成员。——50、51、150、323、331。

瞿鲁巴，格奥尔吉·德米特里耶维奇（Цюрупа，Георгий Дмитриевич 1885—
1940）——苏联电气工程师。1919—1926 年是国营卡希拉区发电站建筑
工程总工程师，1921 年 5 月起任国家建筑工程总委员会副主席。——79、
80、176、195、203、204。

瞿鲁巴，亚历山大·德米特里耶维奇（Цюрупа，Александр Дмитриевич 1870—
1928）——1898 年加入俄国社会民主工党。十月革命后任副粮食人民委
员，1918 年 2 月起任粮食人民委员。国内战争时期主管红军的供给工作，
领导征粮队的活动。1921 年底起任人民委员会和劳动国防委员会副主
席。——77、88、94、95—96、100、106、119、161、169—170、171、176、201、
205—206、225—226、229、232、238、239、240—241、251、255、266、269、
277—279、284、297—301、305、306、312、313、318、336、337、340、351、357、
358—359、360、364、367、368、369、371、373、375、384、385、398、401、403、
404、423、424、426、432、436、444、449、451、455、470、471、531。

R

热尔托夫，И. И.（Желтов，И. И. 1890—1939）——1917 年加入俄国社会民
主工党（布）。莫斯科十月武装起义的参加者。十月革命后历任莫斯科巴

乌曼区苏维埃主席、布良斯克别日察工厂厂长、莫斯科省工会理事会主席、乌兹别克斯坦人民委员会副主席、苏联劳动人民委员部部务委员等职。——21—22。

日杰列夫，尼古拉·安德列耶维奇（Жиделев，Николай Андреевич 1880—1950）——1903年加入俄国社会民主工党。1921—1923年是人民委员会执行重要任务的工作人员。——456、464。

S

萨法罗夫，格奥尔吉·伊万诺维奇（Сафаров，Георгий Иванович 1891—1942）——1908年加入俄国社会民主工党。曾在彼得堡和国外做党的工作。第一次世界大战期间参加齐美尔瓦尔德左派，先在法国工作，1916年1月起在瑞士工作。1917年二月革命后任俄国社会民主工党（布）彼得堡委员会委员。1917年9月起任乌拉尔州工兵代表苏维埃副主席，后任州劳动委员。1921年起为俄共（布）中央委员会土耳其斯坦局成员，1921—1922年为共产国际执行委员会委员、共产国际东方部负责人。在党的第十次和第十一次代表大会上当选为候补中央委员。——117、140、147、276、400。

萨马林，В. И.（Самарин，В. И.）——1921年为苏俄劳动国防委员会驻克里木特派员。——35—36。

萨美尔，伊万·阿达莫维奇（Саммер，Иван Адамович 1870—1921）——俄国社会民主党人，布尔什维克。1897年参加革命运动，在基辅和喀山等地做党的工作，积极参加1905—1907年革命。1905年秋被增补进党中央委员会。屡遭沙皇政府迫害。十月革命后在沃洛格达从事经济工作，任国民经济委员会主席。1919年起在中央消费合作总社工作。1920—1921年任乌克兰消费合作总社主席和对外贸易人民委员部驻乌克兰特派员。——199。

萨普龙诺夫，季莫费·弗拉基米罗维奇（Сапронов，Тимофей Владимирович 1887—1939）——1912年加入俄国布尔什维克党。1918—1919年任莫斯科省执行委员会主席，1919—1920年任哈尔科夫省革命委员会主席。1920—1921年任建筑工会中央委员会主席、国家建筑工程总委员会主席、最高国民经济委员会副主席。工会问题争论期间领导民主集中派。

——3。

塞拉蒂,扎钦托·梅诺蒂(Serrati, Giacinto Menotti 1872 或 1876 — 1926)
——意大利工人运动活动家,意大利社会党领导人之一。1914 — 1922 年
任社会党中央机关报《前进报》社长。第一次世界大战期间是国际主义者。
共产国际成立后,坚决主张意大利社会党参加共产国际。1920 年率领意
大利社会党代表团出席共产国际第二次代表大会;在讨论加入共产国际的
条件时,反对同改良主义者无条件决裂。他的错误立场受到列宁的批评,
不久即改正了错误。1924 年带领社会党内的第三国际派加入意大利共产
党。——34 — 35、159、522。

赛德-加利耶夫,萨希布·加雷(Саид-Галиев, Сахиб Гарей 1894 — 1938)——
1917 年加入俄国社会民主工党(布)。1920 — 1921 年任鞑靼苏维埃社会
主义自治共和国革命委员会主席和人民委员会主席,1921 — 1924 年任克
里木苏维埃社会主义自治共和国人民委员会主席。——440。

瑟罗莫洛托夫,费多尔·费多罗维奇(Сыромолотов, Федор Федорович 1877 —
1949)——1897 年参加俄国社会民主主义运动。十月革命后任最高国民
经济委员会主席团委员、小人民委员会委员、国家计划委员会主席团委员
等职。——155。

沙季洛夫,约瑟夫·尼古拉耶维奇(Шатилов, Иосиф Николаевич 1824 —
1889)——俄国农业方面的活动家。1864 年起任莫斯科农业协会主席;
成立彼得罗夫斯克农林科学院(现季米里亚捷夫农业科学院)的倡导者
之一,图拉省试验站(现奥廖尔州沙季洛沃国家育种站)的创建人。——
490、543。

沙宁,M.——见沙皮罗,列夫·格里戈里耶维奇。

沙皮罗,列夫·格里戈里耶维奇(沙宁,M.)(Шапиро, Лев Григорьевич
(Шанин, M.)1887 — 1957)——1902 年参加俄国革命运动,1903 年加入里
加的崩得组织,成为孟什维克。1918 年起是俄共(布)党员,在教育人民委
员部工作,在红军中做政治工作。1920 — 1921 年任政治教育总委员会主
席团委员。——90 — 93。

绍特曼,亚历山大·瓦西里耶维奇(Шотман, Александр Васильевич 1880 —
1937)——1899 年加入俄国社会民主工党。1917 年 7 月起是党中央委员

会和列宁之间的联络员,同年8月受党中央委托,安排列宁从拉兹利夫转移到芬兰。积极参加十月革命。1918—1920年任最高国民经济委员会主席团委员、西伯利亚国民经济委员会主席等职。1922年任卡累利阿苏维埃社会主义自治共和国经济会议主席。——487、539。

舍印曼,亚伦·李沃维奇(Шейнман,Арон Львович 1886—1944)——1903年加入俄国社会民主工党。1920年任副对外贸易和国内商业人民委员。1921年10月初被任命为财政人民委员部部务委员和国家银行管理委员会委员,后为该委员会主席。—— 32、85 — 86、97、171、229、302 — 303、481。

施米特,奥托·尤利耶维奇(Шмидт,Отто Юльевич 1891—1956)——苏联学者,1918年加入俄共(布)。1918—1920年任粮食人民委员部部务委员,1920年任中央消费合作总社理事会理事,1920—1921年任教育人民委员部部务委员。——209。

施泰因贝格,П. Б.(Штейнберг,П. Б.)——俄国资本家,侨民。1922—1924年是俄罗斯联邦皮革原料国内外贸易股份公司创办人之一和董事长。——4。

施泰因梅茨,查理·普罗蒂尤斯(Steinmetz,Charles Proteus 1865 — 1923)——美国著名电工学家。——360、361、518。

施瓦尔茨,伊萨克·伊兹拉伊列维奇(“谢苗”)(Шварц,Исаак Израилевич(“Семен”)1879—1951)——1899年加入俄国社会民主工党,曾在叶卡捷琳诺斯拉夫和乌拉尔从事革命工作。1911年是列宁创办的隆瑞莫党校的学员。曾任国外组织委员会委员,从事重建布尔什维克组织的工作,积极参加负责筹备召开俄国社会民主工党第六次(布拉格)全国代表会议的俄国组织委员会的组建工作。七次被捕和流放,六次从流放地逃跑。1917年二月革命后在乌克兰担任党和苏维埃的负责工作。1918年起是乌克兰党的地下工作和游击运动的领导人之一。在乌克兰共产党(布)第一次和第二次代表大会上当选为中央委员。1918—1919年任全乌克兰肃反委员会主席、乌克兰苏维埃社会主义共和国国防委员会驻敖德萨和尼古拉耶夫特派员。1920年任俄共(布)中央驻顿巴斯特派员。1921年起任全俄矿工工会中央委员会主席。1930年起从事经济工作。曾任俄共(布)中央监察委员和联共(布)中央委员。——52—53。

施韦奇科夫,康斯坦丁·马特维耶维奇(Шведчиков, Константин Матвеевич 1884—1952)——1904 年加入俄国社会民主工党。1918 年起在造纸工业部门担任负责工作,任人民委员会负责造纸和印刷工业的特派员、造纸工业总管理局局长和中央制浆造纸工业托拉斯经理。——3。

什克洛夫斯基,格里戈里·李沃维奇(Шкловский, Григорий Львович 1875—1937)——1898 年加入俄国社会民主工党,曾在白俄罗斯一些城市和国外做党的工作。1909 年起流亡瑞士,加入布尔什维克伯尔尼支部;1915 年起任布尔什维克国外组织委员会委员。1917 年二月革命后回国,在下诺夫哥罗德和莫斯科工作。1918—1925 年主要从事外交工作,其间曾在农业人民委员部和莫斯科市政机关短期工作。——100—101、399、400。

斯大林(朱加施维里),约瑟夫·维萨里昂诺维奇(Сталин(Джугашвили), Иосиф Виссарионович 1879—1953)——1898 年加入俄国社会民主工党,党的第二次代表大会后是布尔什维克。曾在梯弗利斯、巴统、巴库和彼得堡做党的工作。多次被捕和流放。1912 年 1 月在党的第六次(布拉格)全国代表会议选出的中央委员会会议上,被缺席增补为中央委员并被选入中央委员会俄国局;积极参加布尔什维克《真理报》的编辑工作。在十月革命的准备和进行期间参加领导武装起义的彼得格勒军事革命委员会和党总部。在全俄苏维埃第二次代表大会上当选为全俄中央执行委员会委员;参加第一届人民委员会,任民族事务人民委员。1919 年 3 月起兼任国家监察人民委员,1920 年起为工农检查人民委员。国内战争时期任全俄中央执行委员会驻国防委员会代表、人民委员会驻南俄粮食特派员、共和国革命军事委员会委员和一些方面军的革命军事委员会委员。1919 年起为党中央政治局委员。1922 年 4 月起任党中央总书记。——3、14、51、57—58、78、88—89、116—117、122、126、133、158、169、174、180、201—202、206、216—217、227、239、246、247—248、259、272、283—285、305、308、322、331、334、336、344、349、374、376、390—391、394、395、399、400、406、422、428—429、432、434、437—438、440、441、442、444—445、446、447—448、450、455—456、461、471、486、495—496、497、498、511—512、519—521、527—528、533、534、535。

斯克良斯基，埃夫拉伊姆·马尔科维奇（Склянский，Эфраим Маркович 1892—1925）——1913年加入俄国布尔什维克党。1918年1月起任副陆军人民委员，1918年10月—1924年3月任共和国革命军事委员会副主席。1920—1921年任劳动国防委员会委员和卫生人民委员部部务委员。——259。

斯克沃尔佐夫——见斯克沃尔佐夫-斯捷潘诺夫，伊万·伊万诺维奇。

斯克沃尔佐夫-斯捷潘诺夫，伊万·伊万诺维奇（Скворцов-Степанов，Иван Иванович 1870—1928）——1891年参加俄国社会民主主义运动，1904年成为布尔什维克。1905—1907年革命期间在党的莫斯科委员会写作演讲组工作。1907年和1911年代表布尔什维克被提名为国家杜马代表的候选人。斯托雷平反动时期在土地问题上坚持错误观点，对"前进"集团采取调和主义态度，但在列宁影响下纠正了自己的错误。因进行革命活动多次被捕和流放。十月革命后参加第一届人民委员会，历任财政人民委员、全俄工人合作社理事会副主席、中央消费合作总社理事会理事、国家出版社编辑委员会副主任、中央列宁研究院院长等职。马克思《资本论》（第1—3卷，1920年俄文版）以及马克思和恩格斯其他一些著作的译者和编者，写有许多有关革命运动史、政治经济学、无神论等方面的著作。——339—340、342、354、426、428、430、505—507、547—548。

斯米多维奇，彼得·格尔莫格诺维奇（Смидович，Петр Гермогенович 1874—1935）——俄国社会民主党人，火星派分子，俄国社会民主工党第二次代表大会后是布尔什维克；职业是电气工程师。1898年加入俄国社会民主工党。起初倾向经济主义，后参加火星派。1900年底被捕，1901年被驱逐出境；是俄国革命社会民主党人国外同盟成员。1905年在党的莫斯科郊区委员会工作，是莫斯科十二月武装起义的积极参加者。1906年任俄国社会民主工党莫斯科郊区委员会委员，1907—1908年任莫斯科委员会委员。屡遭沙皇政府迫害。积极参加1917年二月革命和十月革命。十月革命后历任莫斯科苏维埃主席、最高国民经济委员会主席团委员、莫斯科省国民经济委员会主席、党的中央监察委员、全俄中央执行委员会和苏联中央执行委员会主席团委员等职。——3。

斯米尔加，伊瓦尔·捷尼索维奇（Смилга，Ивар Тенисович 1892—1938）——

1907 年加入俄国社会民主工党,布尔什维克。1914—1915 年任党的彼得堡委员会委员。1917 年二月革命后任党的喀琅施塔得委员会委员,芬兰陆军、海军和工人区域执行委员会主席。十月革命后历任俄罗斯联邦人民委员会驻芬兰全权代表、共和国革命军事委员会委员,以及一些方面军的革命军事委员会委员和东南劳动军委员会主席。1921—1923 年任最高国民经济委员会副主席和燃料总管理局局长。在党的第七次和第八次代表大会上当选为中央委员,第十一次代表大会上当选为候补中央委员。——36 — 37、81 — 82、96、97、115、120、130、219、284、340、362、447、450、462、467。

斯米尔诺夫,弗拉基米尔・米哈伊洛维奇(Смирнов, Владимир Михайлович 1887—1937)——1907 年加入俄国社会民主工党。国内战争期间担任几个集团军的革命军事委员会委员。十月革命后任最高国民经济委员会主席团委员,1921 年 3 月起是劳动国防委员会俄罗斯联邦资源利用委员会委员。1921—1922 年任国家计划委员会主席团委员。—— 38 — 39、407—408、423。

斯米尔诺夫,伊万・尼基季奇(Смирнов, Иван Никитич 1881 — 1936)——1899 年加入俄国社会民主工党。十月革命后任东方面军第 5 集团军革命军事委员会委员。1919 — 1921 年任西伯利亚革命委员会主席。1921 — 1922 年在最高国民经济委员会工作,主管军事工业。1922 年任彼得格勒委员会和俄共(布)中央委员会西北局书记。在党的第八次和第十次代表大会上当选为候补中央委员,第九次代表大会上当选为中央委员。——50、51、331、387、388。

斯米滕,Е. Г.(Смиттен, Е. Г. 1883—1942)——1904 年加入俄国社会民主工党。1921 年起在党中央机关担任负责工作。——280。

斯莫尔亚尼诺夫,瓦季姆・亚历山德罗维奇(Смольянинов, Вадим Александрович 1890—1962)——1908 年加入俄国社会民主工党。1921 年 4 月起先后任劳动国防委员会办公厅主任助理和副主任,主管经济建设问题。——15、16、17 — 18、50、80、86、144、145、152、156、195、197 — 198、204、205、206、219、223、224、229、230、306、327 — 328、375、377 — 378、405 — 406、410、411、418、420 — 421、423 — 424、425 — 426、444、453、456、463 —

464、465 — 466、468、469 — 470、471、473 — 474、475、481、484、542、543—544。

斯穆什科娃，М. А.（Смушкова，М. А. 生于 1893 年）——1919 年加入俄共（布）。1919—1931 年在教育人民委员部任指导员，政治教育总委员会图书馆司副司长和司长。——235。

斯潘达良，苏连·斯潘达罗维奇（Спандарян，Сурен Спандарович 1882 — 1916）——俄国职业革命家，1902 年加入俄国社会民主工党。党的高加索联合会委员会委员，1905—1907 年革命的积极参加者。在党的第六次（布拉格）全国代表会议上被选为中央委员和中央委员会俄国局成员。会后到拉脱维亚边疆区、彼得堡、莫斯科、梯弗利斯、巴库等地给布尔什维克党组织作传达报告。曾为《明星报》撰稿。1912 年被捕，被判处终身流放西伯利亚，死于克拉斯诺亚尔斯克医院。——429。

斯蓬德，亚历山大·彼得罗维奇（Спундэ，Александр Петрович 1892 — 1962）——1909 年加入俄国社会民主工党。十月革命后任国家银行总委员助理。——344。

斯切克洛夫，尤里·米哈伊洛维奇（Стеклов，Юрий Михайлович 1873 — 1941）——1893 年参加俄国社会民主主义运动，是敖德萨第一批社会民主主义小组的组织者之一。1903 年俄国社会民主工党第二次代表大会后是布尔什维克。斯托雷平反动时期和新的革命高涨年代为布尔什维克的一些报纸和杂志撰稿。1917 年二月革命后当选为彼得格勒苏维埃执行委员会委员；最初持"革命护国主义"立场，后转向布尔什维克。十月革命后任全俄中央执行委员会和苏联中央执行委员会主席团委员、《全俄中央执行委员会消息报》和《苏维埃建设》杂志的编辑。—— 137 — 138、275、384、430、527。

斯琼克尔，波里斯·埃内斯托维奇（Стюнкель，Борис Эрнестович 1882 — 1938）——苏联电气工程师。1920 年起是俄罗斯国家电气化委员会委员；曾参与制定中部工业区电气化方案。1920—1922 年任最高国民经济委员会金属工业总管理局技术委员会主席和局务委员。——142、230。

斯塔尔科夫，瓦西里·瓦西里耶维奇（Старков，Василий Васильевич 1869 — 1925）——1890 年加入彼得堡工艺学院学生马克思主义小组。1893 年与列宁相识。1895 年参与组织彼得堡工人阶级解放斗争协会,是协会的中心小组成员。1895 年 12 月被捕,1897 年流放东西伯利亚,为期三年。十月革命后在对外贸易人民委员部工作,1921 年起任俄罗斯联邦驻德国副商务代表。——53。

斯特卢米林(**斯特卢米洛-彼特拉什凯维奇**),斯坦尼斯拉夫·古斯塔沃维奇(Струмилин(Струмилло-Петрашкевич),Станислав Густавович 1877 — 1974)——苏联经济学家和统计学家,苏联科学院院士(1935)。1923 年加入俄共(布)。1921—1937 年在苏联国家计划委员会工作。——16、38、238、258、259。

斯汀尼斯,胡戈(Stinnes,Hugo 1870 — 1924)——德国垄断资本巨头。1920 年起为国会议员,是代表德国帝国主义资产阶级利益的"德国人民党"领袖之一。——73。

斯托莫尼亚科夫,波里斯·斯皮里多诺维奇(Стомоняков,Борис Спиридонович 1882 — 1941)——1902 年加入俄国社会民主工党。1920 — 1925 年任苏维埃俄国驻德国商务代表。——44 — 45、72、118、347、402、413 — 414、469、524 — 526。

斯维尔德洛夫,雅柯夫·米哈伊洛维奇(Свердлов,Яков Михайлович 1885 — 1919)——1901 年加入俄国社会民主工党。1912 年俄国社会民主工党第六次(布拉格)全国代表会议后被增补为中央委员,参加中央委员会俄国局。曾参加《真理报》编辑部,是《真理报》领导人之一。第四届国家杜马布尔什维克党团领导人之一。屡遭沙皇政府迫害,在狱中和流放地度过十二年。党的第六次代表大会后领导中央书记处的工作。积极参加十月革命的准备和组织工作,任彼得格勒军事革命委员会委员和领导武装起义的党总部成员。1917 年 11 月 8 日(21 日)当选为全俄中央执行委员会主席。——136。

斯维杰尔斯基,阿列克谢·伊万诺维奇(Свидерский,Алексей Иванович 1878—1933)——1899 年加入俄国社会民主工党。1918 年起任粮食人民委员部部务委员,1922 年起任工农检查人民委员部部务委员。——449、450—451、454、471、515—516。

苏汉诺夫,尼·(**吉姆美尔,尼古拉·尼古拉耶维奇**)(Суханов,Н.(Гиммер,

Николай Николаевич)1882—1940))——俄国经济学家和政论家。早年是民粹派分子,1903年起是社会革命党人,1917年起是孟什维克。曾为《俄国财富》、《同时代人》等杂志撰稿;企图把民粹主义和马克思主义结合起来。第一次世界大战期间自称是国际主义者,为《年鉴》杂志撰稿。1917年二月革命后任彼得格勒苏维埃执行委员会委员、《新生活报》编辑之一;支持资产阶级临时政府。十月革命后在苏维埃经济机关工作。——211。

孙中山(1866—1925)——中国伟大的革命先行者。——222。

索尔茨,亚伦·亚历山德罗维奇(Сольц, Арон Александрович 1872—1945)——1898年加入俄国社会民主工党。1920年起为党中央监察委员会委员,1921年起为党中央监察委员会主席团委员、俄罗斯联邦最高法院成员。——134—136、352。

索柯里尼柯夫(**布里利安特**),格里戈里·雅柯夫列维奇(Сокольников (Бриллиант), Григорий Яковлевич 1888—1939)——1905年加入俄国社会民主工党。1909—1917年住在国外。第一次世界大战期间为托洛茨基的《我们的言论报》撰稿。十月革命后从事苏维埃、军事和外交工作。是缔结布列斯特和约的苏俄代表团成员,后来又参加了同德国进行的经济问题谈判。1918年12月—1919年10月任南方面军革命军事委员会委员,1920年8月—1921年3月任土耳其斯坦方面军革命军事委员会委员和方面军司令、全俄中央执行委员会和俄罗斯联邦人民委员会土耳其斯坦事务委员会主席。1921年11月起先后任财政人民委员部部务委员、副财政人民委员、财政人民委员。在党的第六、第七和第十一次代表大会上当选为中央委员。——62、140、144—145、147、169、176、207—210、216、218、232—233、239—240、246、247、255—256、262、266—267、275、278、284、288—289、290、303、304、317、318、336、337、342—343、364、486、489、491—492、503—504。

索罗金,彼得·谢尔盖耶维奇(Сорокин, Петр Сергеевич 1886—1933)——苏联粮食机关工作人员。曾是社会革命党人,1918年加入俄共(布)。1920—1923年为莫斯科消费合作社理事会理事、莫斯科省粮食委员。——350。

索洛维约夫,季诺维·彼得罗维奇(Соловьев, Зиновий Петрович 1876—

1928)——1898 年加入俄国社会民主工党。苏联卫生保健事业最著名的
组织者和理论家之一,1918 年起领导各种卫生机关,参加医生同业公会理
事会。1918 年 7 月起任俄罗斯联邦副卫生人民委员,1919 年起兼任俄国
红十字会执行委员会主席,1920 年起兼任红军军事卫生总局局长。
——185。

索斯诺夫斯基,列夫·谢苗诺维奇(Сосновский, Лев Семенович 1886—1937)
——1904 年加入俄国社会民主工党,新闻工作者。1918—1924 年(有间
断)任《贫苦农民报》编辑。1921 年任党中央委员会鼓动宣传部长。——
1、3、67、151、357、424、490—491。

T

塔辛,瑙姆·雅柯夫列维奇(Тасин, Наум Яковлевич)——俄国孟什维克,新
闻工作者,著作家。曾为资产阶级报刊撰稿。——42—43。

泰奥多罗维奇,伊万·阿道福维奇(Теодорович, Иван Адольфович 1875—
1937)——1895 年加入莫斯科工人阶级解放斗争协会,1903 年俄国社会民
主工党第二次代表大会后是布尔什维克。1905 年在日内瓦任《无产者报》
编辑部秘书。1905—1907 年为党的彼得堡委员会委员。国内战争时期参
加游击队同高尔察克作战。1920 年起任农业人民委员部部务委员,1922
年起任副农业人民委员。——49、121、122、133—134、139、150、275、424、
490、500—501。

特里丰诺夫,瓦连廷·安德列耶维奇(Трифонов, Валентин Андреевич 1888—
1938)——1904 年加入俄国社会民主工党。1919 年夏起任特别远征军政
委、南方面军特别集群和东南方面军革命军事委员会委员,1920 年 1 月—
1921 年 5 月任高加索方面军革命军事委员会委员。1921 年 6 月起任最高
国民经济委员会燃料总管理局副局长和全俄石油辛迪加管理委员会主席。
——120、130、483—484。

特罗菲莫夫,К.В.(Трофимов, К. В. 1894—1937)——1917 年加入俄国社会
民主工党(布)。1921 年起任邮电人民委员部部务委员。——416。

特罗雅诺夫斯基,亚历山大·安东诺维奇(Трояновский, Александр Антонович
1882—1955)——1907 年加入俄国社会民主工党。曾在彼得堡、基辅做党

的工作,屡遭沙皇政府迫害。1910 年侨居瑞士、巴黎和维也纳;是俄国社会民主工党中央委员会出席巴塞尔代表大会(1912)的代表团成员,出席了有党的工作者参加的俄国社会民主工党中央委员会克拉科夫会议和波罗宁会议。1917 年回国。1917—1921 年是孟什维克,1923 年加入俄共(布)。十月革命后从事军事和外交工作。1921 年起在工农检查人民委员部工作。——363。

图曼诺夫,尼古拉·加甫里洛维奇(Туманов,Николай Гаврилович 1887—1936)——1917 年加入俄国社会民主工党(布)。1922—1923 年先后任俄罗斯联邦财政人民委员部部务委员、外高加索联邦共和国财政人民委员和中央执行委员会委员。——486。

托宾松-克拉斯诺晓科娃,Г. Б.(Тобинсон-Краснощекова,Г. Б. 1889—1964)——俄国人,1906—1917 年侨居美国。1920 年在美国救济署工作。1921 年 12 月作为翻译参加了列宁与美国女记者贝西·贝蒂的谈话。1923—1931 年是美国共产党党员,1931 年起是联共(布)党员。——89、123。

托洛茨基(勃朗施坦),列夫·达维多维奇(Троцкий(Бронштейн),Лев Давидович 1879—1940)——1897 年参加俄国社会民主主义运动。在俄国社会民主工党第二次代表大会上是西伯利亚联合会的代表,属火星派少数派。1905 年同亚·帕尔乌斯一起提出和鼓吹"不断革命论"。斯托雷平反动时期和新的革命高涨年代,打着"非派别性"的幌子,实际上采取取消派立场。1912 年组织"八月联盟"。第一次世界大战期间持中派立场,先后任孟什维克取消派的《我们的言论报》的撰稿人和编辑。1917 年二月革命后参加区联派,在党的第六次代表大会上随区联派集体加入布尔什维克党,当选为中央委员。参加十月武装起义的领导工作。十月革命后任外交人民委员、陆海军人民委员、共和国革命军事委员会主席和交通人民委员等职。曾被选为党中央政治局委员和共产国际执行委员会委员。1918 年初反对签订布列斯特和约。1920—1921 年挑起关于工会问题的争论。——72—73、96、129、151—152、163、182、185—186、206—207、208、221、233、287、366、373、384、390、466、510—512、523、524、525—526、527、529、530、532、533、535。

托姆斯基（**叶弗列莫夫**），米哈伊尔·巴甫洛维奇（Томский（Ефремов），Михаил Павлович 1880 — 1936）——1904 年加入俄国社会民主工党。1905—1906 年在党的雷瓦尔组织中工作。1907 年当选为党的彼得堡委员会委员，任布尔什维克的《无产者报》编委。斯托雷平反动时期对取消派、召回派和托洛茨基分子采取调和主义态度。十月革命后任莫斯科工会理事会主席。1919 年起任全俄（后为全苏）工会中央理事会主席团主席。1920 年参与创建红色工会国际，1921 年工会国际成立后任总书记。1921 年 5 月起任全俄中央执行委员会和俄罗斯联邦人民委员会土耳其斯坦事务委员会主席。1919 年起为党中央委员，1923 年起为中央政治局委员。——459、461、520。

W

瓦尔加，叶夫根尼·萨穆伊洛维奇（Варга，Евгений Самуилович 1879 — 1964）——苏联经济学家。生于匈牙利布达佩斯，1906 年加入匈牙利社会民主党，属该党左翼。1919 年 3 月匈牙利建立苏维埃政权后，先后任匈牙利苏维埃共和国财政人民委员和最高国民经济委员会主席。匈牙利革命失败后逃到奥地利，1920 年移居苏维埃俄国，加入俄共（布）。积极参加共产国际的活动。写有资本主义政治经济学方面的著作。—— 328 — 329、378 — 379、397、398、484、510。

瓦列茨基（**霍尔维茨**），马克西米利安·亨利克（Walecki（Horwitz），Maksymilian Genrik 1877 — 1938）——波兰和俄国革命运动活动家。1906 — 1918 年是波兰社会党左翼领导人之一，1918 年是波兰共产党的组织者之一。1921 — 1925 年是波兰共产党驻共产国际的代表。1925 年由波共党员转为联共（布）党员。——386。

瓦因施泰因，阿尔伯特·李沃维奇（Вайнштейн，Альберт Львович 生于 1892 年）——苏联经济学家和统计学家。1918 — 1921 年任莫斯科省国民经济委员会统计处处长、最高国民经济委员会统计局副局长。1921 — 1923 年任俄罗斯联邦农业人民委员部计划管理局经济处处长。——424。

瓦因施泰因，谢苗·拉扎列维奇（Вайнштейн，Семен Лазаревич 1876 — 1923）——俄国孟什维克。1917 年二月革命后是彼得格勒工兵代表苏维埃执行

委员会主席团委员,1917 年 10 月 25 日退出该委员会。国内战争时期反
对苏维埃政权,后流亡国外。——91。

威尔斯,赫伯特·乔治(Wells, Herbert George 1866—1946)——英国作家。
1920 年秋访问过苏维埃俄国,同列宁谈过话,对苏联持友好态度。
——106。

韦托什金,米哈伊尔·库兹米奇(Ветошкин, Михаил Кузьмич 1884—1958)
——1904 年加入俄国社会民主工党。1921 年任黄金委员会副主席。1922
年起任乌克兰司法人民委员和工农检查人民委员。——55、517。

维格多尔契克,尼古拉·阿布拉莫维奇(Вигдорчик, Николай Абрамович
1874—1954)——俄国医生,写有关于社会保险和职业病方面的著作。19
世纪 90 年代曾在基辅参加社会民主主义运动,参加过俄国社会民主工党
第一次代表大会的工作。1906 年起不再积极参加政治活动,在彼得堡行
医和从事医学研究工作。十月革命后仍从事专业工作,1924—1951 年任
列宁格勒医师进修学院教授。——445。

维尤科夫,亚历山大·亚历山德罗维奇(Вьюков, Александр Александрович
生于 1884 年)——苏联法学家。1920—1924 年任司法人民委员部侦查
员。——192。

魏勒,茹尔(Weiler, Jules)——法国商人。——349、350、351。

温克索夫,М. И.(Унксов, М. И. 生于 1881 年)——苏联机械工程师。1921
年任农业人民委员部机耕局局长,是负责生产福勒式犁的特别三人小组主
席。——142。

温什利赫特,约瑟夫·斯坦尼斯拉沃维奇(Уншлихт, Иосиф Станиславович
1879—1938)——1900 年加入波兰王国和立陶宛社会民主党(该党于
1906 年加入俄国社会民主工党)。1919 年 2 月起任立陶宛—白俄罗斯苏
维埃共和国陆军人民委员、立陶宛和白俄罗斯共产党中央委员会主席团委
员。1919 年 6 月起先后任第 16 集团军和西方面军革命军事委员会委员。
1921 年 4 月—1923 年秋任全俄肃反委员会(国家政治保卫局)副主席。
——11、18—19、24、33、36、54、57—58、126—127、183—185、206、215—
216、226—227、237、260—261、293、320、338—339、365、393—394、409。

沃罗夫斯基,瓦茨拉夫·瓦茨拉沃维奇(Воровский, Вацлав Вацлавович

1871—1923)——1890 年在大学生小组中开始革命活动。1902 年侨居国外，成为列宁《火星报》的撰稿人。俄国社会民主工党第二次代表大会后是布尔什维克。1904 年初受列宁委派，在敖德萨建立俄国社会民主工党中央委员会南方局；8 月底出国，赞同 22 个布尔什维克的宣言。1905 年同列宁等人一起参加《前进报》和《无产者报》编辑部，后在布尔什维克的《新生活报》编辑部工作。1907—1912 年领导敖德萨的布尔什维克组织。第一次世界大战初期在彼得格勒做党的工作，1915 年去斯德哥尔摩，1917 年 4 月根据列宁提议进入党中央委员会国外局。1917—1919 年任俄罗斯联邦驻斯堪的纳维亚国家的全权代表，1919—1920 年领导国家出版社，1921—1923 年任驻意大利全权代表。1923 年 5 月 10 日在洛桑被白卫分子杀害。——44—45、188、190、211、419、505。

沃洛格金，瓦连廷·彼得罗维奇（Вологдин, Валентин Петрович 1881—1953)——苏联高频率技术方面的著名科学家。1918—1923 年在下诺夫哥罗德无线电实验室工作，是该实验室的创建人之一。——415、416。

沃洛季切娃，玛丽亚·阿基莫夫娜（Володичева, Мария Акимовна 1891—1973)——1917 年加入俄国社会民主工党（布）。1918—1924 年是人民委员会的打字员、劳动国防委员会和人民委员会的助理秘书。——433。

沃斯基——见捷尔-约翰尼里相，沃斯基·阿塔涅索夫娜。

沃耶沃金，彼得·伊万诺维奇（Воеводин, Петр Иванович 1884—1964)——1899 年加入俄国社会民主工党。1919 年是俄共（布）中央委员会特派员和“十月革命”号鼓动宣传列车的政委。1921 年在俄罗斯联邦教育人民委员部政治教育总委员会工作，领导全俄摄影和电影局。——124—125。

乌尔里希，安娜·伊万诺夫娜（Ульрих, Анна Ивановна 生于 1892 年）——1909 年加入俄国社会民主工党。1921—1924 年是人民委员会和劳动国防委员会秘书处的工作人员。——420。

乌格洛夫，А. Т.（Углов, А. Т. 1884—1938)——苏联无线电工程师。1917—1923 年在红军雷达兵部队任职。——416。

乌拉尔斯基，纳扎尔——见纳科里亚科夫，尼古拉·尼坎德罗维奇。

乌里扬诺夫，亚历山大·伊里奇（Ульянов, Александр Ильич 1866—1887)——俄国民意党活动家；列宁的哥哥。因参与策划刺杀亚历山大三世,于1887年3月1日被捕。在法庭上发表了政治演说。在施吕瑟尔堡要塞被处绞刑。——28。

乌里扬诺娃,玛丽亚·伊里尼奇娜(Ульянова,Мария Ильинична 1878—1937)——列宁的妹妹。早在大学时代就参加了革命运动,1898年加入俄国社会民主工党。曾在彼得堡、莫斯科、萨拉托夫等城市以及国外做党的工作。1900年起为《火星报》代办员。俄国社会民主工党第二次代表大会后是布尔什维克。1903年秋起在党中央秘书处工作。1904年在布尔什维克彼得堡组织中工作。1908—1909年在日内瓦和巴黎居住,积极参加布尔什维克国外小组的工作。因从事革命活动多次被捕和流放。第一次世界大战期间在莫斯科和彼得格勒做宣传鼓动工作,执行列宁交办的任务,同党中央委员会国外局进行通信联系等。1917年3月—1929年春任《真理报》编委和责任秘书。曾任中央监察委员会委员、苏维埃监察委员会委员。1935年当选为苏联中央执行委员会委员。——325、468、550。

乌里扬诺娃,娜·——见克鲁普斯卡娅,娜捷施达·康斯坦丁诺夫娜。

乌里扬诺娃-叶利扎罗娃,安娜·伊里尼奇娜(叶利扎罗娃,安·伊·)(Ульянова-Елизарова,Анна Ильинична(Елизарова,А.И.)1864—1935)——列宁的姐姐。1886年参加大学生革命运动。1898年任俄国社会民主工党第一届莫斯科委员会委员。1900—1905年在《火星报》组织和布尔什维克的一些秘密报刊工作,曾任《前进报》编委。积极参加列宁著作的出版工作。曾在彼得堡、莫斯科和萨拉托夫从事革命工作。1913年起在《真理报》工作,任《启蒙》杂志秘书和《女工》杂志编委。多次被捕。1917年二月革命后为党中央委员会俄国局成员、《真理报》编辑部秘书和《织工》杂志编辑,参加了十月革命的准备工作。1918—1921年领导社会保障人民委员部儿童保健司,后到教育人民委员部工作。是党史委员会和列宁研究院的组织者之一。写有一些回忆列宁的作品和其他文学著作。——324。

武尔弗松,С.Д.(Вульфсон,С.Д. 1879—1932)——1902年加入俄国社会民主工党。国内战争时期在前线担任红军的供给工作;曾任克里木人民委员会委员。战后从事经济工作。1921—1924年先后任莫斯科消费合作社副主席和主席,是莫斯科苏维埃主席团委员、党的莫斯科委员会委员。——350。

X

希尔曼,悉尼(Hillman,Sidney 1887—1946)——美国工会活动家。出生在立陶宛,1907 年起住在美国。1914 年起是美国缝纫工人联合工会领导人,后任男服缝纫工联合工会主席。1921—1922 年曾到莫斯科,就建立援助苏俄恢复经济的俄美工业公司问题会见过列宁。——252。

肖伯纳,乔治(Shaw,George Bernard 1856—1950)——英国剧作家和政论家。从俄国十月革命一开始即支持苏维埃共和国。反对战争和法西斯主义。——106。

谢尔戈——见奥尔忠尼启则,格里戈里·康斯坦丁诺维奇。

谢林,弗里德里希·威廉·约瑟夫(Schelling,Friedrich Wilhelm Joseph 1775—1854)——18 世纪末—19 世纪初德国唯心主义哲学的代表。——19。

谢马什柯,尼古拉·亚历山德罗维奇(Семашко,Николай Александрович 1874—1949)——1893 年参加俄国社会民主主义运动,布尔什维克。1905 年参加下诺夫哥罗德武装起义被捕,获释后流亡国外。曾任俄国社会民主工党中央委员会国外局书记兼财务干事。1913 年参加塞尔维亚和保加利亚的社会民主主义运动。1917 年 9 月回国。积极参加莫斯科十月武装起义,为起义战士组织医疗救护。十月革命后任莫斯科苏维埃医疗卫生局局长。1918—1930 年任俄罗斯联邦卫生人民委员。——56—57、115—116、153、185、322、389、396、405、429、434、435、438、453。

"谢苗"——见施瓦尔茨,伊萨克·伊兹拉伊列维奇。

欣丘克,列夫·米哈伊洛维奇(Хинчук,Лев Михайлович 1868—1944)——1890 年参加俄国社会民主主义运动。1919 年以前是孟什维克,曾任孟什维克中央委员。1920 年加入俄共(布)。1917—1920 年任莫斯科工人合作社理事会理事。1921 年起历任中央消费合作总社理事会主席、苏联驻英国商务代表和驻德国全权代表、俄罗斯联邦国内商业人民委员。——4、85、94、129、261、327—328、351、439、455—456、460、461—462、467—468。

Y

雅洪托夫，瓦列里安·伊万诺维奇（Яхонтов，Валериан Иванович 1877—1926）——1917年加入俄国社会民主工党（布）。1922年起任司法人民委员部部务委员、小人民委员会委员。——307、308—310。

雅柯夫列娃，瓦尔瓦拉·尼古拉耶夫娜（Яковлева，Варвара Николаевна 1884—1941）——1904年加入俄国社会民主工党。在莫斯科做党的工作。1921—1922年任党中央委员会西伯利亚局书记。1922—1929年在俄罗斯联邦教育人民委员部工作，起初任职业教育总局局长，后任副教育人民委员。——334。

雅科温科，瓦西里·格里戈里耶维奇（Яковенко，Василий Григорьевич 1889—1937）——1917年7月加入俄国社会民主工党（布）。1920—1922年任叶尼塞斯克省坎斯克县革命委员会和县执行委员会主席、克拉斯诺亚尔斯克省执行委员会副主席。1922—1923年任俄罗斯联邦农业人民委员。——132、139、148—150、267—268、401、424。

雅罗斯拉夫斯基，叶梅利扬·米哈伊洛维奇（Ярославский，Емельян Михайлович 1878—1943）——1898年加入俄国社会民主工党。十月革命期间是莫斯科领导起义的党总部成员、莫斯科军事革命委员会委员。1919—1920年先后任全俄中央执行委员会驻喀山省和萨拉托夫省特派员、党的彼尔姆省委主席、党中央委员会西伯利亚局成员。1921年任党中央委员会书记。——148—149。

亚戈达，亨利希·格里戈里耶维奇（Ягода，Генрих Григорьевич 1891—1938）——1907年加入俄国社会民主工党。1919—1922年任对外贸易人民委员部部务委员。1920年起在全俄肃反委员会、国家政治保卫局—国家政治保卫总局和内务人民委员部担任领导工作。——116。

叶·费·——见罗兹米罗维奇，叶列娜·费多罗夫娜。

叶尔马柯夫，弗拉基米尔·斯皮里多诺维奇（Ермаков，Владимир Спиридонович 生于1888年）——1917年加入俄国社会民主工党（布）。1919年任东方面军交通部副委员。1920—1921年任国防委员会实行铁路军事管制和促进燃料供应特别委员会特派员，1921年9月起任劳动国防委员会

出口事务特别委员会委员。1922—1925 年参加对外贸易人民委员部部务
委员会。——476—479。

叶尔曼斯基(**科甘**),奥西普·阿尔卡季耶维奇(Ерманский(Коган),Осип
Аркадьевич 1866—1941)——俄国社会民主党人。19 世纪 80 年代末参加
革命运动。1899—1902 年在俄国南方工作。俄国社会民主工党第二次代
表大会后是孟什维克。1918 年是孟什维克中央委员,孟什维克中央机关
刊物《工人国际》杂志编辑之一。1921 年退出孟什维克,在莫斯科从事学
术工作。——454。

叶利扎罗娃,安·伊·——见乌里扬诺娃-叶利扎罗娃,安娜·伊里尼奇娜。

叶梅利亚诺夫,尼古拉·亚历山德罗维奇(Емельянов,Николай Алек-
сандрович 1872—1958)——1904 年加入俄国社会民主工党,工人。
1905—1907 年革命和 1917 年二月革命的积极参加者。按照党的指示,
1917 年 7—8 月在拉兹利夫曾掩护列宁躲避临时政府的追捕。参加了攻
打冬宫的战斗。1918 年任谢斯特罗列茨克苏维埃军事委员,1919 年任谢
斯特罗列茨克苏维埃执行委员会主席。从 1921 年底起在俄罗斯联邦驻爱
沙尼亚商务代表处做经济工作。——44—45、152。

叶努基泽,阿韦尔·萨夫罗诺维奇(Енукидзе,Авель Сафронович 1877—
1937)——1898 年加入俄国社会民主工党,布尔什维克。1910 年在巴库组
织中工作,参加巴库委员会。1911 年被捕入狱,1912 年 7 月获释。十月革
命后在全俄中央执行委员会军事部工作,1918—1922 年任全俄中央执行
委员会主席团委员和秘书,1923—1935 年任苏联中央执行委员会主席团
委员和秘书。——3、78—79、91、92、93、146、172、179—180、251、258—
259、275—276、283、324—325、335、447。

叶若夫,伊万·卡利尼科维奇(Ежов,Иван Каллиникович 生于 1885 年)——
1918 年加入俄共(布)。1918—1924 年任最高国民经济委员会中央国家
仓库管理局局长。——363。

伊林,П. П.(Ильин,П. П. 1886—1951)——1918—1923 年为国营第四汽
车制造厂厂长。——142。

伊帕季耶夫,弗拉基米尔·尼古拉耶维奇(Ипатьев,Владимир Николаевич
1867—1952)——苏联有机化学教授,科学院院士(1916—1936)。1921—

1922年任最高国民经济委员会主席团委员和化学工业局局长。——354—355、360。

伊兹哥耶夫，亚历山大·索洛蒙诺维奇（Изгоев, Александр Соломонович 1872—1935）——俄国政论家，立宪民主党思想家。早年是合法马克思主义者，一度成为社会民主党人，1905年转向立宪民主党。曾为立宪民主党的《言语报》、《南方札记》杂志和《俄国思想》杂志撰稿，参加过《路标》文集的工作。十月革命后为颓废派知识分子的《文学通报》杂志撰稿。因进行反革命政论活动，于1922年被驱逐出境。——445。

尤努索夫，库济拜（Юнусов, Кузибай 1897—1956）——苏联细木工。——550。

约尔丹斯基，尼古拉·伊万诺维奇（Иорданский, Николай Иванович 1876—1928）——1899年参加俄国社会民主主义运动。1903年俄国社会民主工党第二次代表大会后是孟什维克。1904年为孟什维克《火星报》撰稿人。斯托雷平反动时期接近孟什维克护党派。第一次世界大战期间支持战争。1917年二月革命后是临时政府派驻西南方面军多个集团军的委员。1921年加入俄共（布）。1922年在外交人民委员部和国家出版社工作，1923—1924年任驻意大利全权代表。1924年起从事写作。——211。

约诺夫，伊里亚·约诺维奇（Ионов, Илья Ионович 1887—1942）——1904年加入俄国社会民主工党。1918—1926年先后任彼得格勒苏维埃出版社社长、国家出版社彼得格勒分社社长。——196。

越飞，阿道夫·阿布拉莫维奇（Иоффе, Адольф Абрамович 1883—1927）——1917年加入俄国社会民主工党（布）。十月革命后在外交部门担任负责工作。1918年4—11月任俄罗斯联邦驻柏林全权代表，领导同德国进行和平谈判和经济谈判的苏俄代表团。1920年9月1日被任命为在里加同波兰进行和平谈判的俄罗斯—乌克兰代表团团长，后曾任全俄中央执行委员会和俄罗斯联邦人民委员会土耳其斯坦事务委员会主席和俄共（布）中央委员会土耳其斯坦局主席。1922—1924年任驻中国大使。——187、188、211、226、239、253、254。

Z

扎克斯，贝尔纳德·亨利霍维奇（Закс, Бернард Генрихович 生于1886年）

文 献 索 引

阿多拉茨基, 弗・维・《马克思主义基本问题提纲》(Адоратский, В. В. Программа по основным вопросам марксизма. М., Гиз, 1922. 112 стр.) ——379。

奥尔洛夫, Н. А.《苏维埃政权的粮食工作(纪念十月革命一周年)》(Орлов, Н. А. Продовольственная работа Советской власти. К годовщине Октябрьской революции. Изд. Наркомпрода. М., 1918. 398 стр.) ——99。

奥加诺夫斯基, 尼・彼・《左手和右手(实物税制)》(Огановский, Н. П. Десница и шуйца. (Системы натурналога). —«Сельскохозяйственная Жизнь», М., 1922, №34(75), 6 мая, стр. 2—4) ——424。

奥新斯基, 恩・《地方经验的新材料》(Осинский, Н. Новые данные из местного опыта. — «Правда», М., 1922, №82, 12 апреля, стр. 2 — 3) ——384。

巴洛德, 卡・《未来的国家。社会主义国家的生产和消费》(Ballod, K. Der Zukunftstaat. Produktion und Konsum im Sozialstaat. 2. vollst. umgearb. Aufl. Stuttgart, Dietz, 1919. IV, 240 S.) ——228。

贝蒂, 贝・《俄国的红色心脏》(Beatty, B. The Red Heart of Russia. New York, 1919. 480 p.) ——89。

别利亚科夫, 阿・《抑郁不欢的发动机和无产阶级的农业》(Беляков, А. Тоскующие двигатели и пролетарское земледелие. —«Известия ВЦИК Советов Рабочих, Крестьянских, Казачьих и Красноарм. Депутатов и Моск. Совета Рабоч. и Красноарм. Депутатов», 1922, №19 (1458), 26 января, стр. 1) ——268。

—《振兴铁路运输的新途径》(Новые пути оживления ж.-д. транспорта. —«Известия ВЦИК Советов Рабочих, Крестьянских, Казачьих и

Красноарм. Депутатов и Моск. Совета Рабоч. и Красноарм. Депутатов»,
1921, №286(1429), 20 декабря, стр. 1)──137、144。

别斯普罗兹万内，伊·莫·《按泰罗制建立的小型工厂企业的计划分配室》
（Беспрозванный, И. М. Распланировочное бюро в небольшом заводском
предприятии, организованном по системе Тейлора. Нижний-Новгород,
типолит. Машистова, 1915. 55 стр. (Перепечатано из журн. №№1, 2, 3 и 5
«Волжский Технический Вестник» за 1915 г.))──457。

──《现代美国工厂组织法（泰罗制）》（Современная организация американских
заводов（система Тейлора). М., Мех.-техн. изд-во научнотехн. отд. ВСНХ,
1919. 30 стр. (РСФСР))──457。

恩格斯，弗·《谢林和启示（批判反动派扼杀自由哲学的最新企图）》（Engels,
F. Schelling und die Offenbarung. Kritik des neuesten Reaktions versuchs
gegen die freie Philosophie. Leipzig, Binder, 1842. 55 S.)──19。

哥列夫，亚·《法国的电气化》（Горев, А. Электрификация Франции. М.,
Госиздат, 1922. 39 стр.)──228。

格里鲍耶陀夫，亚·谢·《智慧的痛苦》（Грибоедов, А. С. Горе от ума)──
384──385。

格斯特，莱·黑登《1917──1921 年欧洲的夺权斗争。中欧各国和俄国经济政
治状况概述》（Guest, L. Haden. The Struggle for Power in Europe 1917──
1921. An Outline Economic and Political Survey of the Central States and
Russia. London, Hodder and Stoughton, 1921. 318 p.)──324。

哈伍德，А.《更新的大地》（Гарвуд, А. Обновленная земля. Сказание о победах
современного земледелия в Америке. В сокращ. изложении проф. К. А.
Тимирязева. М., Госиздат, 1919. 215 стр.)──490。

加米涅夫，列·波·《约瑟夫·彼得罗维奇·戈尔登贝格（梅什科夫斯基）》
［悼念文章］（Каменев, Л. Б. Иосиф Петрович Гольденберг（Мешковский).
［Некролог]. ──«Правда», М., 1922, №2, 3 января, стр. 1──2)──165。

克尔日扎诺夫斯基，格·马·《俄罗斯联邦的经济问题和国家计划委员会的
工作》（Кржижановский, Г. М. Хозяйственные проблемы РСФСР и работы
Государственной общеплановой комиссии（Госплана). Вып. I. Вступление.

Работы секций: учета и распределения, топливной, транспортной, промышленной, сельскохозяйственной и секции по районированию. М., 1921. 112 стр.; 4 л. схем и табл. (РСФСР)) ——39。

克柳奇尼科夫，Ю. В.《热那亚会议》（Ключников, Ю. В. Генуэзская конференция. —«Смена Вех», Париж, 1922, №13, 21 января, стр. 1 — 8） ——250。

库诺，亨·《宗教和信神的起源》（Кунов, Г. Возникновение религии и веры в бога. Пер. и предисл. И. Степанова. М. —Пг., «Коммунист», 1919. 162 стр. (РКП(б))) ——339。

库什涅尔，波·阿·《革命和电气化》（Кушнер, Б. А. Революция и электрификация. Пб., Госиздат, 1920. 28 стр.) ——99。

［拉萨尔，斐·］《拉萨尔和马克思通信集以及弗里德里希·恩格斯和燕妮·马克思给拉萨尔的信和卡尔·马克思给索菲娅·哈茨费尔特伯爵夫人的信》（［Lassalle, F.］ Der Briefwechsel zwischen Lassalle und Marx nebst Briefen von Friedrich Engels und Jenny Marx an Lassalle und von Karl Marx an Grafin Sophie Hatzefeldt. Hrsg. von G. Mayer. Stuttgart—Berlin, Springer, 1922. XII, 411 S. (Lassalle, F. Nachgelassene Briefe und Schriften. Bd. 3.)) ——19。

莱维，В. Л.《俄国的电力供应（概况）》（Леви, В. Л. Электроснабжение России. (Общий обзор). —«Экономическая Жизнь», М., 1921, №276, 8 декабря, стр. 2 — 3; №286, 20 декабря, стр. 1) ——130。

雷斯，С. М.《顿巴斯的复兴》（Рысс, С. М. Возрождение Донбасса. — «Всероссийская Кочегарка», Артемовск, 1921, №364 (514), 1 ноября, стр. 1) ——16。

雷斯庞德克，格·《世界经济状况和电力工业的任务》（Respondek, G. Weltwirtschaftlicher Stand und Aufgaben der Elektroindustrie. Berlin, Springer, 1920. 142 S.) ——340。

列梅科，Ю.《俄共第十次代表大会决议、顿巴斯的工会和工人（报告书）》（Ремейко, Ю. Решения 10-го съезда РКП, профсоюз и рабочие Донбасса. (Докладная записка). На правах рукописи. М., Подвижная тип. ЦК ВСГ,

М.，1921.4 стр. Перед загл.авт.：Н. Ленин)——220、242。

——《关于工会在新经济政策条件下的作用和任务的提纲草案》(1921 年 12
月 30 日—1922 年 1 月 4 日)(Проект тезисов о роли и задачах профсоюзов в
условиях новой экономической политики. 30 декабря 1921 — 4 января 1922
г.)——160。

——《就全俄中央执行委员会的决定草案给亚·德·瞿鲁巴的信和给俄
共(布)中央政治局委员的便条》(1921 年 11 月 28 日)(Письмо А. Д.
Цюрупе с проектом постановления ВЦИК и записка членам Политбюро
ЦК РКП(б). 28 ноября 1921 г.)——77、88。

——《劳动国防委员会关于资源利用委员会的决定草案》(1921 年 12 月 2 日)
(Проект постановления СТО о комиссии использования материальных
ресурсов. 2 декабря 1921 г.)——75。

——《[伊·伊·斯克沃尔佐夫-斯捷潘诺夫〈俄罗斯联邦电气化与世界经济
的过渡阶段〉一书]序言》(Предисловие[к книге И. И. Скворцова-
Степанова «Электрификация РСФСР в связи с переходной фазой мирового
хозяйства»]. — В кн.：[Скворцов-Степанов, И. И.] Электрификация
РСФСР в связи с переходной фазой мирового хозяйства. Предисловия Н.
Ленина и Г. Кржижановского. [М.]，Госиздат，1922，стр. IX—X. Перед
загл.кн. авт.：И. Степанов)——340。

——《致阿曼德·哈默》(1922 年 5 月 11 日)(Письмо Арманду Хаммеру. 11
мая 1922 г.)——410—411、438。

——《致阿·伊·李可夫》(1922 年 4 月 5 日)(Письмо А.И.Рыкову. 5 апреля
1922 г.)——371。

——《致格·雅·索柯里尼柯夫》(1922 年 2 月 4 日)(Письмо Г. Я.
Сокольникову. 4 февраля 1922 г.)——248。

——《致格·雅·索柯里尼柯夫》(1922 年 2 月 15 日)(Письмо Г. Я.
Сокольникову. 15 февраля 1922 г.)——278。

——《致莫·伊·弗鲁姆金和伊·伊·拉德琴柯》(1922 年 3 月 21 日)
(Письмо М. И. Фрумкину и И. И. Радченко. 21 марта 1922 г.)——347。

——《致瓦·亚·斯莫尔亚尼诺夫》(1922 年 9 月 23 日)(Письмо В. А.

теперь и после полной победы социализма. М., Госиздат, 1922. 14 стр. (РСФСР. Главный политико-просветительный к-т Республики. Серия агитационно-пропагандистская. №5). Перед загл. авт.: Н. Ленин) —— 25、26。

—《论粮食税 (新政策的意义及其条件)》(О продовольственном налоге. (Значение новой политики и ее условия). М., Госиздат, 1921. 36 стр. (РСФСР). Перед загл. авт.: Н. Ленин) —— 378。

—《论苏维埃共和国所处的国际和国内形势 (在全俄五金工人代表大会共产党党团会议上的讲话) (1922 年 3 月 6 日)》(О международном и внутреннем положении Советской республики. Речь на заседании коммунистической фракции Всероссийского съезда металлистов. 6 марта 1922 г.) —— 326。

—《论 " 左派 " 幼稚性和小资产阶级性》(О « левом » ребячестве и о мелкобуржуазности. — В кн.: [Ленин, В. И.] Главная задача наших дней. О « левом » ребячестве и о мелкобуржуазности. Пг., изд. Петроградского Совдепа, 1918, стр. 8—32. Перед загл. авт.: Н. Ленин) —— 329、378。

—《社会民主党在 1905 — 1907 年俄国第一次革命中的土地纲领》(Аграрная программа социал-демократии в первой русской революции 1905—7 годов. 2-е изд. М.—Пг., «Коммунист», 1919. 248 стр. (РКП (б)). Перед загл. авт.: Н. Ленин (Влад. Ульянов)) —— 92。

—《十月革命四周年》(К четырехлетней годовщине Октябрьской революции. 14 октября 1921 г. М., Госиздат, 1921. 15 стр. (РСФСР). Перед загл. авт.: Н. Ленин) —— 24。

—《致阿 · 萨 · 叶努基泽》(1922 年 2 月 13 日) (Письмо А. С. Енукидзе. 13 февраля 1922 г.) —— 335。

—《致阿 · 伊 · 李可夫》(1922 年 8 月 31 日) (Записка А. И. Рыкову. 31 августа 1922 г.) —— 453。

—《致阿 · 伊 · 李可夫》(1922 年 9 月 17 日) (Записка А. И. Рыкову. 17 сентября 1922 г.) —— 473。

—《致阿 · 伊 · 李可夫》(1922 年 9 月 25 日) (Записка А. И. Рыкову. 25

раздел в собственность? Характер нашего аграрного кризиса. Вильно, «Трибуна», 1907. 112 стр.)——91—92。

舍拉耶夫，M.《在什么条件下可以出租》（Шелаев, М. На каких условиях можно сдать.—«Правда», М., 1922, №249, 3 ноября, стр. 2. Под общ. загл.: К вопросу о концессии Уркарта, отклоненной Совнаркомом）——496。

施泰因梅茨，查·普·《给弗·伊·列宁的信》（1922年2月16日）（Штейнмец, Ч. П. Письмо В. И. Ленину. 16 февраля 1922 г. Рукопись）——360、361。

［斯克沃尔佐夫-斯捷潘诺夫，伊·伊·］《俄罗斯联邦电气化与世界经济的过渡阶段》（［Скворцов-Степанов, И. И.］ Электрификация РСФСР в связи с переходной фазой мирового хозяйства. Предисловия Н. Ленина и Г. Кржижановского. ［М.］, Госиздат, 1922. XVI, 392 стр.; 1л. карт. Перед загл. авт.: И. Степанов）——339、426。

——《什么是专家和如何造就专家》（Что такое спец и как его делают. — «Правда», М., 1922, №244, 28 октября, стр. 2—3. Подпись: И. Степанов）——505—507。

孙中山《给格·瓦·契切林的信》（1921年8月28日）（Сунь Ят-сен. Письмо Г. В. Чичерину. 28 августа 1921 г.）——222。

索柯里尼柯夫，格·雅·《国家资本主义和新财政政策》（Сокольников, Г. Я. Государственный капитализм и новая финансовая политика. М., Госиздат, 1922. 32 стр.）——144—145。

索斯诺夫斯基，列·谢·《"玩猫逮老鼠游戏"（再谈橡胶工业）》（Сосновский, Л. С. «В кошки-мышки». (Еще о резиновой промыш ленности).— «Правда», М., 1921, №284, 16 декабря, стр. 1)——151。

塔辛，瑞·《俄国革命》（Tasin, N. La revolución rusa. Sus origenes, caida del zarismo, la revolución de marzo, el bolchevismo, sus doctrinas, sus hombres, su acción. (Segunda edición). Madrid, Biblioteca Nueva, б. г. 289p.）——43。

——《俄国革命的英雄和蒙难者》（Héroes y mártires de la revolución rusa.

Episodios de la lucha revolucionaria desde 1825 hasta nuestros dias. Madrid, Biblioteca Nueva, б. г. 233 p.）——43。

——《根据马克思、恩格斯、考茨基、伯恩施坦、阿克雪里罗得、列宁、托洛茨基和鲍威尔的意见论无产阶级专政》（La Dictadura del Proletariado según Marx, Engels, Kautsky, Bernstein, Axelrod, Lenin, Trotzky y Baüer. Madrid, Biblioteca Nueva, б. г. 243 p.）——43。

瓦因施泰因，阿·李·《论实物税的重担》（Вайнштейн, А. Л. О тяжести натурналога. — «Сельскохозяйственная Жизнь», М., 1922, №34（75）, 6 мая, стр. 1—3）——424。

欣丘克，列·米·《国际合作社代表团了解苏维埃俄国消费合作社情况的结果》（Хинчук, Л. М. Результаты ознакомления международной кооперативной делегации с потребительской кооперацией в Сов. России. —«Правда», М., 1922, №111, 20 мая, стр. 1）——439。

——《新经济政策条件下的中央消费合作总社》（Центросоюз в условиях новой экономической политики. Изд. Всерос. центр. союза потребительных обществ. М., 1922. 147 стр.; 5 л. диагр.）——460、461。

叶尔曼斯基，阿·《科学组织劳动和生产与泰罗制》（Ерманский, А. Научная организация труда и производства и система Тейлора. М., Госиздат, 1922. XV, 367 стр.）——454。

*   *   *

《奥斯渥特·施本格勒和欧洲的没落》（Освальд Шпенглер и закат Европы. Н. А. Бердяев, Я. М. Букшпан, Ф. А. Степун, С. Л. Франк. М., «Берег», 1922. 95 стр.）——320—321。

《朝寒》文集（彼得格勒）（«Утренники», Пг.）——433。

《对列宁同志的闭幕词的更正》（Поправки к заключительному слову т. Ленина. — «Правда», М., 1922, №80, 9 апреля, стр. 3）——397。

《对外贸易人民委员部在塞瓦斯托波尔的活动》（Деятельность Внешторга в Севастополе. — «Правда», М., 1921, №275, 6 декабря, стр. 4, в отд.: Экономический отдел）——104。

《俄德运输公司的协定》——见《1921 年 5 月 13 日在柏林签订的关于建立俄
德运输公司的议定书》。

《俄国共产党第十次代表大会。速记记录》(1921 年 3 月 8—16 日)(Десятый
съезд Российской Коммунистической партии. Стеногр. отчет.（8 — 16
марта 1921 г.). М., Госиздат, 1921. VIII, 392 стр.；1 л. прил.（РКП
(б)))——163。

《俄国思想》杂志(布拉格)(«Русская Мысль», Прага)——437。

《俄罗斯联邦东南部地区 1921 年受灾歉收后如何恢复经济和发展生产力》
(Восстановление хозяйства и развитие производительных сил Юго-
Востока РСФСР, пострадавшего от неурожая 1921 г. Записка Госу-
дарственной общеплановой комиссии Совета труда и обороны РСФСР.
М., 1921. 135 стр.（РСФСР))——262。

《俄罗斯人民君主派同盟(立宪君主派)成立大会(1922 年 3 月 25 日—4 月 5
日)文件汇编》(Труды Учредительной конференции русского народно-
монархического союза (конституционных монархистов) с 25 марта по 5
апреля 1922 года. Мюнхен, «Восстановление», 1922. 77 стр.）——453。

《俄罗斯社会主义联邦苏维埃共和国宪法(根本法)》(Конституция (Основной
закон) Российской Социалистической Федеративной Советской Республики.
Опубликована в №151 «Известий Всерос. Центр. Исп. Комитета» от 19
июля 1918 г. М., Гиз., 1919. 16 стр.（РСФСР))——214。

《凡尔赛条约》——见《1919 年 6 月 28 日在凡尔赛宫签订的协约国和各参战
国对德和约及议定书》。

《复兴》文集(慕尼黑)(«Ауфбау»(«Aufbau»), Мюнхен)——453。

《高尔基的信》——见《马·高尔基谈对社会革命党人的审判》。

《高加索旅行指南》(«Спутник по Кавказу»)——376。

《工农政府法令汇编》(莫斯科)(«Собрание Узаконений и Распоряжений
Рабочего и Крестьянского Правительства», М., 1920, №16, ст. 94, стр.
85—87)——308。

　　—1921, №44, ст. 223, стр. 249—291.——30。

《工人报》(莫斯科)(«Рабочий», М.)——352。

《工人、农民、哥萨克和红军代表苏维埃全俄中央执行委员会及莫斯科工人和红军代表苏维埃消息报》(«Известия ВЦИК Советов Рабочих, Крестьянских, Казачьих и Красноарм. Депутатов и Моск. Совета Рабоч. и Красноарм. Депутатов»)——250、284、437。

——1921, №272(1415), 3 декабря, стр. 3.——86。

——1921, №275(1418), 7 декабря, стр. 3.——46。

——1921, №276(1419), 8 декабря, стр. 2.——46。

——1921, №286(1429), 20 декабря, стр. 1.——137。

——1922, №6(1445), 10 января, стр. 1.——211。

——1922, №19(1458), 26 января, стр. 1.——267。

——1922, №28(1467), 5 февраля, стр. 3.——248。

——1922, №60(1499), 15 марта, стр. 6.——346、347。

——1922, №103(1542), 11 мая, стр. 3.——415。

——1922, №190(1629), 25 августа, стр. 3.——451。

《工人、农民、红军和哥萨克代表全俄苏维埃第九次代表大会》(Девятый Всероссийский съезд Советов рабочих, крестьянских, красноармейских и казачьих депутатов. Стеногр. отчет. (22—27 декабря 1921 г.). М., изд. ВЦИК, 1922. 316 стр.; 15 л. схем и табл. (РКП(б)))——158。

《共产国际》杂志(莫斯科—彼得格勒)(«Коммунистический Интернационал», М.—Пг. 1922, №20, 14 марта, стлб. 5111—5222)——220。

《关于地方经济会议、关于地方经济会议报告制度和关于贯彻执行人民委员会和劳动国防委员会指令的决定》(О местных экономических совещаниях, их отчетности и руководстве Наказом СНК и СТО. Постановление ВЦИК Советов рабочих, крестьянских, красноармейских и казачьих депутатов 30 июня 1921 г. — «Собрание Узаконений и Распоряжений Рабочего и Крестьянского Правительства», М., 1921, №44, ст. 223, стр. 249—291)——30。

《关于工人统一战线和关于对参加第二国际、第二半国际和阿姆斯特丹工会国际的工人以及对支持无政府工团主义组织的工人的态度》(提纲)(О едином рабочем фронте и об отношении к рабочим, входящим во II-й, II ½ и Амстердамский Интернационалы, а также к рабочим, поддерживающим анархо-синдикалистские организации. (Тезисы). —«Коммунистический Интернационал», Пг., 1922, №20, 14 марта, стлб. 5111—5222)——220。

《关于土地问题的决议》(Резолюция по аграрному вопросу. —В кн.: Резолюции и устав Коммунистического Интернационала, принятые Вторым конгрессом Коммунистического Интернационала. (19-го июля-7-го августа 1920 г.). Пг., изд-во Коммунистич. Интернационала, 1920, стр. 103—118)——510—511。

《合作事业报》(莫斯科)(«Кооперативное Дело», М.)——328。

《基辅思想报》(«Киевская Мысль»)——43。

《经济生活报》(莫斯科)(«Экономическая Жизнь», М.)——377—378、423、437。

——1921, №276, 8 декабря, стр. 2—3; №286, 20 декабря, стр. 1.——130。

1922, №47, 28 февраля, стр. 1.——289。

《经济学家》杂志(彼得格勒)(«Экономист», Пг.)——431、445。

——1922, №3. 176 стр.——431。

《经济学家》杂志(伦敦)(«The Economist», London)——84。

《了不起的发现》(Замечательное открытие. —«Правда», М., 1921, №267, 26 ноября, стр. 2, в отд.: По России)——64、111—112。

《路标转换》杂志(巴黎)(«Смена Вех», Париж)——28、215、216。

——1921, №8, 17 декабря. 24 стр.——215。

——1921, №9, 24 декабря. 24 стр.——215。

——1922, №11, 7 января. 24 стр.——215。

——1922, №13, 21 января. 24 стр.——250。

《罗·爱·克拉松关于泥炭水利开采管理局的状况向弗·伊·列宁的报告》(1922年2月9日)(Докладная записка Р. Э. Классона В. И. Ленину о положении Гидроторфа. 9 февраля 1922 г.)——298—299。

《马·高尔基谈对社会革命党人的审判》(М. Горький о процессе с. р.—«Социалистический Вестник», Berlin, 1922, №13/14 (35/36), 20 июля, стр. 11—12)——457—458。

《曼彻斯特卫报》(«The Manchester Guardian»)——262、330、496。

《美国1910年第十三次人口普查》(第4——5卷)(Thirteenth Census of the United States, taken in the Year 1910. Vol. IV——V. Washington, Government printing office, 1913——1914. 2 v.(Department of Commerce. Bureau of the Census))——98。

——第4卷(Vol. IV. Population, 1910. Occupation Statistics. 1914. 615 p.)——98。

《米留可夫只是在假设》(Милюков только предполагает. — «Правда», М., 1922, №41, 21 февраля, стр. 1. Подпись: Я. Я.)——284。

《农民呼声报》(巴黎)(«La Voix Paysanne», Paris, 1921, N. 95, 19 novembre)——117。

《农业生活报》(莫斯科)(«Сельскохозяйственная Жизнь», М.)——424。

——1922, №34(75), 6 мая, стр. 1——4.——424。

《贫苦农民报》(莫斯科)(«Беднота», М.)——225。

《前夜报》(柏林)(«Накануне», Берлин)——437。

《全俄煤仓报》(阿尔乔莫夫斯克)(«Всероссийская Кочегарка», Артемовск, 1921, №364(514), 1 ноября, стр. 1)——16。

《全俄苏维埃中央执行委员会关于工农检查院的法令》(条例)[1920年](Декрет Всероссийского Центрального Исполнительного Комитета Советов о Рабоче-Крестьянской Инспекции.(Положение). [1920 г.]. — «Собрание Узаконений и Распоряжений Рабочего и Крестьянского Правительства», М., 1920, №16, ст. 94, стр. 85——87)——265。

《全俄中央执行委员会主席团关于对外贸易的决定》(1922年3月13日)(Постановление Президиума Всероссийского Центрального Исполнительного Комитета о внешней торговле. 13 марта 1922 г. —«Известия ВЦИК Советов Рабочих, Крестьянских, Казачьих и Красноарм. Депутатов и Моск. Совета Рабоч. и Красноарм. Депутатов», 1922, №60(1499), 15 марта, стр. 6, в отд.: Действия и распоряжения правительства)——346。

《全俄中央执行委员会主席团[关于任命亚·德·瞿鲁巴为劳动国防委员会第二副主席和解除他的粮食人民委员的职务]的决定》(1921年12月2

日）（Постановление Президиума Всероссийского Центрального Исполнительного Комитета[о назначении А. Д. Цюрупы вторым заместителем Председателя СТО и об освобождении его от должности наркома по продовольствию]. 2 декабря 1921 г. — «Известия ВЦИК Советов Рабочих, Крестьянских, Казачьих и Красноарм. Депутатов и Моск. Совета Рабоч. и Красноарм. Депутатов», 1921, №272（1415）, 3 декабря, стр. 3, в отд. : Действия и распоряжения правительства）——88。

《人口普查报告》（Census Reports. Twelfth Census of the United States, taken in the Year 1900. Vol. V. Agriculture. P. 1. Farms, live stock, and animal products. Washington, Unites States Census office, 1902. CCXXXVI, 767 p. ; 18 Plates）——98。

《人民委员会关于报纸收费问题的法令》（1921 年 11 月 28 日）（Декрет Совета Народных Комиссаров о введении платности газет. 28 ноября 1921 г. «Известия ВЦИК Советов Рабочих, Крестьянских, Казачьих и Красноарм. Депутатов и Моск. Совета Рабоч. и Красноарм. Депутатов», 1921, №275（1418）, 7 декабря, стр. 3, в отд. : Действия и распоряжения правительства）——46。

《人民委员会关于不定期出版物的收费问题的法令》（1921 年 11 月 28 日）（Декрет Совета Народных Комиссаров о платности произведений непериодической печати. 28 ноября 1921 г. — «Известия ВЦИК Советов Рабочих, Крестьянских, Казачьих и Красноарм. Депутатов и Моск. Совета Рабоч. и Красноарм. Депутатов», 1921, №276（1419）, 8 декабря, стр. 2, в отд. : Действия и распоряжения правительства）——46。

《人民委员会关于加紧用水力方法开采泥炭的措施的决定》（1920 年 10 月 30 日）（Постановление Совета Народных Комиссаров о гидравлическом способе добычи торфа. 30 октября 1920 г.）——297—300。

《日报》（彼得堡）（«День», Пб.）——430、445。

《商业、工业和财政（同副财政人民委员格·雅·索柯里尼柯夫的谈话）》（Торговля, промышленность и финансы. (Беседа с замнаркомфином Г. Я. Сокольниковым). — «Экономическая Жизнь», М., 1922, №47, 28 февраля，стр.1）——289。

《社会民主党人》(柏林)（«Социал-Демократ»，Берлин）——437。

《社会主义通报》杂志（柏林）（«Социалистический Вестник»，Berlin，1922，
No13/14(35/36)，20 июля，стр.11—12）——458、459。

《时报》(巴黎)（«Le Temps»，Paris）——274。

《曙光》杂志(柏林)（«Заря»，Берлин）——437。

《"苏俄之友"的实际援助》（Реальная помощь «друзей Советской России». —
«Известия ВЦИК Советов Рабочих, Крестьянских, Казачьих и Красноарм.
Депутатов и Моск. Совета Рабоч. и Красноарм. Депутатов»，1922，No190
(1629)，25 августа，стр.3. Подпись: А. В.）——451—452。

《苏维埃代表大会决议草案》——见《工人、农民、红军和哥萨克代表全俄苏维
埃第九次全俄代表大会》。

《同厄克特的合同应重新审议》（Договор с Уркартом надо пересмотреть. —
«Правда»，М.，1922，No246，31 октября，стр. 2；No247，1 ноября，стр. 2；
No248，2 ноября，стр.2. Под общ. загл.：К вопросу о концессии Уркарта,
отклоненной Совнаркомом. Подпись: Экономист）——496。

《同格·雅·索柯里尼柯夫的谈话》——见《商业、工业和财政（同副财政人民
委员格·雅·索柯里尼柯夫的谈话)》。

《土地问题》(La questionagraire. — «La Voix Paysanne»，Paris，1921，N.95，
19 novembre)——117。

《文学家之家年鉴》杂志（彼得格勒）（«Летопись Дома литераторов»，
Петроград）——433。

《现代纪事》杂志(巴黎)（«Современные Записки»，Париж）——437。

《新俄罗斯》杂志(彼得格勒—莫斯科)（«Новая Россия»，Пг.—М.，1922，No2，
июнь.160 стр.）——430。

《新时代》杂志(斯图加特)（«Die Neue Zeit»，Stuttgart）——520。

《新书》（Новые книги. — «Известия ВЦИК Советов Рабочих, Крестьянских,
Казачьих и Красноарм. Депутатов и Моск. Совета Рабоч. и Красноарм.
Депутатов»，1922，No28 (1467)，5 февраля，стр. 3，в отд.：Культура и
просвещение）——248。

《1910—1914 年法俄关系史料》(Материалы по истории франко-русских отношений за 1910 — 1914 гг. Сборник секретных дипломатических документов бывш. императорского российского министерства иностранных дел. Изд. Народного комиссариата по иностр. делам. М. , 1922. VII, 733 стр.; 10 л. факс. (РСФСР))——390—391。

《[〈1910—1914 年法俄关系史料〉一书] 序言》(Предисловие [к книге «Материалы по истории франко-русских отношений за 1910 — 1914 гг. ...»]. — В кн. : Материалы по истории франко-русских отношений за 1910—1914 гг. Сборник секретных дипломатических документов бывш. императорского российского министерства иностранных дел. Изд. Народного комиссариата по иностр. делам. М. , 1922, стр. III—IV. (РСФСР))——391。

《1919 年 6 月 28 日在凡尔赛宫签订的协约国和各参战国对德和约及议定书》(Traité de paix entre les puissances alliées et associées et l'Allemagne et protocole signés à Versailles le 28 juin 1919. Paris, 1919. 223 p. (Publication du ministère des affaires étrangeres))——157。

[《1921 年 5 月 13 日在柏林签订的关于建立俄德运输公司的议定书》] ([Протокол о создании Русско-германского транспортного общества, подписанный в Берлине 13 мая 1921 г.])——212。

《因科学上的功绩而荣膺红旗勋章》(Орден Красного Знамени за научные заслуги. — «Известия ВЦИК Советов Рабочих, Крестьянских, Казачьих и Красноарм. Депутатов и Моск. Совета Рабоч. и Красноарм. Депутатов», 1922, №103(1542), 11 мая, стр. 3, в отд. : На местах)——415—416。

《再论粮食税》[社 论](Опять о продналоге. [Передовая]. — «Сельско-хозяйственная Жизнь», М. , 1922, №34(75), 6 мая, стр. 1)——424。

《真理报》(莫斯科)(«Правда», М.)——250、252、284、437、490。

　—1921, №210, 21 сентября, стр. 1.——90。

　—1921, №267, 26 ноября, стр. 2.——64、111—112。

　—1921, №275, 6 декабря, стр. 4.——104。

　—1921, №284, 16 декабря, стр. 1.——151。

—1922，№2，3 января，стр.1—2.——165。

—1922，№41，21 февраля，стр.1.——284。

—1922，№76，4 апреля，стр.2.——397。

—1922，№80，9 апреля，стр.3.——397。

—1922，№82，12 апреля，стр.2—3.——384—385。

—1922，№85，19 апреля，стр.2.——360—361。

—1922，№111，20 мая，стр.1.——439。

—1922，№217，27 сентября，стр.2—3.——475。

—1922，№244，28 октября，стр.2—3.——505—507。

—1922，№246，31 октября，стр. 2；№247，1 ноября，стр. 2；№248，2

ноября，стр.2.——496。

—1922，№249，3 ноября，стр.2.——496。

《最高会议的决议［1922 年 1 月 6 日于夏纳通过］》（Резолюция Верховного

совета，［принятая 6 января 1922 г. в г. Канн］. — «Известия ВЦИК

Советов Рабочих，Крестьянских，Казачьих и Красноарм. Депутатов и

Моск. Совета Рабоч. и Красноарм. Депутатов»，1922，№6（1445），10

января，стр. 1. Под общ. загл.: К признанию Советской России）

——211。

编入本版相应时期著作卷的
信件和电报的索引

312页。

关于同意大利契托-契涅马电影公司谈判的一封信(1921年12月5日)。
——见第42卷第313—314页。

对统一战线提纲的意见(1921年12月6日)。——见第42卷第316页。

给东方各民族宣传及行动委员会的信(不早于1921年12月17日)。——见
第42卷第324页。

关于清党和入党条件。给彼·安·扎卢茨基、亚·亚·索尔茨和全体政治局
委员的信(1921年12月19日)。——见第42卷第325—326页。

就全俄苏维埃第九次代表大会关于国际形势的决议问题给政治局的信(1921
年12月22日)。——见第42卷第329—330页。

关于英国工党的政策(1921年12月27日)。——见第42卷第374—
375页。

俄共(布)中央政治局关于弗·瓦·奥登博格尔案件的决定草案。(1922年1
月4日)。——见第42卷第388—389页。

致达吉斯坦劳动者(1922年1月12日)。——见第42卷第393页。

关于施泰因贝格在租让企业中行使职权问题。给维·米·莫洛托夫并转俄
共(布)中央政治局的信。

1.1922年1月17日的信。

2.1922年1月23日的信。

——见第42卷第395—397页。

关于改革人民委员会、劳动国防委员会和小人民委员会的工作问题。给亚·
德·瞿鲁巴的信。

1.1922年1月24日的信。

2.1922年2月15日的信。

3.1922年2月20日的信。

4.1922年2月20—21日的信。

5.1922年2月21日的信。

6.1922年2月27日的信。

——见第42卷第398—406页。

为查对戛纳决议给格·瓦·契切林的信(1922年1月26日)。——见第42

中央政治局委员的信(1922年2月17日)。——见第42卷第434页。

关于司法人民委员部在新经济政策条件下的任务。给德·伊·库尔斯基的信(1922年2月20日)。——见第42卷第435—440页。

就俄罗斯联邦民法典问题给俄共(布)中央政治局的信(1922年2月22日)。——见第42卷第441—442页。

对共产国际执行委员会第一次扩大全会关于参加三个国际的代表会议的决议草案的意见。给俄共(布)中央政治局委员的信(1922年2月23日)。——见第42卷第445—446页。

给维·米·莫洛托夫并转共(布)中央政治局委员的便条和关于致意大利照会的决定草案(1922年2月24日)。——见第42卷第450—451页。

关于热那亚会议问题的建议。给约·维·斯大林和列·波·加米涅夫的便条(1922年2月25日)。——见第42卷第452—453页。

给德·伊·库尔斯基的信并附对民法典草案的意见(1922年2月28日)。——见第42卷第454—455页。

对全俄中央执行委员会关于工农检查人民委员部的决定草案的意见。给约·维·斯大林的信(1922年2月28日和3月16日之间)。——见第42卷第456—457页。

就民法典问题给亚·德·瞿鲁巴的信(1922年3月1日)。——见第42卷第467页。

就财政人民委员部的提纲给俄共(布)中央政治局的信(1922年3月3日)。——见第42卷第468—469页。

就对外贸易垄断制和外贸工作问题给列·波·加米涅夫的信(1922年3月3日)。——见第42卷第470—474页。

就索柯里尼柯夫的建议写给俄共(布)中央政治局委员的意见(1922年3月5日)。——见第42卷第475页。

关于接收新党员的条件。给维·米·莫洛托夫的三封信(1922年3月9日、24日和26日)。——见第43卷第16—20页。

致国家计划委员会所属租让委员会主席(1922年3月11日)。——见第43卷第21—22页。

就苏维埃代表团在热那亚会议上的策略问题给格·瓦·契切林的信(1922

年 3 月 14 日）。——见第 43 卷第 33—38 页。

对共产国际执行委员会给出席三个国际的代表会议的共产国际代表团的指
　　示草稿的意见。给俄共（布）中央政治局委员的信（1922 年 3 月 14 日或 15
　　日）。——见第 43 卷第 39—40 页。

就《俄共目前农村政策的基本原则》提纲给俄共（布）中央政治局的信（1922
　　年 3 月 16 日）。——见第 43 卷第 41—46 页。

给格·叶·季诺维也夫的便条并附给埃·王德威尔得的复信稿（1922 年 3
　　月 17 日）。——见第 43 卷第 47—48 页。

给俄共（布）中央政治局的信并附给出国同志的指示草案（1922 年 3 月 17
　　日）。——见第 43 卷第 49 页。

就惩处犯罪的共产党员问题给俄共（布）中央政治局的信（1922 年 3 月 18
　　日）。——见第 43 卷第 52—53 页。

给尼·彼·哥尔布诺夫的便条并附关于合作社问题的意见（1922 年 3 月 18
　　日）。　　见第 43 卷第 54 页。

就人民委员会和劳动国防委员会副主席的工作问题给约·维·斯大林的信
　　（1922 年 3 月 21 日）。——见第 43 卷第 60—61 页。

就党的第十一次代表大会的一个决议草案给约·维·斯大林和列·波·加
　　米涅夫的信（1922 年 3 月 21 日）。——见第 43 卷第 62—63 页。

就党的第十一次代表大会政治报告提纲给维·米·莫洛托夫并转俄共（布）
　　中央全会的信（1922 年 3 月 23 日）。——见第 43 卷第 66—68 页。

对苏维埃代表团在热那亚会议上的声明草案的修改意见（1922 年 3 月 23
　　日）。——见第 43 卷第 69—70 页。

俄共（布）第十一次代表大会文献。

　　5.关于农村工作决议的草案。给恩·奥新斯基的信（1922 年 4 月 1 日）。
　　——见第 43 卷第 133 页。

就三个国际的柏林代表会议问题向俄共（布）中央政治局提出的建议（1922
　　年 4 月 9 日和 10 日）。——见第 43 卷第 144—145 页。

给查理·普·施泰因梅茨的信（1922 年 4 月 10 日）。——见第 43 卷第
　　146—147 页。

对共产国际执行委员会关于三个国际的代表会议的决议草案的意见。给

项目统筹：崔继新

责任编辑：孔　欢

装帧设计：石笑梦

版式设计：周方亚

责任校对：张　彦

图书在版编目(CIP)数据

列宁全集.第52卷/(苏)列宁著;中共中央马克思恩格斯列宁斯大林著作编译局编译.
　—2版(增订版)-北京:人民出版社,2017.3(2024.7重印)
ISBN 978 - 7 - 01 - 017137 - 1

Ⅰ.①列… Ⅱ.①列… ②中… Ⅲ.①列宁著作-全集 Ⅳ.①A2

中国版本图书馆 CIP 数据核字(2016)第 316465 号

书　　　名　**列宁全集**
　　　　　　LIENING QUANJI
　　　　　　第五十二卷

编 译 者　中共中央马克思恩格斯列宁斯大林著作编译局

出版发行　人 民 出 版 社
　　　　　　(北京市东城区隆福寺街 99 号　邮编 100706)

邮购电话　(010)65250042　65289539

经　　销　新华书店

印　　刷　北京新华印刷有限公司

版　　次　2017 年 3 月第 2 版增订版　2024 年 7 月北京第 2 次印刷

开　　本　880 毫米×1230 毫米 1/32

印　　张　26.875

插　　页　3

字　　数　531 千字

印　　数　3,001—6,000 册

书　　号　ISBN 978 - 7 - 01 - 017137 - 1

定　　价　65.00 元

ISBN 978-7-01-017137-1

9 787010 171371 >